权威·前沿·原创

皮书系列为
"十二五"国家重点图书出版规划项目

中国公益慈善发展报告
（2014）

ANNUAL REPORT ON CHINA'S CIVIC PHILANTHROPY DEVELOPMENT (2014)

主　编／朱健刚

图书在版编目（CIP）数据

中国公益慈善发展报告.2014/朱健刚主编.—北京：社会科学文献出版社，2016.4
（公益蓝皮书）
ISBN 978-7-5097-8891-2

Ⅰ.①中… Ⅱ.①朱… Ⅲ.①慈善事业-发展-研究报告-中国-2014 Ⅳ.①D632.1

中国版本图书馆CIP数据核字（2016）第051811号

公益蓝皮书
中国公益慈善发展报告（2014）

主　编／朱健刚

出 版 人／谢寿光
项目统筹／王　绯
责任编辑／单远举　曹义恒

出　版／社会科学文献出版社·社会政法分社（010）59367156
　　　　地址：北京市北三环中路甲29号院华龙大厦　邮编：100029
　　　　网址：www.ssap.com.cn
发　行／市场营销中心（010）59367081　59367018
印　装／北京季蜂印刷有限公司

规　格／开　本：787mm×1092mm　1/16
　　　　印　张：25.75　字　数：430千字
版　次／2016年4月第1版　2016年4月第1次印刷
书　号／ISBN 978-7-5097-8891-2
定　价／118.00元

皮书序列号／B-2012-256

本书如有印装质量问题，请与读者服务中心（010-59367028）联系

版权所有 翻印必究

公益蓝皮书编委会

编委会主任 李　萍

编　　　委 梁庆寅　陈春声　颜光美　蔡　禾　徐忠信
　　　　　　　陈少明　郭巍青　刘志伟　程美宝　王燕鸣
　　　　　　　邓启耀　周大鸣　张和清　吴重庆　李汉荣
　　　　　　　刘小钢　朱健刚　赖建雄

主　　　编 朱健刚

编　　　辑 严国威　钟晓慧

主编简介

朱健刚 中山大学社会学与人类学学院教授、博士生导师，中山大学中国公益慈善研究院执行院长，兼任香港中文大学公民社会研究中心研究员、中国社会科学院社会学所等客座研究员，担任民政部社会组织促进会专家委员会委员。2002年获香港中文大学哲学博士，主要研究领域为社会组织、城乡社区、社会运动、人类学理论等，目前出版了《行动的力量》、《国与家之间》等多部著作，发表多篇论文，并主编《公益蓝皮书》和《公益研究》杂志。先后参与创办了上海热爱家园志愿者协会、广东千禾社区公益基金会、广州恭明社会组织支持中心、香港木棉花开志愿者网络等多类公益组织。曾担任香港中文大学博士后研究员（2002~2003年）、哈佛－燕京学社访问学者（2007~2008年）、美国印第安纳大学富布赖特学者（2014~2015年）。

摘　　要

2014年是中国公益慈善事业在平静中孕育规范的一年。针对我国公益慈善事业在转型时期出现的诸多弊端，政府和慈善界本身都在2014年积极着力对公益慈善事业进行调整和规范。这一方面表现为政府开始筹划出台相关的法律法规和公共政策以规范慈善事业，另一方面则是民间公益的自律和对契约精神的提倡。这种规范过程从地方经验的探索逐步上升到了法治层面的讨论，贯穿于整个2014年。

本报告延续了2011年"公益蓝皮书"的整体框架，继续研讨"公民公益"的战略理论。围绕着"地方经验、法治探索与专业化"的主题，全书对2014年度中国公益慈善事业发展状况进行了总结和分析，并揭示出其对未来五年内我国慈善事业的转型方向所产生的重要影响。

2014年的公益慈善事业发展实践显示出，中国慈善事业体制正逐渐从行政模式转为市场模式，慈善市场将起到配置慈善资源的决定性作用，"公益市场化"成为现有体制下公益慈善事业发展的重要趋势。这产生了一个重要的正面影响，即慈善事业进一步民间化、组织化和专业化。这些趋势成为我国慈善事业适应市场机制并提高效率、实现更大的效能以及赢得更高的公信力的必经之路。

与此同时，随着2014年《慈善法》的"开门立法"，法治原则在公益慈善领域得到了推广。慈善将逐步通过立法来建立规范，公益组织的契约精神也将得到进一步的强调。

广州、温州等地在2014年的一系列地方实验展现出，建设良好的慈善市场离不开由设计、评估、咨询、能力建设、展会甚至社会创投服务等各方面联合构建的支持性的公益生态系统。其中，基金会的崛起尤为值得我们关注。在未来的五年内，它将逐渐取代政府和国际机构，成为整个慈善事业最重要的资金供给方，而公益信托将是基金会保值增值的主要手段。

我们的研究发现，与中国社会转型时期的社会问题相对应，青少年儿童、社区发展和医疗健康在未来五年内将成为我国社会救助和慈善事业最为关注的领域。毫无例外，这些救济都最终聚焦于社区发展的层面，并且逐渐从强调救济救助转向强调社区培力、助人自助的过程，以推动社区的可持续发展。2014年似乎可被称为社区基金会的元年，得益于社区基金会逐渐被政府所认可和推广，社区基金会在这一年迅速兴起。在未来五年，社区将持续复兴，灵活的小额社区资助将成为重要的慈善资金使用方式，社区基金会将成为重要的载体，而资助模式成为基金会与社会服务机构之间主要的合作方式。

此外，在未来五年，公益慈善将进入移动互联网时代，互联网思维将深刻影响慈善领域的思维方式。同时，公益慈善的信息化平台将打破时、空、行业界限，促进公益资源对接实现专业化、规范化和常态化。

治理体系的改革以及国家治理能力的现代化是未来五年中国发展的主旋律，而公益转型带动社会转型，社会转型进而推动国家治理的转型是我们看到的中国道路的一种可行性。在未来五年内，公益慈善事业将引发一系列社会治理制度的改革，政府、市场和社会组织将形成大规模的跨界，形成多元共治的社会治理新格局。

Abstract

China'civic philanthropy had been breeding specification in peace in 2014. On the one hand, the government started planning to establish relevant laws and public policy to standardize philanthropy. On the other hand, civil society promoted the self-discipline and contract spirit. This standardizationg process gradually rose to the discussion of the rule of law from local experience exploration throughout 2014. This report proposes the civic philanthropy strategic theory, analysis the development situation of China'civic philanthropy in 2014, and summarizes its significant influences on the transformation direction of China'civic philanthropy in next five years.

The development of China'civic philanthropy in 2014 showed that China'civic philanthropy system was gradually transforming from administrative model to market model, philanthropy market would have a determinative effect on allocating philanthropic resources. Marketization of philanthropy had become an important trend of the development of China'civic philanthropy in existing system. It brought an important positive influence that China'civic philanthropy turned into more socialization, organization and professionalization. At the same time, the public participated in enactting the Philanthropy Law in 2014 revealed that the rule of law had been promoted in civic philanthropy, and contract spirit had been emphasised by civil society.

The local experience of Guangzhou and Wenzhou in 2014 revealed that the construction of high-efficiency philanthropy market needed a supportive ecosystem of philanthropy which established jointly by various kinds of social organizations such as project design, capacity building, assessment, consultation and social venture service. The rise of foundation is particularly worthy of our attention, foundation will become the most important capital supplier of China'civic philanthropy take the place of governments and international institutions in next five years, and the charitable trust will become the important means of hedging and appreciation of foundation.

It seems that 2014 is the first year of community foundation, because community foundation was rising rapidly in this year benefited from the government's imprimatur and promotion. The flexible small grants for community will become the important use-pattern of charitable funds in next five years, community foundation will become the important carrier in this process. Furthermore, as China'civic philanthropy is entering a new era of mobileInternet, the internet thinking will deeply affected thinking mode of philanthropy in next five years.

The reform of the governance system and the modernization of the capacity of national governance is the main theme of China's development in next five years, philanthropy transformation drives social transformation and finally promotes national governance transformation is one feasibility of China Road. China'civic philanthropy will cause a series of social governance system reform in next five years, government, market and social organizations will form an large-scale crossover interaction, and it ultimately realize the new social governance pattern of multiple governing.

序　言

对于中国公益慈善事业的发展而言，2014年是值得浓墨重彩的一年。乘着中央全面深化改革的东风，公益慈善领域迎来了新的发展机遇。新常态下的中国公益慈善事业，已步入了加快创新发展的关键时期。党的十八届四中全会通过了《中共中央关于全面推进依法治国若干重大问题的决定》，首次明确提出"加强社会组织立法"。国务院下发《国务院关于促进慈善事业健康发展的指导意见》，对促进慈善事业健康发展作出了系统安排，该意见成为首份以国务院名义出台的规范性、纲领性文件。与此相应，在规范慈善组织发展、保障社会组织参与环保公益诉讼、推动社会组织去行政化、加快慈善事业立法、依法履职惩治社会组织腐败等方面，各级政府也都加大了改革创新力度。这一系列立足于现实的改革举措，对于引领中国公益慈善事业步入正轨，乃至进一步推动中国社会转型，具有里程碑意义。

通过多年来在公益慈善领域的学习、研究与行动，中山大学中国公益慈善研究院致力于总结本土公益慈善事业发展过程中的经验与理论，为政策制定与创新提出建议，进一步推动社会组织体制改革，从而打造成为具有世界影响的公益智库。得益于众多富有社会责任感的年轻学者、社会组织的深入调研和谨慎分析，《中国公益慈善发展报告（2014）》成为中国公益慈善领域最新的研究成果。围绕着"地方经验、法治探索与专业化"的主题，全书展现了中国公益慈善领域最新的发展状况。

综观全书，我以为本书归纳的中国公益慈善领域几点最新的发展趋势尤为值得我们关注。

其一是中国公益慈善法治探索的进程逐步加快。党和政府高度重视社会组织的法治建设，对社会组织的登记管理、行为规范、扶持发展等都作出了重要的指示，相关的政策、法律环境正逐步改善。但与此同时，由于专门法律不够健全、社会组织法律意识欠缺、政府部门监管与执法力量不足等问题，公益慈善领域仍存在不少法律争议。因而，出台一部系统的《慈善事业法》以保障

慈善事业高效发展是刚性需求。在依法治国战略得到深化发展的当下，公益慈善领域的法制建设无疑是值得关注和致力的方向。

其二是慈善组织的专业化发展水平稳步提高。随着政府政策的放开，以及行业自身发展对公益组织的专业性提出的更高的要求和期待，大量松散型志愿组织正逐步向专业化组织转型，而政府、公益组织、基金会、企业和媒体也同时构成了立体的公益生态系统。透过妇联的社会化转型、中国狮子联会的专业转型过程，我们可以看出，社会组织不仅可以借鉴国外经验，更需要在自身实践过程中不断探索和总结地方经验，加强能力建设，实现专业转型。

其三是公益慈善事业发展的地方经验日益彰显。中国的公益慈善事业已进入全面改革的关键时期，各地方基于本地政治经济状况的本土化实验和探索形成了各具特色的地方经验。因而可以说，2014年是地方改革年。促进公益慈善事业发展已经开始转向推动顶层设计，而非传统地依赖于顶层设计。对各地方慈善改革经验的归纳，有助于我们"深入理解慈善事业的运行机制并形成良好的慈善事业发展观念，为中国慈善事业改革提供依据和地方范本"。这些推动慈善事业深化改革的地方经验，走出了公益慈善事业的中国道路。

在总结慈善事业改革的"广州经验"的过程中，我认为"公民慈善"构成2014年中国公益慈善事业所出现的范式转换，即公益慈善事业要有序地回归民间，需要让慈善成为公民的权利和责任。以"慈善社区化、市场化和法治化"为主题的发展道路，以"社区为本，公益生态，法治慈善，多元共治"为核心的发展格局，让我们看到广州经验为慈善改革的中国道路提供了一种可能的方向。

《中国公益慈善发展报告（2014）》作为中山大学中国公益慈善研究院编写的"公益蓝皮书"系列的第四本，付梓在即，衷心感谢研究院全体同人为编写此书付出的辛劳，也再次感谢对此书出版给予支持的同人，更希望此书所展示的新成果、新观点和新实践，能够鼓舞公益慈善领域的同人齐心协力，为推动中国社会转型、促进社会公平继续努力。

中山大学中国公益慈善研究院　院长

李萍

于康乐园

2015年8月10日

目录

BⅠ 总报告

B.1 公益慈善的十个趋势：从地方经验到法治慈善 ············ 朱健刚 / 001

BⅡ 分报告

B.2 2013年度中国家庭捐赠行为调查报告
——基于全国劳动力动态调查数据的发现
················· 朱健刚 刘艺非 / 017
B.3 2014年度中国民间公益透明指数（GTI）报告
················· USDO自律吧 / 051
B.4 中国公益众筹发展报告 ········· 刘 盛 曹亦苹 黎影怡 / 078
B.5 2014中国公益报道与公益媒体年度观察 ············ 周如南 / 097

BⅢ 专题报告

公益慈善的地方经验

B.6 社区基金会案例研究：美国经验与中国路径
················· 王筱昀 朱健刚 / 105
B.7 走向公民慈善：广州经验与挑战 ············ 朱健刚 / 128

B.8 温州现代社会组织体制建设的实践经验、
问题反思与政策建议 ················· 蔡建旺 周如南 / 155

法治探索

B.9 透明、规范与法律意识
——2014年中国公益慈善组织法律案例年度观察
················· 陆 璇 林文漪 / 181

B.10 慈善立法的基本争议
——以2014年为基本语境 ················· 马剑银 / 213

B.11 中国公益信托基金投资研究报告：问题、约束与建议
——基于对英美两国相关立法的考察 ················· 洪 鋆 / 231

专业领域发展

B.12 参与的权利：妇女组织推动妇女发展的新进展
················· 李文芬 柯倩婷 / 267

B.13 2014年中国环保公益组织发展研究报告
················· 恩派社会组织发展研究中心 / 291

B.14 志愿组织的专业转型：以中国狮子联会为例
················· 夏循祥 景燕春 刘艺非 / 315

B.15 中国企业公益发展现状及培育建议 ················· 何智权 / 336

B.16 我国环保基金会的内部治理与外部监管研究
——对我国环保基金会公开信息的分析 ······ 龙朝晖 王紫微 / 359

国际公益环境

B.17 简评在华国际公益慈善对中国公益的影响 ················· 胡 明 / 374

BⅣ 附录

B.18 2014年中国公益慈善十大事件 ················· / 388

CONTENTS

B I General Report

B.1 Ten Trends of China'Civic Philanthropy: From Local
Experience to Legislation Exploration *Zhu Jiangang* / 001

B II Topic Reports

B.2 Report on China's Household Giving Behavior: Based on the
Survey Founds of the CLDS *Zhu Jiangang, Liu Yifei* / 017

B.3 Report on China Grassroots Transparency Index in 2014
The Union of Self-Disciplinary Organizations / 051

B.4 Report on China's Philanthropy Crowdfunding in 2014
Liu Sheng, Cao Yiping and Li Yingyi / 078

B.5 Annual Observation on China's Philanthropy Reports and
Philanthropy Medias in 2014 *Zhou Runan* / 097

B III Special Reports

The Local Experience of Civic Philanthropy

B.6 The Case Study of Community Foundations: American
Experience and Chinese Road *Wang Xiaoyun, Zhu Jiangang* / 105

B.7 Toward Civic Philanthropy: Experience and Challenge of
Guangzhou *Zhu Jiangang* / 128

003

公益蓝皮书

B.8 Experience, Reflection and Policy Suggestion of the Reform of Modern Social Organization Management System in Wenzhou
　　　　　　　　　　　　　　　　　　　　Cai Jianwang, Zhou Runan / 155

Legislation Exploration

B.9 Transparency, Specification and Legal Consciousness: Annual Observation on Legal Cases of Philanthropy Organizations in 2014　　　　　　　*Lu Xuan, Lin Wenyi* / 181

B.10 The Fundamental Argument of Philanthropy Legislation: 2014 as the Basic Context　　　　　　　*Ma Jianyin* / 213

B.11 Report on China's Philanthropy Trust Fund Investment: Based on the Study on Relevant Legislation in America and Britain　　*Hong Jun* / 231

Professional Field Development

B.12 The Rights to Participate: the New Progress of Women's Development Promoted by Women's Organization
　　　　　　　　　　　　　　　　　　　　Li Wenfen, Ke Qianting / 267

B.13 Report on the Development of China's Environmental NGOs in 2014　　　　　　　　　　*NPI* / 291

B.14 The Professional Transformation of Voluntary Organizations: China Council of Lions Clubs as an Exemple
　　　　　　　　　　　Xia Xunxiang, Jing Yanchun and Liu Yifei / 315

B.15 Current Situation and Cultivation Suggestion of China's Corporate Philanthropy　　　　　　　*Brian Ho* / 336

B.16 Research on Internal Governance and External Supervision of China's Environmental Foundations:Analysis of Public Information of China's Environmental Foundations　　*Long Zhaohui, Wang Ziwei* / 359

International Philanthropy Environment

B.17 Brief Comments on the Impact on China's Philanthropy Made by International Philanthropy Organizations in China　　*Hu Ming* / 374

BⅣ Appendix

B.18 Ten Events of China'Civic Philanthropy in 2014　　　　　　/ 388

总 报 告
General Report

公益慈善的十个趋势：
从地方经验到法治慈善

朱健刚*

2014年是中国公益慈善事业在平静中孕育规范的一年。从2008年起，中国的社会救助和公益慈善事业就已开始加速转型，其后更是一日千里。中国的社会救助和公益慈善事业大踏步地从以往的感性公益和计划慈善逐步转变为理性公益和公民慈善。2013年，这一转型的方向基本形成，[①] 并和市场经济体制的全面深化改革相一致。但是，这种快速发展中也不可避免地会出现一些混乱甚至是腐败的情况，政府的管理也常常表现得相对滞后。这些使得无论是政府，还是慈善界自身，在2014年都开始对公益慈善事业进行调整和规范。

这种规范一方面表现为政府开始筹划出台相关的法律法规和公共政策以规

---

* 朱健刚，中山大学社会学与人类学学院教授，中山大学中国公益慈善研究院执行院长。
① 朱健刚：《从计划慈善走向公民公益——2013中国慈善事业发展综述》，载杨团主编《中国慈善发展报告（2014）》，社会科学文献出版社，2014。

范慈善事业,另一方面则表现为民间公益的自律和对契约精神的提倡。这种规范从地方经验的探索逐步上升到法治层面的讨论,贯穿于整个2014年。它促进了公益慈善事业的健康发展,但其中一些过度的规范措施也限制了民间公益的良性互动。我们的发展报告将立足于2014年公益慈善领域的重大事件,结合我们的定量和定性研究,力图揭示出2014年的这种规范对未来五年内慈善事业转型方向所产生的十个重要影响。

一 中国慈善事业体制将逐渐从行政模式转为市场模式,慈善市场将起到配置慈善资源的决定性作用,公益市场化成为现有体制下公益慈善事业发展的重要趋势

党的十八届三中全会[①]提出发挥市场配置资源的决定性作用。这不仅仅是针对经济体制的改革,对于与市场经济相适应的慈善事业而言,市场机制也应该逐步起到重要的资源配置作用。这一慈善市场不同于经济市场,它不以利益的最大化为目标,而是主要考虑慈善捐赠方、服务提供者以及受助对象三者之间如何形成慈善资源的有效对接机制和法治规则。在最近的两年中,我们看到计划慈善的领域逐步缩小,而一个自发的慈善市场正在迅速蓬勃地发展。

南都公益基金会理事长徐永光先生于2014年4月在《中国慈善家》发表的《公益市场化刍议》[②]一文是民间对于公益慈善市场化最重要的一篇倡导文章。这篇文章从市场主体、要素市场、市场规则和市场营销四个方面阐述了公益市场化的主要内容,更提出以市场化挑战公益行政化。文章延续了公益慈善领域另一个意见领袖何道峰先生的"经济、社会和政治市场化"的主张,将市场化看作解决当前公益慈善领域行政化问题的主要手段和方法。

徐永光的"以市场化挑战行政化"的命题可能是2014年中国公益慈善界最重要的命题。在2014年,这一市场化的趋势悄然兴起,其中受影响最大的

---

① 参见新华社《中国共产党十八届三中全会公报发布(全文)》,http://news.xinhuanet.com/house/tj/2013-11-14/c_118121513。
② 徐永光:《公益市场化刍议》,《中国慈善家》2014年4月号。

是2014年9月的深圳慈展会。在大会上，由深圳残友集团创办人郑卫宁和徐永光先生大力倡导，国内17家关注社会企业与社会投资的基金会、研究机构、社会投资机构联合发起了"中国社会企业与社会投资论坛"，其目的在于整合资源以推动社会企业发展。与此同时，友成基金会、华民基金会等多家机构也发起建立了"社会价值投资联盟"。作为投资领域的社会创新，这一联盟试图探索政府、市场、社会三方面跨界合作、协同创新的投资模式。随着金融、技术、信息、职业公益人士阶层等要素的投入，市场化思维的公益组织逐渐成为市场主体，公益市场化在2014年逐渐从萌芽期过渡到市场构建时期。这一构建过程之迅速既出人意料，也在情理之中。在现有政治经济体制之下，它不但能够激发许多企业精英人士投身公益事业的热情，施展他们从经济市场中历练出来的才华，而且也比较容易得到政府的包容。

民间的活跃也影响到相关政策的倾斜。2014年10月29日，国务院总理李克强在国务院常务会议上指出，要优先发展具有扶贫济困功能的慈善组织。地方政府和社会力量可通过公益创投等方式，为初创期慈善组织提供支持。[①] 这是国务院首提支持"公益创投"，慈善金融也受到了鼓励。此后，各地政府、公益组织和企业都掀起公益创投的热潮，公益创投成为备受关注的投资新思维。国务院于2014年12月份印发的《国务院关于促进慈善事业健康发展的指导意见》，则再次确定了鼓励和规范慈善事业发展的一系列重大政策措施。[②] 高层的关注体现出中央政府对慈善投资领域创新和慈善事业发展的鼓励和规范。在未来五年，借着公益创投的理念，预计政府会进一步卷入公益市场化的大潮之中。

二 慈善事业的民间化、组织化和专业化将成为慈善事业发展最重要的特征

公益市场化带来了一个重要的正面影响：慈善事业会进一步民间化、组织

---

① 参见《李克强主持召开国务院常务会议》，人民网，http://politics.people.com.cn/n/2014/1029/c1024-25934375.htm。
② 参见《国务院关于促进慈善事业健康发展的指导意见》，中央人民政府网站，http://www.gov.cn/gongbao/content/2015/content_2799012.htm。

化和专业化。在未来的慈善市场建设过程中,市场主体将主要由具有市场思维的民间公益慈善组织来承担。"慈善回归民间"表现为原有的官办慈善组织将逐步去行政化,从而进一步社会化。除了少数已经对政府形成深度依赖的大型慈善组织之外,大量的官办慈善机构在未来都将回归民间。政府将更多地以政府购买服务或者公益创投的方式和这些组织建立起市场条件下的契约关系,促使后者逐步走向优胜劣汰。而这些社会服务机构也将在慈善市场上凭借自己的服务质量、服务能力以及受助对象的满意程度,来与外部机构进行竞争与合作。在未来五年,慈善会的转型将变得尤为瞩目。慈善会能否成功社会化,能否脱离对政府的依赖,将标志着慈善能否真正回归民间。

这种民间化的过程,同时也是慈善事业的自组织化过程。慈善事业在市场机制下要提高效率、发挥更大的效能以及赢得更高的公信力,而这就需要从过去的好人好事逐步转化为组织化的公益慈善。但这并不意味着个人性的随手公益的消失,而是意味着即使是看起来的随手公益,也开始得到公益组织的有效推动和引导,以使其可持续。随着公益慈善类社会组织登记注册制度的开放,公益慈善组织在2014年仍然保持着持续增长。本书中,由USDO自律吧委托清华大学完成的《2014年度中国民间公益透明指数(GTI)报告》指出,在2000年之后,民间公益组织数量增速上升;注册的比例也增加为75%。从区域分布来看,广东、北京、四川、江苏和上海的民间公益组织最多,呈现东—西—中部梯级差。

公益一旦变成组织化行为,那么组织就会强调公益的效率和效果,也就自然会走向专业化的道路。专业化意味着组织的公开、透明和高效。公益组织的专业化在现阶段还不尽如人意,例如在本书中,《2014年度中国民间公益透明指数(GTI)报告》就揭示出整个民间公益组织的透明度虽然在提高,但是仍然整体不及格。而由龙朝晖、王紫微完成的《我国环保基金会的内部治理与外部监管研究》就以环保基金会为例,发现大部分基金会都没有公开信息。不过我们相信,在未来五年,专业化的治理制度、工作流程,合理的薪资待遇以及专业化的评估体系都将成为必然的趋势。

这种专业化水平的提升在救灾中得到充分体现。近年来,民间救援力量在经历汶川、玉树、雅安等多次灾害救援之后迅速成长,民间救援队伍的数量和质量都有很大提高。例如,2014年鲁甸地震后民间救援组织形成了多个救灾联合体或网络，实现了专业协作、有序救灾。① 本书中由夏循祥等完成的《志愿服务的专业转型：以中国狮子联会为例》一文揭示出狮子会在专业化方面的努力，从而推动这个在中国迅速发展的志愿组织逐步走上专业化道路。

而要实现组织的专业化，就需要引入或者培养专业人才。2014年由零点公司发布的《中国公益行业人才发展现状报告》指出：与2010年相比，公益组织的工作稳定性和专业性都有所提高，高学历和职业化的员工比例都有所增加，而岗位、制度的专业性也有所提升，人才培养得到高度重视，不过项目管理、传播和筹款专业性方面仍然在需求与现实之间有着较大的落差。②

三 基金会崛起将是最值得关注的趋势，它将逐渐取代政府和国际机构，成为整个慈善事业最重要的资金供给方，公益信托将是基金会保值增值的主要手段

在慈善机构逐步民间化、组织化和专业化的过程中，资源如何有效持续供给成为关键。如果没有稳定和多元的资源投入，公益慈善的行业化就仍然只是一句空谈。在过去的30年，公益慈善的资源主要依赖国际单边或者多边机构的支持。2004年以来，由于担心公益组织过于依赖国际NGO而有可能导致"颜色革命"，政府也开始加大对公益组织的投入和支持。但是正如本书中《走向公民慈善：广州经验与挑战》一文中所指出的，率先进行政府购买服务的广州的经验表明，政府购买服务也可能形成社会组织对于行政体制的依赖，甚至可能产生新的寻租行为。因此，在未来五年内，虽然政府的购买服务扮演着重要的资源供给者角色，但民间基金会的崛起也不可或缺。如果要实现慈善回归民间，让公益慈善界能够真正成为相对独立自主的行业，民间基金会的发展就显得更为关键。

---

① 参见杨晓红《鲁甸地震：民间救援"组合动作"》，《南方都市报》2014年8月6日。
② 参见南都公益基金会《〈2014中国公益行业人才发展现状调查报告〉发布报告》，http：//www.naradafoundation.org/content/3655。

而基金会尤其是民间的基金会,如何能够源源不断地为公益慈善领域提供资源,则是 2014 年公益慈善界又一个关键课题。现行基金会的法规鼓励基金会把钱花出去,却没有规范基金会如何实现最大程度的保值增值。围绕这一问题,公益信托成为 2014 年基金会领域的热门话题。2014 年 4 月 25 日,阿里巴巴两位创始人马云和蔡崇信宣布,将建立个人公益信托基金。① 阿里公益基金将致力于医疗、环境、水、教育、文化等公益领域,地域涉及中国内地、香港和海外。银监会也在此前下发《中国银监会办公厅关于信托公司风险监管的指导意见》,提出"完善公益信托制度,大力发展公益信托,推动信托公司履行社会责任",将公益信托正式定位为信托行业转型的方向。② 长期以来,公益信托虽有《信托法》等法律依据,但由于缺乏可操作性问题而一直没有得到足够的重视和良好的发展。如何既能够促进公益信托快速发展,又能避免有人利用公益信托的税收优惠而从中谋利,是公益信托监管中的重要问题。在本书中,《中国公益信托基金投资研究报告:问题、约束与建议》对于中国公益信托的问题、约束与规范进行了深入探讨,从而指出只有通过内外监督制度的构建才能明确相关各方对公益信托投资的监督职责。只有及时发现、纠正受托人投资权的"越界"行为,加强公益信托基金投资活动的风险控制,同时根据法律法规及谨慎投资规则对相关责任主体追究法律责任,公益信托事业才能走上健康发展的道路。

随着公益信托以及保本基金的发展,可以预计未来五年期间基金会将快速发展,并成为公益慈善领域最主要的资源提供者。

四 将会出现一系列公益支持机构,涉及评估、咨询、能力建设、展会甚至社会创投服务等各个方面,逐步打造出整个公益慈善的生态系统

只要公益慈善组织开始走上专业化的道路,同时公益信托在一定时间内实

---

① 参见《马云蔡崇信将捐阿里集团总股本 2% 成立个人公益基金》,新华网,http://news.xinhuanet.com/gongyi/2014 - 04/25/c_ 126434268. htm。
② 参见中国银行业监督管理委员会《中国银监会办公厅关于信托公司风险监管的指导意见》,http://www.cbrc.gov.cn/govView_ 69DB963082914C498028012863245973.html。

现保值增值，公益慈善市场就会要求一系列的支持性机构出现，从而支持市场提供配套基础设施。

2014年，一系列地方实验都展现出这种支持性的公益生态系统的建设。本书中的《走向公民慈善：广州经验与挑战》和《温州现代社会组织体制建设的实践经验、问题反思与政策建议》两篇报告分别从广州和温州两个个案中揭示出，当地的公益慈善发展都着重于公益组织的能力建设、孵化基地的建设以及相关评估和创投的支持，公益生态体系的建设将成为未来五年行业建设的重点。

五 社会救助和慈善事业最重要的关注领域将是青少年儿童、社区发展和医疗康复，与此相适应，大量的公益资源将投往这三大领域

在一个公益慈善行业中，总会出现一些重要的投资重点和服务组织集中的领域。这些领域往往也是中国社会问题比较集中的领域。在本书中，《2014年度中国民间公益透明指数（GTI）报告》则指出，成熟度较高的机构集中在教育助学、企业社会责任、民间研究机构和残障人士这四个部分，在一定程度上也折射出这些领域的资源相对集中。中山大学中国公益慈善研究院、NGO 2.0及南都公益基金会在2014年联合发布的《中国民间公益组织基础数据库数据分析报告》显示，青少年儿童为目前国内民间公益组织涉足比例最大的服务领域。[1]

通过多年的观察，我们发现，救灾与扶贫济困总是中国慈善资源最青睐的领域。[2] 这些救济集中在社区层面，而社区发展的理念正是由扶贫济困、灾害救济发展而来，它也简称为发展领域。在发展过程中，它逐渐从强调救济救助转化为强调社区培力、助人自助的过程，以推动社区的可持续发展。重要的是，越来越多的人开始接受这个理念。

---

[1] 参见南都公益基金会《中国民间公益组织基础数据库数据分析报告》，2014，http://www.naradafoundation.org/html/2014-06/16919.html。

[2] 赖伟军、陶林：《非公募基金会资金管理和使用状况研究报告》，载朱健刚主编《中国公益发展报告（2012）》，社会科学文献出版社，2013。

六 社区将持续复兴，灵活的小额社区资助成为重要的慈善资金使用方式，社区基金会将成为重要的载体，而资助模式成为基金会与社会服务机构之间主要的合作方式

徐永光提出的公益市场化理论在2014年也引起了人们的争议。其中一种批评指出，在公益慈善领域，虽然服务和产品可以市场化，但是公益中还有很多内容，比如倡导和权益保障等，仍然难以市场化，而这些却正是公民社会在公益慈善领域中能够发挥的重要功能；另一种批评则指出，过分强调公益市场化可能会削弱社区尤其是削弱社区志愿者和志愿参与的价值。这些社区志愿服务可能不具有市场竞争性，但是对于推动公民参与意义重大。对社区的强调，我们从2014年社区基金会的兴起可以窥见一斑。

2014年似乎可以称为社区基金会的元年。这并不是因为"社区基金会"是一个全新的概念，事实上，在这几年，社区基金会的概念就不断在公益界被反复提起。但是社区基金会得到政府的认可并被迅速地推广，却是在2014年。2014年3月，深圳市正式出台《深圳市社区基金会培育发展工作暂行办法》，提出要打造"社区基金会"，鼓励在社区内以非公募的形式筹集资金，降低原始资金最低额度的要求，从而助力社区发展。2013年12月31日，深圳市圆梦南坑社区基金会正式成立；紧接着，2014年1月8日，上海浦东新区首个社区慈善基金——上海市慈善基金会浦东新区分会浦兴路街道社区基金成立；2014年3月2日，北京太阳宫社区善客基金成立，成为支持社区公益慈善事业发展的资金筹集平台。

本书中的研究报告《社区基金会案例研究：美国经验与中国路径》对2014年以来社区基金会这一概念的全球传播过程做了一个初步的梳理，我们从中可以清晰地看到，中国社区基金会的出现受到全球化的强烈影响，但也呈现地方性不断重新建构的格局。在中国，社区基金会并非依据某种严格的国际定义，而是依据"筹集本地资源，用本地的方式寻找本地问题的解决办法"这样的思维方式来建构出各种类型的社区基金会。在中国，它既有地方政府发起的方式，也有地产企业的方式，还有民间公益人士自下而上发起的方式，多元的发展路径显示出社区基金会在中国的活力和前景。不过我们的报告也指出，由民间公益人士自发组织的社区基金会在运作上更接近于美国的社区基金会，但是资金往往不足，发展需要漫长的时间。而商业发起的社区基金会有相对稳定的资金，但是由于产权难以完全隔离，公信力常常会受到质疑，也会影响未来的发展。2014年，政府主导的社区基金会发展迅速，也最具有政策和制度创新的影响力，但是由于政府自身的官僚体制效应，基层往往是应对上级，而难以对民间有真正的动员力。在2015年，我们期待的是，在政府认可的大势之下，可以有更多的慈善家敢于试水，组建更多的民间意义上的社区基金会。未来的中国社区基金会，可能同志愿者、社会企业、NGO这些概念一样，在全球化的影响下，形成不同的发展道路，也呈现多元复杂、相互交融的局面。

社区基金会兴起的背后反映出社区慈善开始得到人们更多的关注，而社区慈善在中国由来已久。不过大多数时候，社区慈善都一直处于志愿服务的松散状态。社区基金会的出现与其说是要进行一种新的法律意义上的分类，不如说它是一种力图对社区慈善加以规范的新的方法论。由社区基金会来对慈善资源进行有效分配，同时也通过资助的方式，有方向地引导社区公益组织，这是社区基金会真正的功能，也是社区慈善走向规范的一个标志。

发挥社区基金会作用的基金会不一定要标榜自己是社区基金会，它可以是企业基金会，也可以是家族基金会，甚至可以是地方的慈善会，只要它整合本土资源，以本地方式来解决本地问题，都可以体现出社区基金会的作用，因此更准确地说，社区慈善其实是地方基金会的一种发展方式。2014年5月首届地方基金会论坛在广州召开，其后中国最早的一批社区基金会——广东省千禾社区公益基金会迎来了五周年的纪念，并举办了大型论坛，徐永光等人纵论了社区基金会的价值创造与社区影响力构建。这种影响力将通过基金会资助社区公益组织或者投资社区社会企业的方式表现出来。

资助是国际上比较流行的慈善运作模式，它要区分筹资型机构和服务型机构各自不同的功能，筹资机构不直接服务，而是提供资金给专业服务机构开展服务。这种资助关系目前在中国的基金会还不是主流，随着慈善市场的逐步发展，尤其是社区基金会的发展，未来五年，资助将成为主要的慈善运作方式，尤其是小额的社区资助模式更可能成为主流。

七 地方经验仍然会引领公益慈善事业的中国道路，北京、珠三角地区和长三角地区将成为中国慈善最活跃的地区，地区不平衡将更加明显，资金流向区域更广泛，西部地区为公益资源主要流入地

在目前中国的政治经济体制下，社会领域的整体性改革仍然不易。从2014年的发展可以看出，改革仍然不得不依靠各地的地方经验，依靠人们对本地环境的认知、思维习惯和策略选择，而忌讳全国一哄而上。本书特别选择了广州和温州作为2014年的典型案例，试图分析浙江在全国公益慈善领域的悄然崛起以及广东保持改革开放前沿的背后的原因和实际的过程。在缺乏成熟理论的指引下，广州和温州的地方政府和公益组织在长期的磨合过程中都逐渐形成了对改革环境、思维方式和策略选择的一种难得的默契。同时两地也在通过各种政策和法规的建设来推动对公益慈善事业的规范。

八 法治原则很可能首先在公益慈善领域得到推广，慈善将逐步通过立法来建立规范，公益组织的契约精神将进一步得到强调

对于中国的慈善法而言，2014年这个年份值得大书特书一笔。2014年3月，全国人大常委会专门成立慈善法草案起草领导小组，并召开研讨会，邀请有过慈善法规立法经验的地方机关、民政部门代表和专家对立法过程中的重大问题进行初步讨论，课题组还奔赴祖国各地，开门立法。截至12月，共有5部慈善法民间建议稿同时公布，它们分别是由北京大学法学院非营利组织法研究中心、清华大学公共管理学院NGO研究所、中国社会科学院法学研究所、北京师范大学中国公益研究院、上海交通大学第三部门研究中心、中山大学中国公益慈善研究院等6家机构提交。全国人大表示，会对民间提出的各版本草

案予以参考。

让人耳目一新的是，这次由全国人大内务司法委员会来牵头的立法不但是开门立法，而且得到了各方的积极响应和公开倡导，被很多学者所慨叹的"漫漫立法路"在2014年似乎出现了转机。2014年上半年，在广州召开的思想峰会以慈善立法为主题，邀请全国人大和民政部的领导出席，而且下半年在北京召开了以5部专家建议稿为基础的"慈善法民间版本研讨会"。除此之外，各大学术科研机构还以学术沙龙、研讨会等形式讨论慈善立法的相关问题，并广泛邀请慈善法起草小组成员、相关行政机关官员、公益慈善从业人员、公益慈善领域的专家学者参与。这股热潮终于推动全国人大不断前进，2015年4月10日第十二届全国人民代表大会常务委员会第四十五次委员长会议更明确写明"慈善事业法将于2015年10月进行初次审议"。在本书中，马剑银撰写的《慈善立法的基本争议》指出这种情况在当代中国的立法史上也属罕见。[1] 他也指出，慈善法立法本身并不意味着法治，"法治"需要一系列的制度配套，例如立法过程的民主参与，立法者对法律条文的合理设计等；同时，在立法过程中也要展望国家与社会发展的主流走向，在慈善法框架结构中重新调整国家与社会的关系，强调社会共治，弱化行政管理色彩，增强私权、社会与公共领域等观念，而在2014年的慈善法讨论中似乎都看到了法治的本来之意。

然而这并非孤本，2014年4月24日，全国人大常委会通过新修订的《中华人民共和国环境保护法》（以下简称《环境保护法》），并规定自2015年1月1日起开始施行。[2] 新的《环境保护法》首次以法律形式确立社会组织在环境公益诉讼中的主体资格和认定标准，为支持社会组织参与环境保护提供了法律保障。此前，在《环境保护法》修正案征集意见中，公益诉讼主体是一大焦点，经过多方争取，最终采纳社会组织也可以作为环境公益诉讼主体的意见，并明文规定其主体资格。该法律正式实施之后，全国有700余家符合要求的社会组织可依法提起环境公益诉讼。

---

[1] 参见《慈善立法：营利性活动请止步　利益相关者要公开》，《成都商报》2015年3月4日，第10版。

[2] 参见新华社《中华人民共和国环境保护法》，http：//www.npc.gov.cn/huiyi/lfzt/hjbhfxzaca/2014-04/25/content_1861320.htm。

公益蓝皮书

地方立法也同样开始出现开门立法的趋势。2014年6月,《广州市社会组织管理办法》经广州市政府常务会议审议通过。① 这是全国第一部地方性的社会组织法规。该管理办法比照商事登记,取消了社会团体和民办非企业单位的注册资金要求,降低了注册门槛;仅要求社会组织的场地是固定的、邮政通信可达的住所;等等。此项政策变化在一定程度上被视为广州市在社会组织管理创新上的重要举措。同样,在立法过程中,广州多家社会组织联合开展了问卷调查,邀请社会组织、学者、律师、媒体、政府相关部门共同参与召开研讨会,向广州市政府法制办提交立法建议。社会组织在这次广州市社会组织管理体制改革的过程中发挥了重要作用,同样这次改革因此被媒体称为"社会组织推门立法"。

法治慈善不仅仅体现在慈善立法上,而且也表现在公益慈善组织开始用法律来调整彼此之间的关系,处理相关的争端。本书中,由陆璇、林文漪撰写的《透明、规范与法律意识——2014年中国公益慈善组织法律案例年度观察》分享了2014年一些经典案例,例如周筱赟诉北京市朝阳区民政局政府信息公开案、深圳壹基金公益基金会(简称壹基金)被质疑事件等,这些事件最终都以诉讼的方式来处理。业内最引人关注的禾邻社诉万科基金会的著作权案,被称为公益界知识产权第一案。其实基金会把草根公益组织的创意据为己有的事件已经很多,但是大多数时候,民间公益组织考虑到诉讼投入的时间成本、人力成本以及打官司的难度,一般都最多吐槽了事。而这次禾邻社站出来起诉得到了复恩法律援助中心的法律援助并最终胜诉,充分反映了法律意识的重要性,也提醒了公益组织之间应有契约精神。随后广州灯塔计划和中华社会救助基金会因为后者违约而发生了冲突。随后,基于契约精神,双方经过调解,重新续约。与政府和企业部门不同,公益慈善组织彼此之间比较平等,也有强烈的道德诉求,法治作为公民道德的基础,很容易被广泛地接受。在未来的五年间,相信还会有更多的案例来推动法治深入人心。

---

① 参见《广州市社会组织管理办法》,法律教育网,http://www.chinalawedu.com/falvfagui/fagui/jx20141107102210955540911.shtml。

九 互联网思维将深刻影响着慈善领域的思维方式，同时公益慈善的信息化平台打破时、空、行业界限，促进公益资源对接实现规范化、常态化和专业化

互联网思维已经对现有的企业组织和公益组织提出了严峻的挑战。在移动互联网、大数据和云计算等 IT 技术背景下，人们开始对公益产品和服务、筹款、公益价值链以及整个公益生态重新审视。过往的公益慈善思维或者集中在社区的服务对象上，或者集中在基金会等几个重要捐款资助方上，而互联网思维则强调基于用户原则，应该顾及千万普通用户，强调他们的参与体验，这就突破了少数人的局限。未来五年，互联网思维集中表现在互联网募捐的兴起方面，哪怕是每人捐款一元钱，在互联网的网聚效应下也会带来可观的捐款收入。同时，互联网强调社会化思维，以网络为核心将利益相关方连接在一起，网络、枢纽、去中心化、平台、众包、众筹、公益 APP 等方式在未来五年将席卷整个公益慈善界的年轻人。

本书中，由刘盛、曹亦苹和黎影怡完成的《中国公益众筹发展报告》着重对 2014 年的公益众筹做了一个全面的分析，指出：据不完全统计，2014 年中国公益众筹市场规模达到 1272 万元，众筹网、追梦网以及淘宝众筹处于市场领先地位。2014 年最热门的互联网筹款当推支持包括 ALS 患者在内的罕见病群体的"冰桶挑战"。而本书中周如南撰写的《2014 中国公益报道与公益媒体年度观察》则指出，在传统媒体的公益报道版面大幅度缩减的同时，新媒体中的公益报道阵地明显从微博转向微信公共账号，自媒体传播者数量井喷，以公益众筹为目的的行业品牌意识不断提升，自我公益传播出现品牌化趋势。互联网和信息技术日益颠覆性地改变公益传播结构。

不过，互联网不仅对于公益筹款有着重要的突破意义，而且对于公益慈善行动也有着重要的范式革命的意义。本书中，由李文芬、柯倩婷撰写的《参与的权利：妇女组织推动妇女发展的新进展》一文指出，由于互联网的发展，

特别是新媒体/自媒体在传播、倡导方面带来的便利，2014年民间妇女行动的生态图景可以说波澜壮阔，青年女权行动者群体迅速成长。民间妇女行动着力的议题领域比三年前宽广很多，并且行动频率也比较稳定，公开权利诉求和常规活动相比占据半壁江山，表达诉求的方式也更加公开透明，尤其是街头行为艺术最为盛行。在互联网时代，愿意公开表达的人都可成为倡导主体，参与也进一步走向合作。

十　公益慈善事业将引发一系列社会治理制度的改革，政府、市场和社会组织将形成大规模的跨界，实现多元共治的社会治理新格局，同时国际慈善机构的在华工作也进一步帮助中国融入整个世界

治理体系的改革以及国家治理能力的现代化是未来五年中国发展的主旋律，而公益转型带动社会转型，社会转型进而推动国家治理的转型是我们看到的中国道路的一种可行性。这种公益转型带动治理体制转型的重要动力来自企业和政府对于公益的跨界。在本书中，由何智权撰写的《中国企业公益发展现状及培育建议》对企业公益进行了深入的讨论，提出了打造企业公益生态圈的建议。在未来五年内，相信企业将大批地进入公益慈善领域，而以商业方式实现社会目的的社会企业未来五年将成为想进行公益创业的青年人的首选。大量的民办非企业单位将直接转化为社会企业，弥补我国养老服务等各方面社会服务的巨大供需缺口。影响力投资在未来五年成为中国投资领域和公益领域的重要概念。

不过，跨界不仅仅意味着企业和政府进入公益慈善领域，同时公益慈善领域的治理理念也将进入政府和企业领域。慈善领域的创新也将影响着政府的管理模式。政府购买服务的推出是政府管理思维的一个重要转变，它使得政府从原来自上而下的指令性管理逐步转变为平等的合约式管理，从而在更深的层面上，重建政府与社会组织的关系。未来五年，政府购买服务将全面推开。相信政社将进一步分离，政府让渡出更大的社会空间，从而形成政府、市场与社会

三足鼎立的现代国家整体格局。

当然，在这一转型过程中，国家和社会的关系也并不都是那么和谐。政府的一些政策也可能引起社会的不满，甚至引发冲突。这个时候，畅通的沟通管道以及平等的协商机制就是一种特别重要但也特别难得的制度建设。这种机制究竟如何形成并得以持续是未来五年特别值得关注的重点。2014年最著名的"马丁堂共识"的形成可以给我们一点启示。这个"共识"来自10月广州市民政局公布的《广州市取缔非法社会组织工作细则（征求意见稿）》，其中的第三条第一款规定"正在筹备期的社会组织也位于非法社会组织之列"，这条消息引起了社会组织界别的不小争议。这个时候安平基金和中山大学公益传播研究所合作，在中山大学马丁堂召开了有学者、NGO代表、媒体记者以及政府主管部门的官员共同参加的会议。这样的会议以定向邀请而非公开的形式举行，通过热烈的讨论，而且最终也由前来参会的民政局法规处副处长宣布颇具争议的第三条第一款倾向于废除。这个会议成果后来被媒体称为"马丁堂共识"。它体现了在慈善领域的多元共治中的几股关键力量：媒体人、公益人、学者、律师乃至官员。他们通力合作，可以形成共识，而不再只是某种尖锐对立和不信任。这个过程和方式体现出多元共治不仅仅是政府放权，也表现在社会主动回应。而协商民主是未来公益慈善界所采取的一种积极稳妥的方式。

在整个治理转型尤其是地方治理转型中，国际慈善组织其实扮演着常常被忽略却相当重要的角色。本书中，胡明撰写的《简评在华国际公益慈善对中国公益的影响》指出，作为建构现代世界秩序的积极力量的国际公益慈善组织自19世纪中期就已经进入中国，它们不仅催生和支持了中国现代慈善事业，也对改善中国底层民众的困苦生活起到重要作用。而自1978年以来，国际组织不仅为中国提供了客观的直接援助，也在引入发展理念和技术、培养公益人才和公益组织、促进跨部门合作方面作出重大贡献。虽然对于它们的管理法草案曾引起争议，但是相信在未来五年，国际慈善组织和本土的慈善组织会更多合作，更多参与，而不会就此退出中国。

本书还发布了中山大学中国公益慈善研究院最新的《2013年度中国家庭捐赠行为调查报告》，报告指出，同2011年相比，2013年中国家庭捐赠的平均水平在上升，完全自愿的捐赠所占比例也在增加。正是在这个背景

下，我们看到，虽然中国社会救助和公益慈善事业还有很多问题，但是站在2014年看未来公益慈善事业的发展趋势，我们仍然对未来有信心。这信心并不来自"中国是特殊的"这一假设，而来自中国的发展其实是全球发展的一个折射这一事实。世界潮流浩浩荡荡，相信中国正处在这样的潮流之中。

分 报 告
Topic Reports

2013年度中国家庭捐赠行为调查报告
——基于全国劳动力动态调查数据的发现*

朱健刚 刘艺非**

摘 要： 本报告利用2014年和2012年全国劳动力动态调查数据，围绕捐赠参与率及捐赠额度，对2013年国内家庭捐赠的基本情况进行详细的描述性分析，并与2011年国内家庭捐赠的情况进行了纵向比较。研究发现：①2013年国内家庭捐赠参与度有所下降，在家庭消费结构中的位置同样下降，但捐赠额度的平均水平上升；②城乡社区家庭捐赠差距进一步扩大，东部地区家庭捐赠水平依然领先，中部地区家庭捐赠水

---

* 本报告使用数据来自2014年与2012年"中国劳动力动态调查"（试用版），该项目为中山大学三期"985"建设项目，由中山大学社会科学调查中心执行。香港中文大学社会学系为广东地区补充样本的调查提供了资助。作者感谢上述机构及其人员提供的数据协助，本报告的观点和内容由作者自负。
** 朱健刚，中山大学社会学与人类学学院教授，中山大学中国公益慈善研究院执行院长；刘艺非，中山大学中国公益慈善研究院助理研究员。

平有所提升；③家庭收入水平和消费结构与捐赠之间关系明显且稳定；④完全自发、自愿的捐赠在参与度及额度方面均有提升；⑤国内家庭捐赠参与依然集中在扶贫济困及防灾救灾领域，而文化与艺术保护、宗教及教育等领域有吸纳大额捐赠的趋向；⑥家庭中成年人的捐赠行为与未成年人的捐赠行为相关关系依然明显，另外，家庭成员关系与捐赠参与之间也存在一定正向关系。

关键词： 家庭捐赠　家庭消费　追踪调查

一　研究背景

2013年11月中国共产党第十八届中央委员会第三次全体会议通过《中共中央关于全面深化改革若干重大问题的决定》，决定指出"完善慈善捐助减免税制度，支持慈善事业发挥扶贫济困积极作用"。这是党和国家在慈善事业上所释放出的积极信号，推动慈善事业已经成为当前促进和谐社会发展，提高公民素质的重要举措。国家统计局的数据显示，自2011年以来，国内居民社会捐赠款有所回升，2013年达到566.4亿元。[①] 而中民慈善捐助信息中心《2013年度中国慈善捐助报告》的数据则显示，2013年度国内慈善捐赠额达到989.42亿元，居近三年捐款规模之最，仅次于2008年及2010年的捐赠额度。尽管不同数据的来源或统计口径有所不同，但都反映出，自2011年国内一些吸纳慈善资源规模较大的慈善机构公信力受到质疑，国内民众的慈善捐赠热情受挫后，近两年人们的慈善捐赠热情有所上升；另外，2013年4月四川雅安地震灾害成为本年引发民众进行捐赠的一个重大事件。不过目前国内慈善捐赠的整体水平受到企业捐赠和个人大额捐赠撬动作用较大，根据《2013年度中

---

① 国家统计局：《社会捐赠年度数据》，http://data.stats.gov.cn/workspace/index?m=hgnd，最后访问日期：2015年6月1日。

国慈善捐助报告》，2013年企业捐赠占捐赠总量将近七成。个人大额捐赠则是另一个在国内慈善领域起着重要支撑作用的因素，根据北京师范大学中国公益研究院发布的《2013中国捐赠百杰榜》，入榜人员总计捐赠147亿元，其中18人年度捐赠总额超过1亿元。

慈善捐赠是一个国家公益慈善事业发展水平的重要指标，在慈善捐赠中，除了看总体捐赠数额外，还应该充分关注民众参与的广泛程度；除了关注富裕人士的大额捐赠外，还应当关注一般民众及其家庭的捐赠行为，全民公益的实现有赖于广大民众对公益慈善活动广泛而持续不断的参与。立足于一般民众及其家庭的捐赠情况，中山大学中国公益慈善研究院曾利用2012年中国劳动力动态调查数据，通过《中国家庭捐赠行为调查报告》对2011年国内居民家庭慈善捐赠参与情况进行了一个详细的刻画。为了对国内一般居民家庭捐赠行为进行跟踪性研究，2014年研究院再次利用2014年中国劳动力动态调查数据，继续围绕以下主要问题探讨国内家庭捐赠的状况：第一，2013年中国家庭捐赠总体情况如何？第二，不同社会经济特征的家庭在捐赠参与度和捐赠额度上有何差异？第三，家庭捐赠自主性程度如何？第四，家庭捐赠领域分布呈现什么状况？第五，与2011年相比，国内家庭捐赠呈现什么样的变化？

二 数据与方法

（一）研究数据

本报告使用的数据来源于2014年及2012年"中国劳动力动态调查"（China Labor-force Dynamic Survey，简称CLDS）。该项目为"985"三期"中山大学社会科学特色数据库建设"专项内容，目的是通过对中国城乡以村/居为追踪范围的家庭、劳动力个体开展每两年一次的动态追踪调查，系统地监测村/居社区的社会结构和家庭、劳动力个体的变化与相互影响，建立劳动力、家庭和社区三个层次上的追踪数据库。CLDS聚焦于中国劳动力的现状与变迁，内容涵盖教育、工作、迁移、健康、社会参与、经济活动、基层组织等众多研究议题，是一项跨学科的大型追踪调查。CLDS样本覆盖中国29个省区市

（除港澳台、西藏、海南外），调查对象为样本家庭户中的全部劳动力（年龄为15~64岁的家庭成员）。在抽样方法上，采用多阶段、多层次与劳动力规模成比例的概率抽样方法（multistage cluster, stratified, PPS sampling）。自2012年以来，CLDS已成功开展了两期调查。

借助CLDS的平台，中山大学中国公益慈善研究院设计了关于家庭捐赠行为的调查模块，包括家庭整体及其成员的慈善捐赠额度、捐赠自主性、捐赠领域等调查内容，该模块被纳入CLDS的"家庭问卷"中。CLDS 2014共完成了14226个家庭户样本的调查，其中包括对2012年调查中约8000个家庭户样本的追踪调查，在全体家庭户样本的分析之外，本报告也将专门针对这部分追踪家庭进行分析。

（二）主要概念

1. 家庭

CLDS中对"家庭"的界定为与被访者本人"在本地共同居住，经济共用"的成员，具体而言包括在被访者现居住地的家庭中居住的、有血缘关系的成员，以及在被访者现居住地的家庭中居住、没有血缘关系、居住时间在6个月或以上的成员。

2. 家庭捐赠

在本报告中，家庭捐赠指受访家庭过去一年以货币、实物或其他形式向社会机构或个人进行过的捐赠，包括以全家名义进行的捐赠以及家庭成员个人的捐赠。

三 结果分析

（一）家庭捐赠参与度与捐赠额

1. 全国总体情况

CLDS 2014调查结果显示，2013年家庭捐赠与2011年相比整体呈现"捐赠参与度下降，捐赠额度提升"的趋势。2013年全国城乡居民家庭捐赠参与率为17.04%，与2011年的参与率相比出现了比较明显的下降（见图1）。

2013年度中国家庭捐赠行为调查报告

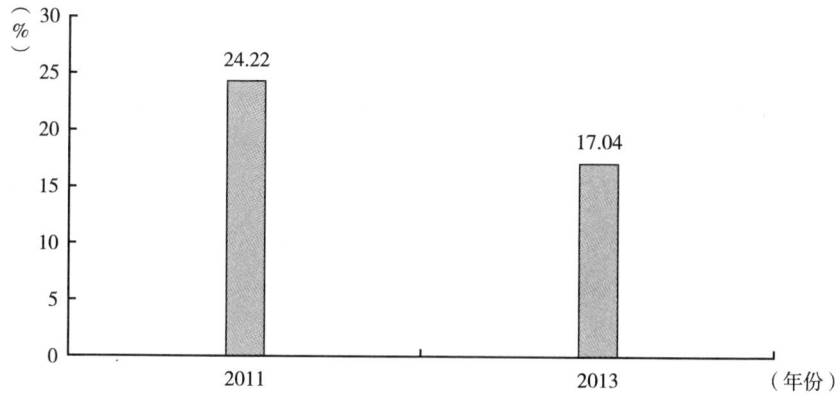

图1　全国家庭捐赠参与率

在捐赠额度上，2013年的家庭捐赠额度平均水平与2011年相比整体上有所提升。在捐赠家庭样本中，平均捐赠额为996.96元，比2011年高433.35元，增幅达到76.89%，捐赠额中位值为200元，比2011年翻了一番。在全体家庭样本中，平均捐赠额度为169.93元，比2011年高33.42元，增幅约为24.48%。这与2013年大额捐赠的数额提升有关，在大额捐赠上，捐赠家庭样本的95%分位值及最大值分别为2000元及400000元，均高于2011年的水平（见表1）。

表1　家庭捐赠额度主要统计值

单位：元

样本范围	年份	均值	标准差	中位值	95%分位值	最大值
捐赠家庭	2013	996.96	291.26	200	2000	400000
	2011	563.61	87.37	100	1850	150000
全体家庭	2013	169.93	51.28	0	500	400000
	2011	136.51	22.36	0	500	150000

注："捐赠家庭"指有过捐赠行为的家庭样本，"全体家庭"包括有捐赠及无捐赠的所有家庭样本，下同。

本次调查的数据显示，家庭捐赠在中国家庭整体消费结构中平均占比约为0.51%，与2011年的1.92%相比，家庭捐赠在家庭消费结构中的比例及位置均出现了较明显的下降，边缘化的趋势有所增强（见图2）。

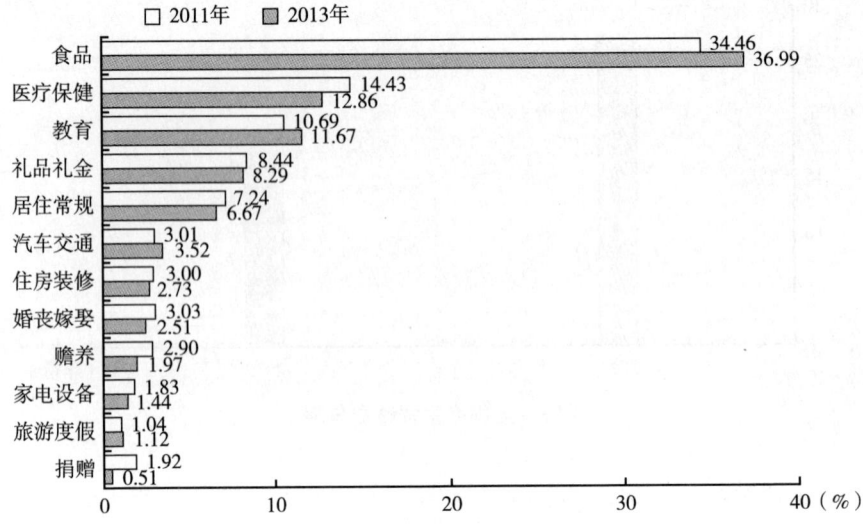

图 2 国内家庭各消费项目占总消费支出平均比例

2. 城乡地区与家庭捐赠①

在城乡家庭比较上，2013 年城乡家庭捐赠参与率分别为 27.51% 及 10.67%，与 2011 年相比均有所降低，城乡家庭之间捐赠参与率的差距也从 2011 年的 2.20 倍提升到 2.58 倍（见图3）。

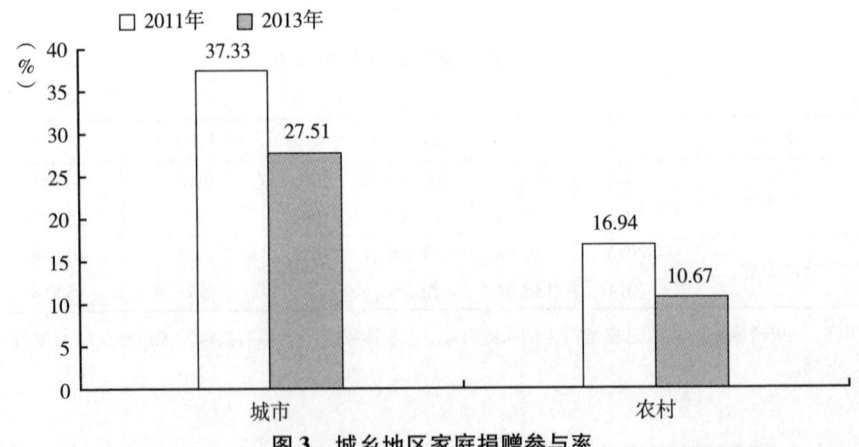

图 3 城乡地区家庭捐赠参与率

---

① 城乡地区以属于村委会或是居委会管理作为划分标准。

在捐赠额度方面，在捐赠家庭样本中，2013年城乡家庭捐赠额度均值分别为1187.63元及704.18元，与2011年相比分别提升了约66.14%及86.11%，而中位值则没有变化。在全体家庭样本中，2013年城乡家庭捐赠额均值分别为326.71元及75.77元，与2011年相比分别提升22.45%及18.24%（见表2）。

表2　城乡地区家庭捐赠额度平均水平

单位：元

地区	年份	均值（捐赠家庭）	中位值（捐赠家庭）	均值（全体家庭）	中位值（全体家庭）
城市	2013	1187.63	200	326.71	0
	2011	714.82	200	266.82	0
农村	2013	704.18	100	75.77	0
	2011	378.36	100	64.08	0

注：全体家庭样本中，不同类型家庭捐赠额度的中位值基本为0元，因此下文不再呈现全体家庭样本捐赠中位值结果，仅呈现平均值。

整体而言，2013年城市家庭的捐赠额度依然占总体捐赠额的绝对多数，达到76.83%，比2011年提高约2.52%，反映了城乡家庭捐赠规模进一步扩大（见图4）。

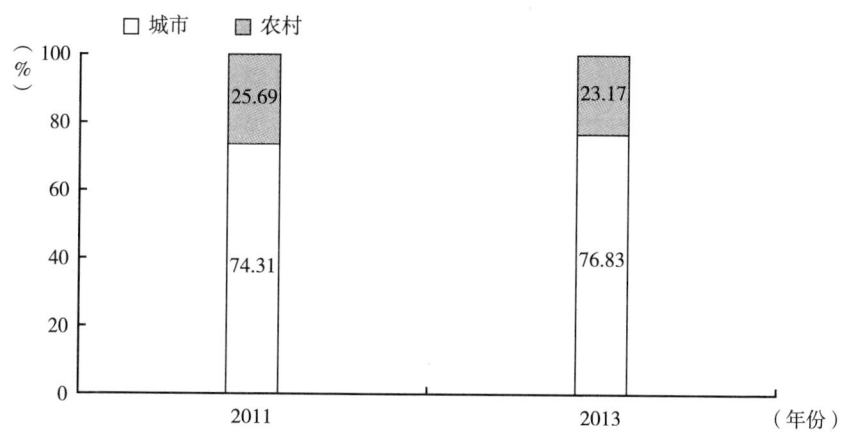

图4　城乡地区家庭捐赠额占总捐赠额比例

3. 区域、省份与家庭捐赠[①]

在国内不同区域中，各区域的家庭捐赠参与率均有不同程度的下降，2013年东部地区家庭捐赠参与依然最积极，参与比例为20.89%。中、西部地区的捐赠参与程度相若，分别为14.77%及14.60%。与2011年相比，中部地区的捐赠参与积极性在2013年超过了西部地区（见图5）。

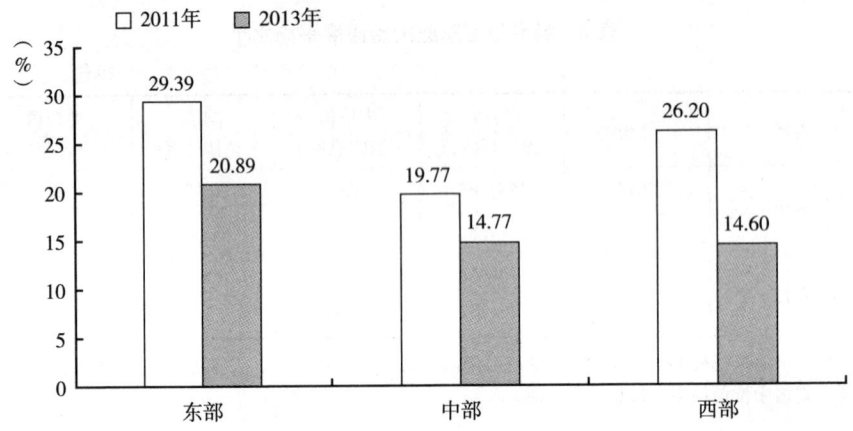

图5 不同区域家庭捐赠参与率

在捐赠额度方面，2013年三个区域的捐赠水平均比2011年有较大的提升。在捐赠家庭样本中，三个地区家庭平均捐赠额度分别为1211.83元、821.95元及786.51元，与2011年相比提升幅度分别为57.53%、135.16%及52.35%，可见2013年中部地区家庭捐赠额平均值升幅最大；在捐赠额度中位值上，三大区域分别为200元、200元及300元，与2011年相比中、西部家庭均有所提升。在全体家庭样本中，三个区域的平均额度分别为253.16元、121.43元及114.84元，与2011年相比升幅分别为11.96%、75.76%及 -15.11%（见表3）。

[①] 根据CLDS的抽样设计，东部地区包括：江苏省、山东省、广东省、北京市、上海市、天津市、辽宁省、浙江省、福建省；中部地区包括：黑龙江省、河南省、河北省、四川省、湖南省、吉林省、山西省、安徽省、江西省、湖北省、广西壮族自治区、重庆市；西部地区包括：内蒙古自治区、甘肃省、青海省、宁夏回族自治区、新疆维吾尔自治区、贵州省、云南省、陕西省。另外，调查中不含西藏、海南及港澳台地区。

表3 不同区域家庭捐赠额度平均水平

单位：元

区域	年份	均值（捐赠家庭）	中位值（捐赠家庭）	均值（全体家庭）
东部	2013	1211.83	200	253.16
	2011	769.29	200	226.12
中部	2013	821.95	200	121.43
	2011	349.53	100	69.09
西部	2013	786.51	300	114.84
	2011	516.24	150	135.28

整体而言，2013年东部家庭的整体捐赠额占比最高，达到62.09%，与2011年大体持平，中部家庭捐赠额占比为23.02%，比2011年提高了约2.31个百分点，而西部家庭捐赠额占比为14.89%，与2011年相比有所下降（见图6）。

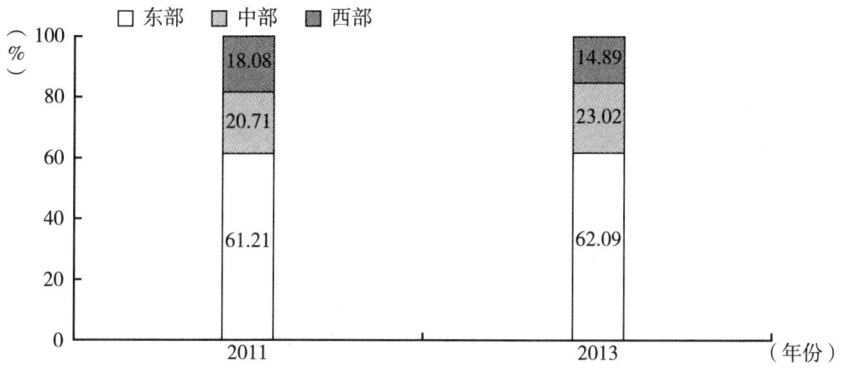

图6 不同区域家庭捐赠额占总捐赠额比例

进一步观察不同省区市2013年家庭捐赠的情况，家庭捐赠参与率最高的5个省区市分别为北京（47.06%）、上海（40.97%）、天津（30.39%）、宁夏（29.91%）和新疆（29.07%）（见图7）。除了辽宁省的捐赠参与率有所提升外，其余省市均呈现不同程度的下降。

在捐赠额度上，在捐赠家庭样本中，捐赠额均值超过1000元的省市为江

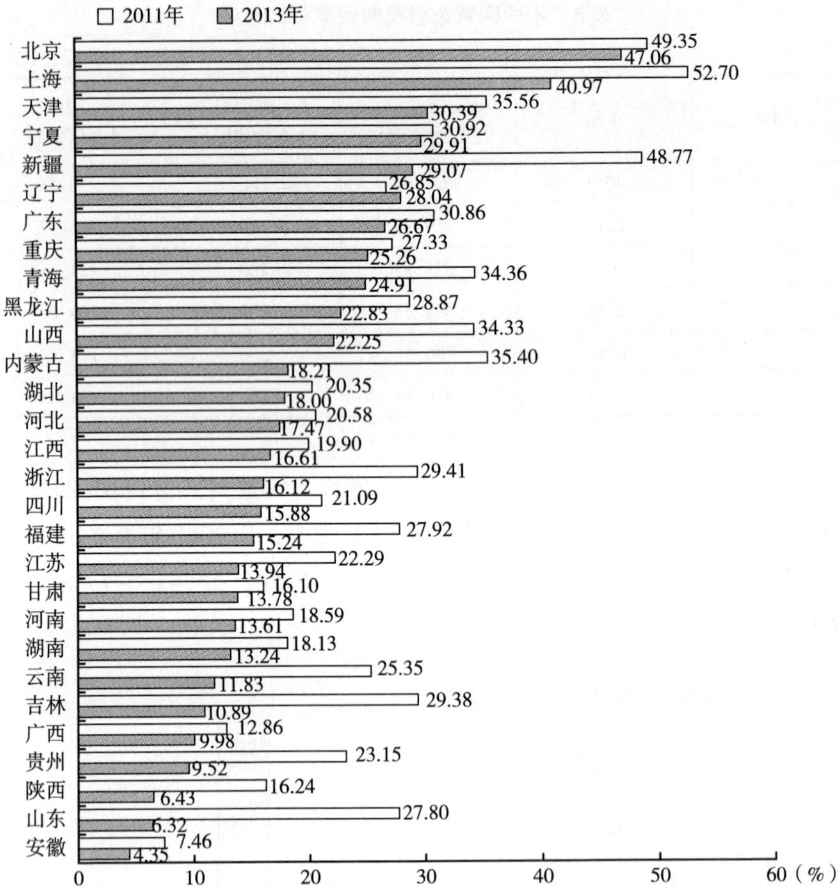

图7 不同省区市家庭捐赠参与率

苏(9365.20元)、青海(2075.82元)、河南(1825.95元)、湖南(1573.49元)、福建(1197.07元)、云南(1180.16元)、上海(1065.46元);在捐赠额中位值上,可以看到内蒙古(500元)、云南(400元)、新疆(375元)、福建(375元)、青海(300元)、北京(300元)、重庆(300元)、陕西(300元)等省区市捐赠额度中位值相对较高。在全体家庭样本中,捐赠额均值较高的省市为江苏(1305.68元)、青海(517.18元)、上海(436.51元)、北京(290.14元)、河南(248.43元)、湖南(208.28元)(见表4)。

表4　不同省区市家庭捐赠额度平均水平

单位：元

省区市	均值（捐赠家庭）			中位值（捐赠家庭）			均值（全体家庭）		
	2013年	2011年	变化	2013年	2011年	变化	2013年	2011年	变化
江　苏	9365.20	577.75	8787.45	200	110	90	1305.68	128.77	1176.91
青　海	2075.82	540.40	1535.42	300	300	0	517.18	185.66	331.52
河　南	1825.95	501.59	1324.36	200	200	0	248.43	93.26	155.17
湖　南	1573.49	749.36	824.13	200	200	0	208.28	135.88	72.40
福　建	1197.07	887.99	309.08	375	200	175	182.43	247.97	-65.54
云　南	1180.16	619.77	560.39	400	100	300	139.62	157.08	-17.46
上　海	1065.46	378.81	686.65	200	200	0	436.51	199.63	236.88
黑龙江	800.39	182.55	617.84	200	50	150	182.69	52.70	129.99
内蒙古	731.41	568.14	163.27	500	200	300	133.19	201.14	-67.95
新　疆	676.58	644.27	32.31	375	200	175	196.69	314.21	-117.52
甘　肃	657.47	480.96	176.51	200	200	0	90.62	77.43	13.19
四　川	645.55	276.97	368.58	100	80	20	102.48	58.40	44.08
北　京	616.52	563.67	52.85	300	125	175	290.14	278.18	11.96
广　东	602.63	744.97	-142.34	200	100	100	160.74	229.89	-69.15
吉　林	563.66	234.43	329.23	135	75	60	61.39	68.86	-7.47
贵　州	513.05	320.69	192.36	200	100	100	48.83	74.23	-25.40
陕　西	505.90	340.67	165.23	300	175	125	32.51	55.31	-22.80
湖　北	501.67	289.45	212.22	200	100	100	90.29	58.92	31.37
浙　江	484.59	2351.90	-1867.31	200	200	0	78.13	691.70	-613.57
山　东	460.35	278.08	182.27	200	100	100	29.07	77.31	-48.24
河　北	432.32	237.87	194.45	250	100	150	75.51	48.95	26.56
山　西	430.40	492.94	-62.54	200	100	100	95.78	169.21	-73.43
重　庆	407.16	394.98	12.18	300	300	0	102.83	107.95	-5.12
江　西	381.39	172.48	208.91	120	100	20	63.34	34.32	29.02
广　西	342.79	100.44	242.35	100	50	50	34.20	12.92	21.28
宁　夏	334.26	357.39	-23.13	200	175	25	99.97	110.50	-10.53
天　津	271.89	389.69	-117.80	100	150	-50	82.64	138.57	-55.93
辽　宁	266.96	462.06	-195.10	100	100	0	74.85	124.06	-49.21
安　徽	216.15	86.61	129.54	200	35	165	9.41	6.46	2.95

4. 家庭收入与捐赠

家庭收入水平与慈善捐赠之间的关系历来为人们所关注。我们将家庭年收入水平按由低到高顺序划分为五个等级，比较不同收入组别的捐赠情况。结果显示，在整体捐赠参与度下滑的前提下，与2011年类似，2013年家庭捐赠的参与率随着家庭年收入等级的上升而提高，正相关关系明显（见图8）。

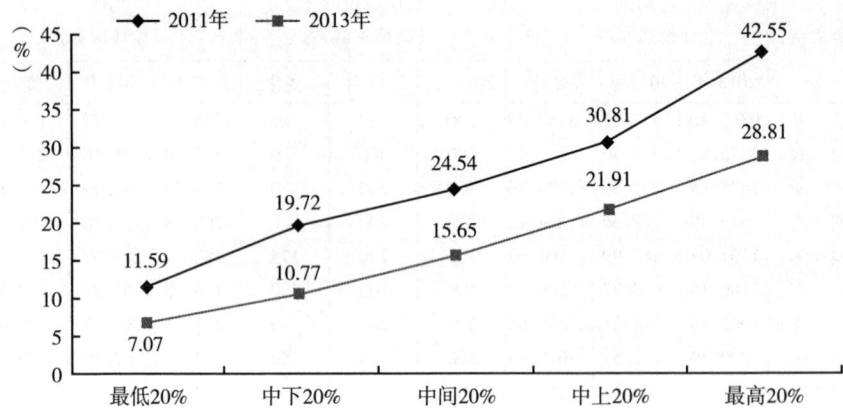

图8　不同收入等级家庭捐赠参与率

在捐赠额度上，在捐赠家庭样本中，捐赠额度的均值并没有与家庭收入水平呈现简单的相关关系，这可能与各收入等级的极端值有关，同时也意味着，收入等级较低的家庭也同样有可能进行较大额的捐赠；若观察捐赠额度的中位值，则可发现与家庭收入水平基本呈现正相关关系（见表5）。

表5　不同收入等级家庭捐赠额度统计值

单位：元

收入等级	年份	均值（捐赠家庭）	中位值（捐赠家庭）	均值（全体家庭）
最低20%	2013	1476.11	100	104.42
	2011	272.51	50	31.59
中下20%	2013	390.72	100	42.07
	2011	240.13	100	47.36
中间20%	2013	350.06	150	54.80
	2011	469.90	100	115.29
中上20%	2013	1090.09	200	238.88
	2011	388.15	200	119.57
最高20%	2013	1552.89	400	447.43
	2011	1093.72	300	465.37

此外，观察不同收入等级的捐赠额占全体家庭捐赠总额的比例，可以发现处于收入等级最高20%位置的家庭捐赠额约占总捐赠额50%，与处于中上20%位置的家庭捐赠额合计约占80%。这种捐赠集中在高收入家庭的格局与2011年相比大体一致，不过相比而言，2013年的结果显示捐赠额在收入最高20%家庭当中的集中趋势有所减弱，收入中上20%家庭的捐赠额度占总体捐赠额度比例有了较明显的提高（见图9）。

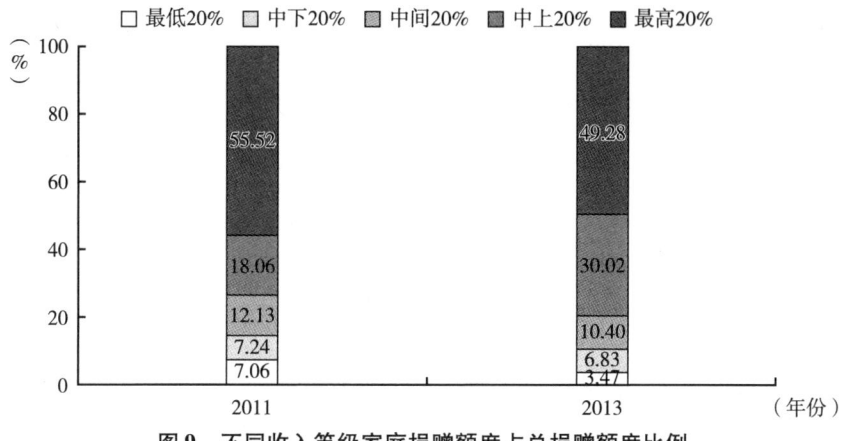

图9 不同收入等级家庭捐赠额度占总捐赠额度比例

除了绝对捐赠额度之外，居民家庭的慷慨程度也能从一种相对意义上体现出来，例如尽管一个家庭捐赠的绝对数额不大，但该数额占其家庭收入比例很大，则可以认为该家庭的慷慨程度很高。我们在此也考察中国家庭捐赠额占其收入的比例情况。2013年的结果显示，在捐赠家庭样本中，家庭捐赠额占家庭收入平均比例约为1.88%，与2011年相比有所提高，中位值约为0.33%，略高于2011年。而在全体家庭样本当中，2013年家庭捐赠额占家庭收入平均比例则约为0.31%，也比2011年略有提高（见表6）。

表6 家庭相对捐赠额度基本统计值

单位：%

样本范围	年份	均值	标准差	中位值
捐赠家庭	2013	1.88	0.54	0.33
	2011	1.24	0.23	0.30
全体家庭	2013	0.31	0.09	0.00
	2011	0.30	0.06	0.00

比较不同收入等级家庭相对捐赠额度的情况，我们发现，与绝对捐赠额度的情况不同，在捐赠家庭及全体家庭当中，收入等级最低的20%家庭相对捐赠额度的均值反而最高，其次则为收入中上20%家庭；捐赠家庭相对捐赠额度的中位值更呈现随着收入等级上升而下降的趋势。与2011年相比，2013年收入最低20%以及中上20%家庭的相对捐赠额度出现了比较明显的提升（见表7）。这种相对捐赠额度不随财富水平上升而增加的现象也出现在美国①，在一定程度上说明了并非越富有的人就越慷慨。

表7　不同收入等级家庭相对捐赠额度平均水平

单位：%

收入等级	年份	均值（捐赠家庭）	中位值（捐赠家庭）	均值（全体家庭）
最低20%	2013	8.16	0.65	0.58
	2011	2.12	0.20	0.25
中下20%	2013	1.86	0.50	0.20
	2011	1.40	0.50	0.28
中间20%	2013	0.97	0.38	0.15
	2011	1.77	0.33	0.43
中上20%	2013	2.01	0.33	0.44
	2011	0.82	0.33	0.25
最高20%	2013	0.68	0.25	0.20
	2011	0.77	0.25	0.33

5. 家庭消费结构与捐赠

慈善捐赠作为一种家庭消费行为，也受到家庭消费结构的制约。我们以恩格尔系数作为家庭消费结构的一个代表性指标，由低至高分为五组，观察家庭消费结构与家庭捐赠之间的关系。结果显示，2013年恩格尔系数较低的家庭，捐赠参与率整体较高，其中恩格尔系数为20%～40%的家庭参与捐赠最积极；而恩格尔系数高于60%的家庭，家庭捐赠参与率的下降幅度明显增加，整体与2011年基本呈现类似的趋势（见图10）。

---

① 〔美〕亚瑟·C. 布鲁克斯：《谁会真正关心慈善》，王青山译，社会科学文献出版社，2008，第51页。

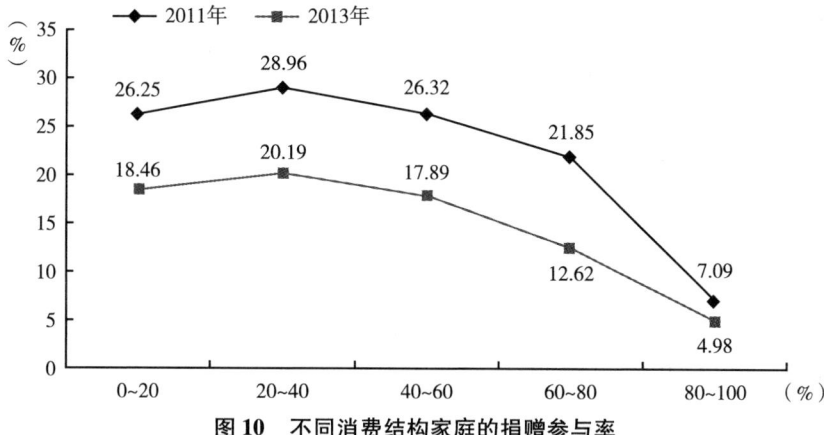

图 10 不同消费结构家庭的捐赠参与率

在捐赠额度上,数据显示,不论是捐赠家庭还是全体家庭,捐赠额度的均值都整体随着恩格尔系数的上升而下降(见表8)。相关分析显示,家庭恩格尔系数与捐赠占总支出比例之间呈现较显著的负相关性,相关系数为 -0.09 ($p<0.001$)。

表 8 不同消费结构家庭捐赠额度平均水平

单位:元

恩格尔系数区间	年份	均值(捐赠家庭)	中位值(捐赠家庭)	均值(全体家庭)
0~20%	2013	1944.75	200	358.96
	2011	787.06	100	206.59
20%~40%	2013	757.53	200	152.94
	2011	595.69	200	172.52
40%~60%	2013	696.15	200	124.51
	2011	406.74	150	107.07
60%~80%	2013	419.92	200	53.00
	2011	255.81	100	55.89
80%~100%	2013	335.66	100	16.72
	2011	131.67	100	9.34

(二)不同自主性类型家庭捐赠情况

本年度家庭捐赠调查依然持续关注国内不同自主性类型捐赠的变化情况。

我们按照捐赠决策自主性程度的不同，将捐赠行为分为三种类型：自主性最高的是完全自发、自愿的捐赠；其次是政府或单位发起的自愿性捐赠；自愿性最低的是政府或单位强制性的捐赠。

调查结果显示，在2013年有过捐赠的家庭当中，完全自主自愿的家庭捐赠比例为61.68%，与2011年相比提升了7.53个百分点；而另一方面，政府或单位发起的自愿性捐赠以及政府或单位强制性捐赠均有所下降，下降比例分别为0.60个及2.32个百分点（见图11）。

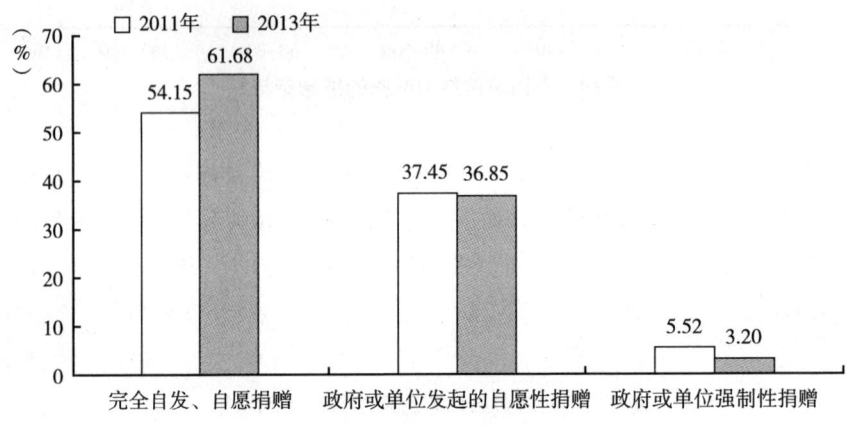

图11　不同自主性类型家庭捐赠参与率

在捐赠额度上，完全自发、自愿的捐赠的平均额度最高，达到1020.73元；另外两种类型的捐赠额度均值分别为373.66元及380.40元，三种类型捐赠中位值均为200元（见表9）。

表9　不同自主性类型家庭捐赠额度平均水平

单位：元

捐赠类型	年份	均值（在该类型有捐赠的家庭）	中位值（在该类型有捐赠的家庭）
完全自发、自愿捐赠	2013	1020.73	200
	2011	765.37	150
政府或单位发起的自愿性捐赠	2013	373.66	200
	2011	334.76	150
政府或单位强制性捐赠	2013	380.40	200
	2011	368.93	200

在各类捐赠占总捐赠额比例上，结果亦显示完全自发、自愿捐赠的总额度所占比例最大，达到约 77.83%，远高于另外两类捐赠；此外，与 2011 年相比，该比例也提升了 7.27 个百分点（见图 12）。可以看到，近年国内慈善捐赠的自愿性程度正呈现不断提升的趋势，由行政命令动员或摊派的捐赠尽管依然存在，但有逐渐减弱的迹象，这意味着慈善捐赠在中国也越来越与其原本应有之内涵相吻合。

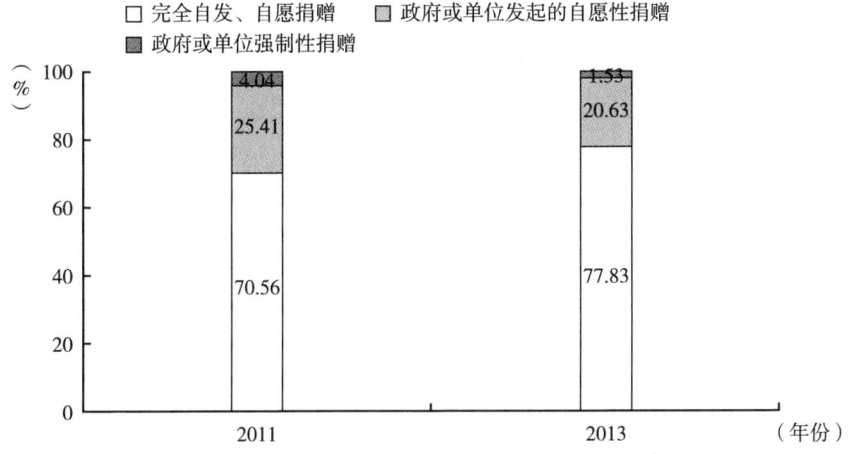

图 12 不同自主性类型家庭捐赠额度占总捐赠额度比例

（三）不同领域捐赠情况

慈善捐赠流向的领域是历来捐赠研究关注的方面，2014 年同样对国内家庭捐赠的领域进行了持续性的调查。整体而言，2013 年全国家庭捐赠领域参与率的分布与 2011 年相比基本相似，防灾救灾（44.75%）及扶贫济困（41.74%）两个领域仍然是国内家庭捐赠参与度最高的领域。[①] 而同时，2013 年的捐赠格局也出现了一些新的变化。在捐赠家庭样本中，可以看到医疗健康卫生（7.62%）、教育（5.94%）、综合性领域（5.25%）、文化与艺术保护（0.67%）、环境与动物保护（0.53%）等领域的捐赠参与率均出现一定程度的上升。而邻里与社区服务（4.18%）和其他领域（0%）的参与度则有所下降（见图 13）。

---

① CLDS 2012 中"扶贫济困救灾"为单一项目，CLDS 2014 中将其分为"扶贫济困"及"防灾救灾"两个项目。

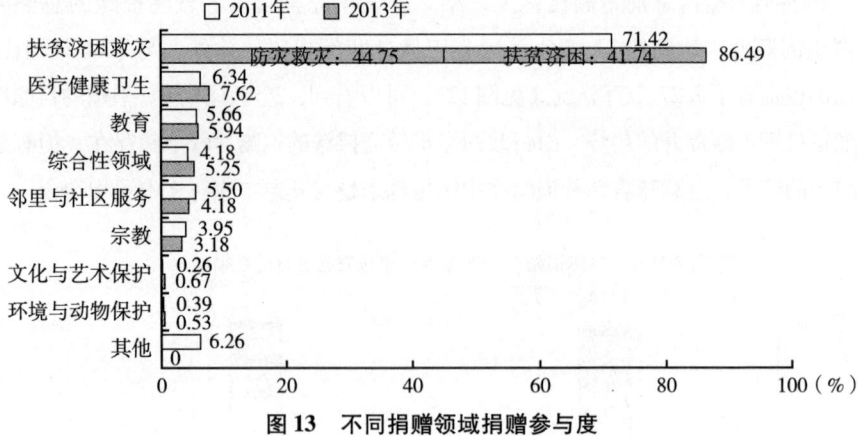

图13 不同捐赠领域捐赠参与度

在不同领域的捐赠额度上,结果显示国内家庭的捐赠额度在大部分领域都出现了不同程度的提升,文化与艺术保护领域的平均捐赠额度为14274.10元,中位值为650元,均明显高于其他领域,与2011年相比也有非常明显的提高。教育与宗教同样是捐赠额度较高的领域,不过与2011年相比,宗教领域捐赠额度的平均水平出现了下降(见表10)。

表10 不同领域捐赠额度平均水平

单位:元

捐赠领域	年份	均值(在该领域有捐赠的家庭)	中位值(在该领域有捐赠的家庭)
文化与艺术保护	2013	14274.10	650
	2011	662.90	175
教育	2013	2137.70	200
	2011	804.72	200
宗教	2013	1269.85	500
	2011	1968.59	300
邻里与社区服务	2013	824.79	200
	2011	662.90	175
综合性领域	2013	806.34	200
	2011	479.14	100
医疗健康卫生	2013	639.63	200
	2011	308.35	100

续表

捐赠领域	年份	均值(在该领域有捐赠的家庭)	中位值(在该领域有捐赠的家庭)
扶贫济困	2013	489.19	200
防灾救灾	2013	445.56	200
扶贫济困救灾	2011	443.30	150
环境与动物保护	2013	422.61	200
	2011	185.67	200
其他	2013	0.00	0
	2011	276.91	100

从不同领域接受捐赠额度占整体捐赠额度比例分布上可以看到，目前国内吸纳捐赠资源最大的领域为防灾救灾（29.19%）、扶贫济困（26.73%）、教育（12.31%）（见图14）。尽管宗教、文化与艺术保护两个领域的整体参与度不高，但是人们的捐赠额度均比较高。

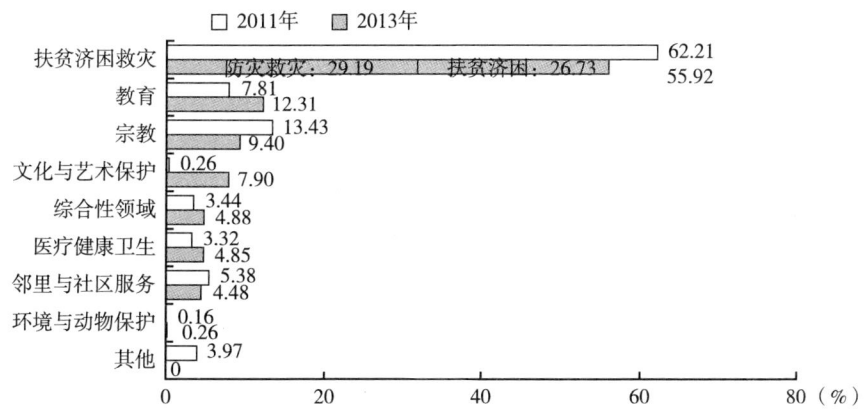

图14 不同领域家庭捐赠额度占总捐赠额度比例

（四）家庭环境与未成年人捐赠行为的关系

本年度的报告将持续关注家庭环境与未成年人捐赠行为之间的关系，特别是家庭中慈善行为的传递现象。2012年的调查结果显示家庭中成年人的捐赠行为与未成年人的捐赠行为是密切相关的，不论是捐赠参与还是捐赠额度。

2014年的调查结果显示,在有未成年人的家庭当中,未成年人在2013年有过捐赠行为的比例约为4.02%,整体并不高,而且与2011年相比下降的幅度较明显(见图15)。

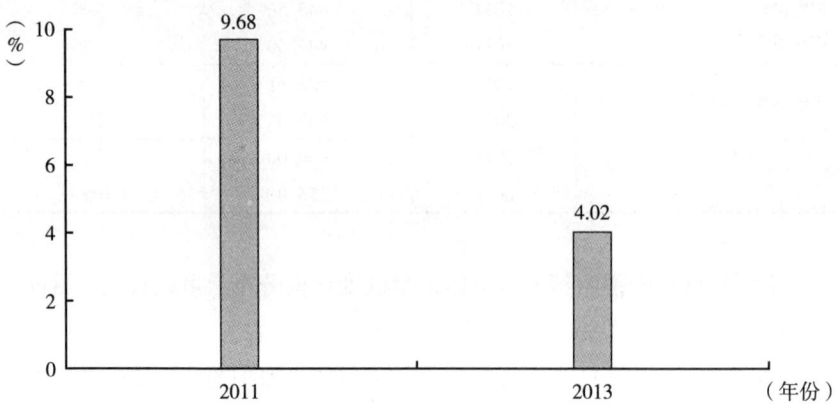

图15　家庭中有未成年人捐赠行为的比例

和2011年的结果类似,家庭中成年人的捐赠行为与未成年人的捐赠行为依然存在较明显的相关性,可以看到,若家庭中成年人在2013年有过捐赠行为,未成年人同样有过捐赠行为的比例约为12.14%;而若成年人没有捐赠行为,未成年人的相应比例仅约为3.05%。尽管2013年整体捐赠比例下降,但成年人对未成年人捐赠行为的促进作用有所增强,体现在作用的比率高于2011年(2013年为12.14%/3.05%≈3.98,2011年为3.18)(见图16)。在捐赠额度上,相关分析显示同一家庭中成年人和未成年人的捐赠额之间存在显著的正相关关系,相关系数为0.62($p<0.05$)。

此外,我们发现家庭成员的亲密程度与家庭捐赠的参与之间也存在一定关系,CLDS要求访问员在完成访问后对受访家庭成员之间的亲密程度按1～10分进行评价,10分为最亲密。结果显示,在家庭捐赠的参与率上,家庭成员亲密关系评分越高,家庭捐赠的参与率也越高,两者呈现较明显的正相关关系(见图17)。由上述结果可见,构建和谐的家庭环境,营造家庭慈善氛围,将对家庭捐赠行为有一定促进作用,特别是有利于未成年人更积极地参与慈善捐赠。

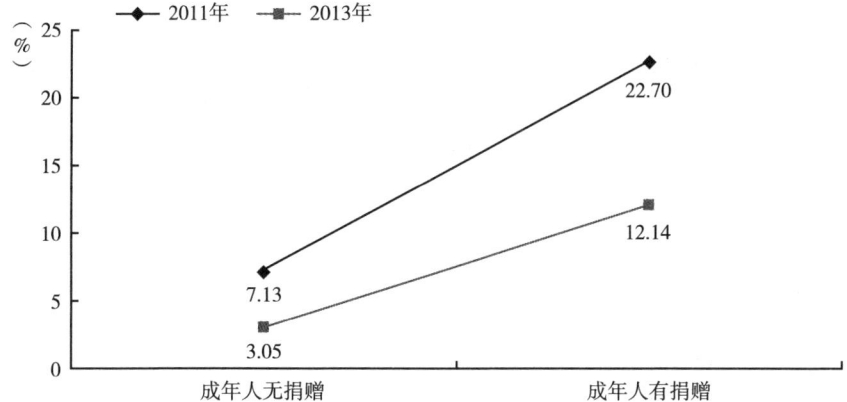

图 16 家中成年人是否捐赠与未成年人参与捐赠的关系

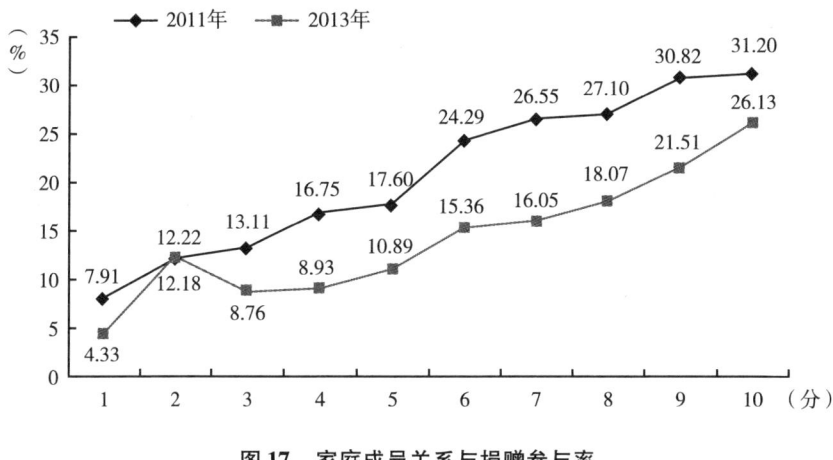

图 17 家庭成员关系与捐赠参与率

（五）追踪家庭捐赠行为持续性

CLDS 2014 对 2012 年调查中约 8000 个家庭户样本进行了追踪调查，在本部分中，我们将集中观察两期 CLDS 调查中追踪家庭捐赠情况的变化，其中尤其关注这部分家庭捐赠行为的持续性程度。

数据显示，家庭捐赠行为显示出一种比较明显的惯性趋势，2011 年进行过捐赠，而在 2013 年再次捐赠的家庭比例达到 30.79%；而相比之下，在 2011 年没有进行过捐赠，在 2013 年进行捐赠的家庭比例则仅为 9.30%（见图

18)。当然从另一方面看来，30.79%的捐赠参与保留率并不十分高。在捐赠额度方面，相关分析显示，两年的捐赠额度之间并不存在显著的相关性。这说明国内部分家庭在慈善捐赠的参与上已初具一定的持续性，但是具体捐赠多少额度则可能视情况而定，具有一定的随机性，无相对固定的捐赠习惯或计划。

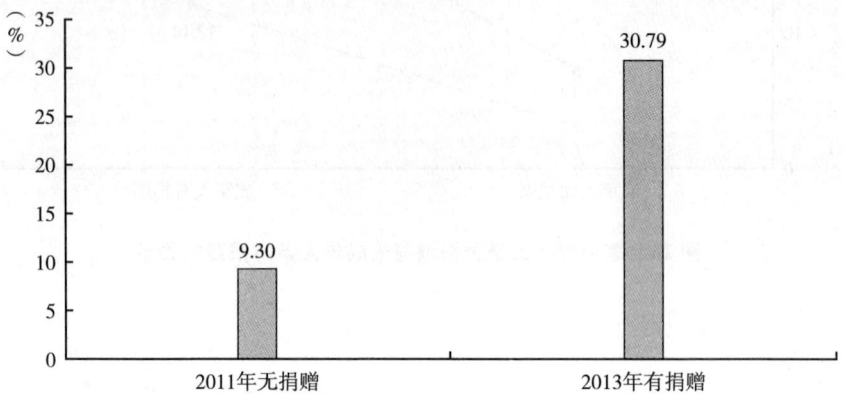

图18　2011年及2013年家庭捐赠的持续性情况

在国内不同区域当中，与捐赠参与率的分布相同，捐赠参与的持续性水平也呈现东—中—西部的次序递减规律。与其余两个地区相比东部地区家庭不但在2013年捐赠参与率最高，而且捐赠的持续性倾向也较强，在2011年有过捐赠的家庭中，2013年持续捐赠的比例为33.05%，而中、西部的相应比例分别为29.80%及25.78%（见图19）。

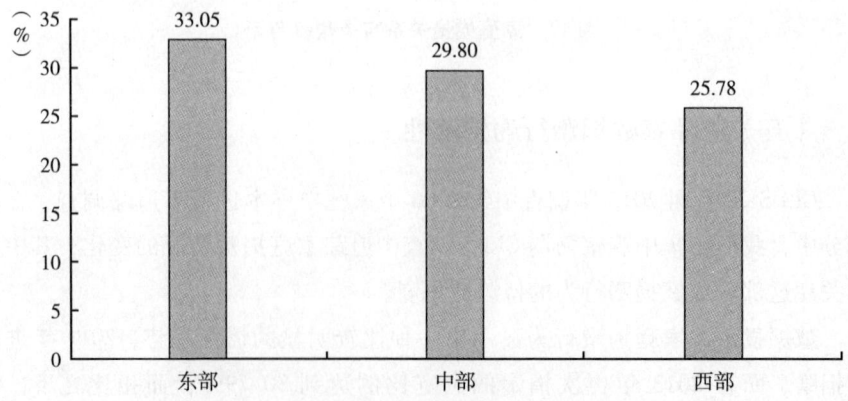

图19　不同区域追踪家庭捐赠参与保留率

在追踪家庭捐赠额度的变化上,同样呈现东—中—西部的梯度差。在两年均有捐赠的家庭中,东部家庭平均捐赠额度增长达2283.93元,变化中位值为0元;中部家庭平均捐赠额度增长为425.33元,变化中位值为50元;而西部家庭下降约194.14元,变化中位值为4.5元。在全体追踪家庭样本中,东部家庭平均捐赠额增加约83.31元,中部家庭增加约17.38元,而西部家庭则减少约37.21元(见表11)。

表11 不同区域追踪家庭捐赠额度变化平均水平

单位:元

区域	均值变化(两年均有捐赠家庭)	中位值变化(两年均有捐赠家庭)	均值变化(全体追踪家庭)
东部	2283.93	0	83.31
中部	425.33	50	17.38
西部	-194.14	4.5	-37.21

具体看不同省区市家庭捐赠的连续性水平,结果显示上海家庭的持续性比例最高,有67.10%的家庭在2011年及2013年均有进行捐赠,其次为北京及重庆,捐赠参与的保留率也分别达到55.10%及52.48%。宁夏、黑龙江、河北和广东四省区的相应比例也超过了40%(见图20)。

在追踪家庭捐赠额度的变化中,整体而言捐赠额度增长和下降的省区市大概各占一半。在两年均有捐赠的家庭中,可以看到平均捐赠额度增长较显著的省份为江苏、山西、青海、河南及甘肃,平均增长额度均高于1000元,其中,江苏省家庭平均捐赠额度增长幅度最大,达到26559.17元,这与江苏省样本中有家庭在2013年出现了较大额的捐赠有关。在全体追踪家庭当中,江苏、山西和重庆家庭的平均捐赠额度增长也较明显,分别为1397.65元、110.91元及106.24元(见表12)。

家庭收入的变化是影响捐赠行为持续性的一个原因。我们将受访家庭2013年相对于2011年年收入的变化分为两个类别——下降或持平、上升,比较两种类型家庭捐赠行为的变化。结果显示,与2011年相比,2013年收入水平有所上升的家庭,其出现持续性捐赠的比例高于收入持平或下降的家庭,两者的捐赠参与保留率分别为32.84%及27.38%(见图21)。

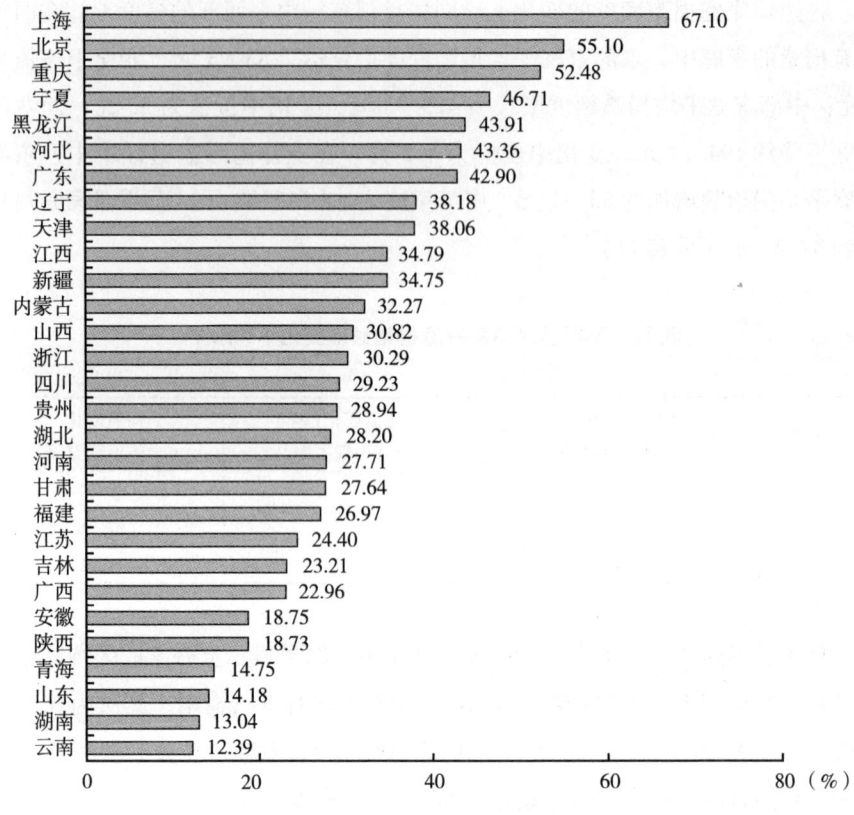

图20 不同省区追踪家庭捐赠参与保留率

表12 不同省市追踪家庭捐赠额度变化统计值

单位：元

省区市	均值变化（两年均有捐赠家庭）	中位值变化（两年均有捐赠家庭）	均值变化（全体追踪家庭）
江 苏	26559.17	110	1397.65
山 西	2197.52	100	110.91
青 海	1537.99	900	85.11
河 南	1370.36	23.5	40.66
甘 肃	1073.11	-75	42.49
山 东	558.04	0	-35.11
吉 林	501.00	40	-0.59
云 南	358.75	0	-65.19

续表

省区市	均值变化(两年均有捐赠家庭)	中位值变化(两年均有捐赠家庭)	均值变化(全体追踪家庭)
江 西	329.10	107	40.87
河 北	234.49	100	20.19
广 西	183.67	59.5	28.56
重 庆	176.52	100	106.24
福 建	163.19	101	-11.95
上 海	153.68	0	48.76
贵 州	134.28	75	-45.90
黑龙江	61.41	50	60.73
天 津	38.08	100	4.20
安 徽	32.27	20	4.36
广 东	2.76	0	-154.16
湖 北	-21.97	-25	-5.44
北 京	-54.56	50	-0.81
宁 夏	-57.23	0	26.07
四 川	-62.78	25	-14.05
辽 宁	-171.07	0	-2.67
浙 江	-179.92	50	-734.72
新 疆	-449.36	100	-139.23
湖 南	-468.67	0	-32.76
陕 西	-482.13	-150	-13.32
内蒙古	-1055.16	100	-55.22

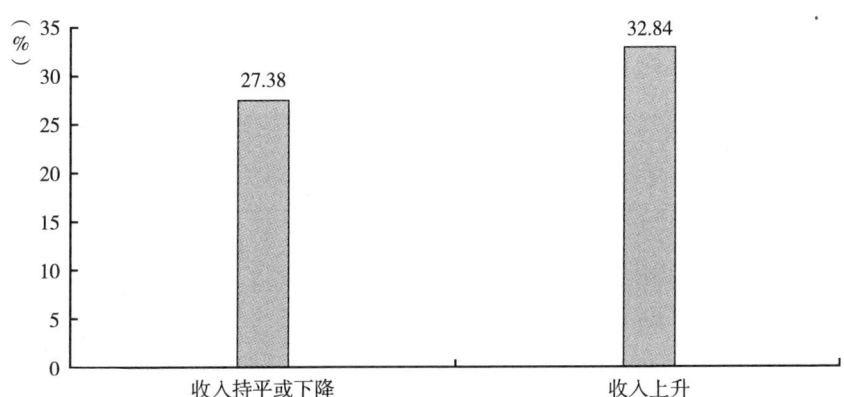

图21 不同收入变化类型追踪家庭捐赠参与保留率

另外,数据亦显示,在两年均有捐赠的家庭中,收入增加的家庭平均捐赠额上升达1953.57元,变化中位值为30元;收入下降或持平家庭平均下降35.64元,变化中位值为0元。而在全体追踪家庭中,收入与两年前相比有所上升的家庭,捐赠额度平均增加约122.22元,而收入持平或下降的家庭,捐赠额度平均下降约107.13元。可见家庭收入变化与捐赠额度变化之间呈现比较明显的相关关系(见表13)。

表13 不同收入变化类型追踪家庭捐赠额度变化统计值

单位:元

家庭收入变化	均值变化 (两年均有捐赠家庭)	中位值变化 (两年均有捐赠家庭)	均值变化 (全体追踪家庭)
收入持平或下降	-35.64	0	-107.13
收入上升	1953.57	30	122.22

同样地,我们也观察追踪家庭中相对捐赠额度的变化情况。结果显示,家庭收入的变化与相对捐赠额度的变化也存在一定的关系,在两年均有捐赠的家庭当中,收入上升的家庭相对捐赠额度均值上升约2.70%,而收入持平或下降的家庭则上升约1.63%。在全体追踪家庭中,2013年收入比2011年有所上升的家庭,相对捐赠额度平均增加约0.26%,而收入持平或下降的家庭则平均增加约0.05%(见表14)。

表14 不同收入变化类型追踪家庭相对捐赠额度变化平均水平

单位:%

家庭收入变化	均值变化 (两年均有捐赠家庭)	中位值变化 (两年均有捐赠家庭)	均值变化 (全体追踪家庭)
收入持平或下降	1.63	0.08	0.05
收入上升	2.70	-0.03	0.26

在家庭消费结构的变化与家庭捐赠持续性的关系上,与家庭收入类似,我们将两年家庭恩格尔系数的变化分为下降或持平、上升两种类型,比较这两种类型家庭捐赠行为的变化情况。结果显示,恩格尔系数持平或下降的家庭,有持续性捐赠行为的比例为33.38%,高于恩格尔系数在两年间有所上升的家庭,后者的相应比例为28.51%(见图22)。

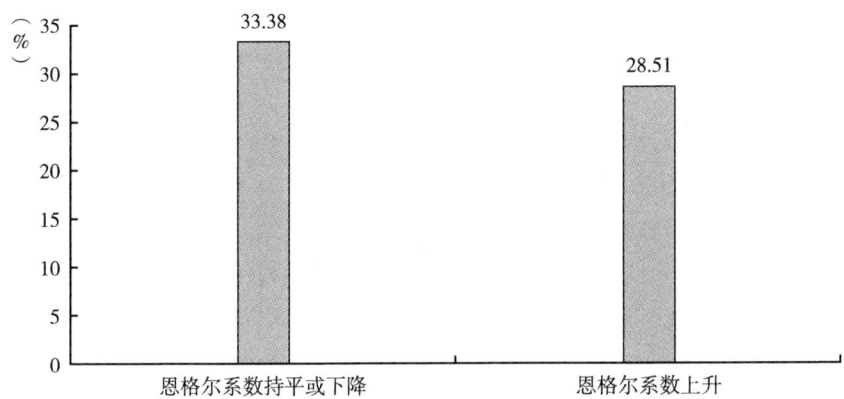

图 22　不同消费结构变化类型追踪家庭捐赠参与保留率

在慈善捐赠占家庭消费的比例变化上,在两年均有捐赠的家庭中,恩格尔系数下降或持平的家庭,捐赠额占家庭消费的比例平均上升约1.52%;恩格尔系数上升的家庭相应比例则平均下降约9.76%。而在全体追踪家庭中,恩格尔系数在两年间持平或下降的家庭,捐赠额占家庭消费的比例平均上升约0.15%,而恩格尔系数比两年前上升的家庭,捐赠额所占比例平均下降约2.59%(见表15)。相关分析结果也显示,恩格尔系数与捐赠额占家庭消费比例的变化数值之间存在显著的负相关,相关系数约为-0.13($p < 0.001$)。

表 15　不同消费结构变化类型家庭捐赠额占总消费比例变化

单位:%

消费结构变化	均值变化 (两年均有捐赠家庭)	中位值变化 (两年均有捐赠家庭)	均值变化 (全体追踪家庭)
恩格尔系数持平或下降	1.52	-0.02	0.15
恩格尔系数上升	-9.76	0.01	-2.59

在不同自主性类型捐赠中,我们希望通过追踪家庭样本了解哪种自主性类型捐赠的参与能产生更强的捐赠持续性。结果显示,家庭捐赠的持续性在非完全自愿捐赠中显示出更强烈的倾向。具体而言,2011年进行过政府或单位发起的自愿性捐赠或强制捐赠的家庭,在2013年再进行捐赠的比例要高于2011年进行过完全自愿捐赠的家庭比例,三种类型的捐赠在2013年的保

留率根据自主性程度高低分别为 28.94%、33.70%、48.00%（见图 23）。这个结果反映了目前家庭捐赠的持续性在很大程度上是靠政府或单位动员甚至强制来推动的。

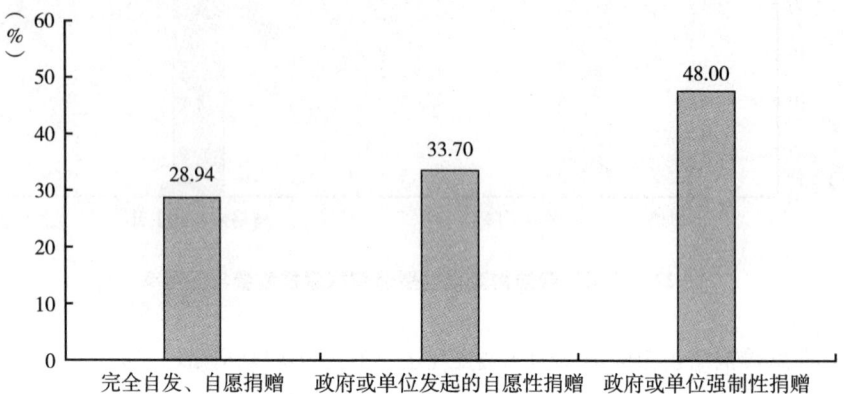

图 23　不同自主性类型捐赠参与保留率

而在不同的捐赠领域上，数据显示，国内家庭在教育、扶贫济困救灾以及宗教领域的捐赠上存在较明显的持续性捐赠倾向，2011 年在以上几个领域中进行过捐赠而 2013 年在相应领域再次进行捐赠的家庭比例分别为 41.51%、32.59% 以及 29.10%。同时也可以看到，其余领域的捐赠持续性均非常低，保留率都不超过 3%，环境与动物保护、文化与艺术保护及其他领域的捐赠参与保留率甚至为 0（见图 24）。

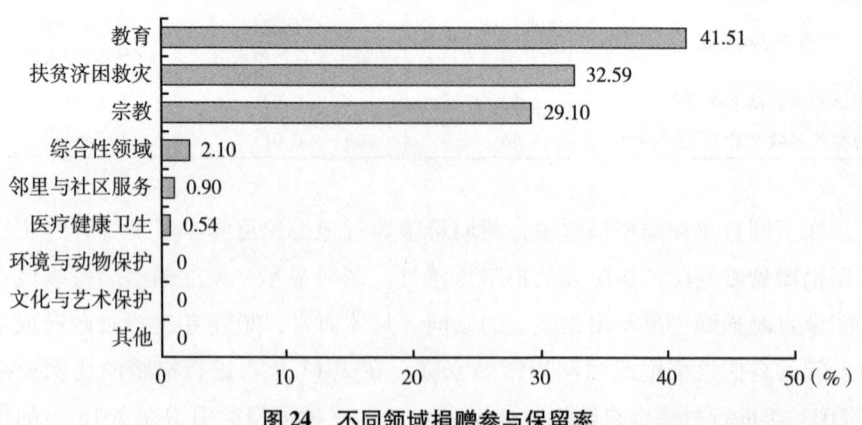

图 24　不同领域捐赠参与保留率

四 总结与讨论

（一）需要改变"参与低，额度高"的局面，构建慈善捐赠"新常态"

本年度的调查结果显示，与2011年相比国内家庭捐赠的参与度有所回落，且回落幅度较为明显。而与此同时，调查结果显示家庭捐赠额度的平均水平，不论是从均值还是中位值进行衡量，均有明显的上升。简单来说就是捐钱的家庭少了，但是捐钱家庭捐的钱多了。另外，通过对追踪家庭样本的捐赠行为分析发现，单就目前两个调查年度资料来看，国内已有一部分家庭有持续性的捐赠行为，比例为30%左右，并不是很高。

平均捐赠水平的不断提高是值得肯定的，然而从长远来看缺乏广大民众的参与并非一种健康、可持续的慈善捐赠格局。慈善捐赠发挥着两种主要功能，一是实现社会资源的再次分配，降低社会不平等的程度，这是从慈善捐赠的结果上而言；二是通过参与捐赠这种慈善行为，提升民众的公民意识、社会道德水平和社会活动参与的能力，这是从慈善捐赠的过程上而言。就目前的情况看来，慈善捐赠后一种功能的发挥在国内还不尽如人意，民众对慈善捐赠关注程度依然较低，尚有大量的潜在资源未被开发出来。已有学者对国内居民捐赠意识淡薄的原因做过一些总结，例如经济不发达、贫困人口基数大；"爱有等差"的儒家文化影响着当代中国人的观念；传统文化讲究子承父业，家族财富遵循"血缘内继替、代际分配"原则；培养青少年慈善意识的制度缺位；国内的慈善捐赠税收优惠政策存在突出问题；等等。[1] 此外，长期的行政动员模式使民众的慈善捐赠行为也滋生出一种依赖性，正如邓国胜指出的，中国目前的慈善捐赠还属于"动员与交换"为主导的模式。[2] 本报告结果也显示，持续性的捐赠主要靠政府和单位发起或强制的捐赠所推动。

当然，也需要看到积极的一面，如本报告显示，在相对捐赠额度上，可以

---

[1] 颜语：《公民社会慈善捐赠及其蕴含的道德冲突》，《人民论坛》2013年第23期。
[2] 邓国胜：《个人捐赠是慈善事业发展的基石》，《中州学刊》2007年第1期。

公益蓝皮书

看到收入等级低的家庭捐赠额占其收入的比例并不低于收入等级高的家庭,此外,捐赠额度集中在高收入家庭当中的现象有所改变。另外有调查发现,一些过去未参与慈善捐赠的被调查者,将来参与慈善捐赠的可能性在50%左右,说明虽然我国民众的慈善基础薄弱,但是发展前景广阔,政府和社会应该充分激发民众的慈善热情并为他们创造良好的慈善机会和提供慈善便利。[1]

因此,针对目前的情况,在国家倡导"经济新常态"的今天,社会也需要倡导一种"慈善捐赠新常态",提倡持续、适量、多元的家庭捐赠行为,令居民家庭将慈善捐赠作为一种常态化、有计划的习惯,融入家庭日常消费行为当中,逐渐摆脱国内慈善捐赠以往所存在的被动性、应急性、随意性、重额度等特点。在渲染大额捐赠的同时,社会更应该大力倡导普通家庭和个人的小额捐赠,形成更广泛的慈善氛围,让一般民众及其家庭明白公益慈善的参与并非富人的游戏。在刺激民众捐赠积极性上,制度性支持也不容忽视,其中最直接的就是继续完善慈善捐赠的税收优惠制度,降低捐赠的成本,同时这也是对普通民众及其家庭捐赠行为的一种社会性认可。

(二)中部地区捐赠水平有所提升,但地区不均衡现象依然明显

调查结果显示,捐赠行为地区性的不均衡现象依然非常明显,但这种格局也发生了一些变化,与2011年相比,2013年我国中部地区家庭的捐赠参与度及额度已经超过了西部地区家庭。但相比之下东部地区家庭在捐赠的参与程度及额度上依然占据绝对优势。

地区慈善事业的发展水平与多个因素有关,《中国城市慈善发展报告(2012~2013)》从六个方面构建了"慈善指数",包括社会捐赠、慈善组织、志愿服务、经济贡献、政府支持以及慈善文化。[2] 我们认为,上述因素之间也存在相互影响的可能性。一个地区慈善捐赠或志愿服务的水平也受到该地区社会组织发育程度、政府支持程度以及慈善文化等因素的影响。例如该报告显示,慈善指数排名前十的城市全部来自东部地区;与本报告结果接近,东部城市平均捐赠收入远远大于中西部城市平均捐赠之和,且增长速度迅猛;东部城

---

[1] 柯江林、孙锐、丁越:《影响中国员工慈善参与水平的精神性因素研究——单位、家庭与个体的三维视角》,《北京社会科学》2013年第4期。

[2] 彭建梅:《中国城市慈善发展报告(2012~2013)》,中国城市出版社,2014,第222~223页。

市平均社会组织增加值远远大于中西部城市平均增加值之和;政府支持及慈善文化的得分也均高于中西部城市。① 由此可见,一方面,东部地区需要保持现时的发展势头,继续发挥全国慈善事业的引领和示范作用。对于中西部地区,在以经济发展为重心的同时,各地政府需要加大对慈善事业的支持力度,更关注社会领域的建设,创新社会治理模式,陆续出台扶持慈善事业的相关政策,降低社会组织登记注册门槛和放开公募资格限制,并及时提供税收优惠等配套性措施,挖掘社会组织特别是民间公益组织在吸引捐赠资源上的潜力。另一方面,各地需要挖掘具有本土特色的慈善文化,通过新媒体工具进行广泛传播,以民俗文化的软氛围而非行政指令的硬手段引导并提升居民家庭参与包括慈善捐赠在内的公益活动的积极性。

(三)促进家庭收入稳定提升并优化家庭消费结构是促进捐赠的重要途径

家庭经济基础是慈善捐赠的重要制约因素,本年度报告再次表明,家庭的经济状况与慈善捐赠之间是息息相关的,具体而言,家庭总体收入的上升,以及家庭消费结构中生存型消费的比例降低,都会明显地刺激居民家庭的捐赠参与率、捐赠数额以及捐赠的持续性,结合2012年度的报告可以发现,这种关系呈现较强的稳定性。

继续确保国内居民家庭收入持续稳步增长,稳定物价特别是生活必需品价格,持续实现家庭可支配收入的增速大于物价上升的速度,不断降低生存型消费对发展型消费的挤压,将有助于刺激居民参与慈善捐赠。若仅就国内近三年城乡居民人均可支配收入及城乡居民消费价格指数两项宏观数据变动趋势来看,与2011年相比,2013年城乡居民消费价格指数分别提升约5.37%和5.39%,而城乡居民年人均可支配收入分别提升约21.35%及35.15%,应该说整体还是比较乐观的。有学者指出人们进行慈善捐赠的资金都是其"不在意资金",而"不在意资金"一般约占其资产总额的1‰,用1‰定律可测算

---

① 彭建梅:《中国城市慈善发展报告(2012~2013)》,中国城市出版社,2014,第18、49、54~56页。

人们捐赠的潜力。① 尽管该定律需要更多实证研究进行验证，但具有很大的启示作用，个人或家庭经济总量的提升能使捐赠者降低进行捐赠的经济及心理负担，从而愿意拿出更多资金进行捐赠。另外，限于篇幅，本报告未对不同类型收入与家庭捐赠之间的关系作进一步分析，有相关研究表明，劳动所得（如工资收入）对慈善捐赠的影响更显著。② 这也暗示了增加居民家庭以工资收入为代表的劳动收入，在有助于缩小收入差距之余，也能激发居民进行慈善捐赠的积极性，从两种途径实现社会公平。

（四）完全自发、自愿的捐赠参与度有所提升，但捐赠持续性更多受非自愿捐赠的影响

本年度报告的结果显示，完全自发、自愿的家庭捐赠依然占据主流地位，而且与2011年相比，捐赠参与比例、额度和占总体捐赠的份额均有明显的提升，此外，政府或单位发起的自愿性捐赠和强制性捐赠水平均有所下降。

在国内慈善捐赠事业中，行政指令的号召甚至强制长期扮演着重要的角色，要完全退出历史舞台还需要一段很长的时间，但从目前的情况来看由行政命令推动的慈善捐赠行为已逐渐减少，慈善捐赠逐渐回归其本来面目，这是一个积极的现象。但我们依然要看到号召以及强制捐赠的力量所在，本年度报告追踪家庭样本的分析结果显示，政府或单位发起的自愿性捐赠和强制性捐赠的持续性水平均高于完全自发、自愿的捐赠水平，换言之，目前国内居民家庭的持续性捐赠行为更多是基于政府或工作单位等外力推动而形成的，自身习惯或计划依然未成为持续性捐赠的主要动力，自愿性捐赠更多带有一次性、随机性特点，应该说这是长期以来由行政命令推动慈善捐赠所带来的惯性或惰性，需要较长一段时间才能使其扭转。

（五）防灾救灾、扶贫济困依然是捐赠主要流向，文化与艺术保护、宗教、教育等领域有吸纳大额捐赠的趋向

与2012年类似，本年度的报告再次显示国内家庭捐赠依然集中在防灾救

---

① 王征兵：《"不在意资金"与慈善捐赠》，《学术研究》2003年第1期。
② 张进美、刘武、林良池：《家庭收支对居民慈善捐赠影响的实证分析——以辽宁省数据为例》，《东北大学学报》（社会科学版）2012年第4期。〔美〕亚瑟·C. 布鲁克斯：《谁会真正关心慈善》，王青山译，社会科学文献出版社，2008，第63~64页。

灾及扶贫济困领域，尚未摆脱"灾情反应模式"，[1] 而上述两个领域的持续性捐赠水平也是显著高于其他领域，这样的格局要产生变化尚需要较长的一段时间。

另外，结合两年的调查结果可以发现，文化与艺术保护和宗教领域尽管国内家庭捐赠参与度不高，但捐赠者对其的捐赠额度普遍较高，尤其是文化与艺术保护领域，是吸纳大额捐赠的主要领域。教育领域是国内家庭捐赠参与度不低而捐赠额度也较高的领域，除了防灾救灾及扶贫济困外，教育领域所接收的捐赠额占捐赠总额比例排在第三位，而且在追踪家庭捐赠分析中可发现教育领域的捐赠持续性水平非常高。近年教育领域不断受到慈善家的关注，例如《2013中国捐赠百杰榜》显示宁夏宝丰集团总裁党彦宝承诺捐赠11.5亿元连续七年资助宁夏10.2万名贫困学生，是2013年国内最大的单笔捐赠，开启国内最大民间助学工程。[2] 这反映了教育是目前国内各社会阶层普遍持续关注的社会事业，凝聚了普遍的社会共识。不过，文化与艺术保护类的民间组织亦需要抓住机遇，加强自身能力建设，调整募款策略，有针对性地挖掘大额捐赠资源。

（六）重视家风的建设，构建和谐家庭环境有助于激发捐赠的热情

本报告的数据分析也再次验证了2012年报告中所提及的家庭中成年人捐赠行为对未成年人捐赠行为的正向促进作用，说明该作用是稳定存在的。此外，本次调查结果也表明，家庭成员的亲密程度与家庭捐赠参与度密切相关，亲密程度高的家庭，捐赠的参与度也可能越高。

近年关于"家风"的话题引起了社会的关注，2014年初官方媒体就专门以"家风"作为主题进行了系列报道，[3] 习近平主席在2015年春节团拜会上的讲话也提出"重视家庭建设，注重家庭、注重家教、注重家风"的重要论断。[4] 国外早已有相关研究表明慈善行为在家庭中具有传递效应，父母包括志

---

[1] 刘能：《中国都市地区普通公众参加社会捐助活动的意愿和行为取向分析》，《社会学研究》2004年第2期。

[2] 中国公益研究院：《〈2013中国捐赠百杰榜〉发布》，http：//www.bnu1.org/research/donated/dynamic/2097.html，最后访问日期：2015年6月1日。

[3] 家风：《中华民族优秀传统美德的传承与发扬》，http：//kejiao.cntv.cn/special/jiafeng/，最后访问日期：2015年6月1日。

[4] 习近平：《在2015年春节团拜会上的讲话》，http：//news.xinhuanet.com/2015 - 02/17/c_1114401712.html，最后访问日期：2015年6月1日。

愿服务和捐赠在内的慈善行为对儿童存在显著的影响。[1] 柯江林等人的研究亦证实了家庭慈善氛围对个人的慈善活动参与与否、慈善支出、志愿服务时间以及将来参与慈善活动的可能性等方面均存在显著的正向作用。[2] 由此，要在全社会不断推动营造慈善捐赠的参与氛围，一个重要的途径是以家庭这种个人生活的初级单位为基点，倡导"慈善家风"，以家庭中父母等长辈的言传身教潜移默化地给下一代灌输慈善观念，树立慈善参与的榜样。公益组织可策划组织更多以家庭为单位的公益活动，鼓励全体家庭参与其中，通过这类活动对居民家庭进行公益慈善理念的宣传，同时也通过为居民提供家庭活动的平台，增强家庭关系的亲密程度。慈善、和谐家风的形成将有助于为国家当下乃至未来的慈善事业奠定微观基础。

（七）不足之处

本报告通过2012年及2014年两期调查的追踪家庭样本探讨国内家庭捐赠的持续性现象，应该承认仅仅两年的资料是不够的，因此本报告对家庭捐赠的持续性现象只是一个初步、探索性的分析，对该问题的研究可借助今后CLDS的持续开展继续深入。

由于客观原因所限，CLDS并未对西藏及海南的家庭进行抽样调查，因此在本报告各省区市捐赠情况的比较中亦未能呈现两地的家庭捐赠现状。

此外，限于报告篇幅，本报告仅对城乡、区域、收入、消费等几个主要家庭特征与慈善捐赠之间的关系作了分析，而未对家庭规模、结构等更多的因素与家庭捐赠之间的关系进行探讨，期望今后可以专题的形式对这些因素与家庭捐赠之间可能存在的关系以及内在机制进行更加深入的讨论。

---

[1] 可参见 Steinberg, R., Wilhelm M. Giving, The Next Generation – Parental Effects on Donations, 2003; Wilhelm, M. O., Brown, E., Rooney, P. M., et al., "The Intergenerational Transmission of Generosity", *Journal of Public Economics*, 2008, 92（10）: 2146 – 2156; Ottoni – Wilhelm, M., Estell, D. B., Perdue, N. H., "Role – modeling and Conversations About Giving in the Socialization of Adolescent Charitable Giving and Volunteering", *Journal of Adolescence*, 2014, 37（1）: 53 – 66 等研究。

[2] 柯江林、孙锐、丁越：《影响中国员工慈善参与水平的精神性因素研究——单位、家庭与个体的三维视角》，《北京社会科学》2013年第4期。

B.3
2014年度中国民间公益透明指数（GTI）报告

USDO自律吧

摘　要： 中国民间公益透明指数（GTI）项目由USDO自律吧在壹基金、敦和慈善基金会、南都公益基金会、北京市企业家环保基金会、北京市西部阳光农村发展基金会、基金会中心网等多家机构支持下开展，指标体系由清华大学公共管理学院的邓国胜教授、程文浩教授共同研发完成。GTI工作团队在2014年度通过互联网采集到1301家民间公益组织的相关信息，并且依据GTI指标权重经过科学计算之后，形成我国民间公益组织的透明榜单。2014年度GTI平均值为27.87分，较2013年度的27.23分提高了2.35%，但仍然为"不及格"。在透明度整体较低的情况下，各家民间公益组织所展示的公开意愿和透明能力存在较大的差异：得分最高的组织为98.03分，得分最低的组织为2.57分。同时也应看到，与2013年度报告的样本基数相比此次新纳入了301家组织的信息，新增近三成数据而没有影响平均值，表明GTI涵盖的民间公益组织在透明度建设方面正在稳健地进步。从2013年和2014年的综合数据观察，GTI涵盖的民间公益组织在基本信息披露方面的得分整体较高，表明各组织普遍意识到向社会展示自己的必要性，有较强的主动披露意愿。但对于财务、项目、治理与管理信息的披露有待进一步加强，使公益组织的信息披露达到社会普遍期待的水准。

公益蓝皮书

关键词： 民间公益组织　透明指数　信息披露

中国民间公益透明指数（Grassroots Transparency Index，简称 GTI）由壹基金联合 USDO 自律吧，委托清华大学创新与社会责任研究中心和清华大学廉政与治理研究中心自 2013 年起开发。GTI 在设计上遵循了科学性、系统性、适度性、引导性的原则。指数设计多次征求了业内专家、民间公益组织的意见，涵盖组织基本信息、治理与管理信息、项目信息、财务信息四个维度，包含 58 个三级指标，并严格按照德尔菲法（Delphi Method）确定指标权重，具有较高的科学性、权威性与实践性。指数的目的在于为民间公益组织面向社会的透明度提供一个可以参考的标准，通过指数的发布，帮助公民了解民间公益组织的运作水平，帮助公益组织了解本组织信息公开的程度及其在整个行业的位置，从而激励每个民间公益组织更完整、更及时、更有效地向服务群体、捐赠人披露相关信息，进一步推动中国公益事业的健康发展。

GTI 的得分范围在 0～100 分，得分越高，表明该组织透明度越高；得分越低，表明该组织透明度越低。由于公益组织在互联网上发布的信息具有一定滞后性，本报告基于 2014 年采录到的 1301 家民间公益机构通过互联网发布的 2012 年度机构的基本信息、治理与管理信息、项目信息和财务信息进行计算。

一　2014 年 GTI 总体得分情况

（一）中国民间公益组织 GTI 整体得分较低，水平悬殊

如图 1 所示，2014 年度，中国民间公益透明指数平均值为 27.87 分，较 2013 年度的 27.23 分提高了 2.35%。这个数值尚不足满分 100 分的 30%，与此同时，中国基金会透明指数平均值为 49.45 分。尽管两个指数在参数、权重等诸多设计上有所不同，但作为透明度指标，两个指数直观地展示了 GTI 涵盖的中国民间公益组织的透明度整体偏低的严峻事实。过半民间公益组织的 GTI 分布于 10～40 分，提升空间依然很大。

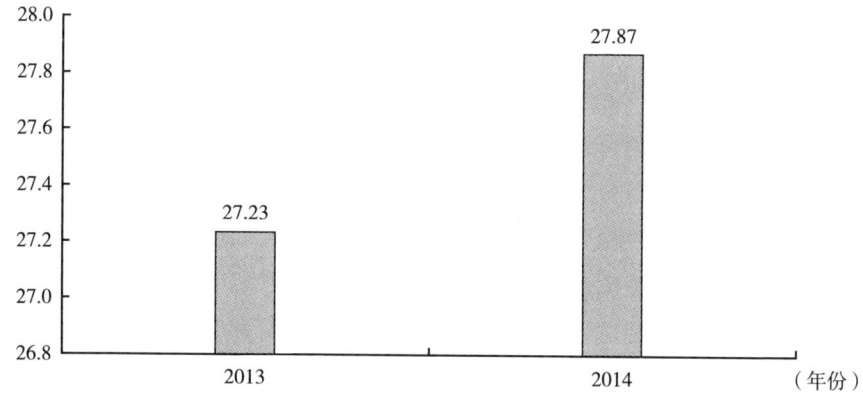

图 1 2013~2014 年 GTI 平均得分

在透明度整体较低的情况下，各个具体的民间公益组织所展示的公开意愿和透明能力存在较大的差异：得分最高的组织分数为 98.03 分，得分最低的组织分数为 2.57 分，差值超过了 2013 年度的最大差值。标准差为 17.09 分，也超过了上年标准差 16.75 分。套用《政府工作报告》的说法，GTI 涵盖的中国民间公益组织经过一年的努力，不但没有达到"共同透明"，"明暗差距"反而还加大了！

表 1 2014 年 GTI 得分情况

	极小值	极大值	平均值	标准差	上年均值
GTI 分数	2.57	98.03	27.87	17.09	27.23

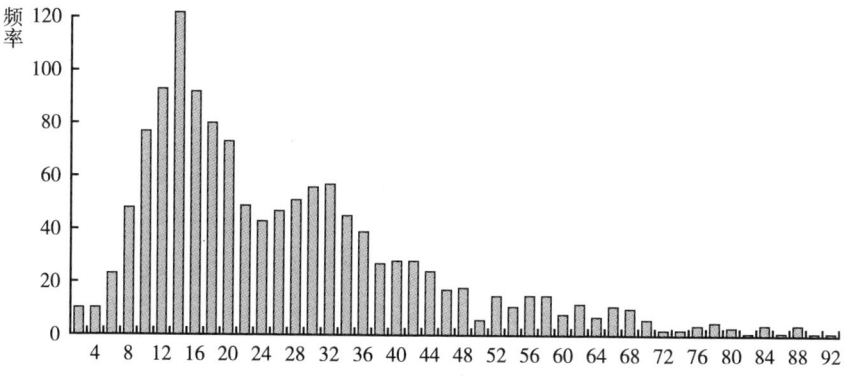

图 2 2014 年 GTI 得分直方图

公益蓝皮书

（二）GTI 分项得分中，财务信息仍是最为薄弱的环节

综合图 3 的分项目得分可以看出，基本信息分项组织得分基本呈现偏右的正态分布，治理与管理信息分项大量组织的得分聚集在 5 分以下的区间，项目信息分项一部分组织得分集中于 0～1 分，另有一部分集中于 10～15 分，财务信息分项绝大部分组织得分集中于 0～1 分。这表明 GTI 涵盖的中国民间公益组织对待基本信息公开的态度相对比较一致，行动也还算整齐，得分差异相对最小，而其他三项治理与管理信息得分、项目信息得分和财务信息得分的差异明显增大。各个组织在财务信息公开方面的得分差异相对最大，财务信息披露仍然是信息披露最为薄弱的环节（见图 4）。与之相应的是公益领域始终围绕着财务信息"向谁公开"、"公开什么"、"公开到什么程度"甚至"有没有必要公开"等一系列问题进行着讨论、思考和实践。

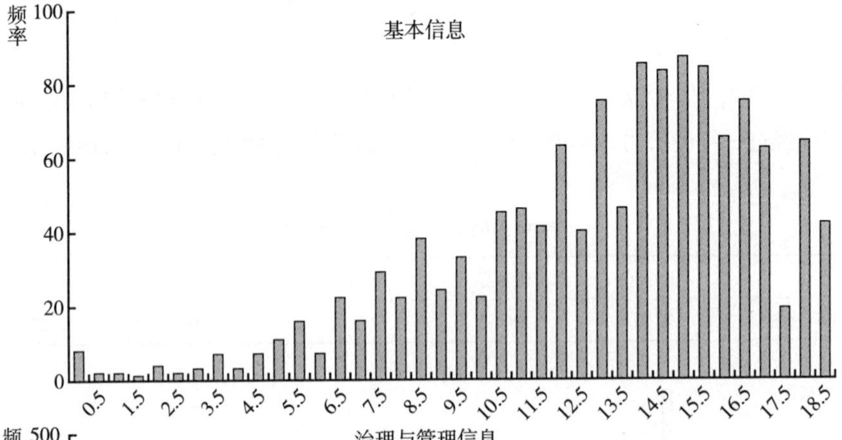

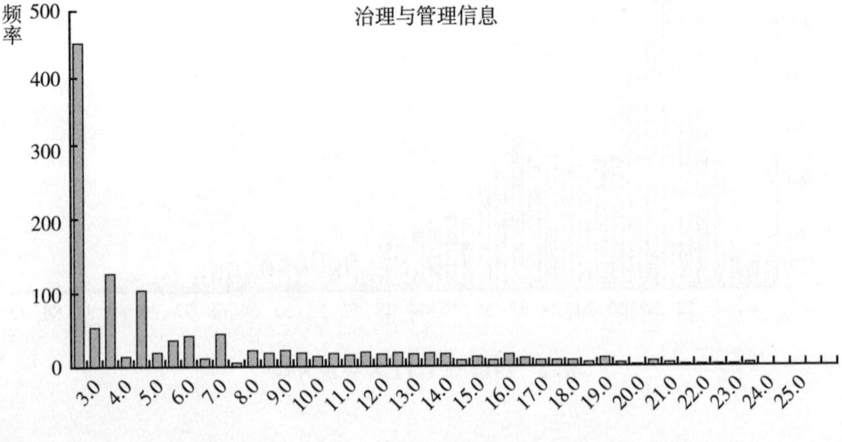

054

2014年度中国民间公益透明指数（GTI）报告

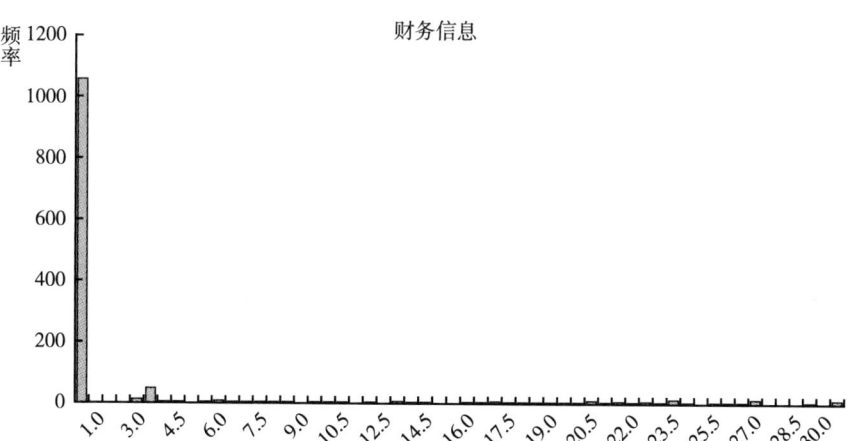

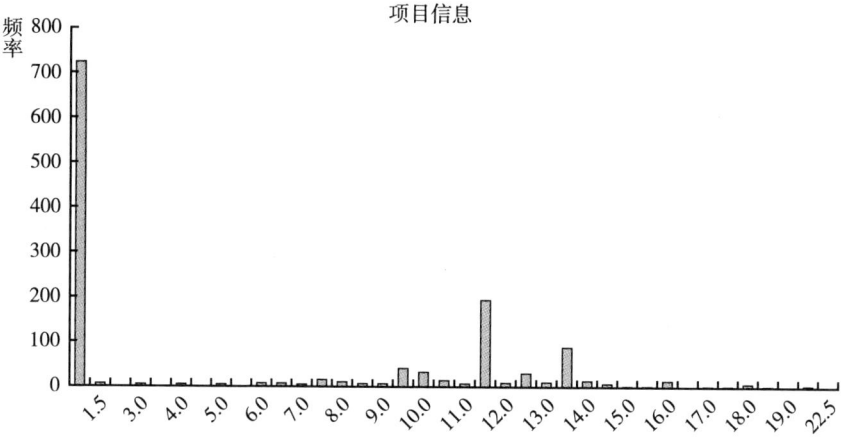

图3　2014年GTI分项得分分布直方图

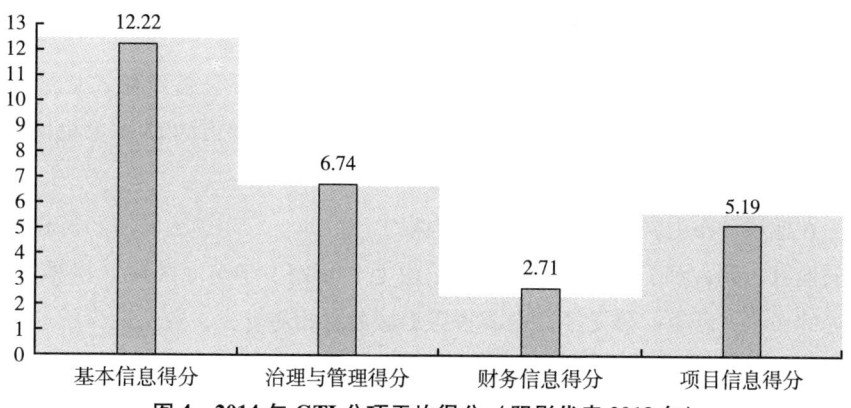

图4　2014年GTI分项平均得分（阴影代表2013年）

055

2014年度，GTI涵盖的中国民间公益组织的透明度指数在各个项目上的表现，总趋势上与2013年度保持一致。在基本信息、项目信息两个方面的得分略有降低，在治理与管理信息、财务信息两个方面的得分略有提高。但总体上，各个分项除了基本信息外，其他三个方面的平均得分仍然不足理论满分的1/3，并且各个分项极大值与极小值悬殊，四个分项中都出现了满分，三个分项中出现了零分（见表2）。这充分说明GTI涵盖的中国民间公益组织对信息披露工作的重视程度各不相同，披露信息的能力也存在较大的差距，总体信息披露水平亟待提高。公益组织、政府职能部门、立法机构、媒体等多方面需要协同构建一套系统的信息披露工作机制和制度，以促进中国民间公益组织问责机制的发展，提高社会公众对中国民间公益组织的了解、信任和支持度，进一步促进其良性循环发展。

表2　2014年GTI分项得分情况

	理论满分	极小值	极大值	均值	标准差	上年均值
基本信息得分	18.58	0.00	18.58	12.22	3.79	12.40
治理与管理得分	28.07	2.57	28.07	6.74	5.38	6.68
财务信息得分	30.45	0.00	30.45	2.71	6.90	2.43
项目信息得分	22.90	0.00	22.90	5.19	6.13	5.72

二　不同地域的公益组织GTI得分情况

（一）GTI参评机构地域分布广泛，北京数量最多，西藏最少

GTI涵盖的对象是民间自发的、自下而上的草根性公益组织。从地域来看，2014年度GTI排行榜涵盖了31个省、自治区、直辖市的1301家机构，比上年增加了301家，涵盖范围有所扩大。

在地域分布上，大部分的参评机构集中于北京、广东、上海等经济相对发达的地区，共占到了总体的30%以上；并且，华南、华东地区数量相对较多，偏远的西藏、新疆、黑龙江、内蒙古等地区数量相对较少，数量最少的地区为西藏，仅有2家。在一定程度上，地区内民间公益组织的数量与当地的经济发展水平和政策环境有着较强的相关关系。

（二）吉林仍是 GTI 平均得分最高的地区，黑龙江最低

中国民间公益透明指数得分在全国各个地区的情况各不相同（见图 5）。其中吉林省分数最高，达 37.10 分，位居第一，延续了上一年度位列第一的良好成绩；另外，广东、福建、新疆、四川、安徽得分排名靠前，分数都超过了 30 分；黑龙江排名最后，得分为 17.86 分。与上一年度相比，得分最高的吉林分数有所降低，而得分最低的黑龙江的得分有所提高，各地区之间的差异略有降低。平均得分提升最高的是新疆，由上年的 17.69 分升至 31.28 分，而降低最多的是海南，由 2013 年的 33.96 分下降至 26.60 分（见表 3）。

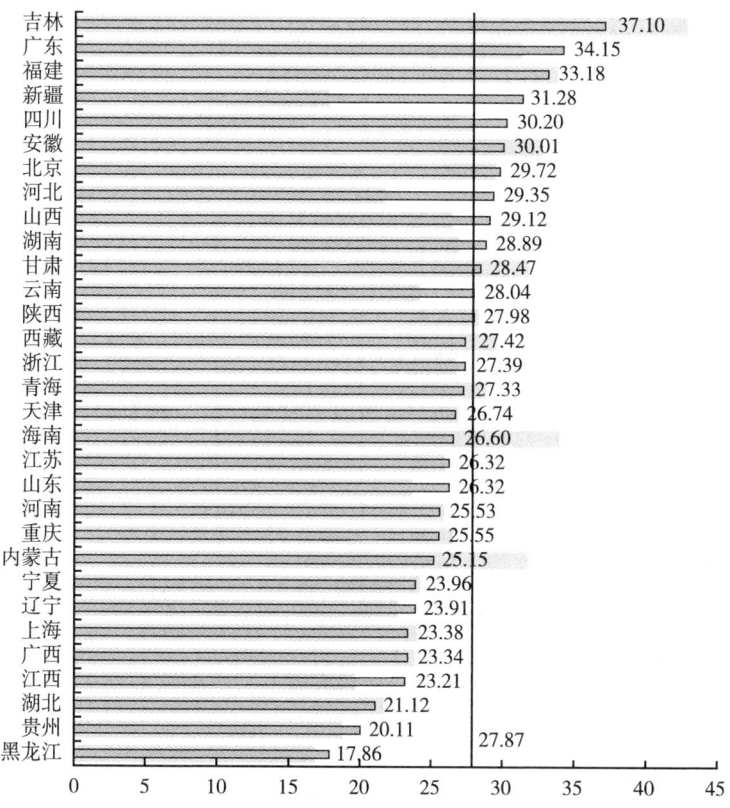

图 5 各省区市公益组织 2014 年 GTI 平均得分（阴影代表 2013 年）

表3 2014年各省区市GTI得分情况

省区市	极小值	平均值	极大值	标准差	上年均值
吉 林	12.58	37.10	79.28	21.07	42.86
广 东	2.57	34.15	94.09	19.70	31.30
福 建	7.84	33.18	75.16	20.18	33.73
新 疆	11.70	31.28	66.87	22.43	17.69
四 川	2.57	30.20	95.98	19.41	28.05
安 徽	4.48	30.01	95.82	18.74	32.77
北 京	2.57	29.72	98.03	17.38	29.53
河 北	9.41	29.35	69.86	19.62	21.74
山 西	12.45	29.12	85.42	24.61	26.47
湖 南	10.33	28.89	67.83	16.80	26.90
甘 肃	7.42	28.47	63.99	15.91	31.82
云 南	2.57	28.04	75.10	17.86	24.20
陕 西	6.40	27.98	80.12	15.18	28.32
西 藏	14.93	27.42	39.90	17.66	29.53
浙 江	10.73	27.39	78.55	14.03	26.75
青 海	7.42	27.33	96.70	20.01	28.81
天 津	10.55	26.74	43.15	10.17	26.89
海 南	13.18	26.60	44.60	12.15	33.96
山 东	6.56	26.32	78.23	15.96	23.61
江 苏	2.57	26.32	76.44	14.72	25.93
河 南	9.37	25.63	57.94	13.21	25.96
重 庆	9.37	25.55	69.85	13.24	26.56
内蒙古	7.50	25.15	85.95	25.85	31.74
宁 夏	9.28	23.96	55.79	12.51	24.22
辽 宁	11.84	23.91	49.22	11.17	22.65
上 海	2.57	23.38	76.30	15.11	24.01
广 西	7.25	23.34	48.71	11.69	23.92
江 西	6.67	23.21	59.35	11.57	19.62
湖 北	5.50	21.12	42.57	8.87	21.73
贵 州	4.76	20.11	52.61	13.43	18.76
黑龙江	9.77	17.86	35.32	10.32	16.76

总体上而言,各地的得分绝对数值仍然很小,绝大多数小于总分数的1/3,仍有待提高。GTI得分最高的并不是经济最发达的地区,这说明公益组织的信息公开程度并不受地区经济发展水平的影响。例如,平均分在30分以上的地区就包括了安徽、新疆、四川等欠发达地区;平均分在27～29分的基本集中在经济不发达的西部地区,其整体表现甚至优于东部的某些经济发达地区。

（三）吉林在除项目信息外的三项中平均得分最高，青海项目信息平均得分最高

在中国民间公益透明指数得分财务信息方面，排名靠前的地区依次有吉林、广东、山西、内蒙古、新疆、河北、福建，排名靠后的地区依次有西藏、黑龙江、湖北、宁夏、海南（见图6）。从总体上看，上榜的全国各地公益组织财务信息披露整体得分偏低，这一部分的排名与各地经济发展情况没有明显的关系；这一部分各地的得分差距明显较大，并且有两个地区出现了得分为零分的情况，值得关注。

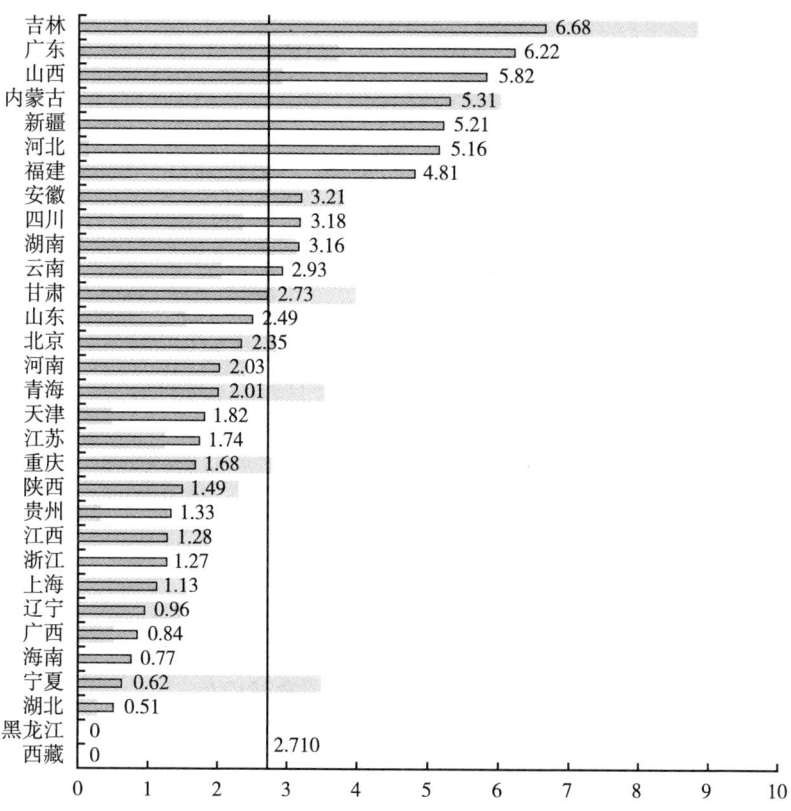

图6　各省区市公益组织2014年GTI财务信息平均得分（阴影代表2013年）

公益蓝皮书

在中国民间公益透明指数得分项目信息方面,排名靠前的地区依次有青海、陕西、北京、吉林、云南,排名靠后的地区依次有内蒙古、湖北、黑龙江、贵州、山西,排名靠前的地区与其他部分相比有所变化(见图7)。从总体上看,这一部分的排名与各地的经济发展情况没有明显的关系;这一部分各地的得分差距相对较大,但并不是十分显著。

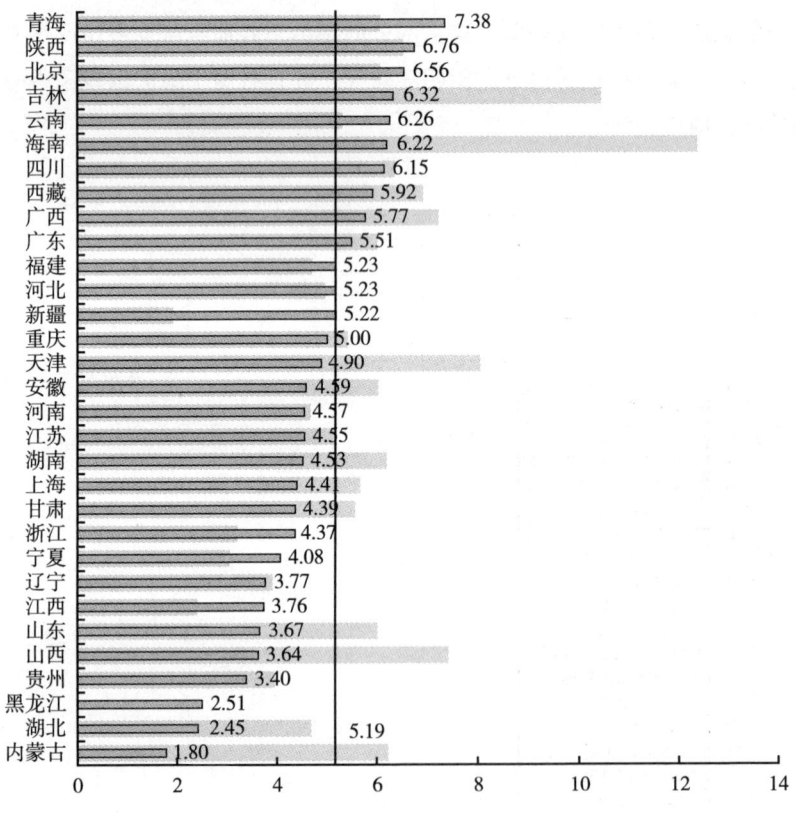

图7 各省区市公益组织 2014 年 GTI 项目
信息平均得分(阴影代表 2013 年)

在中国民间公益透明指数得分治理与管理信息方面,排名靠前的地区依次有吉林、福建、西藏、安徽、广东,排名靠后的地区依次有黑龙江、广西、重庆、贵州、辽宁。上榜 1301 家公益组织在治理与管理信息方面得分平均为 6.74 分,较该部分理论满分 28.07 分存在较大差距(见图8)。这一部分的排名与各地的经济发展情况没有明显的关系；且各地的得分差距与上一方面相比相对较大，但并不是很明显。

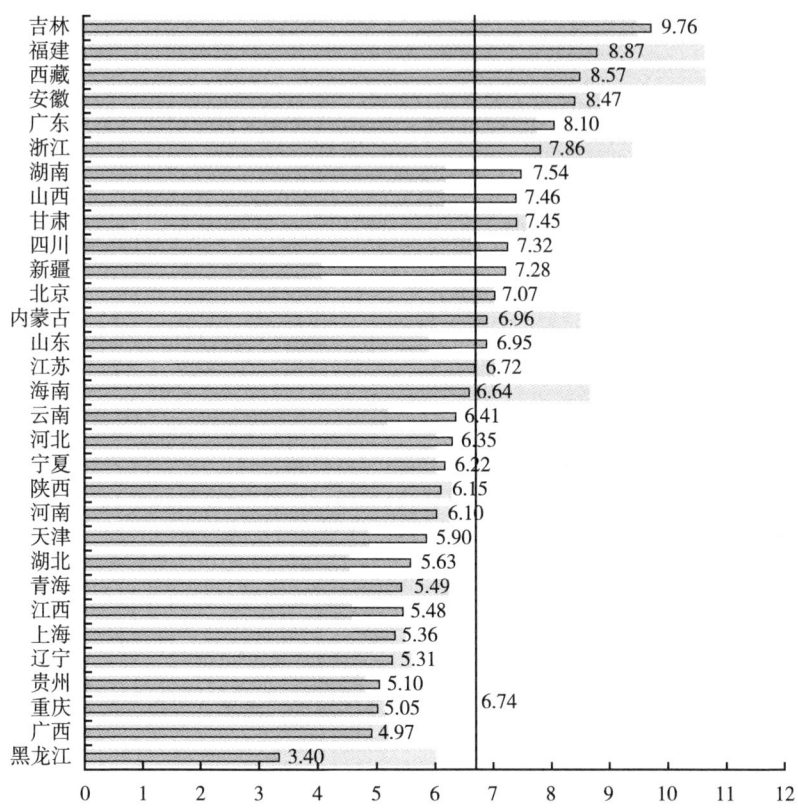

图8 各省区市公益组织2014年GTI治理与管理信息平均得分（阴影代表2013年）

在中国民间公益透明指数得分基本信息方面，排名靠前的地区依次有吉林、广东、福建、天津、甘肃，排名靠后的地区依次有贵州、内蒙古、广西、黑龙江、山西。从总体上看，在基本信息部分上榜公益组织平均得分达到13.22分，按该部分理论满分18.58分计算，各地公益组织在基本信息披露方面整体表现良好，该部分得分与各地经济发展水平无明显相关性，各地的得分差距并不是很明显（见图9）。

公益蓝皮书

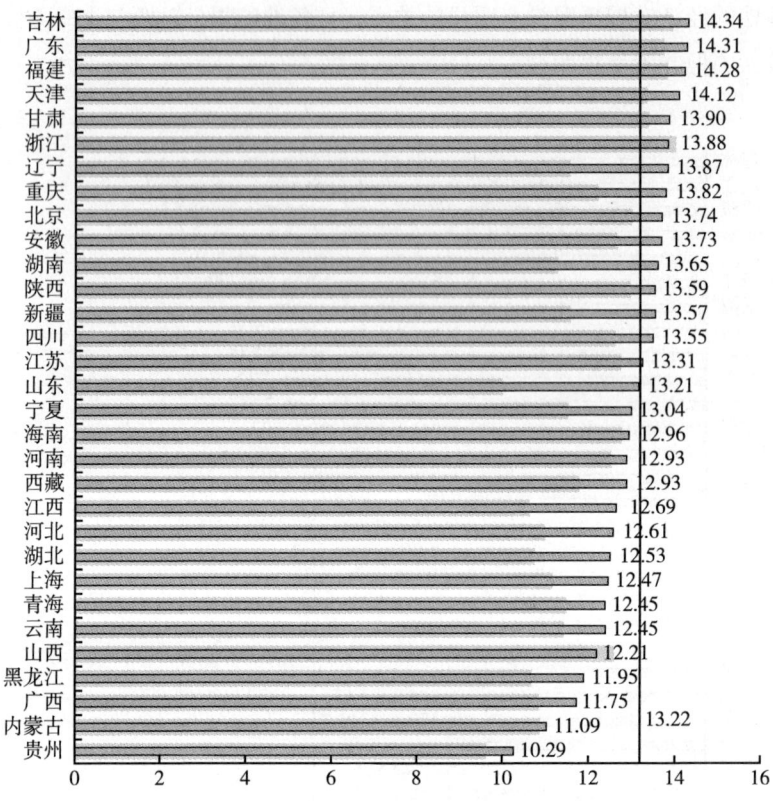

图9 各省区市公益组织2014年GTI基本信息平均得分（阴影代表2013年）

三 不同领域的公益组织GTI得分情况

（一）GTI参评机构涵盖16个领域，社区服务最多，灾害救助最少

GTI将参评机构分为社区服务、残障、动物福利、扶贫与发展、环保、教育、健康、老年与生命教育、劳工、儿童福利、社会创新/社会企业、文化/艺术/体育、性别平等、灾害救助、支持/研究与其他共16个领域，这些领域的机构分布如图10所示。

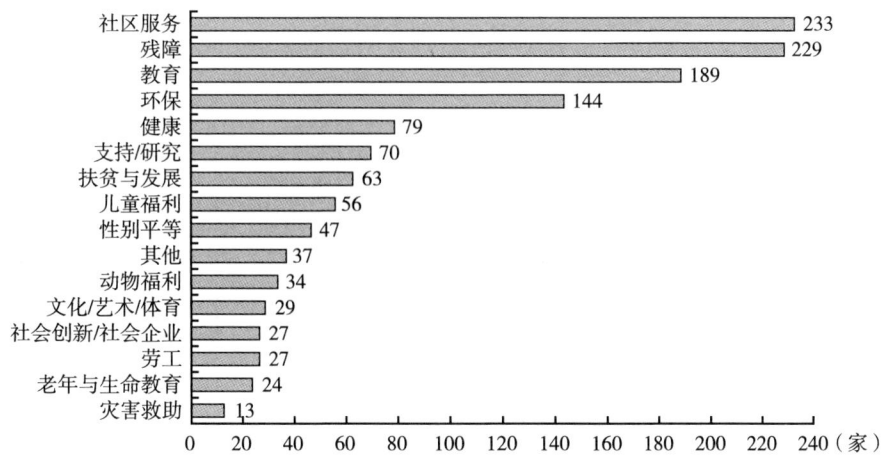

图10 2014年GTI参评机构领域分布

在社会领域分布方面,排行榜中的民间公益组织大部分集中于社区服务、残障、教育、环保四个领域,同时这也是国家政策重点关注的社会服务领域,民间组织很好地贯彻了国家的发展指导政策。在灾害救助、老年与生命教育、劳工、文化/艺术/体育、动物福利等领域的民间公益组织相对较少。

中国是一个地广人多、灾害频仍的国度,灾害时有发生,如果灾害紧急救援、重建等阶段只靠军队、行政力量,资源很难及时到达最需要服务的基层;老龄化已经成为国家长期发展战略不容忽视的一个问题,社区老人的需求实在而迫切……从社会需求的角度看这些领域的公益组织有发展空间。而这些组织数量较少的主要原因,一是这些领域受到国家相关政策的支持相对较少;二是发展所需的资金来源单一,筹款渠道被"公募"资格所限制,缺乏发展动力;三是这些领域的公益组织发展需要较高的专业水平,需要大量具有专业能力的人员,而整个社会的人才主要流向国家机关和企业。

(二)残障领域的GTI平均得分远高于其他领域

中国民间公益透明指数得分在各个领域的表现不尽相同。在残障领域得分最高,远超其他领域;在灾害救助、社会创新/社会企业两个领域得分最低

（其他领域除外），并且大部分领域的得分都在平均分以下。得分相对较高的领域主要是国家政策鼓励发展并给予了各方面社会资源支持的领域，包括残障、教育、环保等。

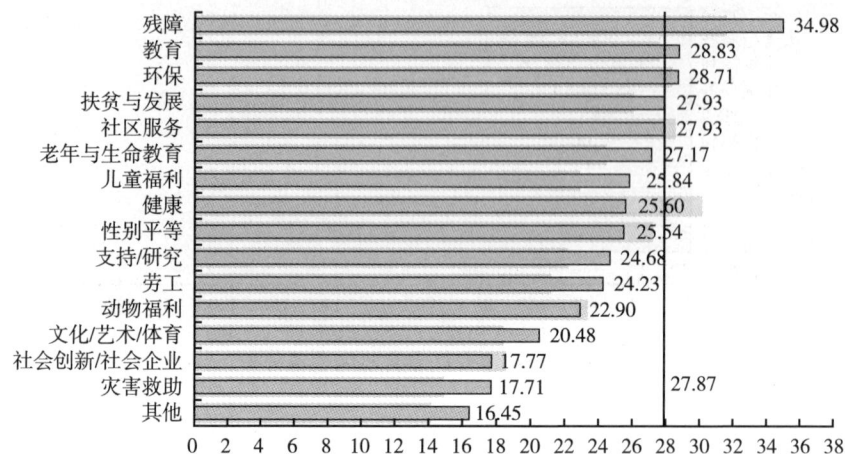

图 11　各领域公益组织 2014 年 GTI 平均得分（阴影代表 2013 年）

与 2013 年相比，社区服务、健康、性别平等、动物福利、社会创新/社会企业五个领域的平均得分有所降低，尤其是健康领域，平均分降低了近 5 分，上年排名第二，2014 年只排名第八。而提升最多的是残障领域，该领域也连续两年排名第一（见表 4）。

表 4　2014 年各领域 GTI 平均得分

领域	极小值	平均值	极大值	标准差	上年均值
残障	2.57	34.98	95.82	19.20	31.53
教育	2.57	28.83	96.70	18.96	27.57
环保	2.57	28.71	83.84	16.45	28.37
扶贫与发展	6.40	27.93	85.95	15.89	26.04
社区服务	6.68	27.93	78.54	15.36	28.60
老年与生命教育	6.12	27.17	71.55	20.51	24.48
儿童福利	4.35	25.84	68.00	15.26	22.93
健康	2.57	25.60	94.09	18.23	30.14

续表

领域	极小值	平均值	极大值	标准差	上年均值
性别平等	7.89	25.54	70.34	14.04	27.24
支持/研究	2.57	24.68	98.03	17.53	22.22
劳工	7.83	24.23	53.20	10.78	21.27
动物福利	9.16	22.90	63.08	13.31	23.39
文化/艺术/体育	5.50	20.48	39.04	9.70	18.43
社会创新/社会企业	7.29	17.77	44.35	7.84	18.60
灾害救助	9.03	17.71	32.96	7.84	14.97
其他	2.57	16.45	28.76	5.63	14.19

（三）除治理与管理信息外其他分项中残障领域平均得分均排第一，治理与管理信息中社区服务得分最高

中国民间公益透明指数得分分项在各个领域的表现也不尽相同。

在财务信息方面，表现较好的为残障，明显超过其他领域；其次为教育、老年与生命教育；表现较差的为灾害救助、社会创新/社会企业，得分都为零分；再次为文化/艺术/体育领域。各领域得分差距相对较大，并且十分显著。

在项目信息方面，表现较好的为残障、环保、教育，表现较差的为社会创新/社会企业、灾害救助、文化/艺术/体育领域。各领域得分差距相对较大。

在治理与管理信息方面，表现较好的为社区服务、环保、教育，表现较差的为社会创新/社会企业、灾害救助、劳工。各领域得分差距相对较小。

在基本信息方面，表现较好的为残障、劳工、扶贫与发展，表现较差的为灾害救助、文化/艺术/体育、社会创新/社会企业。各领域得分差距相对较小。

总的看来，在各方面表现都相对较好的领域有残障、教育、环保，在各方面表现都相对较差的领域有社会创新/社会企业、文化/艺术/体育、灾害救助等（见图12）。

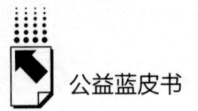

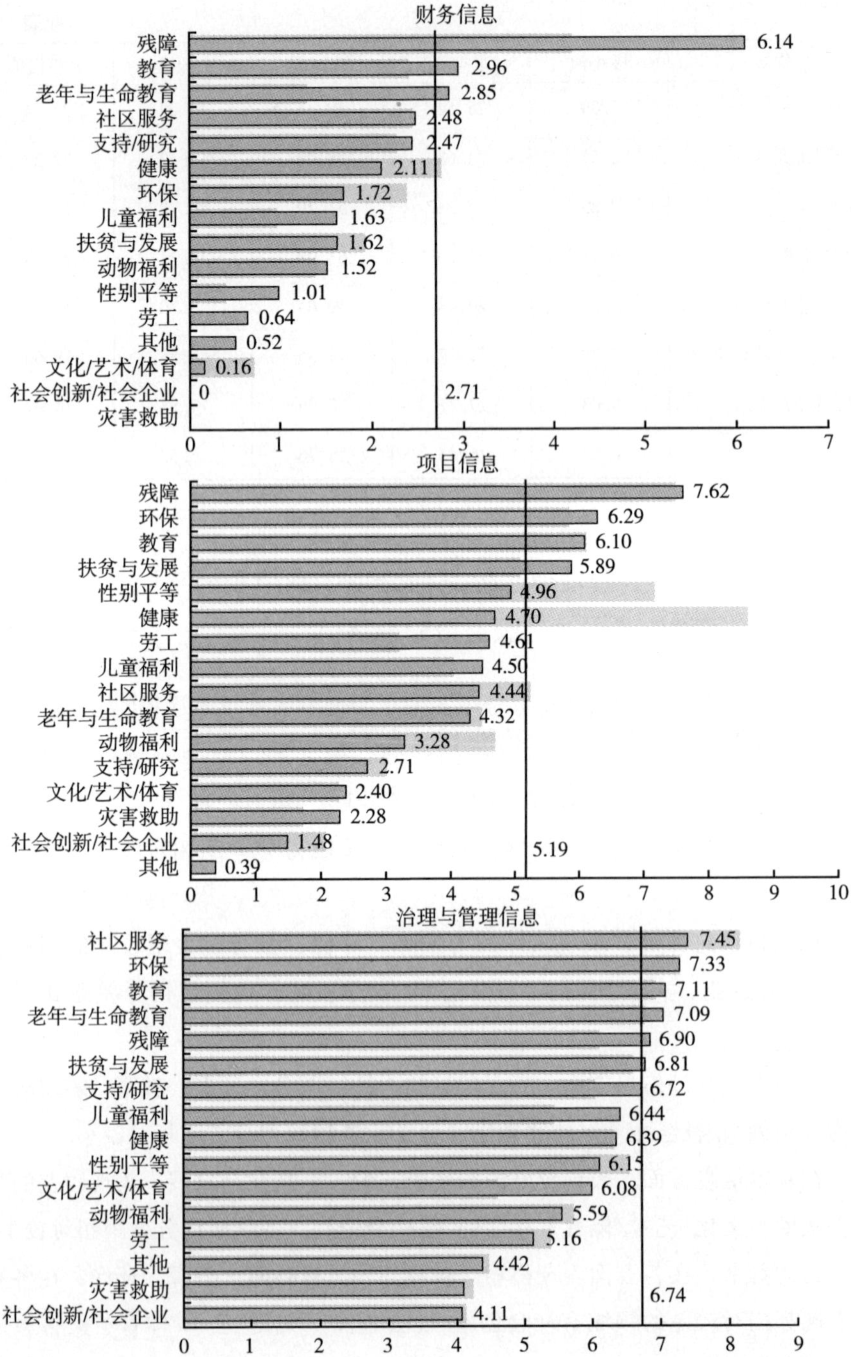
财务信息
残障 6.14
教育 2.96
老年与生命教育 2.85
社区服务 2.48
支持/研究 2.47
健康 2.11
环保 1.72
儿童福利 1.63
扶贫与发展 1.62
动物福利 1.52
性别平等 1.01
劳工 0.64
其他 0.52
文化/艺术/体育 0.16
社会创新/社会企业 0
灾害救助
2.71
0 1 2 3 4 5 6 7
项目信息
残障 7.62
环保 6.29
教育 6.10
扶贫与发展 5.89
性别平等 4.96
健康 4.70
劳工 4.61
儿童福利 4.50
社区服务 4.44
老年与生命教育 4.32
动物福利 3.28
支持/研究 2.71
文化/艺术/体育 2.40
灾害救助 2.28
社会创新/社会企业 1.48
其他 0.39
5.19
0 1 2 3 4 5 6 7 8 9 10
治理与管理信息
社区服务 7.45
环保 7.33
教育 7.11
老年与生命教育 7.09
残障 6.90
扶贫与发展 6.81
支持/研究 6.72
儿童福利 6.44
健康 6.39
性别平等 6.15
文化/艺术/体育 6.08
动物福利 5.59
劳工 5.16
其他 4.42
灾害救助
社会创新/社会企业 4.11
6.74
0 1 2 3 4 5 6 7 8 9

2014年度中国民间公益透明指数（GTI）报告

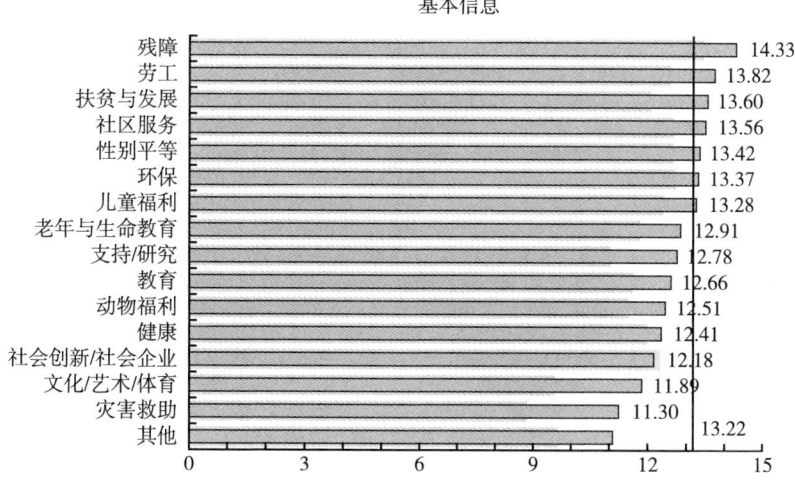

图12　各领域公益组织 2014 年 GTI 分项
平均得分（阴影代表 2013 年）

四　不同成立时间的公益组织 GTI 得分情况

（一）近九成 GTI 参评机构成立时间在3年以上

根据成立年份的不同，我们将参评机构的成立时间划分为 6 个时间段，分别为 2 年及以下、3~5 年、6~8 年、9~11 年、12~14 年和 15 年及以上。参评机构的成立时间分布如图 13 所示。

可以看到，进入 GTI 排行榜的公益组织成立时间相对较早，其中近九成在 3 年以上，有 6 年及以上历史的公益组织数量也超过了 50%。GTI 涵盖的中国民间公益组织的发展具有一定的稳定性，发展更迭相对较少，对中国民间公益事业的发展而言，这是一个良好的趋势。

（二）总体来说成立时间长的公益组织 GTI 得分更高

在中国民间公益透明指数得分上，在不同时间成立的民间公益组织表现出与 2013 年类似的趋势，成立时间越长的组织，其得分越高，反之越低。每个

067

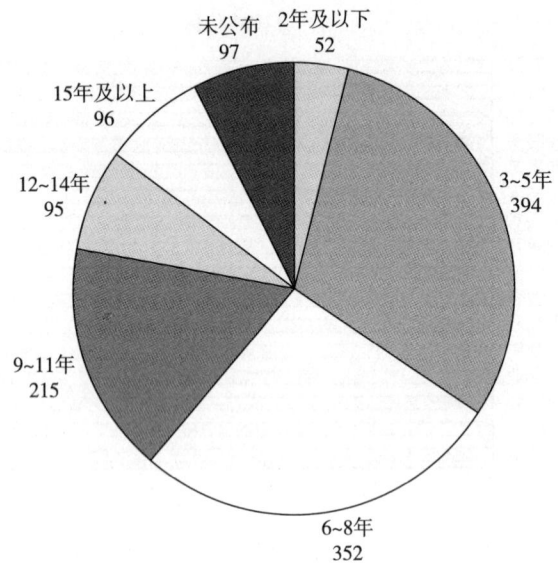

图13　2014年GTI参评机构成立时间分布

时间段的平均得分与上年差异不大（见图14）。

2014年度GTI排行榜中，成立时间在2年及以下、3~5年的公益组织的得分均低于平均值；成立时间超过9年的公益组织的得分相对较高，都超过了30分（见表5）。

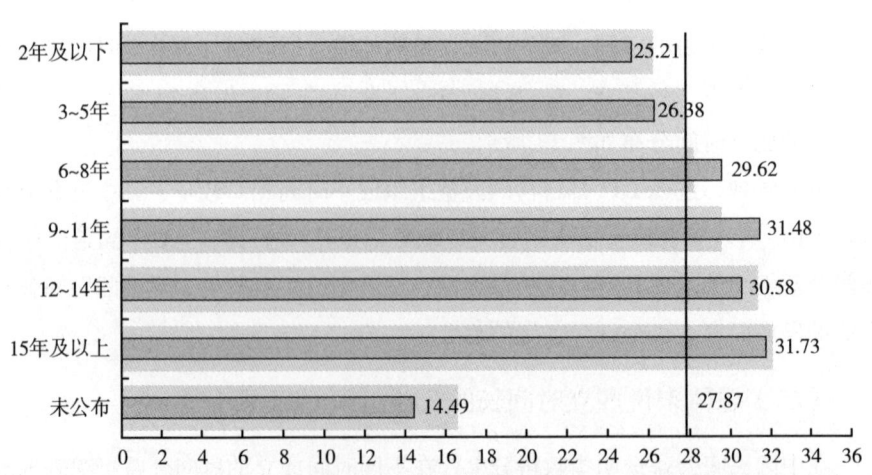

图14　不同成立时间的公益组织2014年GTI平均得分（阴影代表2013年）

表5　2014年不同成立时间的机构GTI得分情况

成立时间	极小值	平均值	极大值	标准差	上年均值
2年及以下	10.27	25.21	76.44	16.53	26.37
3~5年	6.40	26.38	81.07	14.91	27.91
6~8年	3.45	29.62	98.03	16.89	28.25
9~11年	4.48	31.48	96.70	18.64	29.67
12~14年	7.44	30.58	95.98	19.98	31.41
15年及以上	6.67	31.73	94.09	18.25	32.17
未公布	2.57	14.49	62.55	10.21	16.69

（三）成立时间长的公益组织在治理与管理信息、财务信息和项目信息上平均得分均高于新成立组织，在基本信息分项上这种趋势不太明显

在财务信息方面，成立时间在5年及以下的民间公益组织的得分相对较低，并且低于平均水平，成立时间超过5年的民间公益组织的得分相对较高。各公益组织在此方面的差异相对较大。

在项目信息方面，成立时间在5年及以下的民间公益组织的得分相对较低，并且低于平均水平，成立时间超过5年的民间公益组织的得分相对较高。各公益组织在此方面的差异相对较大。

在治理与管理信息方面，成立时间在5年及以下的民间公益组织的得分相对较低，并且低于平均水平，成立时间超过5年的民间公益组织的得分相对较高。各公益组织在此方面的差异相对较小。

在基本信息方面，得分绝大部分都在13~14分，差异较小。

总体来看，成立时间在5年及以下的民间公益组织的得分相对较低，成立时间超过5年的民间公益组织的得分相对较高（见图15）。

五　不同登记注册性质的公益组织GTI得分情况

（一）GTI参评机构有多种登记注册性质，近1/3为民办非企业单位，未登记注册的超过1/5

中国民间公益组织的主要登记注册性质包括民办非企业单位、社会团体、

公益蓝皮书

工商注册、挂靠的二级机构等。GTI 排行榜的上榜机构登记注册性质分布如图 16 所示。

在已经办理登记注册的参评组织中，大约 1/3 的民间公益组织以民办非企业单位的形式存在，大约 1/10 以工商注册或挂靠的二级机构的形式存在，近 1/5 以社会团体的形式存在，仍有超过 1/5 的民间公益组织尚未登记注册。民间公益组织的发展，仍需要有明确的政策引导，给出明确的组织存在形式，以利于其更好地进行社会发展。

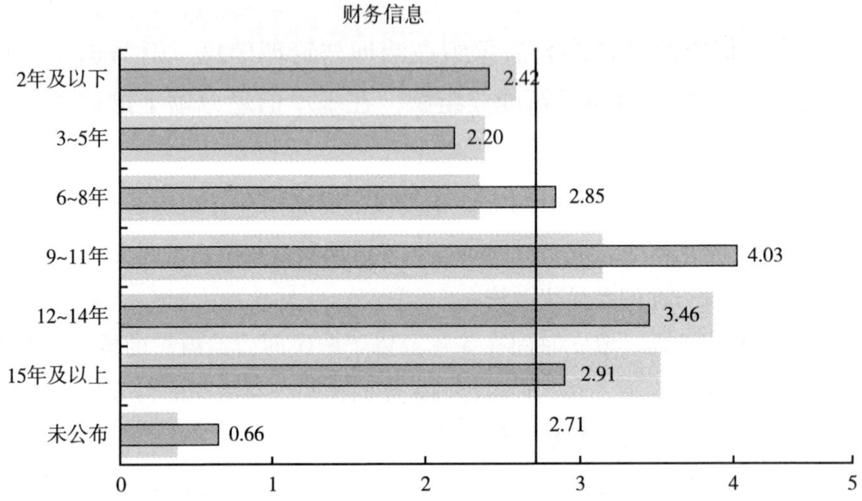

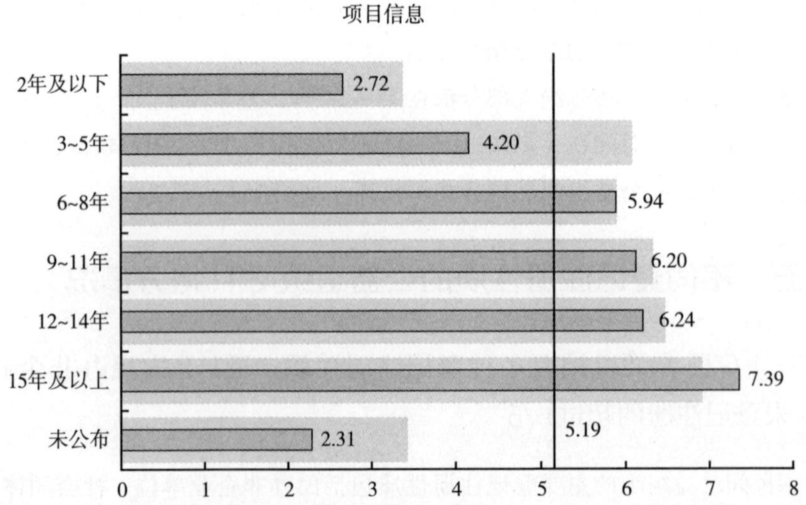

财务信息

年限	得分
2年及以下	2.42
3~5年	2.20
6~8年	2.85
9~11年	4.03
12~14年	3.46
15年及以上	2.91
未公布	0.66

平均值：2.71

项目信息

年限	得分
2年及以下	2.72
3~5年	4.20
6~8年	5.94
9~11年	6.20
12~14年	6.24
15年及以上	7.39
未公布	2.31

平均值：5.19

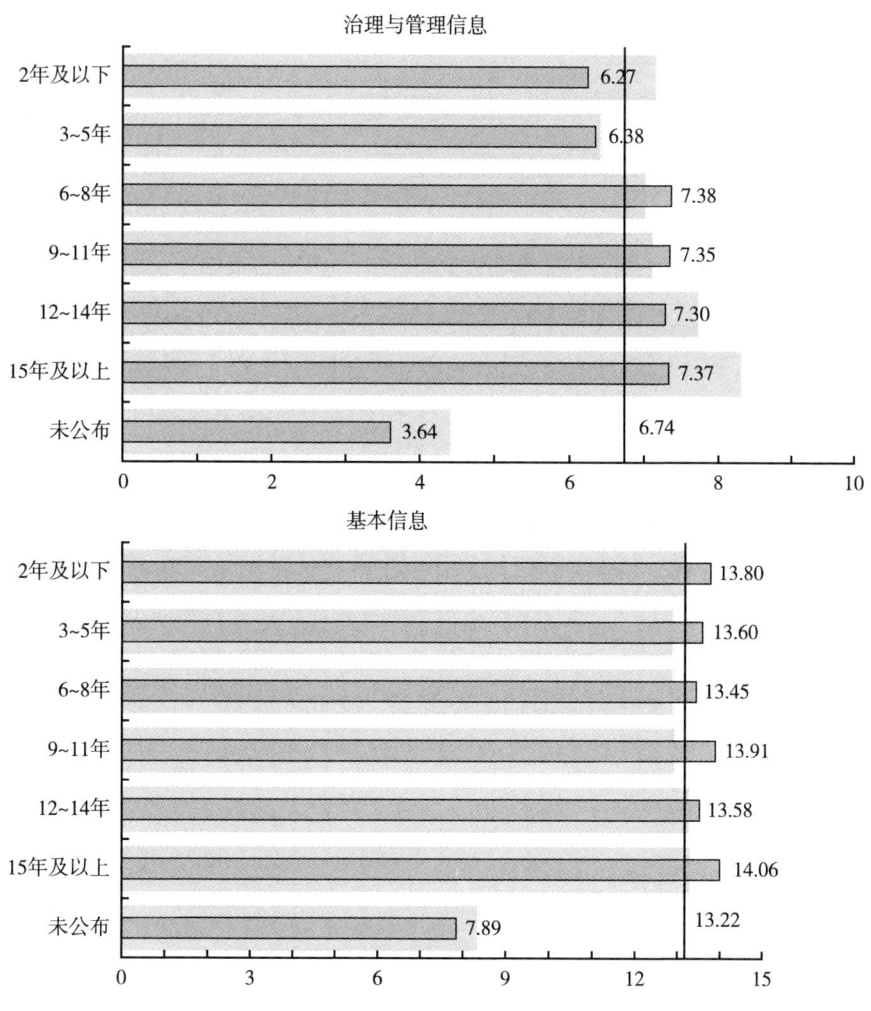

图 15　不同成立时间的公益组织 2014 年 GTI 分项平均得分（阴影代表 2013 年）

（二）登记注册为民办非企业单位的公益组织 GTI 平均得分最高

中国民间公益透明指数得分在不同的登记注册性质的民间公益组织上表现出一定差异。得分排名从高到低依次为民办非企业单位、社会团体、工商注

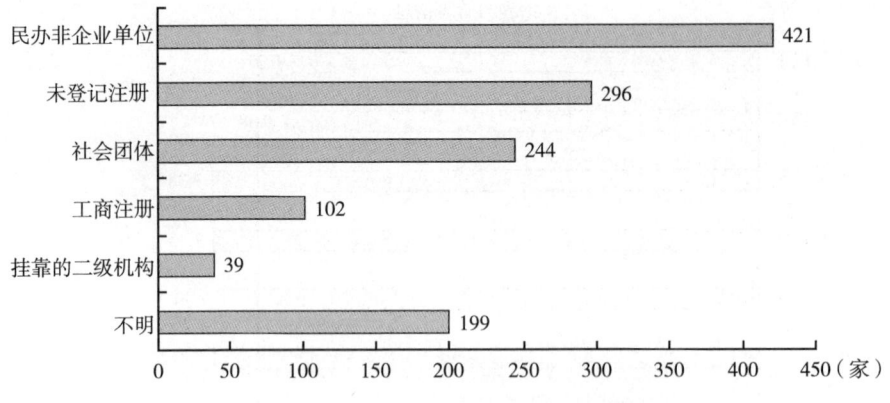

图 16　2014 年 GTI 参评机构登记注册性质分布

册、挂靠的二级机构、未登记注册（见图 17）。

2013 年 GTI 排行榜中公益组织的登记注册性质划分和 2014 年度并不完全一致，在一致的部分中，只有民办非企业单位有所提高，从第二升至第一。登记注册性质为工商注册、社会团体的公益组织和未登记注册的公益组织得分都有所降低，尤其是未登记注册的公益组织，降低了近 10 分，需要给予关注（见表 6）。

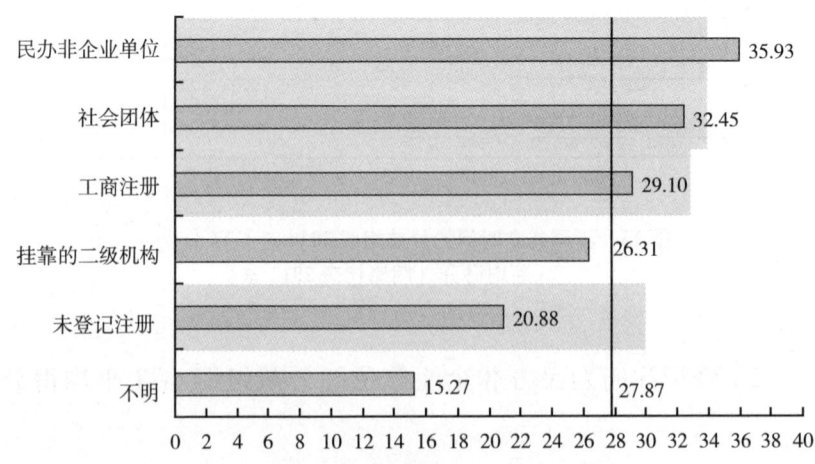

图 17　2014 年不同登记注册性质机构 GTI
平均得分（阴影代表 2013 年）

表6 2014年不同登记注册性质的公益组织GTI得分情况

登记注册性质	极小值	平均值	极大值	标准差	上年均值
民办非企业单位	9.41	35.93	95.98	18.95	33.95
社会团体	7.42	32.45	96.70	17.18	33.97
工商注册	9.69	29.10	98.03	15.64	32.92
挂靠的二级机构	6.52	26.31	53.94	11.89	—
未登记注册	3.60	20.88	67.06	10.70	30.05
不明	2.57	15.27	61.09	8.49	—

（三）民办非企业单位性质的公益组织在基本信息、财务信息、治理与管理信息和项目信息上平均得分均排第一

不同登记注册性质的民间公益组织在中国民间公益透明指数得分分项上的表现呈现一定的规律。

在各方面，得分从高到低排名依次为民办非企业单位、社会团体、工商注册、挂靠的二级机构、未登记注册和不明。

在财务信息和项目信息方面，民办非企业单位与最后一名的差异尤其突出（见图18）。

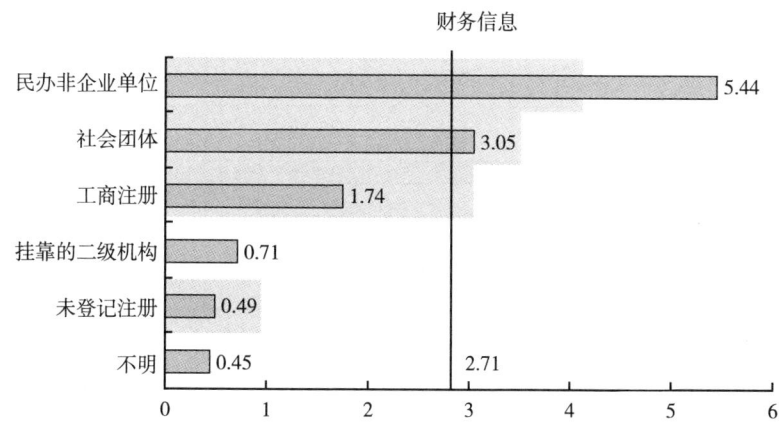

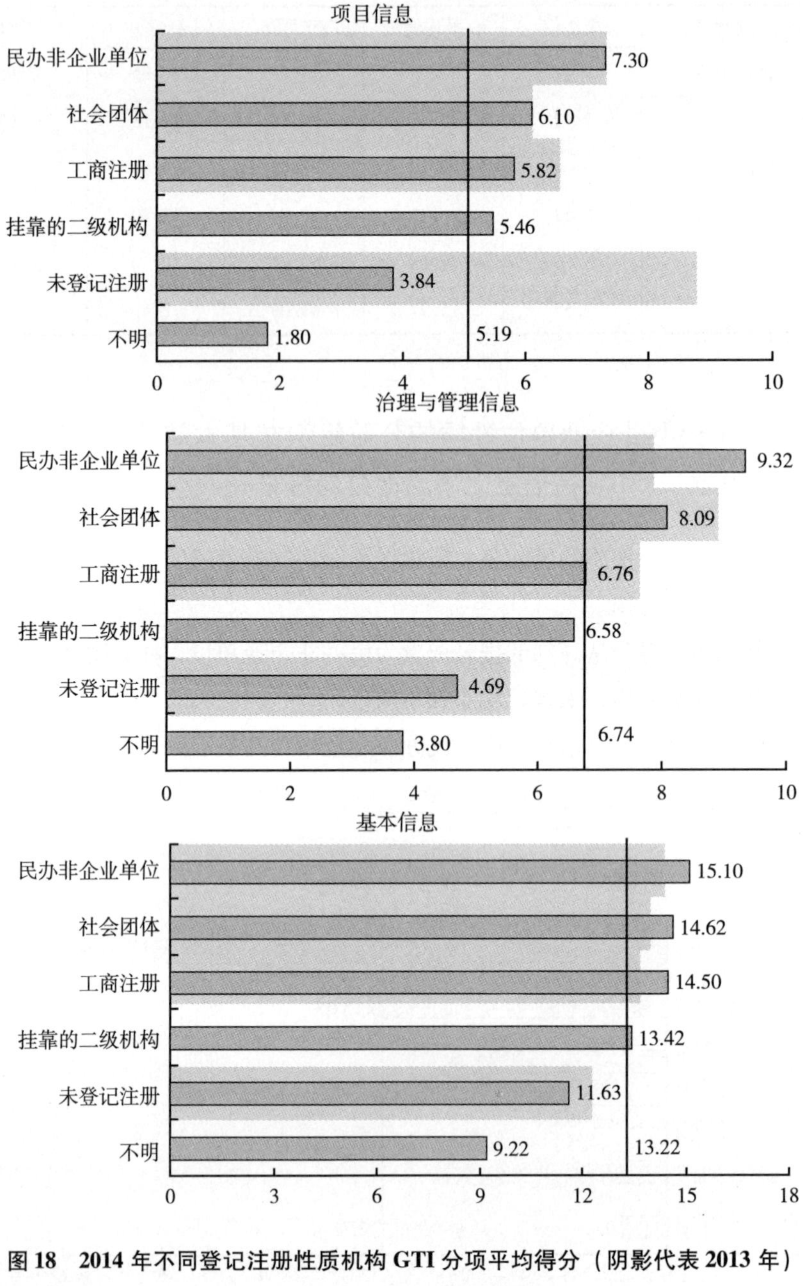

图 18 2014 年不同登记注册性质机构 GTI 分项平均得分（阴影代表 2013 年）

六 总结与展望

数据分析结论如下。

1. 民间公益透明度缓慢提升，但整体水平依然不高

中国民间公益透明指数平均值从2013年的27.23上升到2014年的27.87，略有提高，治理与管理信息、财务信息平均得分均有小范围提升，考虑新纳入301家组织的信息，新增近三成数据而没有影响平均值，表明上榜民间公益组织在机构透明度建设方面正在稳健地进步。然而整体水平仍然偏低，反映出GTI涵盖的民间公益组织没有做好公益筹款政策放开、接受社会公众"挑剔"的准备，信息披露的意识水平和管理能力亟待提升。

2. 民间公益组织披露意愿较强，但披露诚意依然不足

从2013年和2014年的综合数据观察，GTI涵盖的民间公益组织在基本信息披露方面的得分整体较高，表明各组织普遍意识到向社会展示自己的必要性，有较强的主动披露意愿，投入了一定成本。得益于互联网和新媒体的发展，这种成本大大降低，公众很方便就可以知道这个组织是"谁"。渠道既已建立，增加披露机构的其他信息并不会使成本显著增加，但公众苦于找不到公益组织"钱花到哪去"、"花得是否有效"的信息。诚然，财务、项目、治理与管理信息的披露，专业性远比基本介绍复杂。可是GTI的评价体系考量的是信息"有无"，而不是信息质量。这让人感觉公益组织的"诚意"难免不足。另外，公益行业未来应进一步加强对公益组织治理、管理专业能力的支持和服务，促使组织的管理和信息披露达到社会普遍期待的水准。

3. 民间公益组织期待"门槛"真的降下来，上位法真的"升"起来

目前，中国还没有慈善公益事业的基本法。各地民间组织注册登记遵循行政管理办法或条例，难度不一。民办非企业单位、社会团体和基金会在登记注册、财务管理方面各自有条例、制度可以遵循。政府职能部门的要求与组织自身发展的需求内外叠加，导致民办非企业单位性质的民间公益组织在透明公开方面远远走在了未注册组织的前面。这种现象应引起政府相关职能部门的重视。降低民间公益组织登记注册的门槛，建立健全相关法律法规，依法管理，

恰恰有助于民间公益组织成为慈善公益事业"透明的钱袋子",从而为社会提供有保障的优质服务。

4. 透明度建设是民间公益可持续发展的内在需求和重要动力

纵观2013年度和2014年度榜单排名,排名前100位的公益组织在机构的结构治理、项目管理、财务管理、筹资水平、品牌建设等方面发展水平都相对均衡且整体水平较高,由此可见,民间公益组织的透明度建设不仅是机构应对社会质询的外在要求,更是可持续发展的内在需要,能够促进机构持续健康成长。这为民间公益组织未来发展提供了更为清晰的思路:互联网时代的慈善公益事业是"平的",提高组织内部治理和管理透明度,使捐赠人直接看到透过公益组织可以改善的社会问题,是最便捷、最稳固的品牌建设之路。

七 结语

2014年度GTI涵盖的中国民间公益组织透明指数与2013年相比只是前进了一小步,公益组织的公信力建设还有很长的一段路要走。

从数据的分析可以看出,透明度与公益组织的发展水平是呈正相关的。当然不能说,排名靠前的组织因为"透明"所以得以"发展",但显而易见,"透明"使得这些发展势头良好的组织工作成效更直接地呈现给社会各界,能够经受服务对象的考验,能够获得资助者的青睐,能够获取政府部门的信任和支持……

推动中国民间公益组织的公开透明,面临着极大的困难和挑战。法律的空白和滞后使"依法治善"难以立足。垄断的捐赠渠道与日益通畅公开的信息渠道形成强烈的反差。大学生就业难却面对公益行业岗位裹足不前……落后的思想观念、有限的社会资源、薄弱的管理能力、匮乏的人力资源,方方面面的因素都制约着中国民间公益组织信息披露和公信力建设的发展。

但随着互联网进入"移动时代",我们也可以看到"机遇"的曙光闪现。互联网支付评价体系已经培养了一大批"成熟"的捐赠人;基金会开始反思自己的定位及其与民间公益组织的关系;更多的公募基金会尝试与公益组织分享筹款渠道;《慈善法》再一次呼之欲出……资金、人员和设备不足都不能成为制约信息披露的借口，公开透明考验的不仅是公益组织的资源和能力，更是领导者的公心与远见。

公益组织没有权力，也不直接创造财富，唯有透明才能建立诚信，唯有诚信才能换来尊重。守住公益组织透明和诚信的底线，就是守住社会信用的底线。让我们期待2015年不一样的GTI报告！

B.4 中国公益众筹发展报告*

刘盛 曹亦苹 黎影怡**

摘　要： 本报告由众筹的概念以及模式引入，进一步定义公益众筹，阐释公益众筹项目的特点。报告统计了2014年中国公益众筹市场规模，并从发起方、捐赠人和众筹平台三个角度，分析中国公益众筹市场的特点。通过分析2014年各大公益众筹平台的成功案例，总结公益众筹的价值和发展中将面临的挑战。最后，报告给出公益众筹指导建议，展望中国公益众筹发展趋势。

关键词： 公益众筹

近年来，众筹概念一时兴起，中国众筹市场规模高速增长，并很快从商业领域延伸到公益圈，众筹网站纷纷开辟"公益"板块，专注于公益领域的众筹网站亦开始出现。众筹作为一种创新的筹资形式突破了"公募权"带来的筹资门槛，极大地释放了民间公益的活力，使没有公募资质的民间公益组织乃至个人可以为公益事业尽一份力。随着公益众筹发展的加快，我们有必要研究这一新型筹资方式的特点、优势及其给公益行业带来的重要影响，使公益组织更好地运用这一筹资方法。

众筹在公益领域的发展可依托三种众筹模式，包括债权众筹、捐赠众筹以

---

* 2015年，瑞森德筹款研究中心联合众筹网发布《2014中国公益众筹研究报告》，本报告部分引用该报告的观点和数据。

** 刘盛，瑞森德筹款研究中心负责人；曹亦苹，瑞森德筹款研究中心副总监；黎影怡，瑞森德筹款研究中心咨询师。

及回报众筹。其中，债权众筹还本付息的方式并不适合大部分的公益机构，同时我们认为捐赠众筹与网络捐赠较为类似，无法体现"设置筹资目标金额、时间限制、给予支持者回报"等业内对众筹特点的普遍认知，是更广泛意义上的众筹。因此报告的研究范围主要聚焦于在回报众筹网站上发布的公益项目。我们将狭义的公益众筹定义为公益机构或个人在回报众筹平台发起的公益筹款项目，出资者对项目进行资金支持。

根据众筹网的观点，公益众筹是一种社会影响力投资的方式，强调对社会或环境的投资，核心是投资一种让社会变得更美好的可能性，是出资者让自身感到满足的一种精神消费和财富投资。参与公益众筹，出资者可获得相应的回报，比如一封感谢信、一张明信片、一个手工艺品，以及社会或环境因出资者的支持而产生改变的可能。公益众筹是公益筹款的一部分，而不同于传统慈善筹款项目的是，公益众筹项目在捐赠的基础上，具有"投资"这一属性。

一 公益众筹的定义及发展历程

（一）什么是众筹

众筹是互联网金融新模式之一，翻译自英文 crowdfunding，广义的众筹是指利用互联网和社交网络传播的特性，让中小微企业家、艺术家和个人对公众展示他们的公司、创意或项目，争取公众的关注与支持，进而获得所需要的资金完成融资目标。

众筹源于筹款（fundraising），但又从本质上区别于筹款。第一，众筹调动群众或团体的力量开启筹款项目，任何人都能将筹款项目公之于众，让潜在支持者仔细考虑，然后再决定是否支持，避免了传统筹款给捐赠人带来的道德压力。第二，众筹是一项相对短暂和在特定时间段内的筹款行为，而筹款常常需要长期的努力。第三，随着互联网和其他电子技术的普及，现代众筹主要通过互联网方式发布筹款项目联结支持者和发起者。而相对"传统"的筹款采用更直接的方式，如向个人和机构筹款或申请资助等。尽管如此，随着网络捐赠

的普及，越来越多的机构有自己的网站和网络捐赠渠道，筹款和众筹的界限越来越模糊。

（二）众筹的起源

世界上最早建立的众筹网站是美国的 ArtistShare[①]，该网站于2001年开始运营，主要面向音乐界的艺术家及其粉丝。最大的众筹网站是美国的Kickstarter[②]，2013年，来自214个国家超过300万人筹集了4.8亿美元的资金，成功资助19911个项目。最成功的众筹项目是在Kickstarter平台上发起的游戏集资项目"星际公民"，成功筹集4705万美元。

2011年7月，中国首家众筹网站"点名时间"上线，成为国内最大的互联网众筹平台，它的运营模式与Kickstarter类似，发起方获得的资金来自网友的筹款。随后，追梦网、好梦网、点火网、众筹网、天使汇、大家投、淘宝众筹、京东众筹等几十家众筹网站纷纷成立。

（三）众筹的运营模式

众筹通常需要有项目发起方（筹资方）、公众（出资人）和中介机构（众筹平台）三部分。发起方（筹资方），其发起的项目必须要有明确行动目标与筹资目标；公众（出资人），依托数量庞大的互联网用户，为自己感兴趣的创意项目进行小额投资；各类众筹网站则作为平台，既是项目发起人的监督者和辅导者，又是出资人的利益维护者。

在责任方面，众筹网站大多仅作为项目发起平台，不承担回报发放、项目执行等责任，仅承担项目审核、款项发放的责任。同时众筹网站并不能保证用户提供的有关他们自己、他们的活动和项目的数据和信息的真实性，众筹网站均在免责声明中强调，不承担对于用户发表内容的任何法律责任。

[①] ArtistShare：世界上第一个众筹网站，诞生于美国，于2001年开始运营，被称为"众筹金融的先锋"。其主要面向音乐界的艺术家及其粉丝（https：//www.artistshare.com）。

[②] Kickstarter：于2009年4月在美国纽约成立，是一个专为具有创意方案的企业筹资的回报众筹网站平台（https：//www.kickstarter.com）。

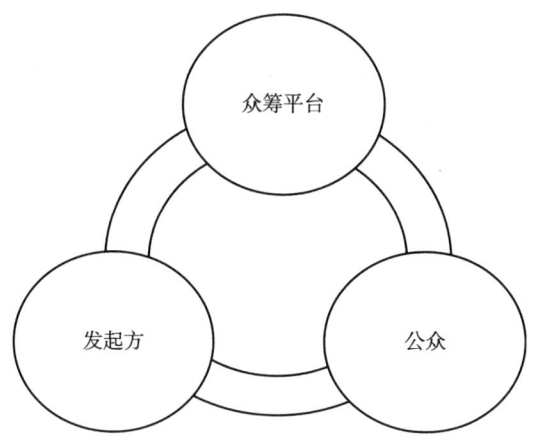

图 1　众筹运营模式

（四）众筹的类型

参照 Massolution① 的一份报告，人们习惯将众筹分为四种类型：债权众筹、股权众筹、回报众筹、捐赠众筹。

债权众筹（Lending – based Crowdfunding）：出资者对项目或机构进行投资，获得其一定比例的债权，未来获取利息收益并收回本金，如 Kiva、人人贷等 P2P 网站。

股权众筹（Equity – based Crowdfunding）：出资者对项目或机构进行投资，获得其一定比例的股权，如 FundersClub②、OurCrowd③、Companisto④、天使汇等股权众筹平台。

回报众筹（Reward – based Crowdfunding）：出资者对项目或机构进行投资，获得产品或服务，如 Kickstarter、点名时间、追梦网、众筹网等回报众筹

---

① Massolution 是专注于众筹融资行业的研究机构。
② FundersClub：美国股权众筹平台，2012 年 8 月上线，是美国《创业企业融资法案》（JOBS）的产物，该法案允许公司吸收除传统投资者外的资金，让投资变成一种大众行为。
③ OurCrowd：成立于 2012 年 10 月，是一家主要投资于以色列国内初创团队的风险投资机构（https：//www.ourcrowd.com/）。
④ Companisto：总部位于柏林，于 2012 年 6 月成立。2014 年 4 月，其泛欧洲股权融资新平台正式成立，成为欧洲当下最大的众筹投资平台之一（https：//www.companisto.com）。

平台。

捐赠众筹（Donate-based Crowdfunding）：捐赠者对项目或机构进行无偿捐赠，如 GoFundMe、新浪微公益等。

债权众筹和股权众筹项目，吸引出资者的原因在于获得资金回报，每个项目的平均筹款额较高。

回报众筹和捐赠众筹项目，吸引出资者的原因在于对该项目理念较为认同，甚至产生个人价值观的共鸣，每个项目的平均筹款额较低。

（五）公益众筹的定义

广义的公益众筹是指公众筹资，面向公众募集资金或者其他资源；狭义的公益众筹是指公益机构或个人在回报众筹平台发起的公益筹款项目，出资者对项目进行资金支持。公益众筹项目通常具有捐赠和回报两种属性。

公益众筹项目的发起需符合众筹平台的具体规则：筹资项目必须在发起人预设的时间内达到或超过目标金额才算成功。未达成目标的项目，支持款项将全额退回给所有支持者；达成目标的项目，网友将得到发起人预先承诺的回报。

（六）中国公益众筹的发展历程

2011年9月，国内首家支持公益类项目的众筹网站"追梦网"上线；

2011年11月，第一个公益众筹项目"公益活动——无烟骑行"在追梦网上线；

2013年2月，众筹网上线；

2013年7月，国内首家专业公益众筹平台创意鼓上线；

2013年10月，中国梦网（现已更名为青橘众筹）上线；

2013年12月，淘星愿（现已更名为淘宝众筹）上线；

2014年3月，公益众筹平台积善之家上线；

2014年4月，公益众筹平台新公益上线；

2014年7月，京东众筹上线。

（七）公益众筹的特点

众筹与公益，本身有着天然的契合，都是依靠大众的力量来集结资金和资源，实现公益梦想。项目发起人要设置筹资目标金额、时间限制及给予支持者回报，回报方式可以是实物，也可以是服务等非实物。

探讨公益众筹，有必要将其与以下几个概念区分开来。

1. 公益众筹与公众筹款

公益众筹与公众筹款并非一个概念。公众筹款是面向公众的筹款，按频次分包括次捐和定捐，按渠道分包括线上筹款、线下筹款等形式；而公益众筹仅特指在众筹平台上发起的公益筹款项目，是公众筹款的方式之一。

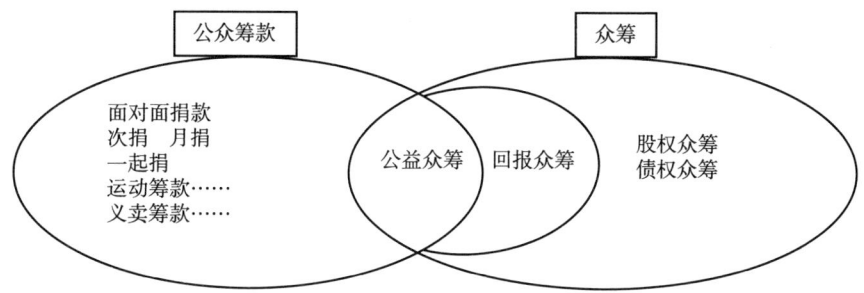

图 2　公益众筹与公众筹款

2. 公益众筹与网络筹款

公众筹款是公益组织实现可持续发展的重要方式，其中网络筹款是公众筹款的重要形式。

中民慈善捐助信息中心《2013 年度中国慈善捐助报告》提供的数据显示，2013 年社会捐赠总量约 989.42 亿元，相当于人均捐款 72.75 元；而阿里巴巴与瑞森德 2014 年共同发布的《中国网络捐赠研究报告》显示，截至 2013 年 9 月 10 日，新浪、阿里、腾讯三大网络捐赠平台已吸引 5.6 亿次网友在线捐款，筹集善款逾 5.2 亿元。据不完全统计，2014 年通过公益众筹获得的善款金额约占网络捐赠总额的 2.4%，达到了 1272 万元。①

---

① 数据来源于 2014 年《中国网络捐赠研究报告》。

公益众筹也是一种网络筹款方式,但与常规网络筹款有鲜明的区别。

从发起方资质看,需具备公募资质的基金会发起或认领筹款项目是传统网络捐赠平台的一大特点;而公益众筹平台上的项目则可以由个人或者公益机构发起,对有无公募资质无特殊要求。

从平台规则看,网络捐赠平台与公益组织合作,筹款不以提供回报为主要特征。互联网时代催生了"众筹"这样一种新筹资模式,每个人或公益组织均可通过网络平台以在众筹网站发布创意或项目计划的方式面对公众筹款;项目发起人要设置筹资目标金额、时间限制及给予支持者实物或非实物形式的回报。

从平台项目特点看,网络捐赠平台重点关注扶贫、救助、救灾类的项目,众筹平台公益项目领域更广泛,项目更体现了公益创新的特点。

表1 网络捐赠平台与公益众筹平台的差异

	网络捐赠平台	公益众筹平台
发起方资质	一般需要具备公募资质的基金会发起或是认领筹款项目	可以由个人或者公益机构发起,对公募资质并无特殊要求
平台规则	与公益组织合作,捐赠不以回报为主要特征	项目发起人要设置筹资目标金额、时间限制及给予支持者的回报,回报方式为实物或非实物
项目特点	多关注扶贫、救助、救灾类项目	强调创新、梦想
代表网站	腾讯公益、新浪微公益等	众筹网、淘宝众筹等

3. 公益众筹与商业众筹

从项目目的来看,商业众筹的目的是获得经济回报,而公益众筹的目的在于最终解决社会问题;从项目回报来看,商业众筹的回报具有商业价值,而公益众筹的回报无商业价值或商业价值远低于定价,溢价部分具有捐赠属性。

二 2014年中国公益众筹市场规模分析

(一)总述:中国公益众筹市场规模整体状况

据不完全统计,2014年中国公益众筹市场规模达到1272万元,众筹网、追梦网以及淘宝众筹处于市场领先地位。① 2014 年众筹成功的公益项目共 299 个,众筹网占 53%,其次是追梦网(20%)和淘宝众筹(18%)。

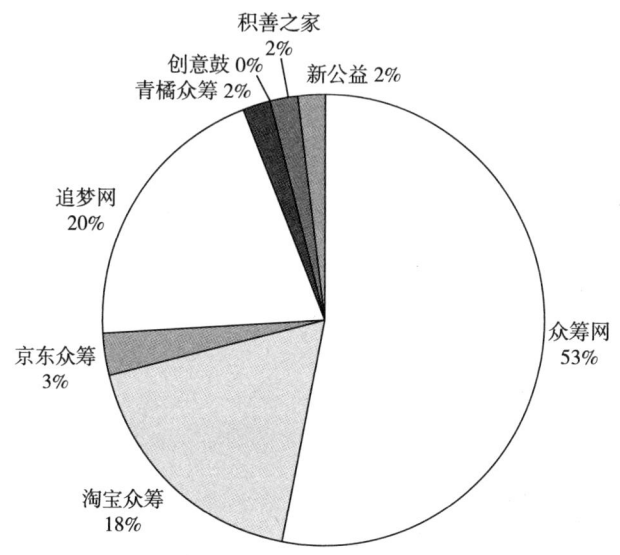

图 3　2014 年各公益众筹平台成功项目数量比例

(二)中国公益众筹平台众筹筹资规模分析

整个公益众筹市场的发展要靠综合类公益众筹平台的推动。综合类众筹平台是指包括公益众筹项目及其他如科技、农业、设计、人文、影音等类别的众筹平台。而垂直类公益众筹平台上只有特定公益类别的项目。

综合类公益众筹平台上的成功项目数占 96.7%,筹资额占 94.1%。

整体而言,在筹资额方面,综合类众筹平台筹资超过 500 万元的平台有众筹网和淘宝众筹,筹资超过 100 万元的平台有追梦网。在捐赠人数方面,淘宝众筹超过 30 万人次,其中海南台风期间,以"海南赈灾"为主题共发起 6 期众筹项目,捐赠人超过 20 万人次,占 69%;众筹网的公益众筹捐赠人超过 2 万人次。

---

① 本报告统计了众筹网、淘宝众筹、京东众筹、追梦网、青橘众筹、积善之家、新公益、创意鼓 2014 年公益众筹项目的数据。

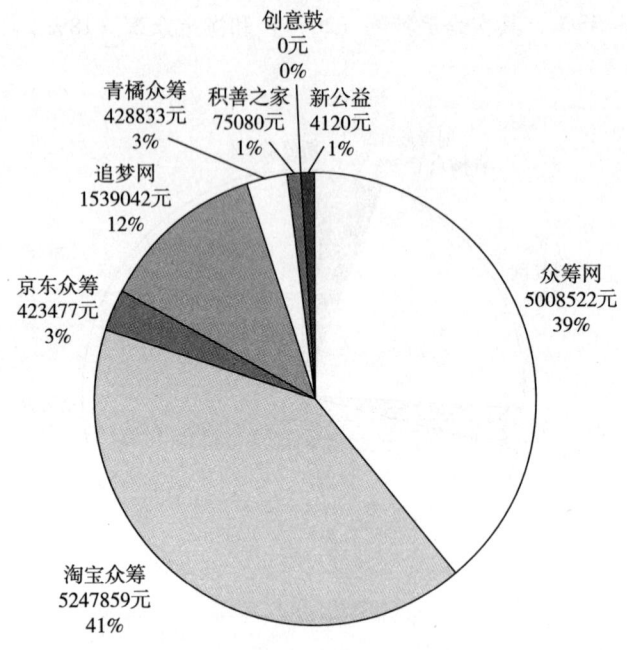

图4 2014年各公益众筹平台筹资额

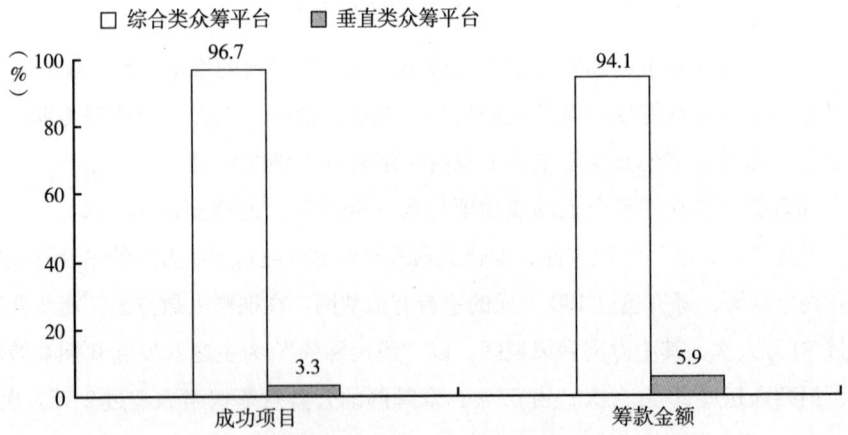

图5 综合类和垂直类众筹平台对比分析

表2　综合类众筹平台2014年公益众筹情况

众筹平台	所属类别	成功筹款额（元）	成功支持人数	成功项目平均筹款额（元）
众筹网	公益	5008522	21638	31500.1
淘宝众筹	公益	5247859	322568	97182.6
京东众筹	公益	423477	6996	42347.7
追梦网	人文、其他	1539042	4710	25650.7
青橘众筹	公益	428833	1050	71472.1

表3　垂直类公益众筹平台2014年公益众筹情况

单位：%

众筹平台	公益类成功项目/公益类发起项目	成功筹款额（元）	成功支持人数	成功项目平均筹款额
创意鼓	0/21	0	0	0
积善之家	5/11	75080	23	15016
新公益	5/13	4120	34	824

三　2014年中国公益众筹市场特点分析

（一）公益众筹参与主体分析

1. 项目发起方分析①

（1）公益众筹项目发起人类别分析：70%以上为"80后"、"90后"

公益众筹项目发起人类型较多样化，公益组织（公益团体、协会）占60%（其中多为草根NGO），公益个人（或几个人联合）占40%。公益项目发起人趋于年轻化，70%以上为"80后"、"90后"，这群人愿意尝试新事物，同时热心社会公益事业，他们更善于利用互联网与大家分享，并集中一切可及资源去达成项目目标。

---

① 此部分数据来源于众筹网。

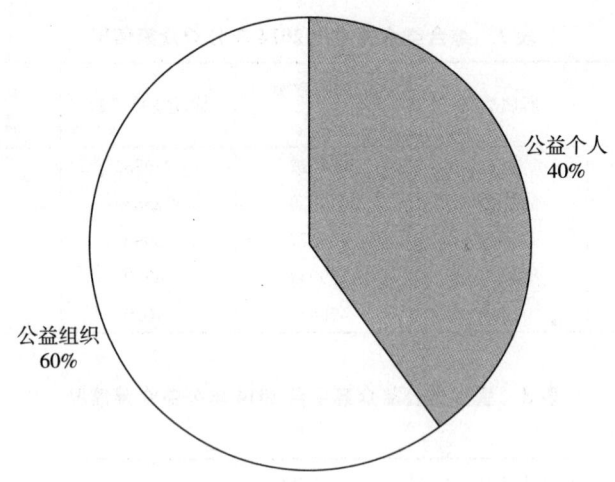

图 6　公益众筹项目发起人类别分析

（2）众筹网公益项目类型分析：超过 40% 的公益众筹项目为爱心帮扶类项目

2014 年，众筹网共上线 514 个公益众筹项目，成功 159 个，成功率为 30.93%。对众筹网的公益众筹项目进行分析后发现，超过 40% 的公益众筹项目为爱心帮扶类项目，主要针对的群体是自闭症儿童、留守儿童、流动儿童、盲童、老兵等，其中与自闭症儿童相关的项目主要是艺术和公益相结合的项目，留守儿童和流动儿童的项目主要是建图书室、团圆屋等，侧重对其精神、情感方面的帮扶。其次是助学类项目，该类项目亦不是单一的、传统的捐钱捐物，主要包括人文艺术基建、支教。

2. 捐赠人分析①

2014 年，在众筹网参与公益众筹项目捐赠的人次超过 2 万。

对 2014 年众筹网的公益众筹捐赠人进行分析后发现：

（1）公益众筹的参与者人均支持金额约 405 元；

（2）约 70% 的用户支持金额不超过 50 元；

（3）2014 年来自移动端的支付比例为 49%，PC 端为 51%，移动端投资呈上升趋势，公益众筹的社交属性明显；②

（4）捐赠人主要集中在北、上、广、深等发达城市。

---

① 此部分数据来源于众筹网。
② 孙雪梅、任册：《众筹成公益筹资新形式》，《京华时报》2015 年 2 月 2 日。

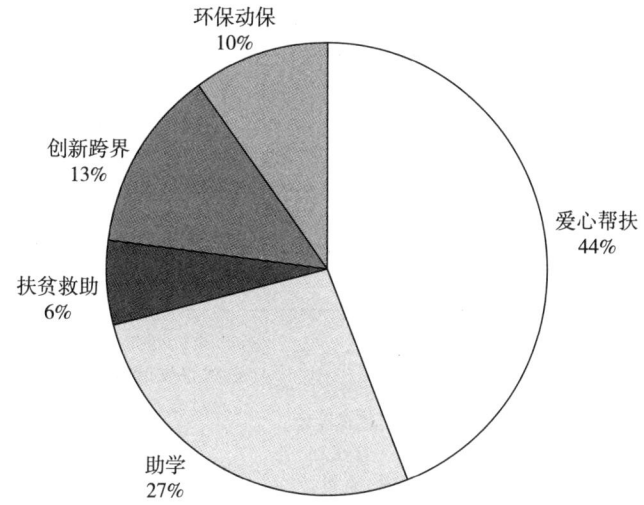

图7　公益项目类型分析

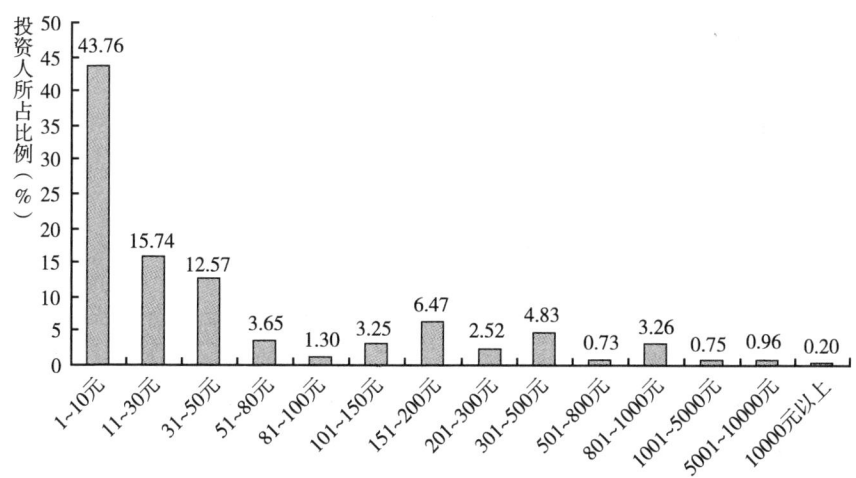

图8　投资人对不同定价金额支持比例

3. 众筹平台分析

（1）垂直类公益众筹平台：公益众筹改变公益模式

对比发现，国内垂直类的公益众筹平台发展格局呈现平台数量较少且活跃度较低的特点。同时，公益众筹项目有发起数量少、成功率低且平均筹款额较低的特点。

表4 国内垂直类公益众筹平台对比

平台名称	价值定位	运营模式	项目发起条件	平台手续费
创意鼓 2013年7月	综合类公益众筹	个人或机构均可发布1000元至10万元的项目，筹款失败转入创意鼓梦想公益基金	个人或机构均可发起；提交的认证资料有效及完整；提交的认证资料及方案具有可行性、创意性	所筹集资金（扣除基金管理费）全部用于实施公益活动
积善之家 2014年3月	综合类公益众筹	仅限机构发布2万元内的项目，预定的时间内获得超过设置目标金额才算成功，若筹款失败，资助款项将退还资助者	个人或机构均可发起；项目发起人需要通过实名认证，项目上线前与积善之家的工作人员经过项目审核、完善、指导才能上线	成功后6%的管理费（前100个成功项目，补贴筹款额10%的行政经费）
新公益 2014年4月	目前专注于助学支教平台建设，集教育众筹与公益活动管理为一体	个人或机构均可发布1万元以内，原则上以100元为最低额度的项目。项目超过预投目标时结束，期限内未达到预期筹款额度，仍可拿到已筹集的善款	个人、草根NGO、注册的民间NGO、正式的公益团体、基金会等均可发起	无

造成垂直类公益众筹平台发展格局的主要原因有三点：平台地域性强造成其无法获得广泛的关注，如创意鼓平台的所有项目均属深圳本地项目，积善之家的大部分项目也都在成都当地；平台知名度较低使得其引流能力较差；平台发起方的资源和运营能力有限。

（2）综合类众筹平台：借力平台资源达到公益众筹目的

相对于专注公益领域的众筹平台，综合类众筹平台更为公众熟知。

2011年上线的追梦网，定位为"年轻人新生活的众筹平台"，他们"非常乐于接受把公益活动与其他类型活动以创意的形式相结合的项目"；网信旗下的众筹网，2014年推出公益众筹频道；青橘众筹（原"中国梦网"）为上海众牛网络科技有限公司旗下的创新型众筹平台；大型电商淘宝、京东也相继推出众筹网站，将公益作为一大类目。

表5 国内综合类公益众筹平台对比

平台名称	价值定位	运营模式	手续费
追梦网 2011年9月	偏向文化创意项目、"专注于年轻人新生活的众筹平台"	预定的时间内获得超过设置目标金额才算成功。如果项目失败，追梦网将把所有的筹集资金返还到支持者的个人追梦账户。项目成功后拨付50%，回报发放确认后拨付50%	众筹7天内不需手续费，7天以上在项目成功后按不同天数收取募集资金的2%~5%作为手续费
众筹网 2013年2月	"中国最具影响力的创业众筹融资平台"	预定的时间内获得超过设置目标金额才算成功，分两次打款，留存项目众筹总金额的30%作为保证金；筹款失败退还资助者	无
青橘众筹，原"中国梦网" 2013年8月	创新型众筹开放平台，"最大最受关注众筹平台"	预定的时间内获得超过设置目标金额才算成功，分两次打款，留存项目众筹总金额的50%作为保证金；筹款失败退还资助者	第三方收取支付手续费1%~2%
淘宝众筹 2013年12月	支持平凡人梦想的平台	预定的时间内获得超过设置目标金额才算成功；项目筹资成功后，发起者拿到筹款金额的1%~50%作为项目启动资金（按照发起人设定的比例），支持者收到回报确认收获后，发起者收到剩余资金；筹款失败退还资助者	无
京东众筹 2014年7月	创业融资平台，为有梦想、有创意的人服务	预定的时间内获得超过设置目标金额才算成功，分两次打款，留存项目众筹总金额的30%作为保证金；筹款失败退还资助者	公益项目无

对比发现，借助综合类众筹平台的流量优势，加之项目审核中对创新性要求较高，国内综合类公益众筹平台上的公益类目活跃度较高。同时，公益众筹项目的发起数量较多、成功率较高。下文中，本报告将选取综合类众筹平台的成功案例做公益众筹市场发展的价值分析。

公益蓝皮书

（二）公益众筹市场发展因素分析

1. 公益众筹市场发展价值分析

（1）对公益行业的影响：降低公益参与的门槛，并通过不同行业跨界吸引更多群体参与

一方面，公益众筹降低公益参与门槛，提高公众参与性，激活公益行业。众筹平台对发起方资质没有严格要求，让更多有好的项目、有创意的个人和没有公募资质的草根组织也可以通过发起公益众筹项目的方式实现筹款目标，为年轻人实现有趣而大胆的公益梦想提供平台。这为个人和草根组织公益实践和创新提供了天然便利的筹资渠道，并通过具有趣味性的项目设计，提高公众参与公益的热情，并且通过广受年轻人欢迎的综合类众筹平台进行传播和筹资，有望吸引年青一代关注和参与公益。

目标筹资额500元，上线45天得到204人次支持，筹资11755元，众筹网"10个10岁孩子的公益梦：巧手温暖自闭症儿童"项目成为2014年众筹网公益众筹平台达成率最高的项目。这是"00后"公益众筹项目，发起人是10个平均年龄仅10岁的孩子，他们用自己的手来DIY小饰品，作为爱心回报，为自闭症儿童募款。这群小朋友在学校的儿童经济课上了解到众筹这种模式并主动发起众筹项目，团队内部已经分出了市场部、财务部、手工部，等等。又如追梦网"交换读过的书·生活社区，我们在邦达仓大院等着你"项目，由田弦个人发起，他从青海骑自行车到拉萨，之后在拉萨开了一家客栈，在拉萨众筹一个可以给大家提供免费阅读、交换书籍的地方，项目筹得104480元，得到179人支持。

另一方面，跨界众筹让公益众筹项目更多元，可吸引更多不同群体的人参与到公益活动中。目前，众筹平台已经有许多将公益和艺术、农业、科技、出版、旅游等行业相结合做跨界尝试的成功案例。

淘宝众筹平台上"万人众筹，重建中国最美古村落"项目由绩溪县仁里村村委会和仁里村的百岁老人共同发起，筹集善款用于仁里村老宅修缮及改造，倡导保护传统古村落、古文化。该项目将支持金额分为10个等级，最少为10元，最多为59999元，筹集来的资金会用于古民居向乡村客栈改造，10种不同的回报中还包括绩溪县深度游套票等，捐赠人可以游览古镇亲身探访精美的古建筑。公益与旅游结合的形式产生了很大影响力,共募集到善款588623元,得到16162人支持,达成率达1177%。

吉祥中国公益机构在京东众筹平台发起"天冷了 让孩子们盖上新棉被"项目,目标是给云南高黎贡山潮湿阴冷的大山里的500个孩子每人捐助一床新棉被,外加枕套、床单和被套。同时机构联系到黑龙江林区的由林场职工转型的木耳种植户,用农户因为信息不对称、销售渠道不畅而滞销的黑木耳作为爱心回报。这是2014年京东众筹平台达成率最高的公益类项目,不但让家庭极度贫困的孩子盖上暖和的新棉被,还让林区的家庭偿还了贷款,获得了经济收益。项目目标筹资额5000元,实际筹资额105463元,支持人数2075人。

(2)对公益机构的影响:拓展了资源对接和筹款渠道,且推动了机构能力提升

一方面,公益众筹为公益机构拓展了资源对接和筹款渠道。作为一个天然的路演平台,高密度、长时间的曝光可吸引一大批支持者积极参与到公益项目中来,提升公信力。公益众筹成为筹资枢纽,为公益机构或个人对接更多高附加值渠道资源的价值开始显现。

众筹网"寻找你身边的抗战老兵"项目自2014年11月20日上线,有1141名网友捐赠,并得到了奇虎360董事长周鸿祎支持的30万元,累计筹资超过40万元,为500名抗战老兵送上致敬大礼包。360公司作为联合发起方,为项目投入了导航搜索以及开机助手资源,为项目带来大量流量,帮助项目在短时间内获得较好的筹资进展。该项目评论页的评论数达300余条,部分支持者述说相关的经历,使项目持续地保持热度,促使项目成功。这些用户,不仅自己支持了项目,还自发把项目传播到了微博、微信等平台,通过自身人际关系进行传播,为项目进行背书。

另一方面,公益众筹推动公益机构能力提升。公益众筹平台上对信息披露的充分性有比较高的要求,要求发起方对项目的细节,包括公益项目的社会意义、预算、募资、投向、管理等情况一一说明,促进公益行业信息透明化以及市场化运作。同时,公益众筹对项目的创新性要求较高,对公益机构产品设计能力提出挑战,也可以有效地推进公益行业能力的提升。公益机构如需获得商业视角的建议,也要依靠商业背景的综合类众筹平台,对项目进行筛选和指导。

2. 公益众筹市场发展风险分析

一是众筹机制不完善的风险。公益众筹发起的低门槛、宽松的发起人资格认定这些特点均可能会使项目存在一定的违约风险。虽然有明确的风险提示以及分批将款项拨付给发起人的机制，但众筹平台无法对公益项目的回报执行进行监督，若在项目回报发放过程中出现争议，众筹平台并不对其负责。项目发起人的违约风险可能使公益行业的信任度受到挑战。

二是众筹项目的执行风险。公益众筹的筹款成本相对较高。众筹"All or nothing"的规则使公益机构在项目失败的情况下无法获取已经筹集的资金，机会成本非常高。回报众筹的设置通常会涉及实物回报，需要设计、生产等成本，成本高于纯粹的捐赠众筹。

三是众筹平台的道德风险。众筹平台仅仅是扮演了项目的发布者、资金的发放者这样一个角色，却并不会承担项目的执行和监督责任。同时也因为众筹监管机制的不完善，众筹平台面临道德风险。

四是捐赠者维权难的风险。项目的违约风险可能由公益众筹发起门槛低、对发起人资格认定的宽松而导致。虽然会先期拨付70%的资金给公益机构，但其中的30%作为已经拨付的风险保证金是无法追讨回来的。

四 公益众筹指导建议及中国公益众筹展望

（一）公益众筹指导建议

1. 公益众筹不是所有公益项目均适合，创新型和倡导类项目更为适合

首先，项目目标、执行方案和筹资目标不明确的不适合；没故事、预算不清晰，且无法提供回报的项目也不适合。其次，由于公益众筹强调对未来的投资，所以像救灾和个人救助这种项目类型不符的也不适合以众筹的方式筹款，而在项目设计、传播方式等方面具有一定创新性的项目更容易得到支持。最后，公益众筹的传播价值大于筹款价值。众筹平台对于公益机构来说是天然的路演平台，尤其是综合类众筹平台具有流量优势，可以提供很好的传播机会，比较适合理念倡导类的公益项目。

2. 借鉴商业思维设计、推广项目

公益众筹可以从两方面借鉴商业众筹。一是用商业思维进行产品设计。公益众筹的目标受众并非热衷于公益的人士，而是愿意为创新买单的年青一代，在产品设计上不能仅靠眼泪指数或者公益的概念。因此，更需要用商业的思维进行产品设计，用新颖的项目以及具有吸引力的回报来进行筹资。二是用商业思维进行产品展示以及传播。公益众筹项目在项目包装上更显功力，采用拍摄视频等方式与公众沟通。在信息披露上更充分，包括创始人的故事、受助方的故事、清晰详细的项目预算以及项目实施计划等，全方位地展示项目。

3. 注重把一次性的捐赠人转化为机构的持续捐赠人

众筹项目的支持者会持续关注项目进展，甚至在众筹平台留言建议，通过众筹，公益机构或个人可以积累一批公益项目的粉丝，还可以获得捐赠人联系方式，后期通过维持和捐赠人的联系，使捐赠人进一步了解机构以及公益项目的情况等。公益众筹不仅是筹钱，更是筹人，要保持项目更新并与项目关注者保持互动，在配合众筹平台传播的同时注重自身传播，维护粉丝和支持者等，把一次性的捐赠人转化为机构或项目的持续捐赠人。

（二）公益众筹行业发展空间和趋势展望分析

世界银行《发展中国家众筹发展潜力》报告预测，2025年的全球众筹市场规模将达到3000亿美元，发展中国家的众筹投资达到960亿美元，而中国众筹市场规模将达到500亿美元，其中公益众筹规模预计将达到150亿美元。

中国公益众筹具有如下发展趋势。

1. 公益众筹参与主体将不断扩大，参与方式将不断创新

随着公益众筹平台的发展，公益众筹的参与主体将不断扩大，同时也将更加多元化，个人发起的公益项目会持续增加，企业参与力度将加大。公益众筹也将孵化出一批具有市场竞争力的公益组织或社会企业。

围绕某一社会问题，公益众筹将企业、公益组织、公众聚合在一起，成为联合公益的重要平台，通过众筹的方式形成公益生态圈，让筹钱、筹人、筹需求、筹解决方案都实现闭环。[1]

---

[1] 孙雪梅、任册：《众筹成公益筹资新形式》，《京华时报》2015年2月2日。

2. 具有公信力的公益众筹平台将聚拢更多资源并成为公益众筹行业发展的主力军

公益众筹的发起低门槛、发起人资格的宽松认定都可能使项目存在一定违约风险，大平台将更多地承担起项目及发起方审核的责任，树立起具有公信力的品牌形象，吸引更多公众的关注和捐赠。因此，从公益众筹平台发展的角度看，具有公信力的公益众筹平台将成为公益众筹项目和资源的聚集地。

B.5 2014中国公益报道与公益媒体年度观察

周如南[*]

摘 要： 本文通过对国内公益报道和公益媒体的观察，梳理出2014年中国公益报道和公益媒体的主要特征和趋势。一是传统媒体的公益报道版面迅速缩减；二是新媒体中的公益报道阵地明显从微博转向微信公共账号，自媒体传播者数量井喷，走向公益传播的多元探索道路；三是基于公益众筹目的的行业品牌意识不断提升，自我公益传播出现品牌化趋势。总之，互联网和信息技术日益颠覆性地改变公益传播结构，"互联网+公益"的全民公益传播时代正在到来。

关键词： 公益众筹 公益媒体 新媒体 品牌化 互联网

2014年，对中国公益报道和公益媒体而言，注定是风起云涌的一年。首先，在公益慈善事业方面，持续出现跨界合作、策略联盟和专业提升的新趋势，整个行业也正在互联网的影响下出现颠覆性转型。国务院于2014年年底出台的含有确定鼓励和规范慈善事业发展的一系列重大政策措施的《国务院关于促进慈善事业健康发展的指导意见》（国发〔2014〕61号）是新中国成立以来首个以中央政府名义出台的指导、规范和促进慈善事业发展的文件。其次，在传媒业领域，传统媒体转型也不再只是行业或市场行为，也上升为国家顶层设计。中央全面深化改革领导小组第四次会议审议通过了《关于推动传统媒体和新兴媒体融合发展的指导意见》。该意见就新形势下如何推动

---

[*] 周如南，中山大学传播与设计学院教授，中山大学中国公益慈善研究院研究员。

媒体融合发展提出了明确要求并作出了具体部署。在相关顶层设计出台的背景下，公益传播领域出现很多新的变化，值得我们关注，"转型"成为关键词。

传递实情与呼吁救助是新媒体出现前传统媒体进行公益报道的基本诉求。在新媒体兴起后，传统媒体也因为受到冲击和影响而更多体现出重互动、重参与的倾向。媒体在公益新闻中的角色，无论是报道者还是组织者，都发生了明显的变化。而在介入社会事务时，媒体的实践往往包含三个层面。一是力求报道的客观公正。这在科教文类新闻中较为常见，即媒体保持价值中立，仅对发生的事态或情况作单纯描述性的报道。二是在报道中有立场倾向，这在社会新闻类报道中较为常见，即媒体在呈现新闻素材时，以直接或间接的方式注入自身的价值倾向，以引导受众的价值判断。三是在报道中强调参与、互动，典型表现就是对公益事务的报道，即媒体以自身的传播影响力介入社会事务，与新闻对象发生某种程度的互动。媒体参与公益策划的实践包括介入公益活动的策划、组织、执行和报道等。本文所回顾的中国公益报道与公益媒体涵盖上述三个层面，同时重点关注新媒体时代的自媒体公益发展态势。

一 公益传播的主体格局明显变化

2014年，都市类报纸所开设的公益周刊在这一年出现巨大格局变化。如《深圳晶报·公益周刊》2011年5月第1期发行，2014年4月21日停刊，从创刊至停刊，共发行136期。2011年6月27日创刊的《南方都市报·公益周刊》也在2014年6月16日被取消，升级整合至南都深读类周刊板块。

各大报纸的公益周刊出现集体停办潮，各界更多地将其评估为"市场日渐式微"或"投资失败退出"。上述定论来源于多家纸媒相继停办公益周刊，电台、电视台和门户网站的公益节目或专栏普遍未能找到赢利模式等依据。如原《深圳晶报·公益周刊》主编刘敬文认为，传媒对公益版面的收紧与其衰落趋势加剧有一定关系。但是公益行业的迅速发展，以及整个媒体行业对公益越来越多的关注，都是一种"不可逆转的趋势"。《京华时报·公益周刊》记者、"女童保护"公益项目发起人之一的孙雪梅认为："这些年，很多媒体的公益周刊先是兴起,然后又纷纷关停或合并,比如新京报的新公益已经停刊,南都公益版已合并到其他部门,京华时报公益周刊也面临合并,这是一件很遗憾的事。其实公益报道的需求很大,但是公益媒体却生存不下去。这跟大众对公益的认识有关,总觉得公益是奉献,还有一部分人认为公益就是零成本的。所以,企业不给广告合作,基金会不给资金支持,导致公益媒体的生存难以为继。"①

传统媒体的艰难转型是公益周刊纷纷停办的背景,但我们同样需要看到,公益周刊的停办,首先源于公益报道、公益传播已成为各类新闻报道的"新常态"。无论是突发新闻、民生新闻等社会新闻,还是娱乐新闻、财经新闻等其他新闻类别,都能感受到公益无处不在,公益活动不再是挤不上版的"软新闻"。

其次源于微博、微信、支付宝等互联网平台提供的第三方救助渠道,其反应快速、操作便捷和账目透明的人性化特点,让公益报道和媒体背书不再成为个案求助或公益项目的刚需。前文所言的新闻热词和市场份额,随之逐步发生转移,媒体也就开始寻求并投入到下一个热点市场当中,如创客、创新。

最后则是互联网极速发展带来的阅读习惯改变。虽然受众还是具有了解各方资讯的需求,但接收渠道已纷纷从纸质阅读转移到手机客户端浏览。作为众多新闻报道的其中一个领域,公益报道同样需要改变内容输入方式和渠道,顺应行业发展趋势。

二 传统媒体公益和媒体公益人呈现迭代

反观近几年借助公益报道之势得以近距离接触公益界的媒体公益,2014年应是趋向专业化转型的重要节点,由媒体公共平台营造的社会公益氛围也越发浓厚。

以南方都市报社为例,2013年通过构建包括《南方都市报·广东九城读

---

① 孙雪梅:《公益媒体也需让公益观念市场化》,人民网,http://ccn.people.com.cn/n/2015/0610/c366510-27133844.html。

公益蓝皮书

本·公益·慈善专版》、《南方都市报·公益周刊》、《云南信息报·公益周刊》、《中国财富》杂志、南都网公益频道、爱连帮、官方微博@南都公益_中国财富、专项基金爱心点对点公益基金和责任公益基金、品牌项目责任中国公益盛典、民办非企业单位广东济德文化公益服务中心和南都读书俱乐部(深圳)等线上线下多平台在内的公益报道和媒体公益体系,打造"南都公益全媒体"概念。发展至2014年,该报社提出重构"南方都市报公益集群",分解单独成沓的公益周刊内容,将公益动态报道纳入广东九城读本"公益·慈善"专版呈现,公益深度报道回归要闻版,打造与行业同呼吸、共成长的《中国财富》杂志改版3.0,南都网公益频道和爱连帮合二为一为"南都公益网",构建@南都公益、@中国财富杂志、@济德文化公益、@责任中国的微博微信互动平台,创新策划"每人计"纸上众筹项目、"爱·梦·享公益一平方"随手公益项目等,新增注册成立民办非企业单位广州市志愿者公益服务中心,聘请具有公益从业背景的专职员工运营上述三家民办非企业,承接报社和杂志社的文化公益活动及项目。从最初的"记者既是媒体人又当公益人"双重角色中,"完成记者专注公益报道、民非专业操盘媒体公益",从新闻的观察者、记录者、言说者迭代为公益领域的行动者,探索形成更为专业而独特的媒体公益模式。

又如《信息时报》的"爱心档案"项目,通过与广州市慈善会建立媒体慈善金"信息时报爱心慈善金",历经12年的公益路,秉承"普通人帮助普通人"、"真心付出就是最大快乐"的公益理念,至今已报道1700多户困难家庭,动员社会为他们带去了真心实意的帮助。截至目前,爱心慈善金已接收各界善款6526427.99元,总支出2887994.94元,爱心足迹遍布珠三角、湖南、广西、贵州、云南、西藏等地区。2013年"爱心档案"依托《信息时报》公益事业部,设计开展了"幸福小屋"安居改善计划、"善在车尾箱"、"筑梦"、"Blue Fun Run" 4个自有公益品牌活动。2014年,"爱心档案"与"阿里巴巴正能量"达成合作,双方致力于打造快乐公益平台,用爱的行动和善的力量,传递快乐,让公益成为人人可以参与的方式。

此外,在媒体公益领域还出现了更多"媒体公益人"从观察者、言说者、记录者到参与者、行动者和职业者的变化,如媒体记者在采访报道公益事件时,借助互联网平台为新闻当事人发起公益众筹、呼吁相关政策完善等。在这个意义上，媒体公益日益具有了"公共新闻"属性，并以"倡导+行动"[①]的模式体现出来。

三 自媒体时代的公益传播正在到来

据《第34次中国互联网络发展状况统计报告》，截至2014年6月，中国网民人数已达6.32亿，其中手机网民人数为5.27亿，互联网的普及率达到46.9%。在网民上网设备中，手机使用率达83.4%，首次超越传统PC 80.9%的使用率。[②]"媒介即信息。"以互联网和移动互联网为代表的新媒体时代的到来彻底改变了信息传播和人们沟通的方式，并带来社会结构深刻的变化。技术扩散不但给政府治理和监管带来新的命题，为经济活动带来新的可能，同时也引发了一场传播革命。这场革命从根本上冲击了传统社会的等级结构和权力科层化分布，使国家治理主体从一元走向多元，权力结构从纵向金字塔式的国家主导走向基于公民权利的共治。

具体到中国，这种"技术赋权"带来的社会变革图景更让人期待，它意味着处于政治经济结构中弱势地位的社会主体可以通过对新媒体技术的掌握突破传统媒体的话语权垄断地位，实现信息传播与互动。从BBS、网络论坛到博客，从SNS主页到微博微信，从官网到APP，新媒体技术带来的公益传播浪潮提升了当前国人的社会意识、公民意识和权责意识。如今的中国正处于改革攻坚、社会转型阶段，社会矛盾更加突出，公益领域也更加吸引人的注意力。公益媒体的职责就是在公益事业领域里做好报道。"自媒体"利用其自身独特的优势，有效地利用"自媒体"服务于传统媒体，不仅使得传统媒体影响力增

[①] 最早是由纽约大学新闻学系的杰伊·罗森（Jay Rosen）教授提出的。罗森教授认为新闻记者应该进行角色的重新调整，新闻记者不应该仅仅是报道新闻，更要通过报道"提高社会公众在获得新闻信息的基础上的行动能力，关注公众之间对话和交流的质量，帮助人们积极地寻求解决问题的途径，告诉社会公众如何去应对社会问题，而不仅仅是让他们去阅读或观看这些问题"。新闻媒介也应该更积极地参与公共实践，不是"旁观者"，而是"参与者"。参见蔡雯《"公共新闻"：发展中的理论与探索中的实践——探析美国"公共新闻"及其研究》，《国际新闻界》2004年第1期。

[②] 中国互联网信息中心：《第34次中国互联网络发展状况统计报告》，http://www.cnnic.net.cn/hlwfzyj/hlwxzbg/。

强，同时也促进了公益事业新的发展，为其注入了新的活力。

自媒体时代，人人都是传播官。大家随时随地可以在自己的朋友圈和微博用图文"发言"，表达心情，描述自己在工作和生活中的境遇；或者在网站和群里发表文章，发起问题讨论或辩论……这些，对于关注公益报道的记者而言，既是重要的新闻线索和信息来源，更是最直接、便捷联系到新闻当事人的方式。作为信息来源、传播媒介与传播者三合一的媒体，"自媒体"自其出现就预示了"个人新闻"时代的到来，此时新闻的公共性将越来越依赖单个的信息源。

公益事业复杂而专业，并不是人们一般所想的"做善事"那么简单。求助群体在反映问题时常常表现出不满与焦躁，他们的心情可以理解，但要真正做好公益慈善报道，宣传普及国家的法律法规是必不可少的。基于此，记者在这方面要做大量的疏导工作，此时他们自己的"自媒体"就可充分发挥作用，毕竟传统纸媒的时效性和传播性不如互联网。而后针对出现的问题或呼声，记者在完成采访、写出文章上杂志版面外，还相继在自己的"自媒体"（如微博、微信）中，简略阐述文章概要，帮助筹集更多善款和资源。

2014年的自媒体公益还掀起了社会化劝募的热潮。如新浪微公益平台于2012年首创中国"社会化劝募"局面，微公益集结广大网友、名人明星、公益组织、媒体、企业等各方力量，成就了影响力巨大的网络公益众筹平台。截至2014年11月，微公益影响5.37亿微博用户，获得2.3亿元筹款总额。微公益免费为国内90家知名公募机构提供了网络劝募和品牌传播的服务，经统计共完成391万人次捐款、13910个微公益项目，发起94470个公益话题，爱心用户重复捐款率到达26.7%，页面有超过100万的日访问量。

2014年的新浪微公益不得不提的一个经典事件是"冰桶挑战"。这是一个基于社交媒体平台由民间自发形成的一轮跨界传播热潮。新浪微公益执行主编杨光回忆："8月17号早上，我们开始接手冰桶挑战的话题，经过产品团队的努力，到当天晚上11点，整个项目上线只用了40分钟，保证了项目与话题热度的同步。冰桶挑战很快从IT圈，从雷军以及一些企业家，迅速延伸到或者说传递到像刘德华、王力宏、周杰伦这样的大腕明星。明星参与当天，感觉就像病毒似的，多到监控不过来，实在太多了。这种活动期间，超过200位明星发微博@项目链接，33位明星捐款，明星捐款超过了36万元。我们接触了一些媒体，像京华时报、法制晚报、央视新闻和人民日报等都参与了冰桶挑战，公众参与公益事业的积极性是值得肯定的，全民参与公益事业的热情再一次被点燃。"①

借助新媒体时代的到来，公益互联网众筹在2014年风头一时无两。"众筹"作为互联网时代催生的新筹资模式让每个人或公益组织均可在众筹网站发布创意或项目计划来面向公众筹款。《2014年中国公益众筹研究报告》显示，2014年中国公益众筹市场规模达到1272万元②，投资人主要集中在北京、上海、广州、深圳等发达城市。报告显示，综合类公益众筹平台是推动整个公益众筹市场发展的主力军。在过千万的市场规模中，淘宝众筹和众筹网分别占到40.41%和39%，处于市场领先地位。2014年众筹成功的公益项目达到299个，众筹网占53.18%，其次是追梦网，占20.07%，淘宝众筹占18.6%。在项目领域方面，爱心帮扶类项目占比最高，达43.48%，助学类项目占26.96%，环保/动物保护类占10.43%，创新/跨界类占13.48%，扶贫/救助类占5.65%。2014年有超过2万人次在众筹网参与公益众筹项目投资，人均支持金额约达405元。约70%的用户支持金额不超过50元。来自移动端的投资占49%，呈现上升趋势，PC端为51%，公益众筹的社交属性明显。③ 由于公益众筹发起门槛较低，对发起人的资格认定较宽松，项目可能存在一定的违约风险，大平台将更多地承担起项目及发起方审核的责任，树立起具有公信力的品牌形象，吸引更多公众的关注和捐赠。

2014年的自媒体公益的特点还表现为从微博平稳期急速转入微信兴盛期。微信的迅猛发展，可以说是"自媒体"从普及到迭代的一个标志。较之博客、微博，微信的私密性更强，在同样几乎不需要信息生产成本的前提下，微信使大量普通人也可以轻易组建自己的新闻发言圈，在广泛搜集社会意见的基础上，向熟人社会展现自己的话语领袖风范。根据腾讯企鹅智库发布的《微信

---

① 杨光：《冰桶挑战——从慈善中得到快乐》，全球新媒体与社会公益峰会-北京论坛发言，http://gongyi.sina.com.cn/2014-09-29/155050405.html。
② 《2014年中国公益众筹研究报告》，http://gongyi.ifeng.com/a/20150126/40958456_0.shtml。
③ 《2014年中国公益众筹规模超千万》，http://www.chinanews.com/cj/2015/01-25/7002491.shtml。

公益蓝皮书

平台首份数据研究报告》，微信已逐渐成为人们生活中不可或缺的一部分。平均每天看微信10次以上的用户占55.2%，每天打开微信平均次数超过30次的重度用户占25%。超过1000万微信用户通过公益平台进行了捐款，其中95%的用户月均捐款额度在100元以内，属小微捐款公益模式。①

四 结语

我们可以看到，一方面随着行业的成长与蜕变，公益报道日益弥散在各类型报道之中，而非独立为一个新的报道类型。另一方面，公益报道和公益媒体的公共新闻属性日益凸显。公益行业与媒体行业在气质和精神方面都达到了高度统一。其最显著的相似点有两个：一是都为了大众利益着想，二是公信力很高。新闻媒体长期以来被称作社会公器。而传媒的公共性正是"公益传播"的核心价值。最后，日益发达的社会化媒体已经把媒体从之前传统媒体时代单纯的传播者转化为公益的参与者，社会化媒体提供的高效、便捷、多元、低成本的传播平台，为公益媒体、公益组织和公益人提供了表达、动员和集体行动的渠道，虽然这一渠道的行动策略（包括运营模式）仍在探索过程当中。

---

① 《解密微信：微信平台首份数据研究报告》，http://tech.qq.com/a/20150127/018482.htm#p=1。

专题报告

Special Reports

·公益慈善的地方经验·

社区基金会案例研究：美国经验与中国路径

王筱昀* 朱健刚

摘　要： 2014年是美国社区基金会诞生一百周年，这一年，中国社区基金会也突然获得政府的高度关注。本文介绍了社区基金会的美国经验和中国路径，第一部分梳理了美国社区基金会的历史脉络、功能、运作模式，第二部分介绍中国社区基金会，选择了千禾社区公益基金会、桃源居社区基金会和深圳社区基金会试点三个案例。这三个案例代表了中国社区基金会发展的三条不同路径：千禾社区公益基金会代表由公益慈善行业的专业人士发起的社区基金会，强调以社区为基础培育公民；桃源居社区基金会代表由房地产

---

* 王筱昀，美国印第安纳大学礼来家族慈善学院博士生。

公益蓝皮书

企业家发起的社区基金会,将地产规划和社区规划结合,探索人居社区的商业模式;深圳社区基金会试点是政府推动的代表,致力于通过社区基金会改革政府社区治理体制。从比较和案例中可以看到,中国社区基金会的出现受到全球化的强烈影响,但也表现出地方性的不断的重新建构,未来中国社区基金会可能呈现多元复杂、相互交融的局面。

关键词: 社区基金会　案例研究　中美比较

　　2014年,深圳市开始社区基金会试点,一时,社区基金会成为公益行业关注的焦点。在广东省千禾社区公益基金会成立五周年庆典上,徐永光先生谈到中国的八种基金会形态,将社区基金会排在第一,定位为"可持续社区的构建者"。不过,正如徐永光先生提到的那样,在中国,什么是社区基金会,社区基金会如何运作筹款,如何促进公众参与、推动社区发展,尚处在探索和试验阶段。[1]

　　2014年也是美国社区基金会诞生一百周年,在这过去的一个世纪,美国社区基金会的组织形态经历了巨大变迁。1914年,第一家社区基金会在克利夫兰诞生,它主要作为公益信托机构存在,如今,美国社区基金会的功能已远远超出了公益信托,发挥社区领导力、搭建跨界合作平台是社区基金会的核心竞争力。[2] 相比于其他类型的基金会和其他社区组织,社区基金会应该如何定位自己?它的核心价值如何实现?对这些问题的探索从未停止。

　　在中国,社区基金会这一概念是舶来品。如果严格按照美国社区基金会定

---

[1] 徐永光:《八种形态基金会在中国》,http://www.naradafoundation.org/content/4038。
[2] Bernholz, L., Fulton, K. & Kasper, G., On the Brink of New Promise: The Future of U.S. Community Foundations, 2015, http://community-wealth.org/content/brink-new-promise-future-us-community-foundations。

义，或者全球资助者联盟（Worldwide Initiative for Grantmaker Support）的标准，尚无任何一家中国基金会是西方"典型"意义上的社区基金会。但是，这并不妨碍中国模式的创造。硅谷社区基金会CEO艾米特·卡尔森认为，从组织形式上说，社区基金会不是类似麦当劳的连锁店，它不生产标准化的产品，没有标准化的流程，它更像大学，每所大学都有自己的特色和架构。[1] 因此，每家社区基金会也因自己的服务对象、社区环境、领导风格的不同而区别于其他社区基金会。

在中国，实践者也从不同方向探索社区基金会。本文介绍了三股主要潮流。第一股潮流以千禾社区公益基金会为代表，它的主要推动者是公益慈善行业的专业人士，在理念上，强调以社区为基础培育公民、发展公民社会。第二股潮流以深圳桃源居社区基金会为代表，它由房地产企业家发起，将地产规划和社区规划结合，探索人居社区的商业模式。第三股潮流以深圳社区基金会试点为代表，它自上而下由政府推动，期待通过社区基金会改革政府社区治理体制。

虽然社区基金会模式、理念迥异，但从大方向来说，其服务社区的使命是相同的，"本地资源、本地利益相关者、本地解决方案"是社区基金会的核心特征。[2]

本文介绍社区基金会的美国经验和中国路径，分为三个部分，第一部分介绍美国社区基金会。美国是社区基金会历史最悠久、最成熟的国家，本文将梳理其历史脉络、功能、运作模式。第二部分介绍中国社区基金会，以千禾社区公益基金会、桃源居社区基金会和深圳社区基金会试点为案例，探讨社会基金会本土化的三条可能路径。最后，基于美国经验和中国实践，提出中国社区基金会发展的政策建议。

---

[1] Carson, E., "The Future of Community Foundations", in T. Mazany & D. Perry (eds.), *Here for Good: Community Foundations and the Challenges of the 21st Century*, Armonk, NY: M. E. Sharpe, 2013.

[2] Walkenhorst, P., *Building Philanthropic and Social Capital: The Work of Community Foundations*, Bertelsmann Foundation, 2002. Charles Stewart Mott Foundation, Community Foundations: Rooted Locally, Growing Globally, 2012, http://www.mott.org/news/PublicationsArchive/AnnualReports/2012AnnualReport.

公益蓝皮书

一 美国社区基金会

（一）社区基金会的功能、运作模式和历史沿革

美国第一家社区基金会克利夫兰社区基金会诞生于1914年，这也是全球第一家社区基金会。目前，美国有700余家社区基金会，总资产超过500亿美元，2011年资助总额达到42亿美元。① 不过，值得注意的是，美国社区基金会的"贫富不均"现象比较明显，2012年的数据显示，在700多家社区基金会中，资产排名前300位的社区基金会拥有的资产占到总资产的90%以上。其中约160家社区基金会拥有1亿美元以上资产，约30家社区基金会资产在5亿美元以上，大多数社区基金会规模较小。②

社区基金会最初是作为公益信托机构存在。克利夫兰社区基金会的创立者是信托公司主管弗雷德里克·高夫。早期社区基金会是不进行募款活动的，资本全部来自信托公司或者银行闲置的信托资金。美国当时存在大量的闲置信托资金，这些资金的委托人去世了，而委托人关于资金用途的嘱托，因为社会经济环境的变化，已经无法兑现（比如受益人或受益组织不再存在）。这些闲置下来的资金不仅发挥不了任何用途，而且还消耗着管理费用，成为信托公司的负担，于是，根据美国法律，高夫决定，用这些闲置资金设立社区基金会，本质上是公益信托。③ 社区基金会的管理结构也非常简单，银行管钱，并从投资收益中收取一部分作为管理费，剩余的部分交由资助委员会用于公益目的，资

---

① Foundation Center, Key Facts on Community Foundations, 2012, http://foundationcenter.org/gainknowledge/research/pdf/keyfacts_comm2012.pdf.
② The Columbus Foundation, Guideposts Point to New Heights: 2012 Columbus Survey Findings, 2013, http://www.cfinsights.org/Portals/0/Uploads/Documents/2012%204%20Columbus%20Survey_FINAL.pdf.
③ Hardy, M., Defining Community Need Through the Lens of the Elite: A History of the Indianapolis Foundation and Its Funding of the Indianapolis Symphony Orchestra, 1893 - 1984, 2012, https://scholarworks.iupui.edu/bitstream/handle/1805/3086/Marc%20Hardy_Dissertation_4 - 16 - 2012.pdf?sequence = 3.

助委员会成员主要由政府官员、法官和银行任命。①

二战后，社区基金会的组织结构和功能有了巨大变化。首先是社区基金会采用公司制结构，即理事会取代"银行+资助委员会"成为唯一最高的决策机构。这一结构变迁，使社区基金会挣脱了银行的束缚，获得了更大的发展空间。② 随着这一变化，社区基金会的资本运作更加灵活，理事会可以摆脱一两家银行的控制，自由选择银行和投资组合。一家资产千万美元以上的基金会，平均可以达到10%以上的年投资收益率。③

其次，社区基金会服务捐赠者的功能得以增强，公益信托的形式也更加灵活。每家社区基金会都管理着成百上千个规模不等的基金。这些基金有完全由理事会决定用途的非限定基金，也有由设立的机构和个人指示用途的限定基金。一些社区基金会还设有用于支持基金会行政开支的基金和支持特定社区项目的基金，形式多样。

早期社区基金会吸引遗产捐赠，而近30年来社区基金会的资产增长主要由在世捐赠者拉动。捐赠者可以设立基金，社区基金会将根据捐赠者的建议决定资金用途。相比于捐赠者自己成立基金会，这一形式提高了管理效率。社区基金会还开展捐赠者咨询业务，提供公益行业信息，协助捐赠者作出最明智的决定。④

社区基金会不仅服务于个人捐赠者，也服务于慈善机构。它替社区公益组织管理资金，通过规模效益实现更高的投资收益。慈善机构虽然需要向社区基金会缴纳管理费，但仍然大大节约了成本。对于社区基金会来说，管理费收入支撑了社区基金会的行政开支。2012年对46家资产超过2.5亿美元的社区基金会的统计显示，管理费收入占到基金会收入的75%，平均每年400万美元。⑤

需要强调的是，这些基金绝大多数是永久性的保本基金（endowment），即

---

① Hammack, D., "Community Foundations: The Delicate Question of Purpose", in R. Magat (ed.), *An Agile Servant: Community Leadership by Community Foundations*, Washington, D. C.: The Council on Foundations, 1989.
② Carson, The Future of Community Foundations, 2013.
③ 深圳社科院徐宇珊博士对 Community Foundation of Bloomington & Monroe County 的访谈。
④ Carson, The Future of Community Foundations, 2013.
⑤ The Columbus Foundation, Guideposts Point to New Heights: 2012 Columbus Survey Findings, 2013, http://www.cfinsights.org/Portals/0/Uploads/Documents/2012% 204% 20Columbus% 20Survey_ FINAL.pdf.

公益蓝皮书

不花本金，只使用投资收益。这种财务模式，对社区基金会的资产规模提出了较高要求，一个有影响力的社区基金会通常需要千万美元的资产规模，但这也保证了社区基金会的百年基业和可持续性，它成为社区慈善资金的蓄水池，调节着资金流。

20世纪90年代以来，由于新政策法规的出台，营利性公司也可以受理公益信托业务，而且因为投资公司的专业性和资金规模，它们的投资收益率要高于社区基金会，也就是说，捐赠者在营利性公司设立的同样数额的基金，每年可以产生更多收益用于资助。这冲击了社区基金会的公益信托业务。面对这一挑战，社区基金会在重新寻找自己的价值定位。①

相比于营利性公司，社区基金会的优势在于拥有丰富的社会资本，它连接着非营利社区、企业和政府，并且，它与社区主要捐赠者家庭长期互动，建立起密切的相互信任关系。一个历史悠久的社区基金会，它的触角已经深深嵌入社区的关系网络，并成为这一网络的节点。

利用这一网络优势，社区基金会拓展了捐赠者服务的广度和深度。例如，硅谷社区基金会与硅谷企业建立了合作伙伴关系，代为运营企业社会责任业务。这一业务源于2008年金融危机，企业面临财政困难，无力独立运营企业社会责任部门，因此将这项业务交由社区基金会承接。再如，社区基金会为美国近来十分流行的捐赠者俱乐部（Giving Circle）提供后台支持。社区基金会还与美国大数据公司合作，通过捐赠记录分析需求和趋势，为捐赠者和社区基金会运营提供数据支持。② 社区基金会非常重视捐赠者关系维护，通过组织各类社交活动（如捐赠者和受益人见面会）培养社区认同，让捐赠者拥有家一般的温暖。

更重要的是，社区基金会不仅满足于公益信托这一功能，它更强调发挥社区领导力，搭建跨界合作的平台。社区基金会本身通常不具备某一特定领域（如环保、教育）的专业服务技术，但它的优势在于资源整合、组织协调。针

---

① Bernholz, L., Fulton, K. & Kasper, G., On the Brink of New Promise: The Future of U. S. Community Foundations, 2005.
② Donovan, D., "Transformed Fund Reaps Windfall: Strategy to Tap Entrepreneurs and High – tech Companies Pays off", *The Chronicle of Philanthropy*, 2014, http: //philanthropy. com/article/Fund – Reaps – Windfall – After/144581/.

对某一社会问题，它可以召集相关方开展讨论，并提出政策建议。某些时候，社区基金会扮演了民意机构的角色，它搜集来自社区的意见，为政府决策提供依据。例如，波士顿基金会就扮演"社区智库"的角色，针对社会议题，它委托研究机构搜集分析数据，并通过组织论坛推动理性对话和政策变革。① 同时，社区基金会不满足作为捐赠者的中介资助主流慈善机构，它们积极发起公益项目，并且有耐心实施长期计划。波士顿基金会在20世纪80年代就长期资助草根机构以改善城市贫困社区生活，这一颇具风险的项目也取得了筹款上的成功。②

（二）社区基金会的发展环境

社区基金会所面临的环境大致可以分为如下三个层面：社区慈善、行业生态、政策环境。本文将就这三个方面一一阐述。

美国的社区慈善机构十分活跃，拥有种类繁多的社区组织，学者将美国社区慈善机构分为九类③，其中与社区基金会关系密切的主要是社区的联合劝募机构——联合之路。联合之路也有着悠久的历史，与社区基金会类似，它也将社区发展作为使命。只不过，联合之路是全国性的机构，在各社区设有分部，而社区基金会是各自独立的。另外，在运作方式上，联合之路强调在工作场所募捐，吸引人们收入的盈余，各慈善机构以会员形式加入，获得共同筹募的捐款。而社区基金会吸引人们资产的盈余，设立永久性资金池，替慈善机构管理资产。不过，近年来，联合之路和社区基金会的区别越来越模糊，两者之间的

---

① Grogan, P., "An Emerging Civic Leadership Model: A Community Foundation's Distinctive Value Proposition", *Here for Good: Community Foundations and the Challenges of the 21st Century*, Armonk, NY: M. E. Sharpe, 2013.

② Segal, M., "Boston: Poverty and Community Organizing", in R. Magat (ed.), *An Agile Servant: Community Leadership by Community Foundations*, Washington, D. C.: The Council on Foundations, 1989.

③ 这九类组织包括：①社区基金会；②联合之路（United Ways）；③联邦制机构的地区支部，多针对特定人群和领域；④针对特定群体（少数族裔、同性恋者、女性、特定宗教信仰）的基金；⑤服务特定人群、资助特定领域（如教育、医疗）的社区公共基金会；⑥捐赠者俱乐部；⑦移民成立的向出生地捐款的社团；⑧因非营利医院转制为营利医院而成立的社区医疗基金会；⑨营利性慈善中介公司（See Bernholz, L., Fulton, K. & Kasper, G., On the Brink of New Promise: The Future of U. S. Community Foundations.）。

公益蓝皮书

合作也在加强。①

无论是联合劝募还是社区基金会，它们在社区慈善中都处于枢纽位置，联合劝募节约了慈善机构的募款成本，而社区基金会降低了资产管理成本。社区慈善组织通常规模较小，它们通过联合劝募和社区基金会提升了财务管理的效率。同时，联合劝募和社区基金会都利用自己的平台优势，协调组织慈善机构、政府、企业共同解决社会问题，发挥集体影响力。

从社区基金会的行业发展来说，它得到了莫特、福特、礼来等私募基金会的支持。20世纪80年代，私募基金会联合社区基金会行业协会支持社区基金会发展，为社区基金会提供配套资金和技术支持。配套资金的形式是特殊的"挑战型配套"（challenge grant），即如果社区基金会没有募到最低标准要求（或承诺）的数额，则挑战失败，资助方将拒绝给予资助，这样的方式使资助发挥了杠杆作用，同时强调社区基金会自身需要具备一定的募款能力。而技术支持则包括一对一咨询、人员培训、行业交流等，主要目的是帮助社区基金会募款成功。②

私募基金会之所以青睐社区基金会，是因为它们相信，社区的改善需要依赖本地机构，而社区基金会的本地知识和资源将为私募基金会的全国性项目提供帮助。

从地域上看，因为对资产规模的较高要求，社区基金会通常活跃于资本富余的城市地区，并通过设立地域基金、地区办公室辐射乡村。地域基金是专门用于某一特定区域的基金，由独立的委员会管理，委员会负责筹资、资助和募集基金的运作经费，所挂靠的社区基金会则提供资本运营和后台支持。从法律关系上看，社区基金会的理事会负有最终责任，需要批准地域基金委员会的决策，但地域基金委员会实际上拥有充分的自主性。③ 另外，美国还存在州级社

---

① Ragey, N., Masaoka, J. & Peters, J., Convergence & Competition: United Ways & Community Foundations a National Inquiry, 2005, http://www.compasspoint.org/sites/default/files/docs/research/4_cpunitedwaycommunityfdn.pdf.

② Charles Stewart Mott Foundation., Community Foundations: Rooted Locally, Growing Globally, 2012.

③ Sacks, E., "Serving a Wider Community: Community Foundations' Use of Geographic Component Funds and Other Strategies and Structures to Cover Territory", *Worldwide Initiatives for Grantmaker Support*, 2004, http://wings.issuelab.org/resource/serving_a_wider_community_community_foundations_use_of_geographic_component_funds_and_other_strategies_and_structures_to_cover_territory.

区基金会，它可以说是社区基金会的社区基金会，最为典型的是内布拉斯加州社区基金会。因为地广人稀，不少社区基金会规模较小，州级社区基金会就鼓励各地小社区基金会在州级基金会设立基金，由州级基金会代为投资管理，提高管理效率。①

从政策环境上说，社区基金会是公募慈善机构（public charity）②，即资金来源于公众，而非单一的个人或组织。它享有比私募基金会更为有利的发展环境，比如，美国私募基金会每年要支出净资产的5%，而社区基金会则没有这一强制的支出限制。在税收上，社区基金会也享有更多优惠，也就是说，个人在社区基金会设立的基金比自己单独成立的私募基金会可以获得更多税收减免。这些优惠政策，都鼓励个人捐赠社区基金会，而非自己设立家族基金会。

总之，美国的社区基金会是公益信托机构，它为个人和机构管理公益基金。但是，它的功能又远远超过公益信托，它利用自己的社区网络，发挥社区领导力，为跨界合作提供平台。美国社区基金会享有政策优惠，并长期得益于私募基金会的支持。同时，社区基金会间、社区基金会与其他社区慈善机构间的合作，也改善了社区基金会的生存环境。

二 中国社区基金会

与美国的社区基金会类似，中国的社区基金会也起源于城市社区。目前，中国慈善业界对什么是社区基金会尚无共识，但相比于其他类型的基金会，社区基金会致力于社区发展（而非专注于社区发展的某一领域，如教育、卫生），它更强调资金来源、服务人群的本地化。

中国的《基金会管理条例》及其他相关法律框架内其实并没有社区基金会的类别。实际上中国社区基金会的实践受到全球性的社区基金理念尤其是美国社区基金会理念的强烈影响，是一个全球化影响下的社会自我建构理念的实

---

① 参见内布拉斯加州社区基金会官网，http://www.nebcommfound.org。
② 美国慈善组织（charity）根据资产来源分为两类：私募基金会（private foundation）和公募慈善机构（public charity）。私募基金会的资金主要来自个人或机构，家族基金会和企业基金会多属于私募基金会，公募慈善机构指资金来自公众，详见http://grantspace.org/Tools/Knowledge-Base/Funding-Resources/Foundations/private-foundations-vs-public-charities。

践过程。本文在选择案例的时候，强调那些认同社区基金会概念，并将其作为发展方向的慈善机构，本文的案例——广东省千禾社会公益基金会、深圳桃源居社区基金会和深圳社区基金会试点都是目前明确提出要向社区基金会方向发展的慈善机构。

追溯中国社区基金会的起源，离不开中国城市社区管理体制改革的大背景。当单位制体制逐渐被打破之后，工作场所和生活社区的连接被切断，相应的附属于单位的社区公共服务也被剥离，社区中出现了公共服务缺位的情况，而政府的基层管理机构——街道办事处及其居委会又没有足够的资源来弥补缺口或协调有关方面，因此，在街居体制之外，城市社区的发展需要新的资源供给者和参与者。

在这一过程中，开发商、物业公司为商业化小区提供基本公共服务，而对于流动人口社区、城乡接合地带，公益组织成为社区发展的重要参与方之一。但是，社区建设的复杂性和资金需求，又超过了物业公司和单个公益组织的能力，近些年，新的参与者不断涌入社区建设中，例如业主委员会和社工机构，而社区基金会也是其中之一。

在中国社区的制度环境中，社区基金会的功能是什么？它的运作模式又是怎样？本文通过三个案例，介绍三种不同的中国社区基金会道路。

（一）培育社区好公民：广东省千禾社区公益基金会

广东省千禾社区公益基金会（以下简称千禾基金会）成立于2009年，为广东省当时社会组织政策开放后注册的第一家无业务主管单位的非公募基金会，它由企业家和学者共5人联合发起。社区基金会一般是以地域为基础的，但是千禾基金会在成立之初，并不专注于珠三角地区，它以"社区发展"为使命，在全国范围内开展项目，推动各地的社区发展。

千禾基金会做社区发展的切入点是支持社区内成长中的草根组织和个人。基金会的理念是相信社区发展的核心是人的改变，当人人都成为公民，参与社区志愿活动时，社区的善治才有可能实现。否则，如果仅仅是外部资源的注入，而没有内在的改变，社区的发展就不是可持续的。而在社区中培育公民的重点，不是自己亲自介入，而是寻找社区内有潜力的个人和组织，激发这些内生力量的活力，并借助这些草根组织带动整个社区参与的发展。

千禾基金会的发起人有丰富的社区工作经验，他们了解资助对象，也深知社区草根组织的众多瓶颈。其中关键的瓶颈之一，就是缺乏资金，尤其是缺乏非限定性资金，草根组织难以实现自身的价值，为了生存不得不单纯迎合资助方的需要。在当时大多数草根组织缺乏募款能力，难以注册，它的非正式性进一步增加了募款的难度。千禾作为基金会，想要解决的，就是草根组织的资源问题。

在资助草根组织的手法上，千禾基金会借鉴了洛克菲勒兄弟基金会的"战略慈善"，即投资于人。基金会不可能一直为草根组织供血，而基金会也没有那么多资源养活草根组织，因此，核心在于培育人，进而通过人把机构做强，使机构有更强的获取资源的能力。为此千禾基金会在早期还没有注册之前就建立了千里马基金和过桥基金，千里马基金专门为草根组织领导人提供工资和组织发展费用，而过桥基金则是为草根组织在旧有项目结束，新项目经费还不能及时到位情况下提供经费支持。这在当时的中国还是前所未有的。

为了贯彻战略慈善的理念，在资金资助方面，千禾基金会在当时较早引入了社区基金会专业资助（grantmaking）的理念，千禾基金会强调这种资助的专业性，每一笔资助，都会和受资助机构（千禾称它们为合作伙伴）讨论项目流程、资金使用及评估方法等方面的情况。每一笔资金分为2~3个阶段分次拨付，并进行阶段性评估。千禾基金会十分强调评估，评估的目的是发现问题，有针对性地进行能力建设，每一次的评估，可以说是一次对合作伙伴的咨询服务，有秘书处和外部专家的参与。千禾基金会也通过评估，了解合作伙伴的需求，调整项目设计。

由于资金有限，千禾基金会的资助期限较短，通常为一年，如果效果良好，合作伙伴可以通过再申请获得新一年的资助。这种短期资助让合作伙伴始终有危机意识，不依赖千禾基金会，积极从多种渠道获取资源。同时，千禾基金会还创新性地发展"资助+"模式，也就是不仅为草根组织提供资助，而且还提供相应的能力建设、行业交流、资源对接的机会。这样，千禾基金会的受助机构和个人也能得到其他基金会的青睐，例如南都公益基金会的"银杏伙伴"和"景行计划"的获选个人或机构，不少是千禾基金会推荐的。

在资助区域和类型方面，千禾基金会经历了两次大的调整。第一次调整，

千禾基金会不仅资助直接在社区开展活动的组织，而且开始调整到重点资助枢纽型组织或平台型机构。广西安典公益文化交流中心就是其中的典型，它针对民间公益机构开展能力建设、主题沙龙、观影会、议题推动、公益书库等活动。这类平台型机构是其他社区组织的支持性组织，规模虽小，但能力很强，通常由经验丰富的非营利行业工作者创立，在当地民间组织网络中处于节点位置。千禾基金会当时想在全国各地推动社区建设，抓住各地的"节点"，也许是最有效的方式。千禾基金会称这套资助逻辑为"关节理论"：手指头是服务人群，指关节是直接服务社区人群的社区组织，腕关节是支持社区组织的支持性组织，肩关节则是像千禾基金会这样的资助型基金会，虽然腕关节（支持性组织）和肩关节（千禾基金会）离直接服务人群较远，但是抓住肩关节和腕关节，就能带动整个手掌。

第二次调整，则是资助区域的收缩，千禾基金会从全国范围收缩到重点关注千禾基金会所在的珠三角地区。这一点，让现在的千禾基金会更接近一般意义上的社区基金会，即以特定区域为基础。之所以作出这样的调整，最重要的原因还是资金有限，而在其他地区的项目评估较难，很难真实了解项目的成效，而资助范围收缩，可以使千禾基金会更了解合作伙伴的情况。千禾基金会要把珠三角区域的民间公益事业做深做透，学习珠三角地区经济发展的产业集群经验，致力于培育珠三角的"公益集群"，构建完整、良性的公益生态。这种面上的收缩，实际上反倒是扩大千禾基金会全国影响力的契机。千禾基金会致力于总结珠三角地区的地方经验，力图以地方经验来推动中国社会的整体变革。

千禾基金会的注册资金虽然只有200万元，但是依靠"资助+"模式发挥了基金会秘书胡小军所说的"非捐助影响力"。它的影响力甚至扩大到全国，在2013年首届"中国基金会评价榜"上，千禾基金会与南都公益基金会、中国扶贫基金会等一道获得国内基金会的"金桔奖"，排名第一，彰显出社会对千禾基金会理念与价值的认可。

一个小型的社区基金会为什么能够发挥出"资助+"的影响力？这也是因为千禾基金会不仅仅把自身看作资助单位，而且看作社区动员和策略联盟的平台。作为珠三角的社区基金会，千禾基金会和社区内知名大学、地方政府、各类NGO支持机构、传媒和其他地方基金会等有着广泛和密切的联系，并建立了长久的战略合作关系。例如，千禾基金会将广州慈善会和当地的环保组织、推广自行车出行的 NGO 拜客广州连接起来，合作举办乐善骑自行车活动，为当地的罕见病和癌症重症患者提供救助善款就是一个很好的通过战略合作打造公益集群的案例。公益集群的形成依赖组织之间的相互连接，建立信任，减少交易成本，实现社区内的规模效应和集体行动。千禾基金会在这方面可谓多管齐下，不但直接支持社区中的民间公益机构，尤其是支持那些政府和市场缺位但公益组织活跃的社区议题，例如流动人口社区问题，而且也大力支持那些公益领域中的支持性机构，推动它们开展能力建设等活动，此外千禾基金会还积极和当地的企业基金会以及国际基金会合作，形成基金会的联合资助。更长远的是，基于战略慈善的考量，千禾基金会还积极营造社区公益文化，改善慈善的大环境。这方面最负盛名的是叫作益动广州的健行劝募活动。它是千禾基金会和扶贫基金会合作的项目，通过户外长跑运动募款，公益机构参与其中，募来款项全部归属公益机构，而千禾基金会则搭建这个平台，用企业赞助支持运营经费，这极具宣传效果的项目使广州城因为公益而热闹生动起来。可以看到，千禾基金会在这方面也将联合劝募的理念融合进自身的社区基金会的理念之中。千禾基金会还关注教育和学术研究，支持当地大学的学术和教育活动，并积极支持青年公益组织。

值得一提的是，和美国更多的是私人捐助不同，中国很多捐赠的组织者是政府和事业单位。千禾基金会还发挥和强调自己的专业性，为佛山传媒集团、佛山市慈善会、南海区民政局、南海区慈善会、西樵镇政府、《广州日报》、东方历史研究基金会等多个单位提供专业公益服务，累计管理公益资金达 1200 万元。

千禾基金会的发展得益于有一线工作的专业经验、了解民间公益的秘书处和支持社区发展，理解公益专业化、产业化的理事会。同时，国际基金会的经验也启发了千禾基金会的思路，这包括洛克菲勒兄弟基金会"战略慈善"理念，纽约社区基金会的公益信托理念。千禾基金会还从美国罗宾逊基金会学习由理事会成员承担基金会运营经费的思路，并学习韩国美丽基金会的人人可享受捐赠喜悦的理念。2013 年，千禾基金会参观了美国硅谷社区基金会，借鉴其为捐赠者开展的公益咨询业务。千禾基金会有意以硅谷社区基金会为标杆，在珠三角这个世界上最大的城市群建立一个广具影响力的社区基金会。

不过，虽然在资助方面千禾基金会已经和美国社区基金会比较相近，但是

公益蓝皮书

在资本保值增值方面,千禾基金会还与美国的社区基金会有着明显的不同,从基金会功能上说,千禾基金会尚无成熟的公益信托业务,尤其在个人捐赠者业务和资本运作增值方面。在资金方面,千禾基金会没有一个永久资金池可以产生稳定的投资收益。这与中国的公益法律制度框架有关,但更重要的是,永久性的保本基金会的观念很难被捐赠人接受,大部分捐赠者希望看到立竿见影的成效,对把捐款用作公益组织资本积累的理念比较难接受。

公众对慈善缺乏了解和信任的环境,也是千禾基金会进一步筹集资金遇到的障碍。同时,作为社区基金会,需要面临有政府背景的慈善会和家族基金会的竞争。基金会注册门槛低和监管宽松,使捐赠人更倾向于建立自己有更多控制权的家族基金会,而非捐赠社区基金会。当然,这种情况并非完全无法改变,建立捐赠者信任、优化捐赠者服务、与狮子会等捐赠者团体合作是一个可能的方向,通过千禾基金会的专业和社会网络撬动体制内的资源,也可能是另一个方向。当然,这些问题要想在短期内获得突破并不容易。

(二)地产开发与社区营造:深圳桃源居社区基金会①

桃源居社区基金会探索如何以商业和公益相结合的方式,将商业地产开发和人居社区营造结合起来。这一想法受到联合国人居社区的启发,开发商意识到社区参与、公益组织对社区治理的重要意义。在早期,开发商直接捐赠草根社区组织,后来则通过捐赠社区基金会为社区公益组织输血,进一步厘清了公益和商业的关系。在这一过程中,开发商和桃源居社区公益组织进行了一系列制度和管理的创新,明晰了公益资产的产权问题以及公益组织与社区主要机构的关系。

桃源居社区基金会与其他地区的社区基金会有两点不同,第一,它的服务范围主要在桃源居集团开发的楼盘区域,同时支持全国其他地区社区基金会的筹建(见表1);第二,社区基金会是桃源居公益体系的一部分,其运作、管理与公益体系的其他部分紧密相关。

---

① 本案例撰写主要参考北京大学"中国社会创新案例研究"课题组项目成果《社会组织与社区治理和服务创新——对深圳"桃源居模式"的个案研究》以及作者对桃源社区发展基金会理事长张敏的访谈。

桃源居公益体系有三个组成部分——社区基金会、公益事业发展中心和社区组织（见图1）。社区基金会包括全国性的"桃源居公益事业发展基金会"和"深圳市桃源社区发展基金会"。因为桃源居地产开发不仅在深圳，还包括天津、重庆等地，因此全国性的桃基会为各地桃源居的社区组织提供资金，同时支持全国各地在建的社区基金会，而深圳的桃基会则专注于深圳地区的桃源居社区。在桃源居公益体系中，社区基金会的角色是"输血者"和"风险投资者"，通过资本运作使公益资本保值增值。

桃源居公益体系的第二部分是公益事业发展中心，它连接社区基金会和社区组织，也是社区组织的枢纽。具体来说，公益中心管理、支持和监督桃源居的社区组织：一方面，它为社区组织提供办公场地，统一采购行政物资，通过承接桃基会的捐赠，为民间组织提供资金；另一方面，公益中心协助社区组织进行人才培养和选拔，理顺管理体制。同时，公益中心运作桃源居社区的公建资产，并收购了物业公司。

第三部分是社区组织，社区组织又分为有赢利能力的民非组织，如社区体育俱乐部、社区餐厅，以及需要依靠资助生存的公益组织，如老年协会、妇女邻里中心。这些社区组织都直接为居民提供服务。

桃源居公益体系的这三个部分紧密联系，并在资源上互相支持。全国性的桃基会定向捐赠公益中心和深圳桃基会的资本金，并通过资本运作使资金增值；公益中心管理社区组织和社区资产，将取得的利润捐赠给深圳桃基会；深圳桃基会获得公益中心、全国性桃基会和桃源居集团的捐赠，资助社区组织发展。这一体系将资源整合起来，用能赢利部分（社会企业、公建资产运作）补贴不能赢利的社区组织，并通过资本和资产的集中运作实现收益最大化。

表1　桃基会全国范围内培育社区基金会情况一览

序号	基金会名称	资金规模（元）	桃基会资助（元）	性质	备注
1	深圳市光明新区凤凰社区基金会	5000000	1660000	非公募	发起成立
2	深圳市桃源社区发展基金会	6000000		非公募	发起成立
3	深圳市宝安区海裕区基金会	2000000	1600000	非公募	发起成立
4	重庆市桃源居社区发展基金会	5000000	2500000	非公募	发起成立
5	天津市桃源居社区公益组织发展基金会	2000000		非公募	发起成立

续表

序号	基金会名称	资金规模(元)	桃基会资助(元)	性质	备注
6	北京东城区朝阳门社区发展基金会	5000000	2000000	非公募	发起成立
7	上海洋泾社区公益基金会	4000000	200000	公募	项目资助
8	上海杨浦区延吉社区公益基金会	5000000	2000000	非公募	发起成立
9	重庆市民泰社区发展基金会	10000000	2000000	非公募	发起成立
合计			11960000		

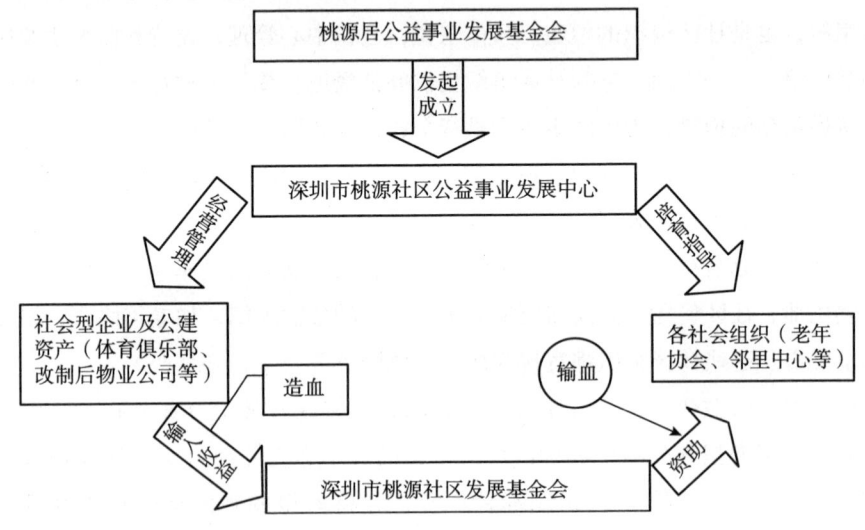

图1 桃源居公益体系结构

全国性桃基会成立于2008年，是当时全国第一家促进地方社区发展的基金会。在社区内建立基金会的想法起源于联合国人居社区理念。桃源居集团董事长李爱君是澳籍华人，在澳大利亚生活过，对西方社区治理、社区基金会早有关注。2002~2003年，桃源居集团董事长李爱君走访了全球42个人居社区，发现这些社区里的公益体系非常发达。通过公益组织，社区居民有了参与社区事务的渠道，可以自己组织起来为社区提供服务。她意识到，开发商可以投入大量资金用于硬件建设，但是社区治理需要居民参与，而居民参与需要通过公益组织完成。

于是，李爱君从几万业主中海选了形象大使赴澳大利亚学习，用教授当地人木兰太极舞换取学习了当地社区义工管理方法。业主意识到社区组织的发展需要稳定的资金流,不能仅仅依靠企业直接输血,他们发起成立了老年协会、妇女邻里中心、志愿者中心、义警队以及桃源社区这些社区草根组织,并设立相应的基金,但是这些基金因为实行双重管理体制,很难注册成基金会,只能挂靠官办机构,比如老年协会的老人基金挂在民政部老龄委,妇女邻里中心的妇女基金会挂靠全国妇联。这些基金接收来自桃源居集团的定向捐赠。

2008年,随着基金会登记管理体制的改革,桃源居公益事业发展基金会在民政部注册成立,整合了这些分散的基金。2012年,深圳桃源社区发展基金会成立,专注深圳桃源居社区的发展。社区基金会的成立,得到了民政部两任部长李学举、李立国的大力支持。社区基金会的成立使开发商分清了企业身份和社会责任,也使社区组织的资助渠道更加明确、稳定。[①]

社区基金会的成立也进一步整合了社区公益组织,使社区基金会和公益组织在财务上紧密联系,这一点区别于其他联合国人居社区,也区别于其他地区的社区基金会。在西方人居社区,公益组织间联系松散,而在桃源居,社区基金会是民非组织的主要输血者,而民非组织经营性活动获得的利润也会回流到社区基金会统一支配,也就是说,在财务上,民非组织与社区基金会不是完全独立的。同时,因为对社区民非组织的集中管理,社区基金会也成为社区公益组织与企业、政府沟通合作的主要平台。因为这一平台,社区公益组织与企业、政府机构的合作途径变得更加清晰。

桃源居社区管理借鉴了西方人居社区的理念,尤其意识到"自下而上"社区参与、公益组织对社区管理的重要作用。但理念落地的过程中,面临着两个制度性问题,一是开发商捐资建设的公益资产的产权问题,二是公益组织与开发商、其他社区主要组织,尤其是和社区党委、居委会等的关系问题。

在产权问题上,李爱君认为,中国社区管理需要有"集体所有制"这样一个概念,公益组织的资产、开发商在征地合同外增建的公建资产应该是集体所有的。但是在城市社区,"集体所有"并不是一个明确界定的概念,所有

---

① 北京大学"中国社会创新案例研究"课题组:《社会组织与社区治理和服务创新——对深圳"桃源居模式"的个案研究》,2012。

公益蓝皮书

权、经营权、收益权如何归属，法律没有明确界定。

拿桃源居社区来说，在1997年第一批业主入住的时候，桃源居社区附近是垃圾填埋场，政府没有派出单位进驻社区，水、电、治安等基本生活需求都没有保障。于是，业主自己组织了义警队，并与开发商联合起来向政府反映诉求。在这过程中，开发商与业主结下情谊，并主动承担起社会责任，在土地出让合同之外自己出资增建了公建设施。但是，这部分公建设施在合同规定之外，产权不清，2006年公益中心成立之后，来自公建设施的收益流入公益中心，补贴社区建设的其他开支。但是，一些业主认为这种安排不合理，即公建设施的收益权应属业主，而非开发商主导的公益中心。2010年，桃源居要提高物业费弥补物业公司的亏损，与业主协商未果，产生冲突，业主公开质疑公建设施的产权问题。李爱君于是关闭了公益中心3个月，在政府主持下邀请法律专家理清公建资产的产权，最终，将桃源居的公建设施的产权划为三类——国有资产、私有资产和社区集体所有资产。其中，社区集体所有资产是桃源居的独创，这部分资产包括两个部分：征地合同内的属政府授权社区企业经营管理的资产；由开发商增加投资建设，所有权及经营权归开发商，但开发商今后将转赠给业主成员享有的共用设施。对于开发商在征地合同之外增建的公建资产，一部分属于开发商私有资产，即产权、经营收益权归开发商所有；一部分属国有资产，并经政府授权由公益中心经营，收益流入社区基金会用于桃源居社区；一部分属于社区集体资产，即所有权及经营权归开发商，但开发商今后将转赠给业主的共用设施。①

公益组织落地社区面临的第二个制度性问题是，与政府派出机构、驻桃源居社区民非企业（清华实验学校、幼儿园、人民医院社康中心等）、开发商、物业公司、业委会等主要社区组织的关系问题。社区公益组织是城市社区新兴的主体，如何将社区公益组织纳入社区管理体系，尚无成熟的先例，需要制度上的创新。桃源居探索了社区多元主体共治的机制，简称"六方联席会议"，六方指"社区党委、社区居委会、社区工作站、业主委员会、公益中心和物

---

① 关于产权问题，请参考桃源居社区家园网 http://www.tyjsqw.com/html/sqjs/gjpt/index.html 和北京大学"中国社会创新案例研究"课题组《社会组织与社区治理和服务创新——对深圳"桃源居模式"的个案研究》，第57页。

业公司",社区重大事项需经过"六方联席会议"。虽然这一会议的决策没有法律效力,但具有实际约束力。在"六方联席会议"中,各方的权、责、利得以界定,各方的资源得以整合。

另外,社区公益组织的治理和重大决策,是通过社区基金会/公益中心的理事会达成的。理事成员为李爱君及社区公益组织主要负责人,社区党委书记为监事会成员,业主代表、驻社区民非组织代表作为咨询委员会成员列席会议。

桃源居模式提供了一个商业和公益相结合的案例,开发商出资设立社区基金会,通过发展社区公益组织改善社区服务。与通过商业手段提供社区服务不同,公益组织更强调居民的参与、自治和互助,这增加了社区的社会资本。开发商也将商业思维引入公益机构,提升了资源利用的效率,例如,开发商给基金会一次性注资,通过资本运作使公益资本保值增值;又如,通过公益中心收购物业公司、发展社会企业补贴公益开支,使整个体系能够可持续发展。

开发商选择设立社区基金会,而非直接捐赠社区组织也有长远的战略考虑。一方面,开发商的企业身份和社会责任得以分开,社区基金会的存在,让社区组织在开发商结束开发、退出社区后仍有资金来源。另一方面,社区基金会的公益身份使它成为一个多方合作、协商的平台,而不带过多的商业色彩。

商业给社区公益带来效率和资源,但也存在风险。2010年开发商与业主的冲突体现了如果商业和公益关系不清晰,社区公益就可能面临来自居民的质疑,严重影响公益组织的公信力。直到现在,其实桃源居社区基金会仍然面临类似的质疑。从法律关系上看,开发商和社区基金会是独立的,但在治理的层面上,仍然是开发商主导,居民代表可以为社区基金会决策提供咨询,但不具备决策权。从资金来源看,桃源居基金会虽然以地域为基础,具有社区基金会的核心特征,但企业出资的特征,使其更像美国的企业基金会。在财务管理上,桃源居社区基金会的公益资金仍主要由开发商进行管理运作。目前,桃源居社区基金会没有接受居民捐赠的计划,居民可以给具体的社区项目捐款,但不能成为社区基金会的主要捐赠人。尽管社区基金会规定,所有权移交政府,经营权和收益权归属社区居民,但由于居民对社区基金会的治理参与有限,社区基金会的"集体所有"性质并不能完全体现。

虽然存在这些潜在的风险,不过,桃源居社区基金会的意义在于,正如饶

锦兴指出："在中国住房建设管理体制和社区建设管理体制分割的条件下，开发商主动承担社会责任实现从住房建设者到社区建设参与者的角色转换，克服或者说缓解了特定历史背景下社区治理的困境。在国家推进新型城镇化建设的现在和未来，住房建设和社区建设如何有效衔接、结合，仍然面临很多鸿沟，桃源居模式为我们提供了思考的空间。"①

（三）政府主导的民间慈善：深圳社区基金会试点

2014年3月，深圳市出台了《深圳市社区基金会培育发展工作暂行办法》（以下简称《暂行办法》），自办法出台之日，深圳市社区基金会如雨后春笋般兴起，截至2015年7月，有13家社区基金会在民政局登记，其中新成立的有12家，在未来一年，还会有更多社区基金会在深圳登记注册。

深圳政府关注社区基金会来自桃源居社区基金会的影响。2008年桃源居公益事业发展中心在全国登记成立，得到了市政府和当地学界的广泛关注。一些学者也走出国门，参加社区基金会的国际会议，并组织翻译国外有关社区基金会的资料，并通过慈展会等渠道进行宣传。其中，学者饶锦兴编译了彼得·沃肯霍斯（Peter Walkenhorst）等人编写的《本地使命，全球视野：21世纪的社区基金会》，采用了该书对社区基金会的定义——本地资源、本地利益相关者、本地解决方案。这一定义，也为政府和业界广泛接受。

2013年，在桃源居集团董事长李爱君的推动下，深圳市民政局将鼓励建立社区基金会列入工作计划，桃源居公益事业发展中心与民政局合作，希望在全市范围内挑选几个社会组织基础较好的社区进行社区基金会试点，例如，宝安区海裕社区基金会在2013年就被选为试点社区，开始筹备社区基金会。不过总体来看，2013年政府推进社区基金会的步伐是比较缓慢的。

2014年初，深圳市委副书记戴北方赴广州，与北京师范大学公益研究院院长王振耀探讨社区基金会。回到深圳之后，戴书记在全市基金会领导人的座谈会上提出了推动社区基金会的想法，得到了桃源居公益事业发展基金会等慈善组织的响应。3月，《暂行办法》正式出台，并选择经济发展较为落后的光明新区作为试点。

---

① 来自作者对民政部社区基金会专家饶锦兴的采访。

深圳市政府推动社区基金会是基于如下三点考虑。首先，希望通过社区基金会改善社区治理机制。自2005年以来，深圳市投入大量资源加强社区建设，政府在每个行政社区设立社区工作站和社区服务中心，并通过政府购买服务，为每个社区服务中心配备社工。但是，社区中社会力量没有充分调动，居民参与不足，也缺少能支持居民自发成立的民间组织的机构，因此，政府希望通过设立社区基金会，使"社会力量和社区居民在基层社区治理中真正发挥主体作用，让慈善真正成为一种巨大的社区建设力量，同时也为全国改进社区治理方式、增强社区发展活力、提高社区治理水平发挥示范带动作用"。[①]

其次，政府希望社区基金会能够丰富社区慈善资源，将慈善资源留在社区。深圳市拥有丰富的慈善资源，全国知名的基金会，如壹基金、万科基金会、腾讯基金会都位于深圳，但是大量的慈善资源并没有留在社区，市政府希望通过社区基金会让慈善资源回馈社区。另外，社区慈善机构、民间组织缺乏长期稳定的资金支持，而这些社区慈善组织能够直接帮助社区中的贫困、弱势群体，社区基金会可以为这些机构提供必要的资金支持。

最后，市政府认为，社区基金会有助于培育社区的慈善文化。深圳是一个移民城市，尤其需要"平等、互助、博爱、共享"的慈善文化，而社区基金会是帮助每个居民实现慈善理想的平台。

为了促进社区基金成长，《暂行办法》规定社区基金会的注册资金为100万元，低于《基金会管理条例》的200万要求。在政府的广泛动员下，12家社区基金会筹齐了注册资金并登记注册，其中9家在社区层面设立，3家在街道层面设立。

深圳新成立的12家社区基金会因为发起背景、政府支持力度、发起人积极性、社区构成等因素而呈现不同的特质。总体而言，新成立的社区基金会在吸引人才、项目运作和募款方面面临不少挑战。

人才是社区基金会面临的最突出问题。非公募基金会每年支出用于行政开支和人员福利的比例不能超过10%，以目前社区基金会的支出水平，是无法聘请一个专职工作人员的。在试点的光明新区，因为新区管委会的支持，社区

[①] 深圳市民政局党委书记、局长杜鹏：《关于培育发展社区基金会工作及其〈暂行办法〉起草情况的说明——全市社区基金会试点光明新区现场会上的讲话》，2014年3月31日。

基金会使用政府购买社工服务的经费为社区基金会安排了一个专职副秘书长，由新区管委会配合社区基金会从当地社工中筛选。而其他不作为试点的社区基金会目前尚无专职工作人员，兼职秘书长在社区工作站、社区服务中心或社区股份公司任职。

募款是大多数社区基金会面临的第二大难题。社区基金会的注册资金一般由街道和社区党委动员当地企业募集，试点的光明新区则动员了全市大企业，一次性筹集了1470万元。不过，深圳社区基金会的注册资金不能动本金，这是参照国外社区基金会的理念，将本金通过理财进行增值。政府希望把全市社区基金会的注册资金统一交由市慈善会进行理财，但目前这一方案进展缓慢，因此，社区基金会只能重新募集资金用于项目资助。对大多数基金会而言，募款的难易程度与理事成员尤其是理事长的积极性直接相关。不过，依靠政府动员和理事成员的私人关系来募款并非长久之计，社区基金会需要有优秀的项目和服务捐赠者的理念。但是，目前基金会缺少专业人才设计运营优秀的项目，一些基金会甚至没有给予捐赠者任何有关基金会活动的反馈，这对后续的捐赠十分不利。

最后，如何设计优秀的项目也让一些社区基金会头疼。社区对于慈善服务的需求是巨大的，如何利用有限的资源获得最大的社会效益是社区基金会面临的难题。目前，一些社区基金会主要依靠社区服务中心提供的信息来决定资助项目，尚未进行独立的社区调研和项目策划，实施之后，也缺少项目评估的环节。一些秘书长表示，并不明确社区基金会未来的工作方向。

对于大多数新成立的社区基金会而言，人才、捐赠、项目主要通过政府资源获取，尤其利用了街道办事处、社区工作站和社区服务中心的人力、信息和社会网络资源。不过，政府也十分清醒地意识到，政治动员并非长久之计，社区基金会离不开民间力量，必须由民间力量来治理、运营。在深圳试点中，政府机构或派出机构的人员通常只作为监事监督社区基金会，不作为理事参与决策，他们积极鼓励民间人士主导基金会的治理和决策。

政府的推动对于社区基金会有很大的积极意义，可以说，没有政府的大力支持，这些社区基金会很难诞生。在政府的推动下，社区基金会充分使用了体制内的资源，并通过体制内资源撬动社会资源。例如，光明新区的新羌社区基金会吸引了社区内企业职工的捐赠，坪山社区基金会获得了大量来自私企的捐赠。

深圳对社区基金会的政策优惠，使热心社区事务的居民有了自治、服务社区的平台，因为政府的宣传，新成立的社区基金会得到了媒体和公众的广泛关注。例如，正在筹备的蛇口社区基金会是纯民间自发形成的，89个居民发起人用豆选法产生了理事，用罗伯特议事规则组织理事会讨论。蛇口社区基金会还未正式登记就吸引了不少眼球，政策环境的宽松也为基金会的治理创新提供了条件。

不过，社区基金会的成长并非一朝一夕之事，目前，大多数新成立的社区基金会离不开政府的培育和支持，一些秘书长估计，这一需要政府大力扶持的阶段将至少持续三年。从美国经验来看，三年对于一家社区基金会而言只是刚刚有了雏形，成熟的社区基金会通常都要经历15年以上的成长期。政府是否能够给予长期支持，以怎样的形式给予社区基金会支持仍是一个未知数，深圳社区基金会的未来值得长期关注。

三 结论与建议

2014年可以称为中国的社区基金会年，社区基金会似乎突然间获得政府的高度关注，除了上述三个案例，其实社区基金会已经在北上广地区逐渐推广。这股洪流究竟是昙花一现，还是有着强劲的持续的生命力，现在看来还是不确定的。从上述三个案例中，我们可以看到中国社区基金会的出现受到全球化的强烈影响，但也表现出地方性的不断重新建构。在我们的观察中，正如同在公益慈善领域出现的其他议题一样，这些概念大都受到了全球化的影响，但是承担者因为自身的位置和愿景目标不同，却选择了不同的路径。由民间自发设立的社区基金会在运作上更接近于美国的社区基金会，但是资金往往不足，发展需要漫长的时间。而商业发起的社区基金会有相对稳定的资金，但是由于产权难以完全隔离，公信力常常会受到质疑，而影响未来的长期发展。政府主导的社区基金会发展迅速，也最具有政策和制度创新的影响力，但是由于政府自身的官僚体制效应，基层往往应付上级，而难以对民间有真正的动员力，不过它的意义也是不可缺少的，就是它形成政府认可的大势以后，有助于更多的慈善家敢于试水，组建更多的民间意义的社区基金会。未来的中国社区基金会，可能如同志愿者、社会企业、NGO这些概念一样，在全球化的影响下，形成不同的版本，也呈现多元复杂、相互交融的局面。

B.7
走向公民慈善：广州经验与挑战

朱健刚

摘　要：中国公益慈善事业正进入改革关键期，原有计划思维的慈善事业已经远远不能适应市场经济基础上的社会发展。缺乏组织活力和容易滋生腐败是官办慈善的主要问题。改革的希望在于推动慈善回归民间，激发公民活力，建立有效的、开放的慈善登记、支持和监管体制。在这方面，各个地方都开始实验和探索，逐渐形成各地的地方经验。其中广州的经验尤其值得关注。在广州，民间公益的广泛兴起以及现代公益慈善组织的出现，加上近年来地方政府在注册登记、慈善募捐、购买服务、公益支持、慈善监管等方面的政策开放，逐渐形成了广州对于中国慈善改革道路的地方认知模式，这就是"广州经验"。它实际上是政府和公益组织在长期磨合过程中形成的对改革环境、思维方式和策略选择的一种默契：改革的共识就是实现从计划慈善向公民慈善的转型。在当前的政治环境下，公益慈善事业要能有序地回归民间，需要让慈善成为公民的权利和责任，通过慈善社区化、市场化和法治化的道路，形成"社区为本，公益生态，法治慈善，多元共治"的发展格局。这些策略虽然在执行的过程中常有反复和挑战，也仍然还有许多亟待攻坚的难题，如涉外组织和非法人社会组织的合法性问题，但这种地方实践仍然在总体上成效显著，有效激发了社会组织的活力，展示了慈善改革的中国道路可能的方向。总结广州慈善改革的经验探索，有助于我们深入理解慈善事业的运行机制并形成良好的慈善事业发展观念，为中国慈善事业改革提供依据和地方范本。

关键词： 公益慈善事业改革　公民慈善　广州经验

2008年的汶川地震救灾见证了中国人的慈善井喷，慈善在中国被重新激活。越来越多的公民开始参与公益慈善。但是官办慈善随着"郭美美事件"的发酵日益陷入信任危机之中。缺乏组织活力和容易滋生腐败是官办慈善的主要问题。为此，中央政府及其民政部门开始加快公益慈善事业的改革。十八届三中全会的60条改革方针中，"激发社会组织活力"和"完善慈善捐助减免税制度"形成慈善事业改革的关键抓手，中国的慈善事业开始进入改革的关键时刻。改革的动力一方面来自民间公益的大转型：理性公益和专业公益正在代替以往感性公益和好人好事的传统，成为公益慈善的新主流。另一方面改革的动力也来自政府的政策创新，2014年11月，国务院印发的《国务院关于促进慈善事业健康发展的指导意见》是我国国家层面第一个专门规范慈善事业的文件[1]，其中明确提出我国慈善发展的目标，即"到2020年，慈善监管体系健全有效，扶持政策基本完善，体制机制协调顺畅，慈善行为规范有序，慈善活动公开透明，社会捐赠积极踊跃，志愿服务广泛开展，全社会支持慈善、参与慈善的氛围更加浓厚，慈善事业对社会救助体系形成有力补充，成为全面建成小康社会的重要力量"。虽然目标如此明确，但是政策要真正落到实处，并能有效执行却并不容易，因为公益慈善其实仍然涉及不少部门利益，涉及政社关系的调整，甚至涉及国家安全的考量，正因如此，2014年，慈善法仍然不能出台。不少公益慈善组织的发展仍然遇到层层阻力。这些阻力主要表现在如下方面。

（1）在合法性方面，长期以来政府对社会组织的担忧使得公益慈善组织在注册登记方面逐渐松绑的同时，仍然遭遇到很多软门槛的限制，尤其是非法

---

[1] 《民政部关于贯彻落实〈国务院关于促进慈善事业健康发展的指导意见〉的通知》，http://www.mca.gov.cn。

公益蓝皮书

人性的慈善志愿服务组织还难以得到合法认可，志愿者的权益得不到充分的保障，一些涉及法律、人权、流动人口等方面的社会组织仍然被制度挡在门外，甚至有的机构注册后被迫关闭。

（2）在资源供给方面，公益慈善组织的募款资格和免税资格仍然没有放开，国家仍然缺乏对公益慈善捐赠行为税收方面的实际优惠和减免，以刺激企业和财富人士更多地投入资源支持慈善事业，尤其是目前加紧了对海外慈善资源进入中国的控制。

（3）在能力方面，公益慈善也仍然缺乏大量的专业支持性组织来对一线的服务组织提供支持，公益慈善组织的民主治理能力的提升仍然得不到法律的足够保障。

（4）在监管方面，围绕着民间公益慈善事业，现在还没有建立起一套由政府、行业、公众和慈善组织内部自律相结合的多元共治体系，使得新的体系既能对公益组织有效监管，又能给公益组织松绑。由于缺乏制度权威的保障，从事公益慈善事业的人仍然有着重重疑虑。

2014年，中国公益慈善方面的改革仍然还是摸着石头过河，在这个过程中，地方改革显得尤为重要。虽然它们不具有全局性的意义，但是为全局性的改革提供了可供借鉴的地方经验。

所谓经验，是人们在实践过程中通过感觉获得的关于事物的现象和外部联系的认知，它包括人们对于环境的认知、策略的选择以及新的思维方式。在缺乏成熟理论的指引下，广州的地方政府和公益组织在长期的磨合过程中形成了对改革环境、思维方式和策略选择的一种难得的默契。政社之间都逐渐认识到，慈善要回归民间，慈善事业改革的方向就是要实现从计划慈善向公民慈善的转型。但是，在当前的政治环境约束下，公益慈善事业要能有序地回归民间，特别需要政社合作，让慈善成为公民自发的权责，通过慈善社区化、市场化和法治化的道路，形成公益慈善事业的新格局。本研究报告基于中山大学公益慈善研究院对于广州公益慈善组织和社工机构的问卷调查和深度个案研究，以及对地方政府及其相关政策的调查，力图对这一经验加以总结和提炼。在我们看来，"广州经验"可以概括为"社区为本，公益生态，法治慈善，多元共治"的发展思路。而这个发展思路在实际的运作中既有成功的范例，也面临着诸多挑战。

一 社区为本

让慈善回归民间，一方面需要政府简政放权，给志愿者和民间公益组织更大的生长空间，另一方面也需要民间有良好的土壤自发地生长出这样的志愿者和组织出来，既能承接政府转移的社会职能，也能让社会自身充满活力。不过，不可回避的是，对于地方政府来说，回归空间扩大后还必须能管得住，不能使这种空间触碰到政治红线。要实现这两者的平衡需要政治智慧。在广州，政府和民间的默契就是让公益慈善从社区开始。因为社区是人们日常生活之地，由于立足草根，远离政治权力角逐的核心，不容易触碰政治红线，同时又因为社区和老百姓切身利益和人际交往息息相关，因此在一个社区里，人们更容易从陌生人变成熟人，形成相互志愿服务的氛围。广州的社区如同广州的点心一样，每一样都很独立，又很精致，人们在社区中或者由于共同利益，或者由于情感纽带，或者因为童年记忆，又或者因为共同的移民经历，形成各自不同的社区生活感，无论是在老城厢的南华西街，还是城郊外来人口聚居的丽江花园，这种生活感使得居民容易有动力形成社区志愿参与的气氛和传统。同时，由于基层财政资源有限，地方政府也乐见社会各方公益力量的介入，实现有效的治理，因此社区内也比较容易形成各种平行的力量相对平等地参与；当然，更重要的是，社会急速转型过程中的各种问题和矛盾，都会通过漏斗效应，逐渐渗透和转移到基层社区，这些问题政府和市场往往很难包揽解决，由此形成"公地悲剧"，因此，倘若有愿意参与社区事务的志愿者和社会组织，相对而言，社区也欢迎这些社会资源和力量。丽江花园的宜居广州，凤凰城的爱心公社以及珠江帝景的助励社都是基于这种环境生长出来的社区公益组织。正是社区为公益慈善提供了政府和社会组织可以形成合力的基础平台。

而社区为本的慈善则是强调慈善行为从自己的日常生活中开始。普通人基于社区自身的多样化需求，而以小型多样化的志愿服务的方式来回应社区需求，解决社区问题，进而实现社区本身的社会福祉。慈善基于社区并不排斥政府的介入，也不反对商业模式，但是它与官办慈善和职业公益的重要区别在于，社区公益基于日常生活，强调由社区居民本身的志愿参与来实现社区公

益。志愿精神而非慈善效率是社区公益的灵魂。

在广州，社区中的志愿公益可以表现为由居民发起建立社区基金或者社区基金会。著名的广东省千禾社区公益基金会就出现在广州，它资助各种社区公益组织，帮助社区中有困难的群体或完善社区各种设施；它也可以表现为某位居民建立起一个社区咖啡馆，根据社区需求发起各种公共活动。它还可以是社区志愿者以开展社区教育为目的而建立的社区学院或图书馆，比如广州三元里的社区大学，它还可以是以推动社区支持农业和居民社区参与为目的而自发组织的社区公益墟日或社区农夫市集等，比如广州祈福新村的沃土工坊。这些都出现在广州的普通社区里，表现为类型多样的社区公益慈善组织。

社区公益组织并不一定需要固定的法人结构，甚至都不需要正式地注册登记，其活动也常常难以量化，它更多地强调人们的自组织和志愿行为。从职业公益的角度来看，这类社区公益似乎显得初级，缺乏规模化效益，也未必专业。然而，在互联网时代，这种群体性的公益并不一定需要专业性的公益组织就可以自我发动。更重要的是，它鼓励公民对公共事务的参与，展现出公民权利和责任，它让那些人在家庭中形成的美德可以在社区中有组织地展现出来，并反过来重塑家庭的价值观，进而将人们的互惠行为转换成社区的社会资本。

所以，社区为本的公益的真正意义是可以不断培养出充满活力的积极参与的社区志愿者。广州多年的社区发展实践都证明，大量的社区公益项目即使在开始的时候精益求精，最终都化为历史的尘土，以至于到今天几乎杳无踪迹。但是长期的社区公益活动总是留下许多社区中的积极公民，以及由这些社区骨干所传承下来的社区自身的文化传统。这种积极参与形成的社区认同感和归属感使不同的人所在的社区会呈现不同的文化风貌。这是著名社会学家普特南所描述的意大利北部和南部不同的秘密，也是广州区别于北京或者其他城市的关键所在。广州慈善事业发展强劲最重要的标志就是出现了一批类似陈嘉俊、巴索风云、蔡文芳、李森等立足于社区的公益人物。同时也让广州拥有一批立足于广州的如绿芽、拜客、灯塔计划、ICS 创新空间这样的知名社区公益组织。据广州民政局统计，广州社会组织已经达到 5800 多家，年增长率是 11.4%。在我们对开展公募活动的公益组织的调查中，大量组织都是在 2009 年之后开始登记，直到 2013 年达到高峰。而 2014 年，第四届广州青年志愿服务交流会暨中国志愿服务项目大赛举行，签约金额达到3784万元。在社区慈善方面，广州走在全国的前列。

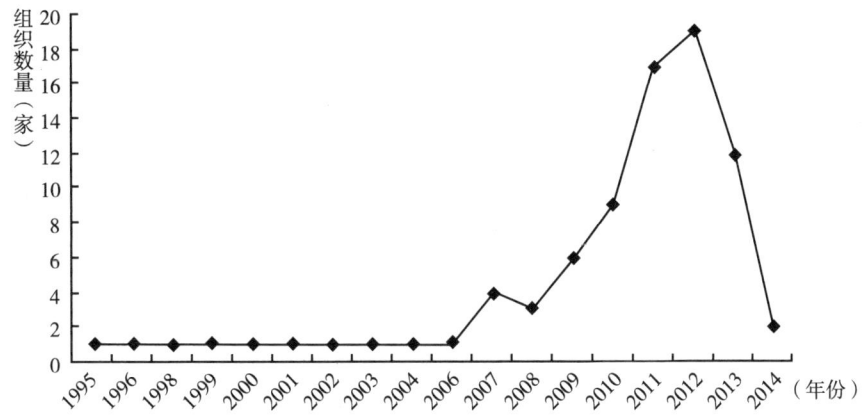

图1 广州市社区公益组织历年增长情况

虽然得到社会的广泛支持，但是广州的社区慈善也面临挑战。首先还是官办慈善组织如何进一步去行政化的问题。由于体制原因，当前社区中很多慈善组织还是计划体制的产物，由党政机关所兴办，带有浓厚的政治化和行政化色彩。在最近的几年，由于公众对红十字会、慈善会等政府举办的公益慈善机构普遍缺乏信任，对"被摊派"、"被志愿"等行为不满，政府普遍感受到这一包袱对自身的压力，因此，官办慈善组织去行政化逐渐成为改革的共识。但是，由于长期以来过度依赖政府提供的行政动员体系维持运作，官办慈善组织缺乏独立的社会资源动员能力和项目运行体系，如果改革采取"休克疗法"，过快地切断这些社会组织与相关政府部门的联系，那么它们不但很快就会失去政府的资源，而且自身又因为没有能力从社会上获取资源而面临被淘汰的命运。正是因为考虑到自身去行政化将会面临的发展困境，这些计划体制下生长出来的慈善组织就会拒绝甚至阻碍改革。要推动改革深入，就需要考虑如何改变这类慈善组织的路径依赖。而提升这些官办慈善组织的社区能力和市场能力是关键途径。

广州慈善会在2014年迈出了很大一步，通过推动建立广州慈善联合会和慈善监督委员会，将有关行业指导服务和自治自律职能交出去，让慈善会回归

公益蓝皮书

到募捐组织定位，与其他公益慈善组织地位平等，按照《广州市募捐条例》和国家有关规定开展募捐救助活动。这是很大的一个跨越。同时广州慈善会走信息化的改革道路，全新升级改造广州慈善网，及时、全面公开慈善组织及其开展的募捐项目信息、募捐财产构成与慈善项目实施情况等信息，成为广州地区最权威、最全面、最及时的慈善信息发布平台和永不落幕、常态化慈善项目推介的网络平台。2014年，这一信息数据平台完成建设。该平台包括官网、微信公众平台、手机APP等系统，社会公众可以以多形式方便快速地查询广州慈善会的捐赠及支出明细，并为公众建立个人终身爱心档案，成为公众参与慈善的一个新平台。该平台的开通使用，有效引领各慈善会、红十字会和公募基金会发挥带头作用，主动向公众公开信息、开放平台，推动"官办慈善"转型发展。2014年12月，在《南方日报》主办的"南方致敬"公益盛典中，广州慈善会获得"南方致敬2014年度公益组织奖"，其颁奖词中这样写道："以信息化建设为突破口，构建全流程透明化的慈善信息平台，开拓创新公众参与慈善的渠道，推动慈善会社会化转型发展，格局与情怀兼备。"

其次，民间公益组织遇到的挑战是社区的赋权仍然存在不足。很多公益机构介入社区公益的时候，还是只把社区当作项目实施之地，每当相关项目结束后，公益机构就撤出社区，社区再次恢复到以前的威权状态。同时，今天的社区所应对的问题已经超出社区所能控制的范围，不能仅仅依靠被培力的社区个人来解决。公益组织在社区中还应实现资源链接的功能，将外部公益网络和社区紧密连接起来。因此，民间公益组织，无论是社工机构还是志愿性的公益团体，它们的社区介入都应该将自己融入当地，培养当地人或者注册当地的公益机构，保持内外的连接和合作，这样才能使得这种社区培力长期持续发展。在这种资源链接和本地资源的动员中，不仅仅是NGO可以扮演重要的角色，社区基金会或者基层慈善会都可以起到更加专业的资源重组和分配的作用。社区基金会连同它所资助的公益组织可以成为社区中政府与市场之外的第三驾马车，带动整个社区的持续发展。

此外，社区志愿者的权益还需要得到更充分的保障。广州应该要求慈善组织建立志愿者注册制度与志愿服务记录制度，规定慈善组织对志愿者权益的保障义务，明确志愿者的义务，同时从法律上界定志愿者和志愿服务的定义和原则，明确其自愿性、非营利性、慈善宗旨和志愿精神。

二 公益生态

广州公益慈善事业的改革，社区慈善是基础，但要推动整体事业的可持续发展，吸引更多的资源投入，还需要营造有利于慈善的整体环境，准确地说，就是建立一个良好的公益生态体系。广州政府和民间的第二个策略默契就是不再把慈善看作由官方来打造一批榜样机构和道德模范，而是共同建立一个多元、平衡的公益生态体系来支持公益组织的自由生长。一个良好的生态体系最重要的就是不同物种之间能量交换的平衡。而在公益生态建设中，就是要维持政府、捐赠方、基金会、社区公益组织、公益支持组织和志愿者之间的能量交换关系的多元和均衡。这样的交换既包括市场型交换关系，也包括互惠型的礼物交换关系，还包括一定权威对资源的再分配关系。交换强调慈善不是单方面的施舍，而是一种平等利益主体之间的交换关系。

在有着悠久工商文化传统的广佛地区，事实上很多民间公益组织都已经是以交换理念来开展社会服务。由于靠近港澳，早在20世纪80年代，广州一些民间公益组织就与港澳的NGO和基金会建立了资助联系。这种资助合约实际上就是平等主体之间的契约关系，可以说正是开放使得广州的民间公益组织很快理解了这种慈善领域中的交换原则。同时慈善市场化的思维对于一个工商文化为底蕴的城市来说也不会觉得别扭，随着十八届三中全会"改革六十条"明确了发挥市场对资源配置的决定性作用以后，广州的市场观念再一次被强化。这种决定性作用不仅仅针对经济领域，也针对社会领域，甚至也针对慈善领域。虽然不是所有的公益都适合市场化，但是以服务和捐赠为核心的慈善事业却可以引入市场化的思路，也就是慈善捐赠和服务资源不再是通过计划安排或者无偿赠与的方式，而是通过市场化的供求竞争关系来提高捐赠和服务的效率和效能，从而实现有效慈善。在慈善领域中，市场化的思路确定了捐赠者、服务者和被服务人群是平等的主体，他们之间的服务是基于各自的需求来实现的一种即时交换。捐赠者类似于服务的购买者，他的捐赠不再只是单纯的不求索取的付出，而是一种社会投资行为，虽然他不求或者主要不是追求经济回报，但是他会考虑他所支持的服务的质量、市场需求、社会影响力和资源的可持续性，服务者也会考虑它本身的服务质量和规模，以继续得到社会投资者的

青睐，而被服务对象也不再只是单纯地接受慈善的人，他们相当于顾客或者客户，他们的评价和参与也决定着整个价值链能否运作良好。市场化思路还可以由此引入各类支持这一价值链的公益信托机构、咨询机构、能力建设机构甚至社会投资交易所等新的市场概念和工具。这一市场化趋势在中国方兴未艾。其实2006年之后，社会企业、孵化器的概念就开始在广州的民间公益组织中传播。不少民间公益组织也在往社会企业的方向转型。在广州，一起开工空间、沃土工坊都是很有影响力的社会企业。

但是，社会企业只是慈善交换的一种表现形式。如果只是强调市场化的交换，那么市场化所具有的强大的侵略性极有可能模糊慈善事业所具有的伦理价值导向，商业模式可能是实现慈善重要且有效的手段，但是这一过程也容易让手段异化成为目的。各类慈善创新或创投项目虽然让慈善的面目变得炫酷醒目，但可能使真正需要帮助的人群远离公众的视线，或者仅仅成为一种项目背景、一种问题包装，甚至成为公益人或者公益组织实现自身市场目的的工具。因此，这种看似力图对原有官办慈善格局有所改革的公益市场化如果不加节制，也容易让人们在众声喧嚣的所谓慈善创新的世界中忘记慈善本来的含义：出于内心的关爱，对那些处于困境中的人们给予救济和帮助。无论怎样的政治和经济环境，这种来自人性深处的爱从来都是慈善事业最宝贵的。如果不加节制，单纯的市场化过程在官方垄断逐渐被打破的同时，民间也可能会出现慈善资本垄断之后的新"善霸"。而与此同时，除了官办慈善的"郭美美"以外，民办慈善也会出现众多新的"郭美美"——借慈善的名义，将牟取财富和名声放在首位。

因此，除了鼓励市场交换外，公益生态建设也不应该放弃互惠型的交换，尤其是社区的互惠性质的志愿服务。这也是广州经验更强调公益生态而不是公益市场的原因。公益生态更强调平衡，更鼓励公益的多样性发展。这里特别值得讨论的就是极具地方特色的政府购买服务。

（一）政府购买服务

政府购买服务实际上通过契约的设置来改变原来政府组织单纯行政指令性关系，而变成政府与社会组织的合约关系，这一方面加强了社会组织的项目能力，另一方面也提升了政府的合约管理能力。广州市在全国比较早地出台了政府向社会组织购买服务目录、具备承接政府职能转移和购买服务资质社会组织目录,划定政府可向社会组织购买的服务多达140项。政府向社会组织购买服务的财政投入逐年加大,据市财政局统计,2012年广州市本级财政投入政府向社会组织购买服务的资金为2.93亿元;2013年,继续加大投入,安排政府购买服务经费3.61亿元。广州市的政府购买社会服务资金投入居全国之首,促进了民办社工机构的快速增长,也为其他类社会组织提供了与政府合作的空间。

但是,引起争议的是广州的社区为家庭综合服务中心购买的社会工作服务。广州市从2008年就开始推出政府购买项目模式,在两个区开展了9个试点专项服务;2010年,20个街道家庭综合服务中心的试点工作启动;2012年提出"每个街道至少建成1个家庭综合服务中心"的目标,仅该项投入就超过2.5亿元。2014年全年总投入3.37亿元。可以看出,2008~2014年,广州市、区两级购买服务的财政投入每年都有大幅增长,2014年与2008年相比增长高达60多倍,累计投入财政资金11.07亿元,主要用于街道、镇家庭综合服务中心。[1]

该项购买服务极大促进了民办社工机构的发展。广州市在民办社工机构数量、通过全国社会工作者职业水平考试人数以及投入购买社工服务财政资金三项基本指标上均位居全省第一。其中,民办社工机构数量和累计投入购买社工服务财政资金数额两项位居全国第一。[2] 根据广州社工服务网的数据[3],截至2014年11月,广州市共落成家庭综合服务中心171个,已覆盖广州市11个区共129个街道和17个镇。

广州目前共有83家社工机构于2010~2014年承接了以上镇街的家庭综合服务中心,约占社工机构总数的1/3。在这些机构当中,有49.4%的机构承接了1个家庭综合服务中心,50.6%的机构承接了2个以上家庭综合服务中心,最多的机构承接了8个家庭综合服务中心(见图2)。关于家庭综合服务中心所属辖区分布,74.7%的社工机构所承接的家庭综合服务中心在同一辖区内,

---

[1] 详见《家综购买服务三年政府投入9.65亿元》,《羊城晚报》2014年11月20日。
[2] 详见《广州民办社工机构数全国第一》,《羊城晚报》2013年11月24日。
[3] 数据整理自广州社区服务网,http://www.96909.gd.cn。

25.3%的社工机构承接的家庭综合服务中心跨多个辖区，最多的一个机构所承接的家庭综合服务中心分散在6个区中。

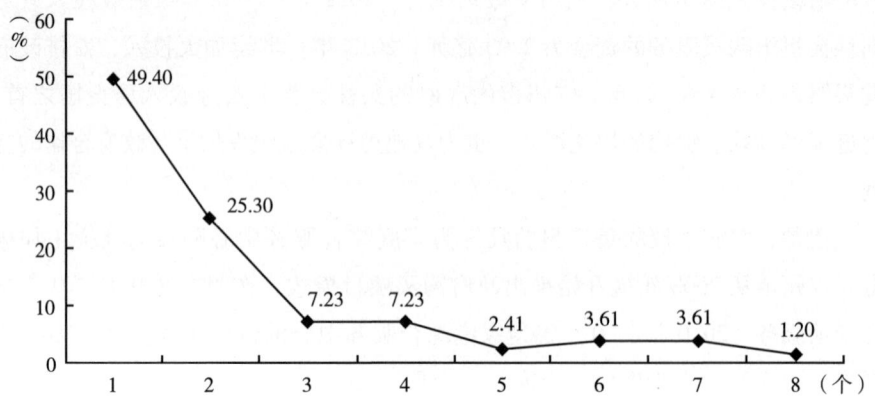

图2　社工机构承接家庭服务中心数量分布（N=83）

政府购买服务实际上是以政府为权威的社会服务资源的再分配，它极大地活跃了社区服务和社区生活。不过，随着社工服务购买工作的快速推进与资金投入的逐年加大，一些潜在的问题也逐渐暴露出来，特别是负责招标工作机构以及评标专家的资质难以具有权威，招投标的过程及其相关标准的制定也很不透明，这就直接影响到对购买服务资金的监管与实际成效。一方面，这可能使大量购买服务的专项资金回流到相关政府部门及其附属机构，造成政府职能转移只在政策文本上进行，而实际上政府机构不但没有减少，反而又多出新的部门。另一方面，快速的政府职能转移和购买服务改革过程中也诱导了少数慈善组织纯粹为了获得政府资金而登记成立的不正常现象，在缺乏理念、经验和技术的情况下，这部分慈善组织一味地迎合政府的需求，忽略了其所提供服务本身的质量和效能，也忽视了自身成立的宗旨，这就使得在政府购买服务过程中，它们没有成为政府的伙伴，而是变成了伙计，这一伙计心态就不可避免地带来了这部分慈善组织服务的官僚化、管理的等级化以及体制的建制化等乱象。

可以看到，这种乱象仍然是慈善资源市场化改革不够彻底所导致。随着改革的深入，广州政府也意识到仅仅集中于对社会工作机构服务的购买是不够的，于是出现了公益创投和福利彩票的创投，这些创投方式实际上是推动公益组织以市场竞争的方式来获取慈善资源。可以说这比政府购买服务这种不完全的市场交换有了更大的进步。

（二）公益创投与福彩创投

2014年广州首次将社会组织公益创投列入广州市2014年100项市重点工作，组建公益创投评审专家库，立项1600万元，对为老服务类、助残服务类、青少年服务类、救助帮困类及其他公益项目进行资助，对每个项目予以最高30万元的资助（项目资助额不超过项目预算的60%）。2014年开展的广州市首届社会组织公益创投活动共收到公益创投项目238个，经专家评审组评审，决定对100个公益创投项目给予资助。首届公益创投的主要特点是"共创共建"。有别于国内其他城市，广州不仅仅是单一的政府购买服务、社会组织提供服务模式，而更加强调政府、社会、社会组织共创共投，社会组织不仅自己设计创投项目争取政府创投资金，还要争取社会配套资金，与政府创投资金比例至少达到2:3，以通过创投撬动社会资源参与，形成共创共投、协同发展的局面。

中国福利彩票以"扶老、助残、救孤、济困、救灾"为宗旨，故谓之"中国人的慈善事业"。广州作为全国售彩重镇，福彩销售量连年攀高。2012年售彩31.14亿元，2013年售彩34.59亿元，2014年售彩37.52亿元。过去三年，广州筹集到福彩公益金10.48亿元（中央直接提留50%，剩下的一半，省、市按3:7比例分配），资助公益项目239个项目，其中50%用于发展养老服务事业，20%用于关爱残疾人事业，30%用于其他救孤、济困、扶贫、救灾等方面的公益慈善事业。2014年，广州以其大胆创新的风格，以福彩公益金设立了广州扶持社会组织发展专项资金，支持草根公益慈善组织开展公益慈善项目；2013~2015年每年从福彩公益金立项500万元，用以开展社区公益项目资助活动，资助社区公益组织开展为老、助残、青少年及社区特殊群体关顾等服务，进一步发挥福利彩票公益金的慈善功能。

（三）公募权开放

在广州，更具市场化特征的是募捐领域的市场化。如果说2012年5月1

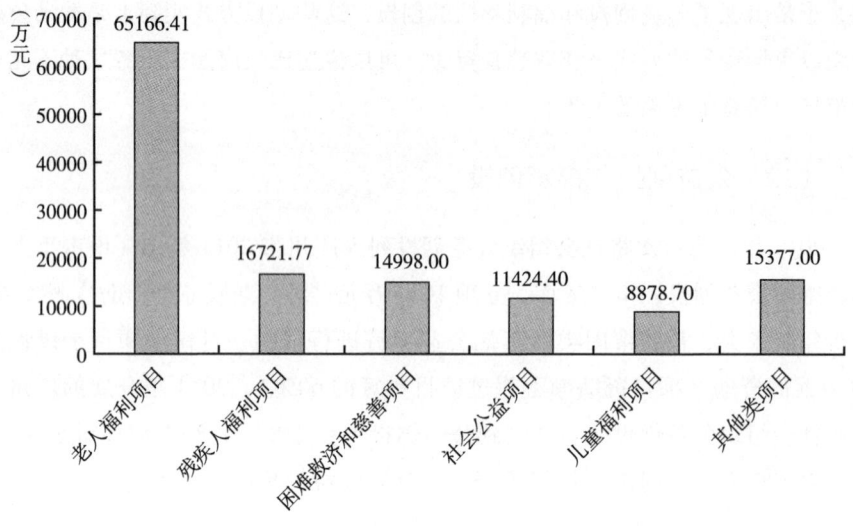

图3　广州市福利彩票公益金资助项目情况

日起实施的《广州市募捐条例》为广州市慈善募捐市场化奠定了法制基础，那么，2013年开始每年举办一届的广州市慈善项目推介会，则为慈善募捐市场化提供了实践平台，两者相得益彰。2014年，开展募捐的组织数量比之前有明显提升，市场活跃度大大增强。截至2014年12月，向市民政局申请开展募捐活动的组织共143家，通过审查的共139家，申请成功率高达97.2%。获批的募捐组织中，具有官方背景的慈善会、红十字会、公募基金会为59家，公益性社会团体、民办非企业单位和非营利性事业单位达到80家。2014年，共有603个项目获批依法开展募捐，其中民间公益组织的项目数量从2013年的不到10%快速提升到26%，慈善募捐常态化局面逐步形成，民间慈善活力日渐显现。新浪微公益2014年数据显示，广东参与微公益人数所占比例达11.5%，居全国之首，显示出良好的发展态势。广州市慈善会等老牌慈善机构，纷纷建立信息平台和微信、微博等自媒体，启动网络微捐。利用媒体、跨界合作成为广州募捐市场的又一特点。《广州日报》、《信息时报》、《新快报》等媒体与广州市慈善会合作，提升媒体影响力和慈善机构公信力，设立专项基金筹集善款。为支持草根慈善组织筹款，广州市也专门建立联合募捐平台，市民可随时随地通过微信支付、网络捐赠等方式支持其他公益性社会团体、民办非企业单位开展项目募捐。广州还积极探索体育与慈善融合的大众参与筹款活动，举行首届广州市自行车慈善行活动，并首次在广州+马拉松赛中融入慈善元素，设立"慈善方阵 为爱奔跑"项目，打造广马公益平台，参与者众，社会反响很大。一系列创新的慈善活动形式，为扩大公众参与、提高募捐效率、增强慈善活力发挥了积极的作用。

推介会则为慈善资源供需对接平台。2013年，广州市委、市政府决定每年举办一届慈善项目推介会，按照"政府搭台、慈善组织运作、社会参与"的理念运作，旨在打造供需对接平台，鼓励慈善组织以项目找资金，发动社会认捐项目，实现慈善需求有效对接。2013年、2014年连续两届广州市慈善项目推介会，共有210个慈善组织参与，对接770个慈善项目，累计募集项目捐款7.47亿元。尤其是2014年第二届推介会突出"民间性、自主性、有效性、创新性、广泛性、透明性"的特点，社会参与度、对接成效都有显著提升。报名参加第二届推介会的慈善组织中，公益性社会团体、民办非企业单位参会比例高达53.75%，比上年同期增长24.4%；公益性社会团体、民办非企业单位申报的慈善项目所占比例上年仅有5.64%，2014年上升到20.83%。还改变首届由政府帮慈善组织推介的做法，通过举办国有企业、民营企业、金融企业、台资企业、宗教界、华侨界、私营企业、社会组织和重点企业等9场专场主题推介活动，为慈善组织特别是民间草根慈善组织搭建平台，让慈善组织与捐赠企业面对面、点对点推介对接慈善项目。9场推介活动共成功对接慈善资金1.0248亿元，不仅促进慈善组织提升项目推介能力，也让爱心企业更好地选择慈善项目，实现慈善资源供需更有效的对接。第二届推介会累计对接慈善项目资金41608.26万元，对接慈善项目383个，全部签订项目捐赠协议，落实项目资金比预期目标35000万元超出6608.26万元，比2013年首届推介会对接总额超出近9000万元。

（四）公益支持性机构的兴起

从公益生态的角度来看，公益资源要良性循环，建立支持公益组织的支持性机构，培育孵化社会组织必不可少。广州市的支持性社会组织有效地"孵化"了广州市社会组织。民间机构中山大学公民与社会发展研究中心（ICS）在十多年的工作中，通过改善政策环境、提供社区资助、开展能力建设及提供

公益蓝皮书

实验范本，有力地推动了社会组织的产生与生长；同时民间还有如一起开工空间、ICS 创新空间等一系列空间支持机构。自 2010 年以来，广州市政府也积极推动人民团体和市、区、街道社会组织培育基地建设。2012 年出台的《广州市福利彩票公益金扶持社会组织发展专项资金资助社会组织培育基地建设管理办法》，立项 1100 万元重点资助社会组织培育基地建设。2014 年，广州市社会组织培育基地二期工程建设项目完工并投入使用，培育基地用于培育服务场所达 6000 平方米，至今共引进社会组织近 70 个。培育基地每年为社会组织注入资金超过 500 万元，为各社会组织培训负责者与核心成员近 700 人次；广州"金丝带特殊儿童家长互助中心"等多个草根组织已建立并正式登记注册；包括"广州市社会工作协会"、"广州市义务工作者联合会"等在内的若干枢纽型公益组织尤其在目标引导、培育促进、集约服务和综合管理等方面实现了自我发展与贡献社会的双重提升；此间，广州市大同、中大社工服务中心等一批社工服务组织也逐步发展壮大，承接了广州市政府购买社工服务项目的 1/3；此外，基地还培育并支持了"广州市成长动力社会工作专业发展与资源中心"、"广州利民精神健康社会工作资源中心"等一批公益组织，尤其深化了广州、香港社会服务领域的合作交流；推动建立了"广州市社会组织联合会"、"广州社会组织研究院"等既是枢纽型又是智库型的社会组织，并由此搭建了政府与社会组织间的合作与沟通平台。

到 2014 年底，已有 30 个社会组织培育基地落成于广州，除上述市级社会组织培育基地 1 个以外，区培育基地 10 个，群团组织培育基地 8 个，街道培育基地 11 个，入驻各类社会组织近 700 个，基本形成了培育扶持社会组织发展的市、区、街（镇）三级网络，对培育孵化社会组织尤其是公益慈善类组织，提升其能力发挥了重要作用。

不过除了这类培育基地外，广州出现了更多专业性的支持机构，例如关注公益组织财务的恩友，关注互联网传播的 NGO 发展交流网，支持公益人才培养的恭明社会组织发展中心。2014 年上半年，广州市慈善会与中山大学合作建立了全国首家公益慈善书院——广州公益慈善书院，整合高等学府教授与学者、资深公益领导人、专业培训师团队，给不同层次的公益组织提供专家咨询，致力于将书院打造成为广州地区慈善文化传播的"万木草堂"、慈善人才培养的"黄埔军校"和慈善组织发展的"生态湿地"。书院成立以来，面向社区居民和公益组织需求，开设了多门课程，并承接了广州市民间组织管理局主办的"广州社会组织讲坛"系列。2014年底，广州公益慈善书院荣获2014年度"南方致敬"公益组织奖。2014年10月底，广州又挂牌成立广州市社会组织联合会和广州社会组织研究院。这个研究院是国内首个由政府指导、高校合作、社会参与的社会组织研究院。研究院则致力于打造成国内社会组织研究领域的领军者和广州社会组织能力提升与规范发展的智库，通过研究影响公共政策、社会舆论，以及社会组织的社会实践；政府决策提供理论依据及重要参考，促进相关法律法规和政策体系的建立与完善。

总的来说，广州的公益生态建设已经形成了社会组织与地方政府、市场以及社区居民之间有效合作和多样化发展局面。虽然每个环节都还有许多挑战需要克服，但是一个能量交换的体系已经初步形成。

三　法治慈善

以社区为本的公益生态只要方向确定，建设起来并不困难。困难的是持续，尤其是领导换届的时候，很多好的做法和政策方向就可能事随人转、朝令夕改。要解决这个问题，就需要靠更长久的法治。这就催生了广州慈善的法治化，法治化最重要的意义不仅仅是制定一系列法律来规范人们的慈善行为或者慈善组织，而是在于树立行为者的规则意识，强化规则的权威，让法律能够得到利益相关方的广泛认同。这就需要从立法开始，逐步确立法的权威。同时也要保证相关法律、条例出台后，能够有相应的部门落实执行，如果没有落实，人们就可以通过依法抗争来迫使有关部门来落实这些规则。只有通过这样的长期而反复的过程，法律才能够真正获得权威。

广州的改革是在民政部与广东省的省部级合作协议的鼓励下先行先试，主要表现在深化慈善组织登记管理体制改革，大力实施政府购买服务，颁布《广州市募捐条例》，成立广州市慈善组织社会监督委员会等，使民间慈善业逐步进入健康发展的"快车道"。

（一）全面放开社会组织直接登记

广州社会组织登记管理体制改革一直走在全国前列。广州市2006年3月

公益蓝皮书

取消行业协会业务主管单位直接向登记管理机关申请成立登记，2008年12月印发《广州市社区社会组织管理试行办法》，对尚未达到社区社会组织登记条件，但能正常开展活动且符合经济社会发展需要的社区社会组织实行备案管理。从2009年起，逐步将科技类、体育类、社会工作类民办非企业单位和公益服务类等社会团体业务主管单位改为业务指导单位，实行由民政部门直接登记。2011年11月11日，广州市民政局印发了《关于进一步深化社会组织登记改革助推社会组织发展的通知》，规定从2012年1月1日起，除依据国家法律法规需前置行政审批外，行业协会、异地商会、公益服务类、社会服务类、经济类、科技类、体育类、文化类等八类社会组织可以直接向登记管理机关（即民政部门）申请登记。从2012年1月1日起，除依据国家法律法规需前置行政审批的社会组织外，公益服务类、社会服务类、经济类、科技类、体育类、文化类等八类社会组织在广州可直接向登记管理机关申请登记。2012年5月1日，在全国率先推行社会组织直接登记，即除依据国家法律法规须前置行政审批外，社会组织直接向登记管理机关申请登记。广东省社工委授予"广州市社会组织直接登记"社会创新观察项目为2013年全省社会创新试点项目，并授予广州市"广东省社会创新实验基地"称号。正是登记管理体制改革的不断深入，有力地推动了广州地区民间慈善组织发展。

2014年，广州被民政部列为全国社会组织建设创新示范区之一。以此为契机，政府坚持"有序放开、有力扶持、有效监管"的工作思路，进一步深化社会组织登记管理改革，建立健全社会组织培育扶持制度体系，进一步营造社会组织良好发展环境，支持引导社会组织发挥作用，强化社会组织综合监管，创新社会组织党建，社会组织发展继续呈现稳步增长、健康有序态势。特别是在2014年10月30日，广州市政府颁布了《广州市社会组织管理办法》（以下简称《办法》）。这是在全国地级以上城市率先以政府规章形式制定出台的第一部社会组织管理办法。《办法》主要亮点在于：

一是使广州市社会组织登记改革成果在相关立法中得到确认，比如某些社会组织的前置审批已经简化或废除，另一些组织则可直接向登记管理机关申请登记；大力鼓励依法成立社会组织，比如下调申请会员的数量下限，除基金会之外，也大大放宽了对许多社会团体和民办非企业单位的注册（开办）资金要求和场地住所要求等；允许同一行政区内成立两家以上业务相关的社会组织,也许可慈善与科教文卫等服务型社团使用"字号",只要名称不相同,可以在同一行政区域内申请成立业务范围相同或者相似的公益服务类社会团体;现职国家公务员不得在行业协会、异地商会、民办非企业单位、基金会中兼职等。这些对于推动社会组织去垄断化、去行政化都有很重要的意义。

二是明确政府培育扶持社会组织发展措施。规定市、区(县级市)人民政府的年度预算需含有扶持社会组织发展的资金;明确各级登记管理机关应当指导建立本级社会组织培育孵化基地;有关行业主管部门应当指导建立相关领域、行业的社会组织培育孵化基地。各类社会组织培育孵化基地应当优先培育孵化公益慈善类和社会服务类社会组织。社会组织培育孵化基地可以按照有关规定申请一次性财政经费补助。各级财政应当对本级管辖的社会组织培育孵化基地日常运营经费给予支持,纳入财政预算,拨付工作经费等。

与社会组织直接登记相辅相成的政策措施还有登记程序的简化和社会组织的信息化管理。在登记程序方面,取消社会团体申请筹备的审批环节和登记管理机关对民办非企业单位名称的预先核准环节。在社会组织信息化管理方面,广州市从2012年起在全国率先实现社会组织网上年检,从2013年6月起,广州将实现网上核对社会组织名称和换发证书;9月起,全部实行社会组织网上成立、变更与注销登记这一方法。

三是为社会组织参与社会治理提供制度保障。特别是明确定期编制并公布三个目录,即市机构编制部门负责定期编制本级政府向社会组织转移职能目录,市财政部门负责定期编制本级政府向社会组织购买服务目录,市民政部门负责定期搜集编制本市中具有承接政府职能和购买服务资格的社会组织目录来向社会公布,为社会组织特别是公益慈善组织承接政府购买服务提供制度性渠道。还明确社会组织参与政策制定,规定各级政府和有关部门在起草跟社会组织相关的地方性法规、政府规章、公共政策、行业发展规划等时,应当征求和听取相关社会组织的建议和意见。

四是形成比较完善的社会组织综合监管制度体系。《办法》在社会组织内部治理结构,明确社会组织廉洁从业的规定,改革社会组织年检制度为报告制度,建立社会组织信息公示制度,将社会组织及其负责人、从业人员纳入社会信用体系等方面作出了详细规定。特别是社会组织年报制度和信息公示制度的

配套实施,摆脱了以前主要依靠政府单向监管的局限,让社会组织不仅置于政府监管之下,更加"曝光"于社会,社会公众可以便捷查询社会组织的各方面信息。这一做法,不仅将增强社会组织诚信问责感,也将激发社会监督的自觉性和积极性,促进社会组织自治,为形成社会组织综合监管体系提供强大支持。

《广州市社会组织管理办法》的颁布,成为2014年广州社会组织十大事件之一,标志着广州社会组织登记改革迈入依法治理阶段,在全国产生了重大影响。广州市社会组织特别是公益慈善组织迎来了又一个发展"黄金期"。2014年底,广州登记注册的社会组织达5841个,相比2013年增长10.4%。社会组织专职工作人员数量持续攀升,每个组织平均拥有5.6名专职工作人员,大专以上学历人员占80%,年轻化、知识化、专业化趋势愈加明显。截至2014年3月,全市社会组织中专职人员共33029人,其中会员698134个,总资产约9604001万元。具备承接政府职能转移和购买服务资质的市本级社会组织共108个,200多个民办社会工作机构、70多个民办福利机构承接政府购买服务,其专业化的服务为群众提供了方便。

表1 2011~2014年广州市社会组织增长情况

	2011年	2012年		2013年		2014年	
	个数	个数	增长率(%)	个数	增长率(%)	个数	增长率(%)
总数量	4375	4735	8.3	5290	11.7	5841	10.4
民办非企业单位	2876	3171	10.3	3359	5.9	3682	9.6
社会团体	1499	1564	4.3	1924	23.0	2147	11.6
基金会	0	3	0	7	133.3	12	71.4

(二)立法推动公募权开放

公益组织公募权长期以来是一个禁区。但是2011年10月26日,广州市人大常委会通过了《广州市募捐条例》,条例规定,红十字会、慈善会、公募基金会开展募捐活动需要向广州市民政部门备案,为扶老、助残、救孤、济困或者赈灾目的而设立的公益性的社会团体、民办非企业单位和非营利的事业单位向市民政部门申请募捐许可后,在许可的范围和期限内开展募捐活动,从而有效地扩大了募捐主体。①《广州市募捐条例》要求募捐组织对募捐财产的使用情况进行审计,要求市民政部门建立募捐组织的守法档案,并定期向社会公布,要求民政部门设置并公开全市统一的举报和投诉电话,对募捐组织采用募捐箱方式募捐钱款的操作方式进行规定,这些要求和规定有助于提高慈善募捐的规范性和透明度,从而有效提高慈善组织的公信力,让更多捐赠人能够有更多的选择。条例中还提出,募捐组织有摊派并变相摊派情形的,由市民政部门给予警告,责令改正,这有利于减少行政力量介入慈善捐赠,为慈善回归民间创造了有益的政策环境。

从条例实施的2011年10月到2014年4月期间,广州市共有1315个募捐项目申请了募捐许可与募捐备案,其中有1247个募捐项目成功申请,68个募捐项目不予受理或在审核中,募捐许可和募捐备案的申请成功率达到94.8%。②

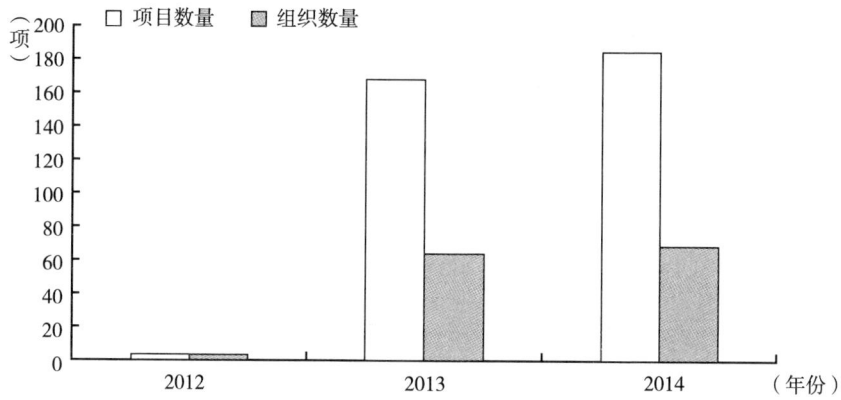

图4 2012~2014年广州市申请募捐许可和募捐备案的社会组织数量及项目数量

我们调查的95家组织共申请募捐许可项目329项。其中,募集到资金的项目117项,占申请项目总数的35.6%。此外,申请的329个项目设定的募款

---

① 参见《广州市募捐条例》,中国青年网,http://wenhua.youth.cn/dd/wj/tp/201207/t20120704_2251227.htm。
② 蔡敏捷、文燕媚:《广州举行慈善思想峰会 探索公益慈善改革之道》,中国新闻网,http://www.chinanews.com/sh/2014/06-18/6295739.shtml。

目标总金额为20154.7万元。调查结果显示,全部项目的实际募款总金额为6214.7万元,目标达成率为30.8%。其中,在募到资金的项目中,单个项目募款最高金额为4357.1万元,约占全部项目募款总额的70%。而募款最少的项目募集到的资金仅为93.8元。

广州这个开放公募权的实验说明,依法开放公募权并没有带来募捐市场的混乱,相反开放的力度还需要更大,才能使得更多的公益组织愿意参与申请募款牌照,并主动接受政府和社会的监督。不过,我们的调查结果也显示,52.7%获得项目募捐许可的组织认为"募捐许可期限设定为3个月"不合理;26.9%的组织认为"募捐许可的申请程序"设置不合理,过于复杂;25.8%的组织认为"设立募捐专用账号进行管理"以及"募捐许可与募捐备案分类适用"的规定不合理;22.6%的组织认为当前"募捐领域的设定"过于狭窄。此外,还有20.4%的组织认为"规定募捐工作成本为10%的列支标准"过低,不符合组织当前募款实际。这些呼吁也反映出法律本身还有很多可以调整的地方。限制还应该进一步放开,让公募资格从项目开放发展到组织开放。

法律同时也对慈善组织的责任进行规定和严格管理,对捐赠人的权利进行规定和保障。其中需要规定的责任有:骗取慈善组织登记的责任,慈善组织违反募捐规定的责任,慈善组织改变捐赠财产的性质和用途的责任,慈善组织决策不当造成财产损失的责任,慈善组织私分、挪用或者侵占款物的责任,慈善组织未按规定向捐赠人出具捐赠凭证的责任,以及政府部门及其工作人员的责任等。应对慈善组织的信息公开进行严格要求,包括在规定的信息发布平台进行信息公开,对慈善组织募捐情况、受赠款物使用情况以及利益相关者、重大事件、终止清算等信息进行公开,对政府慈善信息也一视同仁地要求公开。为了保护捐赠人和受益人的隐私,也应允许一定范围内的信息保密。

法律也规定应充分保障捐赠人的权利。捐赠人的权利包括税收优惠、知情权和留名纪念权等,捐赠人向慈善组织捐赠实物、有价证券、股权或者知识产权,免征权利转移过程中的相关行政性费用。对捐赠人的税收优惠手续予以简化程序,为了使这一政策得到落实,广州市政府还以《广州市募捐条例》为基础,邀请民间成立了慈善监督委员会等机构来加以监督实施。这也是广州慈善法治化一个重要的方向。

法治化将是一个漫长的过程,因为它受到太多政治环境的影响,要实现法治化，很大程度上需要民间积极参与，只有通过参与，才能使得平时似乎是一纸空文的法律成为人们心中真正的准绳，广州以区伯为代表的一批市民代表，积极监督，使得法律法规逐步开始落实。

四 多元共治

党的十八届三中全会指出，"全面深化改革的总目标是完善和发展中国特色社会主义制度，推进国家治理体系和治理能力现代化"。这一理念有横向和纵向两个方面：横向多元主体并存，纵向上下互动。一方面，治理不再是政府一家唱独角戏，而是将政府的"他治"、市场主体的"自治"、社会组织的"互治"结合起来，形成政府、市场与社会协同共治的"善治"模式。另一方面，治理也不再是政府自上而下、你说我做的单向教授，而是国家、社会与市场各归其位、各尽其责、双向共治的良性互动。[①] 而就社会领域的治理来说，公民、第三部门参与公共事务被视为社会治理的基本条件。这种治理正体现出多元共治的特征。

慈善事业的改革正是和社会治理的改革紧密结合在一起。中国改革的特色就是它往往不是从体制的核心动手，而是从体制的边缘通过各种零打碎敲的改革来实现体制突破，这种边缘改革的渐进路径有时候反而能够引起"蝴蝶效应"，引发体制的大规模变革。多元共治这一治理的现代模式很可能是从公益慈善领域开始突破。

在广州，无论是政府还是民间，这是一个比较普遍的共识。在公益慈善领域，一方面需要政府相关部门简政放权，开放更多的空间给民间，另一方面也需要民间有能力接得住政府释放的权力和资源，做到放而不乱，和政府、市场形成相对平衡的治理秩序。形成这种善治是改革的难点，也是改革的关键。多元共治是广州慈善事业改革的重要策略，也是重要的目的。

要形成这种多元共治，既需要政府内改革派的动力，也需要民间公益事业中社会创新家的动力，只有这两股动力凝聚起来，拧成一股绳，慈善改革才能

---

① 包颖：《用国家治理理念谋划社会组织改革发展——专访民政部民间组织管理局局长王建军》，《中国社会组织》2013年第12期。

真正进行。这很不容易，因为在最近的十年间，社会矛盾凸显，官民关系紧张，在民间和政府之间建立信任和合作是一个艰巨的挑战。社区为本为公益慈善确立了源源不断的行动主体。不过如果没有政府的支持，公益慈善仍然难以得到大规模的发展。但是在当前社会矛盾凸显、官民关系比较紧张的时期，政府和民间公益组织之间不容易建立信任关系。由于官民彼此缺乏信任，很多社会建设的政策出台，缺乏民间的回应，因此政府只能自己再造一些组织，但是政府自己造的组织难以有自发的动力，而且仍然要依赖政府的资源，这就使本来是作为简政放权策略的社会建设最后反而加重了政府的负担，而社会建设也很难依靠这些 NGO 来实现。但是要让民间回应，就需要政府愿意走进民间，甚至有能力和胸怀来接纳民间的声音，甚至是批评和挑战。而民间也应该学会"民不畏官"，可以和政府平等对话。当然，做到政府和民间公益组织之间平等的互动，并不是容易的事情。广州多元共治的经验正是通过不断的磨合和碰撞逐渐形成的。其实慈善监督是多元共治最集中的体现。

2013 年广州市民政局推动成立了全国首个地区性独立第三方慈善组织社会专业监督机构——广州市慈善组织社会监督委员会（简称"慈监委"），为健全慈善行业社会监督开风气之先。2013 年 6 月 19 日，慈监委通过投票选举产生了第一届慈监委委员。首届慈监委 15 名监督委员分别来自人大代表、政协委员、专家学者、律师、会计师、媒体人和知名慈善人士 7 个类别，由各类别权威组织推荐，并经全体委员选举产生，由广州市民政局聘任，没有现职官员，体现了慈监委的独立性、民间性、广泛性和专业性。2014 年，慈监委正式登记注册为独立社团法人，修改了组织章程。最大的区别是，慈监委委员由慈监委依照章程自主产生，不再由广州市民政局聘任。注册为独立社团法人后，慈监委首次增补委员，增加财务、法律等方面的专家，委员人数达到 21 人，专业性、权威性更强。此外，还根据广州市慈善组织发展实际和社会各界建议，扩大监督范围，将承接政府购买服务的慈善组织及其承接的服务项目纳入监督范围。慈监委成立以来，先后对广州市慈善会、市红十字会等 8 家官办慈善机构和广州市乐善助学促进会等 6 家民间慈善机构进行监督，并全程监督 2013 年、2014 年广州市慈善项目推介会项目对接情况，向社会发布独立监督报告。慈监委在履职过程中对检查项目的查账之细、之全，让被监督单位感触深刻，慈监委也被誉为盯住慈善组织的"第三只眼"。

为推动广州市慈善民间化发展、促进慈善行业自律和健康发展，广州于2014年6月12日成立广州市公益慈善联合会（以下简称慈联会）。在广州注册登记或住所在广州的近百家公益慈善组织加入。这是广东省成立的首个公益联合组织，其首要意义是推动广州市慈善会的社会化转型。成立之前，协助政府指导服务广州市慈善组织的职能由广州市慈善会履行。成立之后，有关行业指导服务和自治自律职能交由慈联会履行。广州市慈善会回归到募捐组织定位，与其他公益慈善组织地位平等，按照《广州市募捐条例》和国家有关规定开展募捐救助活动。这对其他官办慈善组织的观念转变也很有触动。慈联会成立后，通过成员充分协商，代表行业发出《广州慈善宣言》，倡议社会各界关心慈善、支持慈善，共同打造责任慈善、透明慈善、创新慈善、共融慈善发展环境。还分组深入不同类型慈善组织调研，了解慈善组织运作情况，听取意见建议，并向广州市民政局反馈有关意见，提交政策建议。下一步，慈联会将推动政府转移相关职能，进一步发挥其行业自律自治的作用，带动广州地区慈善事业社会化转型发展。

作为改革的重要推动者，广州市民政局在依法履行慈善行政管理职能的同时，十分重视发挥慈监委、慈联会的作用，并建立联动机制，充分发挥各自优势，构建起以政府行政监管、社会专业监督、行业自律自治为三大支撑的慈善事业监督管理体系。首先，充分尊重慈监委、慈联会的独立地位，不干涉其内部治理和决策。其次，给予经费等后勤保障支持，确保慈监委、慈联会正常运作，不受干扰。再次，建立协商会议制度。广州市民政局与慈监委每半年举行一次座谈协商会议，通报情况、交流意见。每年广州市民政局、慈监委互向对方汇报一次工作情况。最后，建立业务协作机制。对慈监委独立监督发现的问题或反馈的意见，广州市民政局将及时跟进认真处理，督促有关组织及时整改，并将处理情况反馈给慈监委。当慈监委履职过程中遇到困难时，广州市民政局给予协助。

2014年，广州市民政局还与慈监委联合开展了慈善组织募捐透明度评价工作，这被视为政社合作促进慈善事业健康发展的积极探索。2014年6月，广州市建立了全国第一个以政府名义发布的慈善募捐透明度评价指标体系，对慈善组织募捐活动透明度进行评估，并向社会公布评价结果。这是中国首次由政府和社会监督机构合作开展的对慈善组织透明度进行评价的活动，也是首次将民办慈善机构和官办慈善机构放在一起评价。慈善募捐透明度评价指标体系依托广州慈善信息平台，对慈善组织募捐活动透明度进行评估，每季度向社会

公开慈善组织募捐透明度评价结果，不断促进慈善组织信息公开，满足社会公众对知情权、监督权的需求。

在广州市民政局办理了募捐行政许可或备案的慈善组织均被列入评价对象范围。慈善组织未通过年度检查或在整顿、暂停活动期间，不进行募捐透明度评价。评价结果在广州慈善网上定期向社会公布。在评价过程中，将以慈善组织开展募捐活动的信息公开、守法信息和募捐活跃情况等作为透明度评价的标准，从信息公开内容的完整性、及时性和慈善组织开展募捐、接受监管的积极程度等方面评价透明度情况。

广州市慈善组织募捐透明度评价结果显示，共有119家慈善组织参与到透明度评价活动中，满分的慈善组织有21家。开展慈善募捐透明度评价活动，进一步促使慈善组织依法主动公开信息，为政府加强对慈善组织的监管，推行"阳光募捐"，提升慈善公信力探索了新路。

多元共治不仅仅是政府和社会共同监管，更多的时候还表现为官民多方互动的策略默契。如在社会组织注册方面，2013年《广州市社会组织管理办法（征求意见稿）》（以下简称《草案》）对社会组织使用场地有着严格的规范，要求社会组织必须有满足组织活动需要、符合房屋安全规定的住所，社会组织的住所不得设在住宅内，并且必须是邮政通信可达地址，这被看作去除社会组织登记的"硬门槛"后，广州的民间公益慈善组织注册仍然存在大量"软约束"，继续限制着社会组织的登记注册，而且这种限制更加隐蔽。这些"软门槛"引来不少社会组织的不满，于是在《草案》征求意见期间，媒体和民间公益组织组织多次讨论，社会组织纷纷表示租不起商业地产办公。《草案》里还有一些条款引发社会组织的担忧，例如重大事项报告制度规定社会组织"举办大型活动、研讨会、论坛"，"开展评比、达标、表彰活动"以及举办"涉外（包括港、澳、台地区）活动"等要提前15日向登记管理机关和有关主管部门报告；涉外活动受到严格限制，"资金主要来源于境外组织"的社会组织会被认定为境外组织在本市的分支（代表）机构或实际处于境外组织控制、管理之下，这些条款被一些社会组织、律师、媒体和专家学者认为有可能侵害社会组织的合法权益。

很快，以广州恭明社会组织发展中心为核心发起成立立法关注小组，开展问卷调查，并委托律师事务所出具法律意见书，召开了包括社会组织的代表、律师、学者和民政局官员在内的研讨会，这次会议被媒体称为"社会组织推门立法"，而政府也从善如流，才使得法律深入人心，也得到社会组织的广泛支持。

政府官员不但参加了这样的座谈会，而且在制定最新的《广州市社会组织管理办法》时听取了这些公益慈善组织的意见，进一步降低门槛。2014年6月16日，经市政府常务会议审议通过的《广州市社会组织管理办法》借鉴广州市商事登记制度改革的成果，社会团体和民办非企业单位的注册资金由"实缴制"改为"认缴制"。改革措施还有：取消年检为年度报告；对社会组织的住所要求简化；社会团体的会员数量要求由原来的30个降低为15个。这个个案鲜明地展现了在广州出现的一个相对良性的政社互动。广州市全面推行直接登记注册制度以来，社会组织的数量增长较快，截至2015年4月底，全市共有社会组织6202个（含备案747个），其中社会团体2553个，民办非企业单位3642个，非公募基金会7个。虽然广州在注册资金、办公场地、年检程序、社会团体会员数量等方面的"软门槛"均有降低，但还有一些没有明文规定的"软门槛"使得一些组织的合法性存在问题，一些敏感的类似劳工服务的机构，以及涉外公益组织的登记仍然没有放开，社会组织跨区域活动受到限制，等等。

此外，过去公益组织申请免税资格困难，尤其是公益性民办非企业单位申请免税资格的很少，而2013年以来，广州市、区级公益组织纷纷得到免税资格，例如广州市海珠区宜居广州生态环境中心就顺利申请到了免税资格。申请到非营利组织免税资格后，增值税、营业税、流转税、所得税、财产税等多个税种可以享受部分免税。社工机构对税收制度的批评对于推动广州市社会组织税收减免起到了重要作用。

2014年最著名的还有"马丁堂共识"的形成。10月，广州市民政局公布了《广州市取缔非法社会组织工作细则（征求意见稿）》，其中的第三条第一款的内容规定"正在筹备期的社会组织也位于非法社会组织之列"，这条消息引起了社会组织界别的不小争议。多元共治不仅仅是政府放权，也表现在社会主动回应。这个时候安平基金和中山大学公益传播研究所合作，在中山大学马丁堂召开了有学者、NGO代表、媒体记者以及主管部门的政府官员共同参加的会议。一般来说，这样的会议官员难以邀请。虽然广州市民政局的官员比较

开放，但是官员也担心现场失控，一旦失控，问题的性质也就非常严重。于是安平基金决定将最终的研讨会形式确立为定向邀请而非公开的形式。会议上展开了热烈的讨论，而且最终也由前来参加的广州市民政局宣传法规处的副处长在会上宣布，颇具争议的第三条第一款倾向于废除，使得与会的朋友松了一口气。这个会议成果后来被媒体称为"马丁堂共识"。它体现了在慈善领域的多元共治中的几股关键力量：媒体人、公益人、学者、律师乃至官员。他们通力合作，可以形成共识，而不再是某种尖锐对立和不信任。虽然共识本身的影响力并不算大，但达成共识的方式颇为可取。

五 结语

"社区为本，公益生态，法治慈善，多元共治"，这就是我们总结的广州经验。正如广州慈善会秘书长汪中芳在《中国财富》中对2014年广州慈善改革的评论：慈善立法首先应回归到"慈善的本质"——公民慈善，以开放的思维，鼓励公民个人或自发成立组织开展慈善活动，让慈善成为我们这个时代重塑公民责任和社会信任的"法器"。他实际上指出了广州慈善改革的实质就是要从计划慈善走向公民慈善。正因为这一点，中国慈善联合会副秘书长刘佑平曾指出："中国很多慈善方面的改革探索，都是从地方开始，从地方突破。而在中国各地的慈善改革探索中，广州的改革创新最为大胆，也真刀真枪，为各地改革提供了许多经验。"2014年8月16日，中国慈善联合会、中民慈善捐助信息中心在北京举行第三届中国城市公益慈善指数发布典礼，揭晓了第三届中国城市公益慈善指数。广州市被评为最高级别的"七星级"慈善城市，其中政府支持、慈善文化两项单项指数分别排名全国第二和第三。2015年1月15日，"慈善的力量·2014中国慈善年会"在北京举行。广州市民政局获"年度治理创新推动者"奖。评委会认为，"广州市民政局在慈善政策创制方面走在全国前列，初步建立了系统化、前瞻性的慈善体系。以慈善项目推介会为载体，为社会组织打造资源对接的广阔平台；以第三方评估及募捐透明度评价政策为依据，形成慈善事业发展公开透明的氛围；以出台法规制度为根本，为慈善组织发展提供法治保障"。这是对2014年广州慈善事业发展的最好褒奖。

B.8 温州现代社会组织体制建设的实践经验、问题反思与政策建议

蔡建旺 周如南*

摘　要： 在全面深化改革和法治社会建设背景下，核心问题是处理政府和市场关系，使市场在资源配置中起决定性作用和更好发挥政府的作用，同时政府转变职能，积极发挥社会尤其是社会组织在经济、政治、社会、思想、生态等方面的作用。浙江省温州市是我国民营经济（市场经济）发祥地，也是我国社会组织（社会建设）率先得到发展的地区，更是我国政府组织、市场组织、社会组织三元社会共建推动社会文明进程的城市。在浙江现代组织治理体系中，政府、市场、社会三元路径构建，政府依旧是强势主体，市场力量基石依旧发挥作用，社会组织依旧扮演参与式治理角色。浙江这些年的社会组织体制改革和现代社会组织体制实践，其本身就是对市场经济体制改革的延续和扩展。建立与市场经济相适应的现代社会组织体制，政社分开是前提，权责明确是基础，依法自治是方向。政社分开可以厘清政府和民间、国家和社会的关系，这也是建立与市场经济相适应的现代社会组织体制的前提。

关键词： 社会体制改革　政社分开　温州经验

---

* 蔡建旺，浙江省温州市民政局民登中心主任，中山大学中国公益慈善研究院专家咨询委员会委员；周如南，中山大学传播与设计学院副教授，中山大学中国公益慈善研究院研究员。

公益蓝皮书

一 引言

党的十八届三中全会提出了创新社会治理体制、提高治理水平的一系列新观点。《中共中央关于全面深化改革若干重大问题的决定》特别强调，要"坚持系统治理，加强党委领导，发挥政府主导，鼓励和支持社会各方面参与，实现政府治理和社会自我调节、居民自治良性互动"。让社会各方面参与，其中最重要的一方就是社会组织。《中共中央关于全面深化改革若干重大问题的决定》第一次出现了"推进国家治理体系和治理能力现代化"的表述，彰显了改革拓展到经济、政治、社会、文化、生态所有方面。在全面深化改革和法治社会建设背景下，核心问题是处理政府和市场的关系，使市场在资源配置中起决定性作用和更好发挥政府的作用，同时政府转变职能，积极发挥社会尤其是社会组织在经济、政治、社会、思想、生态等方面的作用。浙江温州是我国民营经济（市场经济）发祥地，也是我国社会组织（社会建设）率先得到发展的地区，更是我国政府组织、市场组织、社会组织三元社会共建推动社会文明进程的城市。本文拟对温州市近年来现代社会组织体制建设的地方实践进行经验总结和反思。

二 温州市社会组织发展的基本特点

（一）登记备案社会组织数量增长迅速

截至2014年12月底，温州市登记在册的社会组织共有7328个，其中社会团体2937个，民办非企业单位4374个，基金会17个，登记备案的社区社会组织有21151个，每万人拥有登记社会组织达到8.03个，高于全国平均值（3.33个）、浙江省平均值（5.32个）。相比2012年底的4700个，社会组织总数量增长55.91%，其中社会团体增长44.54%，民办非企业单位增长63.94%，公益慈善类、星光老年之家、社区居家照料中心等基层社区社会组织增长幅度最大。

目前，社会组织已经成为社会管理和公共服务的重要载体。国际上，每万人拥有社会组织的数量已成为衡量社会文明程度的一个指标。在万人社会组织拥有量方面，宁波有7.6个、广州不足3个、上海有7个、深圳有4.2个、青岛有6.5个，而温州市有8.03个，处于国内较高水平。有关数据表明，日本2008年平均每万人拥有97个社会组织，法国是110个，美国是63个，中国香港是28个，新加坡是13个，可见我国与世界发达国家每万人拥有社会组织数量相比仍有差距。

（二）社会组织结构更趋合理

本文对7328家社会组织进行分门别类的统计分析，发现温州市社会组织已基本涉及各行各业，但基金会、协会、商会、公益类社会组织比例偏低，星光老年之家、老年人居家照料中心、培训教学和幼儿教育类社会组织比重较大。其中，社会团体结构相对较为均衡，但文化体育类等松散型社会组织比例较高，公益类数量很少；而民办非企业单位的结构则较不均衡，教育类居第一，其比例高达48.58%，其次是社会服务类，占29.26%，但都是星光老年之家、老年人居家照料中心等，两类所占比例之和达到了77.84%（48.58%＋29.26%），其他类别则明显不足。教育类、社会服务类比例高，这可能与国家提供的教育资源短缺而社会对教育的需求很大，以及政府大力发展社会养老服务有关。

表1 社会组织分类情况

单位	统计	分类	科技与研究	生态环境	教育	卫生	社会服务	文化	体育	法律
合计	总数		409	24	2185	73	1578	484	483	86
	其中	社团	237	16	60	44	298	308	259	14
		民非	172	8	2125	29	1280	176	124	72
		基金会								

单位	统计	分类	工商业服务	宗教	农业及农村发展	职业及从业组织	国际及涉外组织	其他	合计	备注
合计	总数		646	56	344	146	13	784	7328	
	其中	社团	638	56	206	121	13	567	2937	
		民非	8	0	138	25	0	217	4374	
		基金会							17	

表2 社会组织类型情况分析

类别	类型	数量(个)	占本类比重(%)	占总数比例(%)
社会团体	科技与研究	237	8.07	3.23
	生态环境	16	0.54	0.22
	教育	60	2.04	0.82
	卫生	44	1.5	0.6
	社会服务	298	10.15	4.07
	文化	308	10.49	4.2
	体育	359	12.22	4.9
	法律	14	0.48	0.19
	工商业服务	638	21.72	8.71
	宗教	56	1.91	0.76
	农业及农村发展	206	7.01	2.81
	职业及从业组织	121	4.12	1.65
	国际及涉外组织	13	0.44	0.18
	其他	567	19.31	7.74
	小计	2937	100	40.08
民办非企业	科技与研究	172	3.93	2.35
	生态环境	8	0.18	0.11
	教育	2125	48.58	29
	卫生	29	0.66	0.4
	社会服务	1280	29.26	17.47
	文化	176	4.02	2.4
	体育	124	2.83	1.69
	法律	72	165	0.98
	工商业服务	8	0.18	0.11
	宗教	0	0	0
	农业及农村发展	138	3.16	1.88
	职业及从业组织	25	0.57	0.34
	国际及涉外组织	0	0	0
	其他	217	4.96	2.96
	小计	4374	100	59.69
	—	17	100	0.23

（三）社会组织在现代治理体系中日益发挥作用

温州不但是我国民营经济（市场经济）发祥地，也是我国社会组织（社会建设）率先得到发展的地区。在温州现代组织治理体系中，政府、市场、社会关系相对融洽，民营经济、民间组织、民间资本既是历久弥新的温州模式，也是温州现代社会治理的精华。温州社会组织在市场参与式治理、社会参与式治理、基层民主协商参与式治理中发挥重要作用，显示社会组织在"市场资源配置中起决定性作用"的中国样本。

近年来，温州在现代社会组织体制建设道路上的实践，呈现以下"温州特色"。

一是理念更新鲜、触角更灵敏、行动更迅速。①理念更新鲜。温州每次社会组织的动作与党的十八大、十八届二中全会、十八届三中全会紧密相连，包括温州市委、市政府出台政府职能转移和购买服务文件，乐清市出台《激发社会组织活力促进社会组织参与社会治理的实施意见》文件。②触角更加灵敏。探索社会组织怎么培育扶持、发挥作用。如福彩公益金发挥种子基金作用；建立市、县级社会组织发展基金会，建立街道、社区基金；建立公益创投温州模式；建立全国第一家社会组织孵化基地；推进社会组织参与式治理。乐清市建立3600平方米社会治理研究中心和社会组织服务基地。③行动更迅速。社会组织直接登记，温州已经实践近三年，现在又在规范。直接登记最彻底，除市本级政治类、宗教类、社科类外，以及教育类、卫生类、养老类有前置审批外，都直接登记；瓯海区连社科类社会组织也直接登记；鹿城、瓯海尝试小区业主委员会社团法人登记；工商联、妇联、侨联等基层人民团体也进行法人社团登记。

二是出台《关于加快推进社会组织培育发展的意见》（"1+7"）文件。近几年温州出台大型政策都要1+N模式与文件配套相结合，统筹解决问题。温州市民政部门通过借鉴温州关于统筹城乡、民办教育等文件，在充分考虑温州正在进行民办教育改革、金融改革等热点改革的同时，结合温州社会组织发展现状，最终形成"1+7"文件。这个文件的创新之处在于在国内第一次提出把社会组织作为大学生就业重要渠道。2015年，国务院出台鼓励大学生到社会组织就业的优惠政策，其中一条规定考公务员需要基层工作经验，社会组织就业

纳入统计。李立国部长认为温州"1+7"文件是"迄今为止，在社会组织登记管理体制改革上、扶持社会组织发展上和促进社会组织发挥作用上，全国最先进、最完善、最有意义的一套文件"。李立国部长一个月内三次作出对温州社会组织的批示，民政部参阅文件四次刊发温州文件和社会组织工作调研情况。

三是成为全国首批社会组织建设创新示范区之一。国家民间组织管理局廖鸿副局长在温州进行调研时，提出了社会组织建设创新示范区的概念。当时，"1+7"文件尚未出台，地方实践在政策制定方面也遭遇到法律方面的困境：创新精神和法治社会精神的矛盾或冲突。廖鸿副局长在温州提出全国社会组织建设创新示范区的概念，既为解决温州当下问题，也是推进地方社会创新和现代社会组织建设的抓手。李立国部长来温调研期间，第一次从民政部的高度在全国提出了温州要创建全国社会组织建设创新示范区；后来部省合作协议正式以文字形式确立。2014年2月，温州成为首批全国社会组织建设创新示范区之一。

四是由民政部和浙江省共建温州民政综合改革试验区。党的十八大前夕，部省共建温州民政综合改革试验区框架已在民政部的温州调研之行中基本敲定。2013年1月16日，部长李立国和省长李强分别代表民政部和浙江省人民政府签署了民政部首个以综合改革名义与地方政府合作的协议文本，以往民政部与北京、上海、广东以及计划单列市合作都是以单项工作协议文本形式出现。

三 社会组织在温州现代治理体系中发挥的功能与作用

中央在十八届三中全会《中共中央关于全面深化改革若干重大问题的决定》中提出了经济体制、政治体制、社会体制、思想文化体制、生态体制"五位一体"的观点，并且此次改革是一个总体目标为"推进国家治理体系和治理能力现代化"的全方位改革。温州激发社会组织活力，不仅需要政府、市场与社会各归其位、各尽其责，双向共治，而且需要在经济、政治、社会、思想文化、生态建设方面发挥独特功能与作用。

（一）经济建设方面

1. 成为经济转型发展重要推动者

社会组织积极地参与温州海峡西岸经济区、金融改革试验区、海洋经济示范区和农村改革试验区建设，推动经济转型发展。通过行业协会、商会、侨商协会、留学生创业协会、台湾同胞投资企业协会等各类社会组织平台引进的投资就高达200亿元。温州（乐清）电气行业协会连续12年承办中国电器文化节暨国际电工产品博览会；温州金属行业协会、葡萄酒促进会等均参与到国际型集散市场中心打造中。温州家电行业协会筹建瓯江口家电物流园区，并组建温州家电购物电子商务平台。温州市文化创业协会积极参与文化创业，参与鹿城区东瓯智库、乐清幸福工厂等文创园打造。同时，建立社会组织尤其是民办教育、医疗、养老机构等社会企业，这是实体经济的重要组成部分，并积极推进民办教育、医疗、养老全国性改革试点。

2. 成为市场经济秩序重要维护者

温州各类行业协会、商会为规范市场行为、维护市场秩序、完善市场管理体制，均开展了加强行业自律工作，其作用不可替代。温州家电行业协会、温州市鞋革行业协会、温州合成革协会等80家协会加强行业自律，有效维护了行业秩序。温州家电行业协会联合政府相关部门对行业开展了专项整治活动，制定出台了《温州市家用电器行业规范》、《温州市家用电器维修服务行规公约》等规范性文件，并在工商局家电行业专项整治通报会上与家电销售、维修企业签订了服务公约。温州市酒类行业协会，启动"酒类诚信产品"贴标工程，由市食品安全委等政府部门联合发起，以信息化手段打造出温州进口葡萄酒的诚信产品形象。

（二）政治建设方面

1. 成为政府职能转移重要承接者

温州市积极探索政府向社会组织转移职能和购买服务。2013年，市政府出台了《温州市推进政府向社会组织转移职能工作总体方案》，按照"一年初步破题、两年逐步推广、三年形成机制"的总体思路，对政府职能转移和购买服务工作进行了总体部署，温州市鞋革行业协会成为第一个试点协会。2014年9月，《关于政府向社会力量购买服务的实施意见》已经市政府常务会议研究通过。温州每年在民办教育、社区、司法等多个领域购买社会组织服务，资金规模达到3亿元。瓯海2015年加大力度，将政府职能转移给建设行业协会和汽摩配行业协会；同时在居家养老、法律服务方面政府加大购买服务力度，购买资金达 300 万元。该区 2015 年通过区公共资源交易中心以招投标形式向全国社会组织购买社会服务。

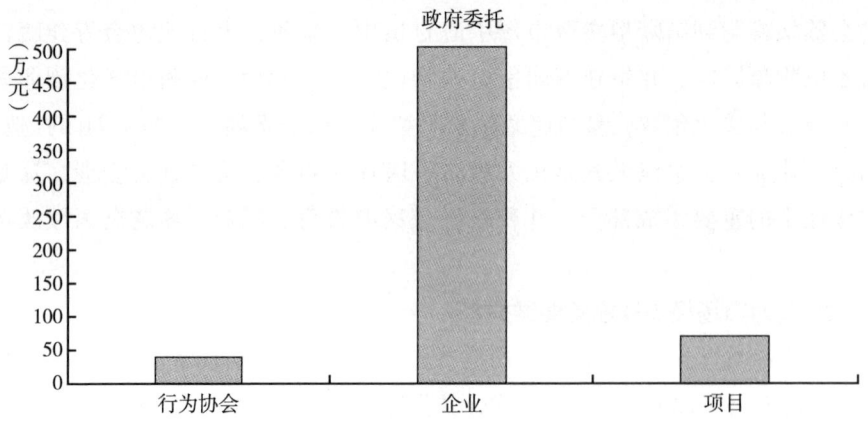

图 1　社会组织资金来源

2. 成为基层民主协商的重要伙伴

温州市推进社会组织以及负责人参政议政，逐步提高社会组织代表在党代表、人大代表、政协委员中安排比例，鹿城、瓯海、乐清等地探索在政协中设立社会组织界别。鹿城、龙湾、瓯海、乐清积极探索社区、社区社会组织、社工人才的联动，发挥社区平台作用、社会组织作用、社工人才专业作用，合力推进基层治理。乐清、瑞安、洞头、平阳成立与信访、禁毒、平安建设等相关社会组织，参与到基层民主协商中。鹿城、瓯海率先在全国探索社区业主大会法人社团登记，以及基层侨联、工商联、妇联、老龄等社团法人登记，壮大基层民主协商队伍。

（三）社会建设方面

1. 成为社会服务职能重要发挥者

全市社会组织不负政府之委托，积极地承担了人才培训、医疗卫生、老龄工作、文化教育等工作。全市 41 家行业协会设立了人才工作站，积极配合人事部门人才、人事公共服务工作，一年内 500 多家企业被组织参与招才，同时组织申报国（境）外引智项目达 70 多个，配合人事部门征集企业技术需求项目达50多项。① 乐清市国际外国语学校等1000多家民办教育机构突出办学特色，培养高素质人才，目前民办学校在校学生已占全市在校学生的30%。

2. 成为幸福文明社区重要建设者

各类基层社会组织植根于群众中，了解群众需要，工作方式灵活，在社区建设中发挥了重要作用。快乐之本社工中心积极融入社区社会救助建设。瓯海区郭溪塘下成立出租房房东协会、社区社会组织发展协会和第七网格鞋业协会，参与社区商业街改造和社区安全生产；新桥街道准物业服务站等社区社会组织通过自我管理、自我服务、自我发展，切实解决了社区管理上的难题。鹿城区开展志愿服务助力行动对接社区，助推幸福社区。瑞安市玉海街道沿江社区未成年人帮教基地先后接收六批轻微犯罪免予起诉的未成年人进行社区帮教。洞头县北岙街道"海霞妈妈"志愿者服务队，全年无休志愿开展防火防盗巡查、卫生清洁、拥军、帮教、调解等项目。

（四）思想文化建设方面

1. 成为精神文明建设重要参与者

温州市有300余家文化艺术类社会组织，积极开展以"进校园、进社区（农村）、进企业、进机关（军营）"为内容的文艺"四进"活动，其丰富多样、生动活泼、健康向上的文化产品和文化服务深受基层群众、农村以及偏远地区人民的喜爱。温州流行音乐协会、温州瓯窑学会积极参加地方文化建设，参与社区文化公益打造。温州新居民文化产业协会是浙江省第一家以新居民为主体的联合性社团，打造温州最著名的草根晚会——新居民春晚。温州爱心顺风车队倡导新型的城市人际关系，成为城市精神文明建设的亮点。

2. 成为公益慈善事业重要倡导者

温州市慈善总会、市志愿者协会组织开展了"明眸工程"、"志愿者派遣计划"等活动。在汶川、雅安等自然灾害后，温州流行音乐协会、温州流行乐团也开展了三次义演，共筹得善款和物资500多万元。温州市壹加壹救援中心、温州市登山协会救援大队、温州市徒步协会蓝天救援队、乐清市三角洲志

---

① 姜迪清：《完善社会组织扶持培育机制的思考——源于温州市社会组织参与社会治理之调研》，《公安学刊（浙江警察学院学报）》2014年第3期。

愿者救援队成为温州应急办协作单位，参与灾害救助，举行防汛防洪安全演习，开展平安知识进校园等志愿服务活动。温州市壹加壹救援中心还成立区域性公益联合会。鹿城柒零叁公益中心推出"候鸟助飞"公益项目，服务400位新居民子女。

（五）生态建设方面

1. 成为环境保护事业重要合作者

2014年以来，温州市配合"五水共治"、"两美温州"建设，积极推动环境保护救助类社会组织登记，其中温州绿色水网环保公益中心、温州壹加壹社区服务中心、绿文化公益服务中心、乐清仙溪保护协会、瑞安塘下环境保护协会等最著名。而"小鱼治水"等全国闻名的公益环保项目就是由温州绿色水网环保公益中心的全国民间环保组织论坛所发起的。

2. 成为人与自然和谐重要联络者

温州市有一批绿眼睛等知名野生动物保护社会组织，通过与市、县两级林业部门签订合作备忘录，承担温州市野生动物保护工作。绿眼睛、绿色水网等机构倡导全国知名的"小鱼治水"项目，通过人与生物互动来整治环境。

四 温州社会组织在现代治理体系中的实现路径

温州社会组织建设紧紧围绕培育、扶持等方式，以社会组织在现代治理体系中实现路径为突破口，创新思维，大胆实践。

（一）大胆探索创新，推进登记管理体制改革

1. 降低登记门槛

温州市委、市政府出台了《关于加快推进社会组织培育发展的意见》（"1+7"）文件，较早在全国启动了社会组织直接登记工作；减免开办资金，对"公益慈善、社会福利、社会服务和基层社区社会组织"四类组织实行"零资金门槛"；通过增加字号等形式突破"一业一会、一地一会"的限制，允许适度竞争，为社会组织发展进一步拓宽了空间。截至2014年8月底，温州市社会组织登记总数7147家，居全省各地级市首位，较2012年底增长了

52.1%，直接登记社会组织占到80%以上，仅2013一年的净增数就是2012年的3.3倍多，是"十一五"五年间净增数的4.3倍多，目前每万人拥有登记的社会组织达7.8个。

瓯海区在温州市的基础上，先后制定出台了《关于进一步推进社区社会组织培育发展工作的实施意见》、《关于在全区社会组织中开展规范化建设的通知》、《瓯海区社区社会组织备案管理办法》、《瓯海区备案类社区社会组织评估管理办法》等文件，社区社会组织得到了快速发展。瓯海区将社科类的社会组织纳入了直接登记的范围，社区（小区）业主大会（业主委员会）可申请法人社团登记，民办非营利性物业管理服务机构可登记为民办非企业单位进入社区（小区）物业管理领域，使一些小区物业管理缺失的问题得到切实解决。将社区社会组织的发起人减为3人，会员降为30人，对社区社会组织登记放宽了在人数上的要求（原来要求50人以上）。全面培育组建社区老龄协会，实行法人社团登记制度，农村老人协会可作为社区老龄协会的分支机构。同时，加强社会组织对外合作交流。扩大异地商会登记范围，县级同一籍贯自然人或法人在瓯海区投资兴办并在瓯海区进行工商注册的企业可以向登记管理机关申请登记成立异地商会；在工商联的指导对象中增加了"基层商会"，工商联（总商会）协助区经合办指导异地商会，同时将基层侨联、慈善总会等人民团体进行法人社团登记。鹿城区在南塘五组团、嘉鸿花园首次将业主大会进行法人社团登记，并结合《区政府关于进一步加强物业管理工作的意见》要求和工作实际，增加了所在社区、街镇审核，将区房管分局作为业务指导单位，引起全国学术界、新闻界关注；鹿城区还将基层侨联、商会、文联、体总、妇联等进行法人社团登记。

2. 承接非公募基金会登记管理工作

经省民政厅授权，温州市作为浙江省内首个地级市开展了非公募基金会的登记管理工作，开全国地级市登记管理基金会的先河。温州市鹿城区社会组织发展基金会是第一家在温州登记注册的非公募基金会。非公募基金会登记管理权限向下级延伸是一个积极的政策导向，一方面可以为举办者提供方便，另一方面必将大力激活民间慈善力量。温州市之前近十年时间非公募基金会只成立了20余家，而试点之后的一年多时间里，已有15家基金会在市本级登记成立，政策推进效果显而易见。

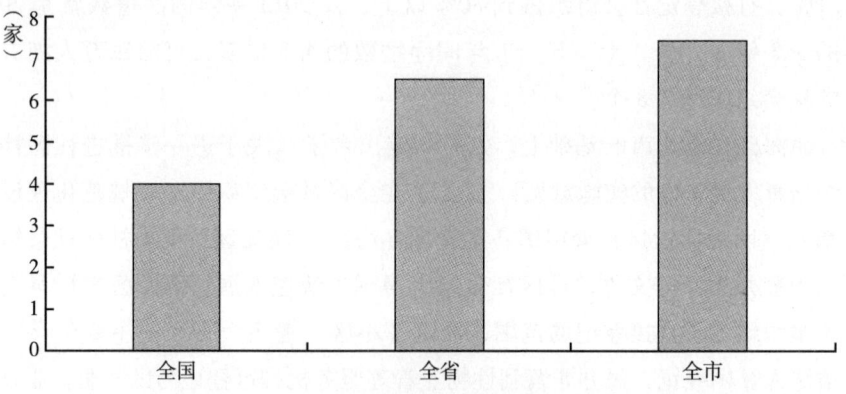

图 2　每万人拥有社会组织数

3. 民办非企业单位产权及回报制度改革成效明显

在市场经济条件下，社会组织是提供公共服务的重要主体。对登记为民办非企业单位的民办学校、民办医疗机构、民办养老机构，明确出资财产属于出资人所有，一定条件下可以转让、继承、赠与，并允许出资人取得一定的合理回报。这一项改革激发了社会力量参与公共服务热情，同时也使得民间资金办学、办医、办养老机构热情得到激发，社会参与教育、卫生、养老呈现快速扩张趋势。据统计，目前全市民办教育固定资产总投入近3500亿元，实行改革后民办教育、医疗、养老累计引进民资达300亿元。实践证明，民办非企业单位产权及回报制度改革是激发社会活力的有益探索，减轻了国家负担，弥补了政府公共服务的不足，从体制机制上改进了公共服务供给方式。

（二）深化平台建设，健全社会组织服务体系

1. 搭建服务平台

按照"政府扶持、社会参与、专业运行、项目合作"的模式，搭建全市社会组织服务平台体系，为社会组织提供资金、场地、项目和技术支持，加快社会组织的培育和孵化。截止到目前，全市已建成各级社会组织服务平台987家，其中市、县两级平台累计投入资金1200余万元，场所面积超1.4万平方米，其中县级社会组织培育面积都超过300平方米，实现了市、县、镇、社区四级全覆盖。瓯海区公益服务中心从2012年10月份开始运营，是温州市第一

家社会组织孵化基地；乐清市公益孵化园是温州市第一家与清华大学明德公益中心合作运营的孵化基地；鹿城区社会组织服务中心是温州市第一家，也是全国第一家委托社会组织全面运营的公办社会组织孵化基地；瑞安市社会组织孵化中心是第一家联合共青团、文明委等单位打造的多元化的孵化基地；乐清市新社会组织大楼面积有6000平方米，乐清市委、市政府欲通过乐清市公益社会组织培育，将乐清市社会组织大楼打造成为乐清市精神文明建设和社会组织参与社会治理的窗口。

温州针对不同类型的社会组织探索开展了分类培育孵化试点。2008年，乐清市质量技术监督局开全国社会组织孵化基地先河，负责经营全国第一个行业协会暨社会组织孵化基地，面积达到2000平方米。2012年，市本级联合共青团温州市委、温州市老龄委打造共青团、老年等专业化社会组织孵化基地。2013年，温州市住建委也运作经营温州市房产中介、建筑相关的社会组织孵化基地，面积达到1200平方米。龙湾区结合全国养老示范试点城市工作，打造浙江省首家面积约2000平方米的涉老社会组织孵化基地。

瓯海区成立了11个镇（街）邻坊中心指导站和75个社区邻坊中心，负责辖区内社区社会组织的培育和指导工作。例如，潘桥街道邻坊中心指导站在区民政局和潘桥街道办事处的支持下，筹集10万元成立了社区社会组织发展基金，用于扶持社区社会组织的培育和发展；娄桥街道邻坊中心指导站向街道争取了场所和资金，为社区社会组织提供集中办公场地，为社区社会组织活动的开展提供经费和项目支持；按照"三中心一基地"的建设思路，塘下社区打造"三社联动"机制，在促进社会组织建设方面产生了明显效果，那就是由社区邻坊中心推动设立本社区社会组织培育发展中心、公益服务中心、社工服务中心，并与温州医学院社会工作研究所合作设立了社会工作实践基地。

2. 开展公益创投

推动政府、企业以及其他组织的公益服务资助和社会组织的公益服务生产实现有效对接，探索社会组织参与社会公益服务的新途径，促进社会组织自身发展和作用发挥。2012年，乐清市是温州市第一个开展公益创投的城市，目前已有三年。目前，温州市本级，以及8个县（市、区）都已开展比较规范的公益创投工作。瑞安市是各地公益创投最规范的城市，建立了一套标准化公益创投流程；苍南专门出台了公益创投的项目管理办法；瓯海区也建立了公益

项目库，2015年在全国首次将公益创投工作放到政府公共资源交易平台进行，面向全国社会组织招投标；鹿城区将公益创投项目整个工作交由枢纽型社会组织来运作，同时第一次将社会组织项目管理、非营利机构财务管理等纳入公益创投后续支持系统。2013年，温州市民政局与新闻媒体联合开展了"寻找温州最美公益创投项目"的活动，同时聘请王名、郁建兴、徐永祥、马庆钰等12位全国知名专家担任项目评委，取得了非常显著的效果。三年来，全市依托服务平台共征集的公益项目达700多个，获资助项目500多个，资助金额累计达1500余万元（其中社会资助101.8万元），为社会组织发展和公益事业的推进提供了有力的支持。

3. 建立发展基金

温州以公共财政为引导，以福彩公益金为种子基金，通过社会捐赠等多种渠道筹集资金，组建社会组织发展基金会。目前，全市累计到位的原始资金为3500万元，继乐清市成立全省第一家、全国第二家县级社会组织发展基金会后，11个县（市、区）以及市本级已陆续登记成立，实现市、县两级社会组织发展基金会全覆盖。同时，积极探索向中心镇延伸，使资助扶持举措能进一步在基层拓展落实，2013年瓯海区潘桥街道探索成立了全省首个镇（街）级的社会组织发展基金，为扶持社区社会组织的培育和发展筹集了10万元。

（三）注重服务大局，突出培育重点领域社会组织

1. 加强行业协会（商会）建设

温州市非常注重结构优化和布局合理。温州市于2008年3月底圆满完成了行业协会（商会）与行政机关脱钩工作，实现了行业协会（商会）与行政机关在人、财、物上的完全分离。温州行业协会（商会）是温州社会组织长期以来最具有特色的品牌，在参与市委、市政府振兴实体经济和温商回归等中心工作、承接政府职能转移等方面都功不可没。一方面，在优势行业、重点行业、新兴行业等领域，积极支持组建了一批顺应形势、定位准确、特色鲜明的行业性社团，如光伏行业协会、电子商务行业协会、股权投资行业协会、微信营销行业协会等。另一方面，在注重登记数量扩大的同时，也会更加注重行业协会（商会）质量的提高。目前全市各类行业协会（商会）共有550余家，覆盖国民经济各个门类的行业协会（商会）体系已经基本形成，成为服务特色产业、支柱产业经济发展的得力帮手。

2. 探索公益类社会组织培育举措

温州市注重打造慈善公益品牌。围绕构建完善的新型的社会保障体系，坚持依靠社会力量办慈善、办好慈善为社会的宗旨，加快培育发展公益慈善类社会组织。通过简化登记手续、加强分类指导、创新管理模式、提高服务质量等举措，积极为公益慈善类社会组织发展创造宽松环境，并引导其积极探索公益慈善服务新模式，帮助其有针对性地开发项目，提高组织与动员社会资源的能力，扩大品牌影响。"红日亭"、"绿眼睛"、"壹加壹"、"绿色水网"、"快乐之本"等公益品牌，凭借其对公益领域的高度专注，在全国也颇具影响力。

3. 促进基层社会组织发展

温州市注重激发"三社联动"活力。积极探索社区社会组织发展的新路子，围绕"服务社区、完善自治"的目标，重点培育发展能够参与社区协同治理、提供社区公共服务、发展社区慈善事业的社区社会组织，在城乡社区探索以"三社联动"助推民政专项事务改革创新。瓯海区、乐清市、龙湾区相继被浙江省民政厅列为"三社联动"观察点，出台了"三社联动"文件。以民政综合改革为契机，重点配合推进社会组织参与养老、救助、殡葬等民政事务的职能转移和购买服务试点工作。平阳探索开展了社会组织、专业团队参与社区居家养老试点，推进社区居家养老实体化、多元化运行；龙湾开展了社区老人协会参与殡葬改革试点，推进殡仪服务进社区、骨灰跟踪管理等；洞头县开展社区社会组织承接社区信访、平安建设、禁毒、五水共治等工作。各县（市、区）积极引入"社会组织公益创投"等运作模式，以民办非企业单位形式推动完成了 50 家爱心驿站的前期建设工作，积极探索基层新型社会救助模式。

（四）加大培育扶持，提升社会组织服务能力

1. 探索政府向社会组织转移职能和购买服务

2013 年 9 月，温州市出台了《温州市推进政府向社会组织转移职能工作总体方案》，按照"一年初步破题、两年逐步推广、三年形成机制"的总体思路，对政府职能转移和购买服务工作进行了总体部署。目前，温州已在民办教育、社区、司法等多个领域购买社会组织服务，每年购买社会组织资金规模达到 3 亿元。温州市《关于政府向社会力量购买服务的实施意见》已经市政府

常务会议研究通过。《政府向社会组织转移职能目录清单》、《承接政府职能转移社会组织目录清单》已经完成，2014年9月份报送市政府常务会议研究。乐清市委、市政府出台了《激发社会组织活力促进社会组织参与社会治理工作的实施意见》、苍南县出台了《社会组织参与"五水共治"的实施意见》等。乐清市司法局每年出资260万元购买乐清市矫正协会社区矫正工作服务。

瓯海区开展了政府职能转移试点工作，人力社保局、科技局、地税分局、质监局等部门分别将部分职能向建设行业协会和汽摩配行业协会进行转移，有效地激发了社会组织的活力。2013年开展的居家养老、法律服务政府购买服务项目，购买资金达133万元；该区还将社会服务"三百工程"项目通过公共资源交易中心以招投标形式向社会组织购买社会服务，投入资金51.5万元。潘北社区将社区老年人教育、老年人婚恋、社区就业指导等服务项目委托给社区社会组织实施，有效解决了社区负担重、人员不足的问题，提高了服务的质量和服务效益。

2. 推动备案社区社会组织民主选举

探索备案的社区社会组织负责人由民主选举产生。根据社会组织的规模、类型等不同情况，分别采用了等额、差额以及无候选人海选等方式开展民主选举工作，提升社区社会组织服务社区能力。这也是全国首创的具有温州特色的改革探索。通过民主选举，社会组织民主参与、民主协商意识得到激发，在社区管理服务和公益慈善活动中发挥了更加积极的作用。

3. 引导社会组织开展对台合作交流

2013年，全市共有10多家社会组织与台湾同类社会组织开展交流合作，往来次数达70余次。市本级、鹿城、洞头、永嘉多家文体类社会组织与台湾同业建立信息交流机制，在文体、旅游等领域开展交流大赛、联合展览、经验座谈等各类互动活动，共同传承和弘扬中华民族优秀文化；苍南于2013年8月下旬举办了首届海峡两岸社会组织交流论坛，为两岸社会组织人士提供了一个交流互动和经验分享的平台。

（五）积极引导示范，促进社会组织科学发展

1. 完善评估工作机制

首先在全国建立"一般性指标"和"类别性指标"，进一步完善社会组织

的分类评估指标体系，力求使评估指标更具针对性；同时要将评估等级作为社会组织参与政府购买服务和接受政府职能委托（授权）的重要参考，发挥评估的导向和激励性作用，对获得5A、4A评估的组织进行奖励。业务指导单位市体育总会对每年评上5A、4A的社会组织给予5万元和3万元重奖。2013年全市社会组织参评数1523家，累计参评率从2012年底的34.8%提高到了80.1%。

2. 做好社会组织领军人物培育

温州市借助清华大学、中山大学、浙江大学以及本地温州大学师资力量，引进师资，做好各类培训。借助国家民间组织管理局、浙江省社会组织管理局给予的优惠政策，把温州社会组织人才输送出去培训，为社会组织储备人才。2014年苍南县、鹿城区、乐清市、平阳县举办首届公益论坛，组织各类社会组织领军负责人，邀请清华大学李勇博士、春苗基金会崔澜馨、中山大学中国公益慈善研究院周如南博士等一批专家学者就社会组织能力建设进行培训。同时，举办鹿城区社会组织发展微讲坛（第一期），通过"我来搭台，你来讲"的形式，让优秀社会组织分享工作经验，说社会组织的发展与创新，道公益路途中的苦辣与酸甜，并开展互动提问，收到了较好的效果。

3. 开展品牌社会组织创建活动

建立社会组织评先表彰常态机制，温州市委、市政府每年对全市社会组织培育发展工作的先进地区和优秀社会组织等进行通报表彰，进一步激发了社会组织创先争优热忱，引导社会组织加强自身建设，更好地为经济社会协调发展与构建和谐社会服务。按照《温州市社会组织评先选优实施办法》中资金奖励的有关规定，温州市共对24家获"温州市优秀社会组织"称号的市本级社会组织给予100万元的资金奖励。

市政府出台了《温州市产业发展公共服务平台建设财政专项资金管理办法》。市政府每年拿出30万元支持一家行业协会，开展创新发展试点工作。市经信委、市财政局每年拿出200万元，对市级示范行业协会创建项目、市级优秀协会评价项目进行奖励，一等奖一次性奖励经费30万元，二等奖20万元，三等奖5万元。

鹿城区和苍南县最早启动品牌社会组织创建活动。鹿城"红日亭"、"柒零叁公益联合会"、"绿色水网"，苍南"绿眼睛"、"壹加壹"等社会组织和运作项目都进行品牌化管理和创建。

4. 加强推进党建工作

成立了市委"两新"组织（新经济组织、新社会组织）党工委，统一管理原隶属于市直机关工委或所属机关党委的社会组织党组织，并依托业务指导单位组建成立了13家社会组织联合党委，形成了齐抓共管、分工明确的党建工作格局；① 全省首创推行社会组织"拓展型"党组织组建机制，进一步扩大党的组织和工作在社会组织中的覆盖面。在全市社会组织中党组织的覆盖率2011年底仅为22.8%，2012年底提高到了80.3%，2013年底提高到了95.3%；党的工作覆盖率目前达到了100%。

五 温州现代社会组织体制建设过程中的问题

温州市社会组织治理的一系列工作，优化了社会组织制度环境，激发了社会组织活力，提升了社会自治能力，提高了社会组织提供基本公共服务的能力，发挥了社会组织参与社会协同管理的作用，增强了社会组织承接政府职能转移、购买服务的能力，使得社会组织异常活跃。但由于改革力度较大，在推进现代社会组织体制建设、政府职能转移和购买社会组织服务过程中出现了一些问题。

（一）制度创新与政府职能部门的"担心"的矛盾

在前阶段的实际工作中，政府职能向社会组织转移是行政管理体制和社会管理创新方面的重大改革，牵涉面广、情况复杂，又没有现成的经验可供借鉴，难度确实很大。由于体制机制的约束，仍然有所顾虑。一是"等等看"。在当前"下改上不改"的情况下，怕无法理顺与省级部门的关系，一些单位存在畏难情绪。二是"舍不得"。转移政府职能涉及部门一些"利益格局"的调整，一些单位存在"舍不得"的思想。三是"不敢放"。对社会组织不放心，认为职能转移出去如果没有合适的社会组织承接，反而把事情搞乱，一些单位存在"不敢放"的顾虑。

在制度创新方面，社会组织存在合法地位不明确问题和税收优惠问题。这

---

① 参见《温州市民政局：加快推进现代社会组织体制建设创新探索》，人民网，2013年4月。

些老问题仍然制约社会组织快速地发展。十八届三中全会决定提出"重点培育和优先发展行业协会商会类、科技类、公益慈善类、城乡社区服务类社会组织，成立时直接依法申请登记"。① 但目前在国家法律层面，还没有对实行直接登记作出具体规定，社会组织开展直接登记于法无据。特别是温州市在直接登记上启动较早，登记范围广，实施一段时间以来一系列的问题开始显现，比如，如何合理发展一业多会、如何提升社会组织的代表性和专业性、如何设置分级登记标准等。目前社会组织的三部条例还都回避了基层社会组织的登记问题，在法规层面上没有确立基层社会组织的法律地位。虽然很多地区已经开展了社区社会组织备案工作，但其合法性问题仍然没有得到解决。

社会组织作为非营利性组织是国家法律和有关政策所明确规定的，尽管国家也给予社会组织一定的公益性保障，但其公益性的地位没有得到充分的体现。社会组织接受社会捐赠的门槛太高，捐赠原本应是社会组织重要的经费来源，但一般社会组织开具的发票，捐赠者没法进行抵税，如要抵税需先取得公益性捐赠税前扣除资格，但资格认定条件较高，手续较为烦琐，获取资格较为困难。高门槛影响了企业捐赠社会组织开展公益活动的积极性。社会组织的业务活动也未享受充分的税收优惠，尽管国家也出台了一些对社会组织的优惠税收政策，但优惠的面还是比较窄、比较小的，在基层落实起来特别困难，最为基本的营业税和所得税都没有减免。②

（二）温州社会组织自身的天然"缺陷"

温州的社会组织有较强的独立性，这有利于社会组织更好地承担政府职能，也更加利于公信力的树立，但仍然存在较为明显的基于地方经济社会发展和历史文化脉络的"先天不足"。

一是发展不平衡，承接能力不足。全市社会组织发育最好的当属市鞋革行业协会、服装商会、五金商会、泵阀工业协会等与政府联系紧密的行业协会（商会），其他大量民间自发的社会组织发展不成熟，承接政府职能转移的能力有限。二是竞争机制缺乏，效能动力不足。虽然温州市委128号文件取消了

---

① 参见《十八届三中全会（决定）解读：怎样激发社会组织活力》，新华网，2014年2月。
② 柯少愚：《社会组织存在的主要问题与思考》，《学会》2011年第12期。

公益蓝皮书

"一业一会、一地一会"的限制，把竞争机制引入社会组织发展中，但在短期内同类社会组织不会迅速出现，政府在职能转移时选项不多，社会组织提供公共服务也是一家独大，不存在竞争，自然也就没有提高绩效和降低成本的动力。三是制度不够完善，人才储备不足。从调研情况看，大部分的社会组织制度建设还不够完善，有些就是几个人在处理日常性的事务，对能承接政府职能转移事项的人才储备不足。另外，温州市社会组织与政府有着天然的"血缘"关系，社会组织的发起者多为政府的离岗干部，真正从事社会组织工作的专业人才很少。四是社会组织资金不足。政府虽然加大扶持力度，但资金缺乏影响社会组织在现代治理体系中的功能和作用发挥，也吸引不了更多优秀人才。五是群众认同有限。社会公众遇到问题，主要还是需求政府帮助，很少考虑各类社会组织。同时，更多社会组织只是拥有一些辅助性参与到现代社会治理的功能。

（三）监管力量严重不足

从全国来看，温州对社会组织在现代治理体系建设过程中的重要性有较为充分的认识，但在实际操作中，政府在执政理念、制度保障、资源支持和平台建设方面，仍有很多不足。如登记管理机关力量严重不足。特别是实行直接登记以后，社会组织数量激增，但相关登记管理人员配备却没有跟上。现行社会组织登记管理的三部条例，对社会组织的监督管理缺乏一定的力度和深度，导致责任主体难以界定，执行程序烦琐，执行起来力不从心，并且规定的登记管理机关、业务主管单位及有关职能部门的职责有些方面已不适应当前新形势发展的需要，特别是在实行直接登记以后，原来的业务主管单位变为业务指导单位，很多单位认为自己已不负有"主管"职责，对社会组织采取撒手不管的态度。执法监管在机构设置、人员配备、资源支撑等方面都亟须加强。

其中，基层社区社会组织工作的管理力量问题较突出。对基层社区社会组织的建设，在增量过程中必须注重基层服务管理力量的加强，切实发挥区域枢纽型社会组织的作用，加强指导站或社工办的工作队伍建设，并建立健全工作机制，才能切实提升基层社区社会组织服务管理水平。但是，指导站大多由民政办工作人员兼任，由于工作人员普遍年龄偏大、文化程度不高，加上民政工作繁重，对社区社会组织的服务和管理没法到位，有的甚至形同虚设，影响了社区社会组织作用的发挥。

（四）对民办社工机构扶持不足，其面临发展瓶颈

我国民办社工机构的发展还处于起步摸索阶段，温州市民办社工机构还面临一些需要政府层面解决的困境。首先，社会工作认可度低，政府对民办社会工作服务机构了解较少，民办社工机构得不到政府充分信任，以致难以承接政府转移的职能或委托的公共服务。社会对民办社会工作服务机构的信任程度不高，难以得到行政事业机关社会工作从业者和义工的支持，阻碍了民办社工机构的发展。其次，社工机构岗位和专业社工稀缺，社区、养老、残疾儿童等许多岗位都需要大量社工，造成民办社工机构工作力量不足，难以发挥作用。最后，政策扶持不够。虽然温州市政府出台了《温州市民办社会工作服务机构扶持暂行办法》，但是温州市扶持政策尚未出台，很多扶持政策未能落到实处。从政府层面思考，应进一步加强社工机构的宣传力度，加强社工人才队伍建设，加大对社工机构的财政投入和扶持力度，推进民办社工机构健康有序发展。

六 构建和完善温州现代社会组织体制的政策建议

（一）重新思考社会组织在现代社会治理结构中的位置和定义

1. 将社会组织重新定义为"社交+价值+创业"平台

社会组织是实体经济和未来中国市场经济最重要组成部分，同时也是中国经济最具有潜力的发展股。社会组织未来更多地呈现三种价值——社交价值，存在价值与创业价值。基于三种价值细分，社会组织的定义可能发生变化并呈现三种不一样的趋势：一是扮演实体经济组成部分角色的社会企业；二是提供俱乐部产品的社会组织；三是为解决个人存在问题和寻求社会价值实现的公益组织。

温州市委、市政府未来应把社会组织纳入国民经济统计口径，把社会组织纳入振兴实体经济范畴，享受实体经济优惠政策，尤其是把民办教育、民办医疗、民办养老产业当作温州支柱产业进行谋划；同时加强对温州行业协会的扶持，加强政府向社会组织转移职能和购买服务政策的落实；建议市政府建设温

州市社会组织大楼，使其成为温州社会组织和社会治理地标性建筑，以及社会组织和社会治理智力支持中心。

2. 社会组织作为非营利组织，营利而不分红应成常识

企业组织和社会组织最根本的区别是：企业组织以营利为目标，社会组织不以营利为目标。企业组织以营利为目标，追求合理利润；社会组织不以营利为目标，追求合理利润空间。但两者不同之处在于：企业组织的利润可以按股东意愿分红；社会组织的利润不能分红，需再次投入社会服务产品的生产。或许这就是现在流行的社会企业。没有创造利润空间的社会组织将会导致它的存在、发展缺乏可持续性。

3. 社会组织是社会建设领域创新整合资源的关键

对社会资源的整合能力，决定了现在社会组织的能力。政府、企业组织、基金会都有资源，关键是看创新整合资源能力。以前的资源整合由政府、企业去做，社会组织的处境决定了其对资源的被动接受。其实，在社会建设领域，最应该去整合资源的是社会组织。

（二）社会组织需转型升级

1. 建立自身造血系统

社会组织尤其是一些公益慈善类社会组织有"等、靠、要"的思想，应予以指导，使其转变观念。社会组织靠会费维持的日子已经慢慢消逝，唯有依靠创造价值，得到会员和社会认可并转换为生存下去的力量、资金和筹码。一个不会创造价值、不会提供社会公共产品的社会组织，根本就没有存在的必要。一个社会组织必须建立自己的造血系统、筹资渠道以及采取社会认可的方式。政府购买服务、资助等工作才刚刚开始，流程也很烦琐，最多也就是锦上添花而已。鼓励部分有条件的行业协会（商会）、科技类协会向社会企业转型，积极向行业协会（商会）推广温州眼镜商会进行服务价值再造的做法。

2. 尊重客户需求理念，创新价值服务

温州市家用电器行业协会、鞋革行业协会、酒类行业协会及温州市包装联合会等，在政府职能转移、电子商务、市场建设、物流中心、危机公关、协会新价值体系等领域有非常不错的表现。它们代表现阶段温州行业协会（商会）的普遍价值。例如，我们引导建立温州电子商务协会、温州时尚产业促进会等。

3. 向复合型社会组织转型

一是行业协会（商会）向公益慈善类、社区事务类社会组织延伸，复合型行业协会（商会）已经显现。2013年，温州启动了温州市行业协会（商会）应急转贷资金试点工作，将"行业互助基金"纳入规范化、常态化的运行轨道。这些基于协会成立的应急转贷资金在应对金融风险、帮助企业渡过难关中发挥的作用是不可替代的。温州市电子商务行业协会在全国首创的"流量贷款"，破解了电子商务企业因轻资产而造成的贷款难问题。二是商会成为温州政府派驻各地办事处，联动招商引资、引智，进行旅游产品推荐，等等。2014年底，市委、市政府派出10组人员赴各地招商引资，其中全国各地的温州商会都发挥了巨大作用。复合型社会组织还可以借用全国性行业协会来延伸发展。

（三）加强社会组织人才、监管队伍、社工机构建设迫在眉睫

1. 社会组织集聚人才就业

检验一个行业有没有生命力一定要看各类人才对这个行业的关注度和"献身度"。没有人才集聚的行业是没有生命力的。与国外发达国家相比，中国社会对在社会组织就业的人的认可度还是不够，尽管民办教育、医疗以及全国性一些支持性系统的社会组织集聚了大量的人才。当然，薪金、职业愿景、行业发展等支持系统需要更健康发展。没有人才支持的社会组织，是没有发展前途的。现在，技术发展已经帮助我们解决了很多基础问题，但实现有价值创新还得依靠思想的解放，以及思想赋予的模式革命。国务院日前出台《鼓励大学生到社会组织就业的意见》，建议温州市出台鼓励大学生到社会组织就业细则；建议把社会组织人才建设、培养、引进纳入温州人才规划和高层次人才引进计划。

2. 加强社会组织监管势在必行

全市除了依法登记的社会组织外，其他各类备案基层社会组织也快速增长。截至2014年9月底，温州全市共登记注册社会组织7159个（备案的基层社会组织20237个），登记社会组织总量已经远远超过杭、甬、厦，与青岛还有一些距离。温州市每万人社会组织数已经达到7.8个，也超过杭、厦，落后于甬、青。但社会组织登记、执法核定行政编制人员分别为杭10人、甬7人、

青30人和厦7人；深圳社会组织数略低于温州，深圳社会组织行政编制为25人，其他编制为3人。温州行政编制仅为2人，在市行政审批中心民政窗口负责民政业务审批。特别是2012年11月温州市社会组织实行民政部门直接登记后，社会组织准入条件进一步降低，社会组织登记量激增。登记管理机关进行有效监管，同时还要为之提供全方位培育发展服务，登记管理机关面临的任务更重、责任更大。

3. 市本级对社会组织尤其是社工机构登记、监督、执法、评估、培育、扶持等工作进行剥离

社会组织登记审批工作放在市民政局，现有行政审批中心民政窗口负责社会组织登记。建议成立副县级的市社会组织管理局，参照公务员管理，按照目前温州社会组织数量配置编制，建议市民间组织登记中心9名事业编制人员参照《公务员法》进行管理，整合到市社会组织管理局，或者，市民间组织登记中心9名事业编制人员参照《公务员法》进行管理，承担监督、执法工作；评估、培育、扶持等工作，可以通过政府将职能转移给社会组织或购买社会组织服务予以解决，或者由市本级社会组织服务平台予以承担。要尽可能地争取编制、人事部门的支持，切实加强市、县两级社会组织登记管理机关人员队伍和组织机构建设。各县（市、区）民政局要设立单独的工作机构，根据社会组织数量和工作需要有效配备工作人员，各地要至少配备2名具有行政执法资格的专职工作人员，切实推进登记管理和执法监察队伍建设，或者按照《关于转发〈省委组织部、省人力资源和社会保障厅、省公务员局关于进一步加强参照公务员法管理工作的通知〉》（温人社发〔2013〕182号）文件，将社会组织纳入参照公务员管理模块。其他工作，可通过政府购买社会组织服务或职能转移予以解决，或依托县级社会组织服务平台，建立定期培训机制，不断提高专职工作人员队伍工作能力和水平。

（四）创新治理手段，促进社会组织四项能力提升

有效地推进政府购买服务，仅仅靠健全政府购买服务的工作机制与构建制度体系是不够的，还需要积极地培育扶持社会组织，推进社会组织服务承担能力建设。社会组织承接政府购买服务的能力强弱直接决定了其承接政府购买服务的质量与成效。针对社会组织承接服务能力较弱的现状，提出行之有效的能力建设措施如下。

1. 加快完善社会组织法人治理机制，增强责任承担能力

融入市场经济的社会组织，实现经济目标和社会目标，必须具备市场认可的法人治理结构和治理机制。从属性上看，社会组织是经济组织，同时也是社会主体，有着来自法律、社会惩处的风险和来自市场的风险，在性质上与企业并没有本质区别，其必须具备法律责任承担能力。无论是社会、政府、出资者还是社会组织，都希望尽量安全而合理地运转，不出现涉及诉讼或法律责任问题。社会组织的责任承担能力，是一种准入性的能力，它是社会组织承接政府购买服务的基本资格条件，只有独立运作、流程规范和具有筹资能力的社会组织方能顺利地进入政府服务采购流程，主要包括独立运作能力、流程规范化能力和筹集资金能力。

2. 完善社会组织优胜劣汰机制，增强服务提供能力

社会组织有竞争力才能有发展。监管部门可以通过年检的办法，加强对社会组织运营方面的指导和管理，引导社会组织在运营过程中加强自身建设、完善内部控制机制、规范财务制度、培训从业工作人员等，提高社会组织自我发展能力和服务提供能力。服务提供能力，是指社会组织承接政府购买服务项目后向公众提供优质服务的能力，主要包括设备完善能力、人力资源能力和专业技术能力。服务提供能力，是一种竞争性能力，拥有完善的设备、优质的人力资源和专业技术的社会组织，在政府购买服务的主体选择中具有较大的竞争优势。①

3. 改革社会组织评估措施，提升信誉维系能力

社会组织评估是一项树标杆性的工作，引领社会组织加强规范化建设和健康有序发展，达到以评估促发展、以评估促规范、以评估促建设的目的；作为一项长效机制，引导社会组织自觉地进行自我监督，能够提高信誉维系能力，形成服务品牌。有效地进行危机公关的社会组织，可以持续地获得政府购买服务项目，从而营造一个持续发展的空间。信誉维系能力，是社会组织维护社会诚信、取得社会公众和被服务对象信任，塑造良好形象的能力，主要包括自我

---

① 曾维和、陈岩：《我国社会组织承接政府购买服务能力体系构建》，《社会主义研究》2014年第3期。

监督能力、品牌效应能力和危机公关能力。自我监督能力是指社会组织通过自律机制，在承接服务、提供服务、组织运作的过程中严于律己，进行自我评估，自觉地接受社会监督的能力；品牌效应能力是指社会组织在承接服务和提供服务的过程中具有品牌意识，整合资源，开发品牌产品，给政府和公众在服务品牌的使用中带来良好效益和影响的能力；危机公关能力主要是指社会组织在服务过程中遇到突发事件后，能够快速调动各种传媒资源，及时、快捷、恰当、准确地处理和引导社会舆论，恢复正常工作，将危害和风险降到最低，重塑良好形象。①

4. 完善非营利组织信息披露制度，提升社会组织公信力

政府购买服务，涉及资金安全和有效使用，这对社会组织品质提出了更高的要求。社会组织培育从量的发展上升到了质的提升阶段，培育发展具备资质的社会组织成为当前亟待解决的问题。要改变现状，加快推进政府职能转移、政府购买社会组织服务。一方面，社会组织要增强自身业务承接能力，通过改进服务质量、提升服务品质、树立服务品牌，来建立与公众之间良好的信任关系；另一方面，政府职能部门要通过构建社会组织的自律机制、他律机制与第三方评估机制，将社会组织的信誉建立在信息公开与制度规范的基础之上。在信息公开方面，社会组织要完善信息披露制度，将财务管理、项目运作等基础信息披露到位，接受公众监督。比照行政事业单位财务管理措施，最好的办法是统一会计核算，推行代理记账服务。

---

① 曾维和、陈岩：《我国社会组织承接政府购买服务能力体系构建》，《社会主义研究》2014年第3期。

·法治探索·

B.9 透明、规范与法律意识

——2014年中国公益慈善组织法律案例年度观察

陆 璇 林文漪*

摘　要： 2014年，是社会组织法治建设具有里程碑意义的一年，党和政府高度重视社会组织的法治建设。随着政策法律环境的逐步改善，公益慈善组织也迎来了大发展，社会力量举办的公益慈善组织数量大大增长，社会影响力也大大增强。但随之而来的是，由于社会组织法律不健全，社会组织法律意识薄弱，社会组织登记管理部门监管与执法力量不足，中国公益慈善界依然出现了不少引起社会广泛关注的各种法律质疑、法律争议甚至诉讼。本文选取了在2014年发生的与中国公益慈善组织相关的十个法律纠纷与案例，从公益慈善组织的信息公开制度、募捐捐赠制度、法律意识三个方面进行梳理并加以评述，希望引发大家对中国社会组织法律现状的思考（包括进一步思考中国社会组织政策法律的研究角度与方式），推动中国社会组织法律的进步。

关键词： 公益慈善组织　法律案例　年度观察

---

* 陆璇，上海复恩社会组织法律服务中心创始人、理事长；林文漪，上海复恩社会组织法律服务中心执行主任。

公益蓝皮书

引言：什么是法律意义上的公益慈善组织

2014年，绝对是社会组织法治建设具有里程碑意义的一年，党和政府高度重视社会组织的法治建设。

党的十八届四中全会在2014年10月通过了《中共中央关于全面推进依法治国若干重大问题的决定》，专节阐述了社会组织在推进多层次多领域依法治理中的积极作用。①该决定明确提出积极发挥社会组织在立法协商等方面的作用，并首次明确提出了加强社会组织立法，规范和引导各类社会组织健康发展。

2014年的《国务院关于促进慈善事业健康发展的指导意见》是我国公益慈善领域第一个以国务院名义出台的规范性、纲领性文件。意见明确指出，慈善组织是现代慈善业的运作主体，其发挥着筹集和分配慈善资源、提供慈善服务的重要作用。同时，意见也强调了要坚持培育和规范并重，对慈善组织的自我管理、募捐活动、捐赠使用、信息公开等工作提出了一系列明确要求。②

那什么是慈善组织或者公益慈善组织呢？在国务院办公厅的文件以及民政部发布的行政规章以及规范性文件中，从2011年开始频繁出现"公益慈善组织"一词。例如，在2011年12月发布的《公益慈善捐助信息公开指引》中就使用了公益慈善组织，用以指代公益慈善类社会组织（包括社会团体、基金会和民办非企业单位）。

社会组织一般是指在民政部门登记的三类组织社会团体、民办非企业单位以及基金会的合称。那什么是公益慈善类呢？目前，民政部尚未对此有一个特别明确的规定，但一些地方性法规或规范性文件对此是有规定的。

2014年1月1日起施行的《北京市促进慈善事业若干规定》将"慈善组

---

① 《中共中央关于全面推进依法治国若干重大问题的决定明确加强社会组织立法》，民政部民间组织管理局网站，http://mjj.mca.gov.cn/article/xzglxw/201410/20141000721064.shtml，最后访问日期：2015年5月3日。
② 《2014年社会组织十件大事》，新华网，http://news.xinhuanet.com/politics/2014-12/31/c_127350747.htm，最后访问日期：2015年5月3日。

织"界定为"以开展慈善活动为宗旨,依法成立的社会团体、民办非企业单位、基金会等非营利性组织"。①"慈善活动"则包括四大领域:①救助灾害、救济贫困、扶助困难的社会群体和个人;②支持教育、科学、文化、卫生、体育事业;③支持环境保护、社会公共设施建设;④支持促进社会发展和进步的其他社会公共和福利事业。②

2014年4月1日由上海市人民政府转发的《上海市社会组织直接登记管理若干规定》则将"公益慈善类社会组织"定义为"从事社会福利、救灾救助、社会保障及社会事务的社会服务类社会组织和教育、卫生、文化、体育、生态环境等社会事业类社会组织"。③ 很显然,北京与上海基本上延续了1999年《中华人民共和国公益事业捐赠法》对"公益事业"的定义。

在2014年3月的《深圳经济特区慈善事业促进条例(修订稿)》中,用的是慈善组织一词。按其规定,慈善组织系公益慈善类社会组织的简称,其含义包括如下从事慈善活动的社会组织,即自然人、法人或者其他组织自愿,不以营利为目的,从事为他人摆脱贫困、灾害和其他困难,提高生活质量和促进社会公平正义的项目和活动:①对因贫困、疾病、残疾、年老、年幼、失业、灾害及其他不利条件而需要帮助的群体以及个人提供帮助;②捐赠财产和劳务用于促进教育、科学、卫生、体育、文化、环境保护、动物福利以及地区发展等事业;③提供专业服务,促进人的全面发展、缓解社会矛盾、解决社会问题,以及促进人道主义关怀、社会和谐健康发展的事业;④促进社会公平正义和其他与上述事项宗旨相近的其他事项。

深圳上述条例对公益慈善组织的定义,可以说涵盖了绝大多数非营利性的公益性(与互益性组织相对)社会组织,从对"群体和个人的济助"到"促进社会事业的发展"一直上升到"促进人道主义关怀、社会和谐健康发展",包罗万象。笔者认为,这样一个宽泛的解释是中国公益慈善事业发展的客观要求,也符合国际上慈善组织涵盖领域不断扩大的潮流。

学术界认为公益(相当于英文的"philanthropy")与慈善(相当于传统意

---

① 参见《北京市促进慈善事业若干规定》,2013年11月。
② 高健:《善款怎么用?捐款者说了算》,《北京日报》2013年12月30日。
③ 参见《上海市社会组织直接登记管理若干规定》,2014年4月。

义上的"charity")二者之间是存在区别的,公益一般是指个人或者组织基于价值观来实现公共利益的志愿行为。这个概念比传统的捐款捐物的慈善定义要宽广,而且能准确描述这个时代正在发生的变化,换句话说,"现代慈善"就等同于"民间公益"。① 但是,在中国目前的法规政策中,公益与慈善二词常常是连用的,并没有加以特别的区分。

一 公益慈善组织的信息公开制度

下面笔者就用 2014 年发生的案例对现有的公益慈善组织信息公开制度加以说明。

(一)公益慈善组织要公布哪些信息

【案例1】周筱赟诉北京市朝阳区民政局政府信息公开案

周筱赟对李亚鹏、北京嫣然天使儿童医院(以下简称"嫣然医院")的爆料及质疑,是 2014 年最受关注的慈善事件之一。纵观整个事件发展脉络,大致可以分为三个阶段。

第一阶段,直接质疑:起初周筱赟实名爆料,称李亚鹏借嫣然天使儿童医院和嫣然天使基金等公益项目之名敛财,遭到李亚鹏方面否认。后周筱赟要求李亚鹏公开嫣然医院的相关财务信息,李亚鹏以涉及商业秘密为由予以拒绝。

第二阶段,信息公开:之后,周筱赟转变思路,转而向北京市朝阳区民政局(系嫣然医院的登记管理部门)申请公开嫣然医院的相关财务信息。朝阳区民政局先是以"权利人不同意公开"为由未予公开,后又出具政府信息涉及第三方告知书,表示已经发函给嫣然医院,"要求其主动公开相关信息,接受社会监督"。

第三阶段,行政诉讼:周筱赟对朝阳区民政局所作出的政府信息涉及第三方告知书不服,并向朝阳区人民法院提起行政诉讼,要求法院撤销朝阳区民政

---

① 朱健刚:《公益事业的公信力、创新与转型》,载朱健刚主编《中国公益发展报告(2011)》,社会科学文献出版社,2012。

局的上述答复,并判令朝阳区民政局依法公开相关信息。2014年12月17日,朝阳区人民法院一审判决撤销朝阳区民政局的政府信息涉及第三方告知书,并责令朝阳区民政局对周筱赟的信息公开申请重新进行答复。①

这个案件的焦点是,作为登记管理部门朝阳区民政局是否有义务向申请人公开其管理的公益慈善类民办非企业单位的信息。隐含的问题是,作为一家公益慈善组织的嫣然医院需要向社会公布哪些信息。

根据法院作出的行政一审判决书②,周筱赟于2014年2月6日向朝阳区民政局提出公开嫣然医院年度工作报告、审计报告等专项工作报告信息的申请,2月8日朝阳区民政局对周筱赟的上述申请进行了登记并作出登记回执,2月24日朝阳区民政局向嫣然医院送达信息公开告知书,告知该医院应当主动向社会公开周筱赟所申请公开的信息,接受社会监督。2月25日,朝阳区民政局向周筱赟作出政府信息涉及第三方告知书。周筱赟于2014年2月28日收到该告知书后不服,向法院提起行政诉讼。事实上,嫣然医院已在收到告知书后在网站上公开了涉案的信息。

法院认为,本案被诉行政行为属于依申请而作出政府信息公开告知行为。但是朝阳区民政局的做法存在法律上的问题。

根据《政府信息公开条例》第二十一条的规定,"对申请公开的政府信息,行政机关根据下列情况分别作出答复:(一)属于公开范围的,应当告知申请人获取该政府信息的方式和途径;(二)属于不予公开范围的,应当告知申请人并说明理由;(三)依法不属于本行政机关公开或者该政府信息不存在的,应当告知申请人,对能够确定该政府信息的公开机关的,应当告知申请人该行政机关的名称、联系方式"。

而该案件中,朝阳区民政局接到原告信息公开申请后,并未按照上述规定的方式进行答复,故朝阳区人民法院认为朝阳区民政局作出的政府信息涉

---

① 高明月:《一场关于信任的战争:周筱赟诉朝阳区民政局一审胜诉》,NGO发展交流网,http://www.ngocn.net/home/column/article/id/360984,最后访问日期:2015年5月3日。
② 《周筱赟与北京市民政局其他一审行政判决书》,中国裁判文书网,http://www.court.gov.cn/zgcpwsw/bj/bjsdszjrmfy/bjscyqrmfy/xz/201501/t20150126_6427872.htm,最后访问日期:2015年5月3日。

及第三方告知书适用法律错误，依法应予撤销，并要求朝阳区民政局限期对周筱赟要求信息公开的申请重新进行答复。因周筱赟申请的政府信息公开内容，朝阳区民政局存在继续调查或裁量的空间，故对于周筱赟判令朝阳区民政局在法定期限内对原告申请的内容予以公开的诉讼请求，法院在该案中不予支持。

法院认为，北京市朝阳区民政局不正面回复周筱赟，而把披露责任直接交给第三方嫣然医院的做法是不符合法律规定的。但是没有在该判决书中直接回答周筱赟所要求提供的信息是不是属于应当公开的政府信息。

三类社会组织本来是依据三部不同的行政法规[①]成立的，所以三类社会组织的信息公开制度的法律依据原本就是各不相同的，在信息公开程度要求上存在比较大的差别。本来基金会的信息公开义务是最重的，民办非企业单位的信息公开义务次之，而社会团体的信息公开义务是最轻的。

按照《民政部关于深入开展民办非企业单位信息公开和承诺服务活动工作的意见》，民办非企业单位的信息公开的内容主要包括：民办非企业单位的登记证书、税务登记证书、组织机构代码证书、收费许可证的有关信息；经登记管理机关核准（或备案）的章程（或章程摘要）；接受、使用捐赠、资助的有关情况；年度工作报告等。[②] 同时，鼓励民办非企业单位在有关媒体上向社会公开其年度审计报告。

但是，依据各地的地方性法规或规定，公益慈善类的民办非企业单位的信息公开义务也被扩大了。《北京市促进慈善事业若干规定》第十五条规定，全面扩大了三类公益慈善类社会组织的信息公开义务，特别是公益慈善类的民办非企业单位及社会团体的信息公开义务：

> 慈善组织应当主动向社会公开下列信息，接受社会监督：
> （一）组织名称、活动宗旨等组织基本信息；（二）捐赠财产的来源、种类、价值等接受捐赠信息；（三）募捐方案、联合募捐协议等募捐活动

---

① 即《社会团体登记管理条例》、《民办非企业单位登记管理暂行条例》以及《基金会管理条例》。
② 参见《民政部关于深入开展民办非企业单位信息公开和承诺服务活动工作的意见》。

信息；（四）捐赠财产用途、使用效果等捐赠财产使用信息；（五）年度工作报告、审计报告等专项工作报告；（六）法律、法规、规章规定需要公开的其他信息。

前款规定的慈善信息，应当自该信息形成或者变更之日起20个工作日内予以公开。①

目前，民政部只有一部不具备法律强制力的《公益慈善捐助信息公开指引》。按照该指引，公益慈善类的社会团体、基金会和民办非企业单位作为信息公开主体，应在该指引的要求下，逐步完善公益慈善捐助信息公开工作。按照该指引，社会组织信息公开的内容包括：信息公开主体基本信息、募捐活动信息、接受捐赠信息、捐赠款物使用信息、接受捐赠机构财务信息及必要的日常动态信息等。日常性捐助信息，应在信息公开主体收到捐赠后的15个工作日内公开捐赠款物接受信息；重大事件专项信息，应在收到捐赠后的72小时内公开捐赠款物接受信息，或按有关重大事件处置部门要求的时限和要求公开。② 建议全国各地的公益慈善组织参照这个指引进行捐助信息公开。

民政部在发布《公益慈善捐助信息公开指引》相关公报里面曾提到："下一步我们将在本指引的基础上抓紧制定《慈善捐助信息公开办法》。"③ 笔者希望，该指引应早日升级为具备法律效力的《慈善捐助信息公开办法》，并且民政部门应该建立一个免费的、操作便利的公益慈善组织信息公开网络平台。

国务院在2014年年尾下发的《国务院关于促进慈善事业健康发展的指导意见》专节规定了"强化慈善组织信息公开责任"，实质上统一和提高了公益慈善组织的信息公开要求。笔者摘引其全文，供大家参考：

公开内容。慈善组织应向社会公开组织章程、组织机构代码、登记证

---

① 引自《北京市慈善事业若干规定》，首都之窗，http：//zhengwu.beijing.gov.cn/fggz/zfgz/t1335989.htm，最后访问日期：2015年5月3日。
② 《民政部正式发布〈公益慈善捐助信息公开指引〉》，中央政府门户网站，http：//www.gov.cn/gzdt/2011 - 12/16/content_ 2022026.htm，最后访问日期：2015年5月3日。
③ 《民政部正式发布〈公益慈善捐助信息公开指引〉》，中央政府门户网站，http：//www.gov.cn/gzdt/2011 - 12/16/content_ 2022026.htm，最后访问日期：2015年5月3日。

书号码、负责人信息、年度工作报告、经审计的财务会计报告和开展募捐、接受捐赠、捐赠款物使用、慈善项目实施、资产保值增值等情况以及依法应当公开的其他信息。信息公开应当真实、准确、完整、及时，不得有虚假记载、误导性陈述或者重大遗漏。对于涉及国家安全、个人隐私等依法不予公开的信息和捐赠人或受益人与慈善组织协议约定不得公开的信息，不得公开。慈善组织不予公开的信息，应当接受政府有关部门的监督检查。①

公开时限。慈善组织应及时公开款物募集情况，募捐周期大于6个月的，应当每3个月向社会公开一次，募捐活动结束后3个月内应全面公开；应及时公开慈善项目运作、受赠款物的使用情况，项目运行周期大于6个月的，应当每3个月向社会公开一次，项目结束后3个月内应全面公开。

公开途径。慈善组织应通过自身官方网站或批准其登记的民政部门认可的信息网站进行信息发布；应向社会公开联系方式，及时回应捐赠人及利益相关方的询问。慈善组织应对其公开信息和答复信息的真实性负责。②

（二）"剪不断"的财产管理问题

【案例2】深圳壹基金公益基金会（简称壹基金）被质疑事件

2014年4月20日，芦山地震一周年，壹基金向社会公布了赈灾周年报告和地震捐款专项审计报告。报告显示：机构2013年共收到芦山地震定向捐款3.85亿元，截至2014年3月31日，已发生捐赠支出约4907万元，捐款余额约3.36亿元。

始料未及。两天后，微博实名认证叫作"中国知名的时政思想评论类网站"的四月网发布微博："截止到2014年4月20日8点2分，全国共计219家基金会参与雅安地震募捐，接收社会捐款达16.96亿元，目前已支出款物6.45亿元，约占总收入的38%。壹基金收了近4个亿的捐款，目前拨付了4000多万，仅占9%。"并据此质疑尚未拨付的3亿多元善款被"贪污"。

---

① 参见《国务院关于促进慈善事业健康发展的指导意见》。
② 《国务院关于促进慈善事业健康发展的指导意见》第三条第（五）项。

虽然此后四月网删除了该条微博，但在短时间内，此微博仍被众多网友阅读转发，并有多家网站转载。

彼时的秘书长杨鹏和创始人李连杰都没有预料到事情的发酵速度会如此之快。4月23日，壹基金才召集副总监以上级别的人"坐下来讨论"。从公关学上讲，这已经过了公关危机应对的24小时黄金时间段。在这次会议上，大家仍倾向"冷处理"的方式，认为过于荒谬的事情不会大范围传播扩展，只要事情讲明白就过去了。

但管理者们仍达成共识——采用法律手段。杨鹏解释：跟上次不一样，这次不是针对公益的一个纯粹的健康的质疑，上来就说贪污，这是诽谤。必须走诉讼程序。[1]

最终，壹基金可能是考虑到诉讼带来的负面影响，并没有对"四月网"提起名誉权侵权方面的诉讼，只是通过媒体进行了回应。

针对"地震捐款究竟去哪了？"的质疑，壹基金方面称：根据招商银行出具的资信证明书，截至4月22日，壹基金的账户存款余额合计4.6亿元。有关存款利息问题，招商银行出具的相关问题答复称，由于基金的存量资金会因募集的资金流入和项目拨付产生变动，所以存量资金的每月利息也会产生变动，故每月产生的利息也会不同。目前，该笔资金在2014年3月当期的利息收入为人民币905000元左右。这些利息都在招行监管之内，只能用于壹基金章程规定的方向。

针对壹基金未遵守《基金会管理条例》中"公募基金会每年用于从事章程规定的公益事业支出，不得低于上一年总收入的70%"规定的质疑，壹基金引用了民政部的《关于规范基金会行为的若干规定（试行）》作出回应。

此次事件的爆发，源于壹基金对捐赠财产使用信息的公开。目前，我国对基金会信息公开规定出现在很多法规与规范性文件当中，包括《基金会管理条例》、《基金会章程示范文本》、《基金会信息公布办法》、《关于规范基金会行为的若干规定（试行）》，在三类社会组织中规定最为细致。根据后两项法规，基金会应当向社会公布其年度工作报告、公募活动信息、公益资助项目、

---

[1] 张木兰：《质疑背后：壹基金的选择》，《公益时报》2014年5月8日。

关联方及关联交易①等信息。信息公开之后，特别是知名公益组织的捐赠财产使用信息公开之后，自然会引起社会的高度关注。

《基金会管理条例》关于"公募基金会每年用于从事章程规定的公益事业支出，不得少于上一年总收入的70%；非公募基金会每年用于从事章程规定的公益事业支出，不得低于上一年基金余额的8%"的规定，便成了悬在基金会头上的一把达摩克利斯之剑。壹基金是公募基金会，它必须接受这70%的限制，不按照规定进行公益事业支出，会受到登记管理部门的行政处罚直至被撤销登记。大多数公益慈善界人士都希望能调低甚至直接取消这个70%的限制，避免对基金会公益支出的过度干预。

《关于规范基金会行为的若干规定（试行）》规定，"基金会与捐赠人订立了捐赠协议的，应当按照协议约定使用受赠财产。如需改变用途，应当征得捐赠人同意且仍需用于公益事业；确实无法征求捐赠人意见的，应当按照基金会的宗旨用于与原公益目的相近似的目的"。② 实际上，一些公募基金会就是通过与捐赠人商定调期，使部分捐赠摊为多年的限定性资产来解决这个70%限制问题的。

此次，壹基金针对质疑所作出解释的主要依据就是《关于规范基金会行为的若干规定（试行）》。该文件规定，"对于指定用于救助自然灾害等突然事件的受赠财产，用于应急的应当在应急期结束前使用完毕；用于灾后重建的应当在重建期结束前使用完毕"。③ 国务院和雅安市委、市政府都将芦山地震的灾后重建时间规定为三年。而壹基金芦山地震救灾资金的安排，也是基于灾区救灾重建需求及政府规划和借鉴国内外灾后重建普遍经验而制定的，即三年完成主要任务，五年内完成，资金使用规划每年将根据实际需求进行调整。

---

① 陆璇、林文漪：《中国募捐捐赠法律知识二十问》，NGO发展交流网，http://www.ngocn.net/home/news/article/id/360535，最后访问日期：2015年5月3日。基金会的关联方包括发起人、主要捐赠人、基金会理事主要来源单位、基金会投资的被投资方；其他与基金会存在控制、共同控制或者重大影响关系的个人或组织等。关联交易为基金会与上述个人或组织发生的交易。

② 引自《关于规范基金会行为的若干规定（试行）》，全文参见中国网，http://www.china.com.cn。

③ 引自《关于规范基金会行为的若干规定（试行）》，全文参见中国网，http://www.china.com.cn。

《关于规范基金会行为的若干规定（试行）》毕竟只是一个民政部发布的规范性文件，效力大大低于《基金会管理条例》这一国务院颁布的行政法规。下位法是不能违反上位法的，所以，《基金会管理条例》必须根据慈善事业的发展实际情况加以修订，并且这种修订也是刻不容缓的。

（三）"理还乱"的财务规范问题

【案例3】中华少年儿童慈善救助基金会（简称中华儿慈会）天使妈妈专项基金被质疑事件

事件起因是2014年8月5日袁立发表的一篇微博。袁立在微博中质疑天使妈妈专项基金，梳理袁立在微博上的质疑，有两点。

第一点质疑是"捐助进展链接的穿越"，即她在7月13日询问捐助对象的救助情况，天使妈妈专项基金回复的链接中，页面内容却写着7月29日，宝宝术后第12天，宝宝重生。因此，她质疑，"13日已经知道29日发生的事了！怎么23日又在募捐？"

对此，"天使妈妈"在微博上回复称：13日发给袁立的是"患儿的救助链接"，而链接内容、救助进展是每周更新的，链接是固定的，救助进展是及时更新的。也就是说，虽然链接是13日收到的，但在之后点进去，里面的内容是会有更新的，会显示13日之后的内容。

袁立的第二个质疑是天使妈妈专项基金总筹集善款数额"缩水"。袁立称，8月6日，天使妈妈专项基金告诉她，一位受助人得到的总筹集善款是23940元，但在6月30日，天使妈妈专项基金发给她的一份明细中显示，那时，通过三个筹款平台已经为这名患儿筹集到了29405元。袁立质疑，为何8月6日的总额倒比6月30日时少了约5465元？

天使妈妈专项基金的解释是，6月30日那份明细中的29405元，是三个捐款平台——微博、支付宝、"天使妈妈"网站的总和。那么，"23940元"这个数字是什么呢？三个捐款平台中，目前只有"天使妈妈网站款"到账，数额是23940元，使用善款24935.3元。[1]

---

[1] 邱峻峰：《袁立质疑"天使妈妈"引发与邱启明微博舌战》，《成都商报》2014年8月8日。

早在2013年3月5日"爆料人"周筱赟就向民政部实名举报中华儿慈会，称"天使妈妈"涉嫌用个人账号收款、"私设小金库隐匿善款"等问题。民政部在2014年9月经调查后发布结论："天使妈妈"下设项目"天使之家"在中华儿慈会账号之外，存在着通过个人账号接受捐款的违规行为，但未发现公益资产的流失。

天使妈妈专项基金作为挂靠在中华儿慈会之下的一个专项基金，必须遵守《基金会信息公布办法》中对于基金会信息公开规定，所以，一旦相关捐赠人向"天使妈妈"提出信息公开要求，"天使妈妈"就应当如实提供公益慈善捐助工作的专门信息或专项报告。

公募基金会下设的专项基金，并不是独立法人，但如同社会团体设立的专项基金管理机构一样，基金会是不能委托其他组织运营专项基金的，基金会应当管好挂靠在自身名下的这些专项基金，应对其信息公开问题负起责任来。据媒体报道，"天使妈妈"自从2010年起成为中华儿慈会的专项基金挂靠以来一直存在通过个人账号接受捐款的行为①，构成"账外账"，这的确违反了中国财会方面的有关规定，中华儿慈会作为一个公募基金会，也是专项基金的法律责任承担主体，对于发生这样的违规行为难辞其咎。

所有的公募基金会当引以为戒，必须严格要求下属专项基金遵守基金会的财务会计制度并加强财务信息公开工作。

（四）"别有一番滋味在心头"的财务管理问题

【案例4】上海一公斤被指财务混乱事件

旨在"让每一个孩子拥有公平教育的机会"，近几年在上海发展迅速、颇有影响力，并荣获2012年上海市青年五四奖章（集体）的"上海一公斤公益发展中心"（简称"上海一公斤"），在2014年11月爆出财务丑闻，被指内部管理混乱、账目不清。

---

① 关桂峰：《天使妈妈回应"私设小金库"慈善基金屡受质疑》，《北京青年报》2014年9月1日。

"上海一公斤"财务王馨年向上海当地知名媒体《新闻晨报》自揭家丑："账不是一般的乱，募捐不入账，票据丢失严重，乱拿发票顶账，支付宝账号脱账达一年多……"

除了王馨年，作为"上海一公斤""乐融"项目的资助方——上海慈善基金会在对该项目的经费使用情况进行中期审核时，也对该项目总计6项费用支出中的4项提出了质疑，对92972.7元中的32000余元支出不认可，目前正在跟踪项目执行方的整改情况，并视情况处理或停止给付剩余资助款。

对此，"上海一公斤"负责人坦承，目前已经请了第三方审计公司介入账目审查，结果出来后会向社会公开。①

"上海一公斤"的登记管理部门徐汇区民政局也在事发第一时间2014年11月19日在上海社会组织网上公开表态："徐汇区民政局（社团局）成立调查小组对上海一公斤公益发展中心的财务管理、业务开展情况进行调查，并将委托公信力强的第三方审计机构进行财务审计，在查清事实的基础上，依法依规进行处理。"但至今没有在网上看到其公布任何审计结论。

鉴于徐汇区民政局正式的审计结论尚未公布，现无法就"上海一公斤"事件的法律性质作出进一步评论。

按照民政部的规定，民办非企业单位财务信息，除非涉及接受、使用捐赠、资助的有关情况，本来是不需要对外公布的，更没有法定的财务审计的要求。但是，作为一个接受社会捐赠的公益慈善类社会组织，理应对自己的财务工作高度重视，否则，一旦出现财务问题，其多年累积的组织公信力将毁于一旦。

很多社会组织都是由内部行政员工兼任财务或是对外聘请兼职财务来完成财务管理的。由行政人员兼做财务，其业务能力有待商榷，有些社会组织的员工根本并不具备独立完成机构内部财务管理的能力；而外聘的财务往往只是在特定的会计结算日集中处理账目，容易造成日常财务管理混乱的情况。②

---

① 李东华、邬林桦：《公益组织"一公斤"财务自曝账目有问题》，《新闻晨报》2014年11月18日。
② 陈圆：《"一公斤"之后》，NGO发展交流网，http://www.ngocn.net/home/column/article/id/361392，最后访问日期：2015年5月3日。

所以,未来公益慈善类的社会组织必须提升自己的财务能力,达到一定的财务水平,才能满足财务信息公开的要求。

(五)小结

公益慈善组织的公信力建设,是公益慈善组织发展的必经阶段。中国当前公益慈善组织发展的最大困境也许并非制度困境,很大程度上在于公信力不足。社会组织的公信力一般由三个层级的内容构成:第一,合法性;第二,问责(accountability);第三,信誉。一个公益慈善组织的合法性问题解决之后,最需要重视的就是问责的问题。所谓问责,就是一个组织能够对利益相关方负责,从而能够就公益资源的使用状况等各种社会关注的问题,对社会有一个满意的交代,简言之,就是"说明责任"。

从内容上看,问责的内容最常见的就是财务与项目状况。从方式上看,信息公开,就是一种有效的问责方式,一旦该组织做到信息公开,便很快进入了公信力建设的快车道,"问责"就有了基本的保证,让公众有了一种这个组织很负责任的感觉,在某种程度上也就赋予了这个组织"公信力"。每个公益慈善组织都应切实地履行信息公开义务,透明就是公益慈善组织的生命所在。

我们提倡中庸之道,不赞同过度公开透明。过度公开透明将会耗费大量的经济成本,这是数量上占大多数的小微公益慈善组织负担不起的;过度公开透明也是社会信任缺乏的标志,不仅没有产生更多有效的社会资本,反而在浪费社会资源;最后,过度透明可能会侵犯受益人隐私。

二 公益慈善组织的募捐捐赠制度

(一)募捐行为的法律分析

【案例5】王海林募款事件

2014年10月份以来,一则与个人募款行为有关的新闻又一次引起了大家的关注。在成都街头,一位叫王海林的男性扮女装卖卫生巾,以此筹款救治患有白血病的女儿。在媒体和网络曝光之后,其个人账号接收到网友捐款高达

140多万元。根据媒体报道，收到捐款后，王海林没打算将140多万元的善款全部用于女儿治病，而是100万元用于他的女儿与母亲治病，40万元捐给需要帮助的朋友。

王海林与捐赠人并不构成"募捐"关系，而是普通的赠与合同关系。由于他筹款是为了自己女儿而非不特定群体，属于个人求助行为，不满足构成募捐的目的要件。虽不构成募捐行为，但其无证设摊、占道经营的行为可能因触犯市容与环境卫生方面的法律而受到行政处罚。

募捐，不是一种普通的赠与合同关系。中国有关募捐方面的慈善立法并不完备，1999年出台的《公益事业捐赠法》主要规范的是捐赠人的捐赠行为，对受赠人的募捐行为没有规定。《广州市募捐条例》将募捐定位为募捐组织在广州市行政区域内面向社会公众公开募集财产用于公益事业及相关的管理活动；《上海市募捐条例》则直接将募捐定义为基于公益目的而向社会公开募集财产的劝募行为。通过这些新制定的地方性法规，我们可以了解到在中国法律语境下，"募捐"是指基于公益事业之目的，向社会公众公开募集财产的一种劝募行为。因而，募捐的法律属性包括公益性，时效性，以及附条件的第三人（不特定群体）利益合同。

虽然《公益事业捐赠法》规定了"受赠人"应当按照协议约定的用途使用捐赠财产，不得擅自改变捐赠财产的用途，但是这里的"受赠人"指的是公益慈善组织而非个人。回到本案例，一方面缺乏书面捐赠协议，另一方面缺乏公益慈善组织作为中间人与监管人，导致公众缺乏途径确切了解捐赠的数额，更无法确保捐赠款项的用途不偏离捐赠人的本意。捐赠人也很难直接对其进行有效的监管，如果有一个专业的公益慈善组织对善款进行专业管理显然会比较好。

正是由于部分具备公募权的公益慈善组织不被公众所信任，所以才会出现邓飞的"免费午餐"、王克勤的"大爱清尘"等具有个人色彩的募捐行为，而其合法性却又往往源于将募捐活动挂靠公募基金会、设立专项基金。然而，这正恰恰说明了公募权的垄断。民办公益慈善组织很难获得公募权，导致很多公益慈善组织只能选择挂靠在官办公募基金会之下。因而，减少"个人募款"行为的两个药方是：其一，适时地开放公募权，让募捐行为回归民间与市场，

公益蓝皮书

打破官办公益慈善组织对公募权的垄断,赋予民办公益慈善组织公募权,促进公益慈善组织市场化运作,实行优胜劣汰。其二,提升募捐行为的透明度以及公益慈善组织整体的公信力。正如李克强总理在2014年10月29日国务院常务会议上所说的,要增强慈善组织公信力,把慈善事业做成人人信任的"透明口袋"。①

(二)公益慈善组织的募捐资格问题

【案例6】冰桶挑战募集资金风波

2014年9月14日,宋庆龄基金会王甲渐冻人关爱基金、渐冻人协会(MDACHINA)等四家机构通过"神经肌肉疾病协会"官网,联合发出《关于瓷娃娃罕见病关爱中心借冰桶挑战违规募集资金的公开信》(下称《公开信》)。《公开信》援引相关法规条款,抨击"瓷娃娃"违法公开募款,业务范围越界,建议民政主管部门依法严惩。

《公开信》首先质疑作为民办非企业单位的"瓷娃娃"不具有"公募资格"并涉嫌向公众隐瞒事实。此外,《公开信》还援引世界卫生组织关于罕见病的定义,认为我国渐冻症群体的患病人数占总人口比例大于0.065‰,因而不属于"罕见病"范畴,而从事"罕见病"救助的"瓷娃娃"不具有救助渐冻病人的资格,其业务范围明显越界。

关于募捐资格方面的质疑,有公益人发专文驳斥,认为《公开信》质疑"瓷娃娃"不具有公募资格实乃无中生有②,因为"瓷娃娃"已于2009年在全国性公募基金会——"中国社会福利基金会"下设了全国性罕见病公募基金——"瓷娃娃罕见病关爱基金"。

---

① 本节改编自笔者的文章《捐款不是你想拿,想拿就能拿:募捐行为的法律分析》,NGO发展交流网,http://www.ngocn.net/home/news/article/id/360850,最后访问日期:2015年5月3日。
② 贺永强:《无公义,何谈公益?——后冰桶挑战时代的思考》,NGO发展交流网,http://old.ngocn.net/?action-blogdetail-uid-129449-id-29177,最后访问日期:2015年5月3日。

上述说法是成立的。2014年1月1日开始施行的《北京市促进慈善事业若干规定》明确规定："依法成立的公募基金会以外的其他慈善组织依照章程开展慈善活动确需面向不特定的社会公众公开募集财产的，应当与公募基金会联合开展募捐活动。"[1] 据此，瓷娃娃罕见病关爱中心与中国社会福利基金会的联合募捐行为是合法的。享有公募权的基金会与以民办非企业单位、社会团体形式成立的公益慈善组织进行联合募捐，目前是一种合法与有效的合作方式，在现阶段对双方都存在一定的益处。

在全国范围内，公募基金会、具有公募资格的社会团体（包括红十字会、慈善会）是拥有募捐资格的两类社会组织。在广州市，实行的则是募捐许可制度，通过该制度已经将募捐资格扩展到公益慈善类的社会团体、民办非企业单位。按照《广州市募捐条例》的规定，红十字会、慈善会和公募基金会这三类有公募权的组织开展募捐活动，无须申请募捐许可，只需向市民政部门备案。而在此之外，其他类型的社会团体、民办非企业单位和非营利的事业单位在申请取得募捐许可之后，可在许可的范围和期限内开展募捐活动。

深圳市则有可能实施更为开放的募捐备案制度，2014年发布的《深圳经济特区慈善事业促进条例（修订稿）》，将募捐资格扩展到无法定公募资格的所有公益慈善组织。扩大享有募捐资格的社会组织主体将不仅仅是为了形式上与国际接轨，也是为中国社会组织发展创造一个比较公平的竞争环境，打破行政垄断，这是社会组织立法的大势。

顺便谈一下这里涉及的社会组织超越业务范围的问题，按照《民办非企业单位登记管理暂行条例》的规定，"民办非企业单位超出其章程规定的宗旨和业务范围进行活动的，由登记管理机关予以警告，责令改正，可以限期停止活动；情节严重的，予以撤销登记；构成犯罪的，依法追究刑事责任"。[2] 现行法律对社会组织在超越业务范围方面的处罚相当严厉，笔者认为，未来社会组织立法时不应当对业务范围有过度的限制，只需对确需申请行政许可方可从事的业务严加管理即可；而对于其他超越业务范围的行为限期改正即可，允许其扩大业务范围，无须动辄给予行政处罚。

---

[1] 参见《北京市促进慈善事业若干规定》第十条第一款。
[2] 参见《民办非企业单位登记管理暂行条例》第二十五条。

公益蓝皮书

（三）公益慈善组织的募捐成本问题

【案例7】施乐会"置顶费"事件

近日，以"全国首家众筹互动平台，善款100%到达受助人"为口号的公益组织施乐会身陷"置顶费"旋涡，被指多次向求助者收取高额置顶费。

作为针对个体救助的公益机构，施乐会的模式为类C2C的交易平台：求助者在网站发帖求助，捐赠人通过充值、捐赠等方式，把资金打入施乐会平台，再由施乐会转交给求助者。

质疑的声音来自一名叫"刘苍龙"的求助者，他在接受《成都商报》采访时说，自己曾为8岁患有高位截瘫的女儿求助，通过施乐会的平台募集到了10万余元善款，但除掉置顶费用（交费后求助帖会得到推广，并能够显示在网站首页），真正到手的还不到1万元。

2014年11月10日，施乐会在其官网上发布的《施乐会运行情况说明》显示：2014年1月~2014年11月1日，施乐会总受助人数24145人，总捐助金额38028561.35元，总运营经费收入6416464.98元，其中置顶推广项目收入5875266.98元。参加置顶推广项目人数605人，占总人数的2.5%，截至2014年11月1日，运行经费支出占总捐助额的12.28%。

不难算出，仅10个月时间，施乐会就收到"置顶费"580多万元，参与置顶的求助者平均支出9711元。

2014年11月7日，在媒体曝光后，施乐会收取"置顶费"的行为被其上级挂靠单位——金华市慈善总会叫停，相关审计和调查工作随即开始。

事实上，"置顶费"事件并非施乐会首次遭到外界质疑。早在2012年8月，因向每位社工承诺可从每笔捐款中最高提成15%作为报酬，施乐会亦曾陷入"提成门"，进而引发行业关于筹资官员提成问题的讨论。

尽管质疑不断，但似乎并不影响施乐会的募捐效果。其官网显示，从2007年4月成立至2014年11月16日，该平台累计为求助者募资超过1.03亿元，帮助家庭近5000个。施乐会全称是"金华市慈善总会施乐会"，作为一家在地级市注册的社会团体——金华市慈善总会的分支机构，施乐会具备公募资格。

施乐会究竟靠什么吸引了大量善款？为什么要收取"置顶费"？

与传统的公益机构相比，施乐会的团队构成更像是一家互联网公司。在其网站上公布的28位团队成员中，负责施乐会网站的就有11名，并且分工明晰。而负责客服、活动策划、信息审核与资金兑现和网络推广的施乐会专员共9名。

在接受媒体采访时，施乐会会长方路表示施乐会之所以收取"置顶费"是因为施乐会从成立到现在，一直靠创始人张秉新的企业的行政经费支持才能维持运转；资助了施乐会6年半的企业停止资助后，机构只能自己想办法解决经费问题，维持网站运营和推广，而包括人员工资、场地租金、水电气费等在内的开销总量很大。

施乐会的团队从创建开始就带着互联网思维做事情，六七年前，很多公益机构还没有网站的时候，施乐会的信息资料就全部在网络上公开，对捐赠人很有吸引力。但缺少传统公益项目的执行经验，加上金华人商业思维发达的特质，施乐会出现"提成门"和"置顶费"事件，就容易理解了。①

2014年的《国务院关于促进慈善事业健康发展的指导意见》② 和2012的《关于规范基金会行为的若干规定（试行）》③，都允许募捐的公益慈善组织与捐赠人约定一定的管理成本，如果没有约定，应参照适用《基金会管理条例》规定10%的上限。所以，在捐赠人同意的情况下，公益慈善组织可以从捐款中扣除一定的管理成本。这里需要公益慈善组织注意的是，对于公益捐赠，如果要扣除管理成本，捐赠人的同意是必要条件；如果没有双方之间的约定，是不可以从公益捐赠中列支管理成本的。简言之，原则是不允许列支，但双方有约定，从其约定。

此外，对目前不享受公募资格、连公益事业捐赠发票都申领不到的社会力量举办的社会团体、民办非企业单位而言，笔者认为，不应当适用10%的管理成本的上限。因为这些社会组织的资金来源主要不是公众的捐赠，而是政

---

① 张木兰：《施乐会"置顶费"事件还原》，《公益时报》2014年11月18日。
② 《国务院关于促进慈善事业健康发展的指导意见》第三条第（二）项。
③ 民政部《关于规范基金会行为的若干规定（试行）》第一条第（八）项。

府、基金会的服务购买以及服务对象直接给付的社会服务收入，组织每年总收入也很低（不满100万元），如果照猫画虎，在服务购买项目中对它们设定10%的管理成本上限，甚至不允许列支管理成本，那么这些社会组织的工作人员工资福利、行政办公支出都将没有着落。

当然，对于社会团体、民办非企业单位的工作人员工资福利、行政办公支出也应设定一个合理的限度，但这个比例应与处于不同发展阶段的组织相匹配，不能一刀切。

以上谈的都是管理成本，募捐成本是管理成本中的一部分。无论是《公益事业捐赠法》还是《基金会管理条例》，对于公益慈善组织的募捐成本均未有详细的规定，对公益组织招募的募捐人员也没有严格的资格认定体系。

按照国际惯例，15%~25%的募捐成本是合理的。以美国为例，美国的筹资分成筹资策划、活动执行、募捐管理、法律与财务审计等多个领域，每个领域都有大量专业人士参与，这些专业人士自然都是要收取与正常市场价值相符的费用的。一些公益机构还会把筹资工作交给专门的募捐公司。

但国内针对公益慈善组织不仅有10%的管理成本上限，而且民政部有禁止募捐人拿回扣的规定，似乎堵住了职业募捐人以及募捐公司的生存与发展空间。2009年《民政部关于基金会等社会组织不得提供公益捐赠回扣有关问题的通知》中规定："基金会接受的公益捐赠必须依照有关法律法规的规定用于公益目的。不得在接受的公益捐赠中提取回扣返还捐赠人或帮助筹集捐赠的个人或组织。""社会团体和民办非企业单位接收公益捐赠，依照以上精神执行。"[1] 不入账的回扣当然不可以，但是捐赠人与公益慈善组织双方都认可的正常筹资服务不应算作"回扣"，国家不但应当允许，而且应当给予适当鼓励，只要筹款成本控制在合理上限内即可。

筹资也是一种专业服务，筹资服务做不好，不仅募捐活动的成本会大大增加，实际效果也会大打折扣，一些募捐活动甚至会入不敷出。要保证慈善募捐活动的高效率，就一定要有专业人士参与。在国外，募捐是专业活动，公益机

---

[1] 参见《民政部关于基金会等社会组织不得提供公益捐赠回扣有关问题的通知》（民发〔2009〕54号）。

构筹资官员的薪酬与其筹资业绩挂钩是可以得到公众理解的。① 在国内，管理成本都尚未被公众完全接受，部分募捐组织拿"零"管理成本当作卖点，募捐成本就更不要提了。

（四）小结

综上可见，公益募捐捐赠制度面临很多问题，需要一部全国性的法律法规加以规范，其中最重要的两个部分：一是改革募捐资格制度，要赋予更多社会力量举办的符合条件的公益慈善组织公募权，进一步打破官办公益慈善组织的垄断；二是允许公益慈善组织列支一定比例的募捐成本，让专业的人来做专业的事，全面提升中国公益慈善组织的筹款能力。

三 公益慈善组织在项目合作活动中的法律意识

（一）公益慈善组织的知识产权受法律保护

【案例8】禾邻社诉万科公益基金会侵犯著作权案

2013年，上海的一家民间组织上海浦东新区禾邻社区艺术促进社（以下简称禾邻社）一纸诉状将万科公益基金会告上法庭，诉称在双方项目合作过程中对方侵犯自身拥有的《全民植物地图》著作权，并索赔2万元人民币。

法院经审理，确认万科公益基金会在未得到禾邻社书面授权的情况下，将《全民植物地图》及总结报告向全国各地分公司进行推送，侵犯了禾邻社对该作品所享有的复制权与发表权。

2014年6月16日，广东省深圳市盐田区人民法院的一纸判决为这场持续了两年之久的著作权侵权纠纷暂时画下了一个句号。该法院判决万科公益基金会向禾邻社支付侵权赔偿款及各项费用人民币26730元。

之后，万科公益基金会对一审判决不服，提起上诉。上诉之后，深圳市中

---

① 侯雪竹：《追求低成本募款限制公益发展》，《京华日报》2013年8月27日。

公益蓝皮书

级人民法院对该案进行了二审,二审判决结果是驳回上诉,维持原判。此为终审判决。

这个案件被称为公益界知识产权第一案,原因在于侵权方万科公益基金会的发起人万科集团公司的巨大影响力与雄厚实力。

现实中,由企业成立的非公募基金会往往很难独立于发起企业,不少企业基金会类似于企业的企业社会责任(CSR)部门,甚至有些企业基金会承担起部分市场部的工作。正是基于企业基金会这种特殊的身份,一些企业基金会会很自然地把与公益组织合作中的模式资料传播到企业中去,造成对公益组织的侵权,因为它会自然地把发起的基金会当作企业的内设部门,而非第三方。

万科公益基金会最初的态度是"没侵权,不调解"①,正是其把企业设立的基金会与集团本身法律地位混淆的结果。在法律上,基金会是一个独立法人,独立对外承担民事责任、独立享有民事权利。即使该基金会由企业出资成立,冠以企业的名字,依然不影响基金会自身的独立性。万科公益基金会在致歉信②中明确承认将禾邻社资料发给各地万科公司,这恰恰说明了万科公益基金会已经违反了当初项目合作协议中的条款,把禾邻社的资料提供给了第三人。

禾邻社在该案中所聘用的律师也是上海复恩社会组织法律服务中心的专家,该律师忠实履行了律师职责,维护了当事人的合法权益,这也说明了法律面前人人平等,每个公益慈善组织都可以请律师帮助维权,让公益慈善组织认识到如遭遇法律问题是可以通过法律手段在法治框架下进行解决的。

按照一审民事判决书中法官的认定,"本案系著作权纠纷。原告根据原、被告双方协议组织开展植物地图活动后制作完成的活动总结,以文字与图片相结合的方式对原告组织开展植物地图活动的过程及过程具体情况进行了介绍和分析,记录了原告的工作方法以及工作成果,凝聚了原告的思想和智慧,具有

---

① 《禾邻社与万科公益基金会纠纷始末》,http://roll.sohu.com/20140408/n397886200.shtml,最后访问日期:2015年5月3日。
② 万科公益基金会:《致歉信》,http://ww3.sinaimg.cn/bmiddle/b9c55301gw1e3er7oapfcj.jpg,最后访问日期:2015年5月3日。

独创性，属我国《著作权法》所保护的文字作品，原告依法享有著作权"。

一审判决没有接受被告万科的抗辩，完全支持了禾邻社的观点，即其享有该《全民植物地图》的知识产权。

其实类似的纠纷在行业中并不罕见，考虑到诉讼投入的时间成本、人力成本，以及打官司的难度，一般机构都以忍字当头，少数机构忍不住了就只能在网络上吐槽。常见的"吐槽"例子有，大型官办社会团体以招标或寻求合作伙伴为名，向公益慈善组织征集项目策划书，而当公益慈善组织递上项目策划书之后，就没了消息，再过一段时间则发现这家官办社会团体自己选择其中的项目方案开始执行。[1]

这种情况看起来是公益机构的项目策划书被剽窃，著作权受到了侵犯，但实际操作中很难以著作权侵权提起诉讼，如果侵权方没有进行"复制"或"发表"，只是按照方案去执行，可能就没有侵犯著作权。因为著作权要保障的是思想的表达形式，而不是保护思想本身。而这次万科公益基金会将禾邻社的"项目总结"转发给第三方的各地万科公司，则构成了明显的侵权行为。[2]

如果并没有将相关策划文件复制转交他人或进行抄袭，只是自己看了，就很难界定侵犯著作权。因为策划方案中的想法、创意都可能会触发灵感，促使项目成形，法律不可能去保护这些想法、创意，不让大家去分享、学习和交流提高。即使这些想法和创意构成著作权，法律也同时明确规定了"著作权的合理使用"制度，并不是说只要使用就一定是侵权了。[3]

公益圈里常被说起的剽窃策划方案这类大家认为理所当然是著作权侵权的纠纷，其实有时不一定是著作权纠纷。前述基金会或官方社会团体的行为本身是违反诚实信用原则的，几个投标方可以主办方存在恶意违反诚实信用原则进

---

[1] 本节改编自禄晓红《禾邻社与万科知识产权之争》中采访笔者的部分内容，《中国发展简报》网站，http://www.chinadevelopmentbrief.org.cn/news-17257.html，最后访问日期：2015年5月3日。

[2] 本节改编自禄晓红《禾邻社与万科知识产权之争》中采访笔者的部分内容，《中国发展简报》网站，http://www.chinadevelopmentbrief.org.cn/news-17257.html，最后访问日期：2015年5月3日。

[3] 本节改编自禄晓红《禾邻社与万科知识产权之争》中采访笔者的部分内容，《中国发展简报》网站，http://www.chinadevelopmentbrief.org.cn/news-17257.html，最后访问日期：2015年5月3日。

行起诉,主办方承担的是民事赔偿责任,法律上称之为"缔约过失责任"。实际上,很多案例可以从这个角度去看,比如下面这个案例。

(二)公益慈善组织必须遵守诚实信用原则

【案例9】爱稀客指责无锡灵山慈善基金会"蓝嘴唇关爱基金"抄袭其公益项目事件

2014年9月28日,北京爱稀客肺动脉高压罕见病关爱中心(简称"爱稀客")创始人黄欢在病中写文章质疑"某基金全盘抄袭草根NGO公益项目"。文章摘引如下:

> 近日,我很惊讶地在某基金会网站上看到了一个"蓝嘴唇关爱基金",发起方是某基金会与某传媒集团。同时还发起了一个名为"涂起蓝唇,让'蓝嘴唇'不再孤单"的活动,当我看完这个活动,发现与我们8月21日在腾讯公益乐捐项目上发起的"蓝唇挑战"几乎雷同到全盘抄袭的地步。
>
> "爱稀客"曾经很善意地将这个由基金会和传媒集团发起的关爱基金理解为一种善举,并在爱稀客医生顾问的介绍下,无私地与基金会和传媒集团分享了我们几年来在公众宣传、政策倡导及专业顾问方面的成功经验。
>
> 在我们多次要求合作方不断完善工作目标、资金用途及合作协议的同时,该基金却在未经我们允许的情况下,全盘抄袭"爱稀客"的"蓝唇挑战"项目,在没有明确交代资金用途的情况下开展募款活动,以基金会和传媒集团的名义发起了一个没有肺动脉高压患者自主参与、自主发声的"蓝嘴唇关爱基金"。这已经不仅仅是抄袭创意、盗用品牌的欺诈行为,更多的是对患者的不尊重和漠视,对捐赠人的不负责任。[1]

无锡灵山慈善基金会张龙在就此事接受媒体采访时做了如下回应:[2]

---

[1] 《草根机构质疑基金会抄袭项目》,《中国发展简报》网站,http://www.chinadevelopmentbrief.org.cn/news-16628.html,最后访问日期:2015年5月3日。

[2] NGOCN:《专访灵山慈善基金会张龙》,NGO发展交流网,http://www.ngocn.net/home/news/article/id/359444,最后访问日期:2015年5月3日。

关于项目抄袭方面，其实在冰桶挑战以后，大家都想去复制这种效应，我知道爱稀客有做过"蓝唇挑战"的活动，但对这个项目的细节了解并不多，如果说广电集团完全抄袭，我认为不符合事实，因为广电集团围绕"蓝嘴唇"议题已经搞了一系列公益活动，灵感更多来自冰桶挑战。

另外，关于与爱稀客的合作，其实当时爱稀客也在跟几个公募基金会聊，不仅仅是灵山基金会一家，因此他们也说过希望能权衡利弊再选定合作对象，在他们再三要求下，我把一些我们专项基金的资料发给他们了解，方便他们去了解和比较，但我只给爱稀客提供了一些信息，我们没有就专项基金的目标、资金使用范围进行过讨论，还没有到确定合作的阶段。另外，当时我想促成三方合作，但最后努力不成功，是因为合作需要三方都同意，广电那边对爱稀客不了解，没同意。而我们和广电的合作意向是爱稀客之前就定的，因此不存在抛开他们的说法。

笔者不是司法机关，对于这起事件的真相如何无从判断。如果从爱稀客指责的"抄袭创意、盗用品牌"行为来看，至少可以从两个法律角度去思考：一是要看"蓝嘴唇"是不是一个注册商标或者美术作品，相关权利人是不是爱稀客；二是要看灵山慈善基金会是不是构成缔约过失责任。这里主要谈一下后一个问题。

我国《合同法》第四十三条规定："当事人在订立合同过程中知悉的商业秘密，无论合同是否成立，不得泄露或者不正当地使用。泄露或者不正当地使用该商业秘密给对方造成损失的，应当承担损害赔偿责任。"如果爱稀客所分享的"几年来在公众宣传、政策倡导及专业顾问方面的成功经验"构成中国法律上的"商业秘密"，那么灵山慈善基金会不正当使用了该商业秘密并给爱稀客造成了损失，那么就构成了损害赔偿责任。

我国《合同法》[①] 规定的"缔约过失责任"的主要形式包括：一是假借订立合同，恶意进行磋商；二是故意隐瞒与订立合同有关的重要事实或者提供虚假情况，此种情况属于缔约过程中的欺诈行为；三是泄露或不正当地使用商业

[①] 《中华人民共和国合同法》第四十二、四十三条。

秘密；四是有其他违背诚实信用原则的行为，也即包括除了前三种情形之外的违背先合同义务的行为。

诚实信用不仅是现代经济社会的必然要求，同样也是世界各国民事立法的基本原则。在民法的所有基本原则中，诚实守信原则被学界奉为"帝王条款"、"帝王原则"。我国的"权利法案"——《民法通则》第四条也明确规定民事活动应当遵循诚实信用原则，从而将诚实信用的要求以法律的形式固定下来，赋予其极大的法律效力。

笔者建议，中国的社会组织一方面应该在合同谈判与缔结过程中遵守诚信原则，另外一方面也要加强对保密信息的管理，做好事先的风险防控。例如，需要建立保密制度，对保密信息采取保密措施。因为项目需要，要与其他单位分享本组织的保密信息时，如果尚未达成项目合作协议，在移交相关资料之前，要签署一份书面的保密协议；如果已达成项目合作协议，在双方的书面协议中要写明保密条款。

（三）公益慈善组织必须有契约精神

【案例10】广州灯塔计划谴责中华社会救助基金会违约事件

"幸福列车——广州彩虹之旅"是中华社会救助基金会发起，广州市灯塔计划青少年发展促进会（以下简称"灯塔计划"）策划和筹办的公益活动，原计划于2014年7月21日至27日开展，旨在接载生活在安徽的留守儿童到广州与他们的父母团聚，并通过一系列的体验活动，让留守儿童更多地了解他们父母工作和生活的广州，了解城市发展背后的故事。

2014年7月5日"灯塔计划"收到中华社会救助基金会发出的单方面变更合同内容的通知：

> 我会收到上级部门建议，与中小学生有关的暑期公益活动应当深入社区、深入农村。引导学生通过参加农业生产、公益劳动、志愿服务，逐步形成热爱劳动、吃苦耐劳、勤俭节约的思想品质和行为习惯。
>
> 经我会秘书处办公会决定，幸福列车项目广州彩虹公益活动变更为学校探访活动，时间延期至9月下旬，届时项目组将邀请企业家、志愿者一

起走进乡村,开展留守儿童关爱活动。①

2014年7月8日,"灯塔计划"公开发出一篇声明,强烈谴责中华社会救助基金会取消"幸福列车——广州彩虹之旅"活动的做法。"灯塔计划"在声明中说:

> 双方已经签订了协议,却因为甲方的一句话,让NGO四个月的努力化为乌有。"灯塔计划"因此提前终止与中华社会救助基金会的合作协议,并要求对方支付"灯塔计划"及其他公益伙伴机构已经付出和发生的前期费用。

2014年7月10日,中华社会救助基金会在其官网上发布了一份联合声明《关于2014年度"幸福列车——广州彩虹之旅"公益活动实施终止的说明》。声明称:"出于对该活动组织的儿童安全等不可控因素问题的考虑,中华社会救助基金会暂时终止该项目的实施。"目前,经过与"灯塔计划"协商,达成两点共识:其一,"幸福列车——广州彩虹之旅"公益活动暂时终止实施;其二,中华社会救助基金会将重新策划2014年度"幸福列车"公益项目。

"我们已经表示不认可这份联合声明,但是,他们还是以'联合声明'的方式单方面发布出去。""灯塔计划"负责人卢思敏称。②

最终,听说中华社会救助基金会与"灯塔计划"签署了补充协议,重启了该项目,并顺利履行完毕。

广州"灯塔计划"与中华社会救助基金会的"幸福列车"项目合同中止及重启事件,就是一个典型的公益慈善组织之间发生的与诚信履行合同、契约精神有关的事件。中山大学中国公益慈善研究院的朱健刚教授对该事件有如下评论:

---

① 《"灯塔计划"关于"幸福列车——广州彩虹之旅"被突然取消的谴责声明》,灯塔计划官方网站,http://www.lighthouse.org.cn/content/?290.html,最后访问日期:2015年5月3日。

② 谭秋明:《接留守儿童进城变下乡探望?》,《广州日报》2014年7月10日。

朱健刚表示，这其实是个大牌基金会跟 NGO 合作常会出现的情况，就连他自己也有过这样的经历，一些大牌机构明明答应好的事情，突然说取消就取消。这折射了公益圈普遍存在的"大佬现象"，大牌机构对草根 NGO 的不尊重已经是一种习惯。

这种情况不是中华社会救助基金会本身存在的，原因在于整个公益圈还没有走向市场化，没有建立起圈内的行规或伦理准则，远远不能跟市场经济相适应。他透露，出资方的这种傲慢心态由来已久，"灯塔计划"的这次事件，刚好可以引起社会的关注，希望各界都能重视公益圈的这种"大佬"和"草根"的不平等关系，进一步去理性看待公益圈的人和组织怎么履行自己的使命，呼吁建立起公益行业的契约精神。

而关于事件的后续处理，他认为一方面我们还是继续呼吁《慈善法》的出台，给公益机构一个行为准则。另一方面，也可以依据现有的一些民事法规提出申诉。此事也是一个提醒，NGO 不能光凭一腔理想做事，日常工作中也要懂得维护自身权益。①

朱教授说得很好。笔者认为，这起事件从内容上看法律关系相当简单，就是项目资助方单方面要求变更合同内容，如果这种变更未能征得项目执行方同意，这当然属于一种违约行为。按照《合同法》的规定，"当事人应当按照约定全面履行自己的义务"。② 如果违反了这种全面履行的义务，是要承担法律责任的，即"当事人一方不履行合同义务或者履行合同义务不符合约定的，应当承担继续履行、采取补救措施或者赔偿损失等违约责任"。③ 中华社会救助基金会之所以被"灯塔计划"指责，因为其的确是缺少"契约精神"，不知道双方之间是平等的民事主体的关系，提供资金的一方本身也受到合同条款的约束，是不能擅自变更合同的。

这里谈的契约精神是指"承诺必定信守，契约必须遵守"的这样一种精神，在学术上我们称之为"契约神圣"原则。笔者希望不论是处于强势地位

---

① 《"幸福列车——广州彩虹之旅"事件始末》，http://www.csrworld.cn/article - 2338 - 1.html，最后访问日期：2015 年 5 月 3 日。
② 《中华人民共和国合同法》第六十条。
③ 《中华人民共和国合同法》第一百零七条。

的项目资助方，还是处于弱势地位的项目执行方，都要全面履行合同义务。

笔者认为，契约精神包括了两方面的含义，诚信意识与公民意识。

1. 诚信意识

诚信意识源于"条约必须遵守"（pacta sund servanda）的古罗马法谚，指契约必须被遵守。它要求缔约方必须诚实不欺、恪守契约，不能擅自违背自己的诺言。社会组织在缔结合同的时候，应当意识到缔结合同行为的神圣性。其中包含两个方面的内容。

第一，其意思表示必须真实。在合同谈判的时候，就应认识到自己希望获得的权利是什么，愿意承担的义务又是什么。千万不能因为合同相对方的强势而缔结一份一边倒的合同，到日后做不到导致违约了，再辩称这是当时迫于形势缔结的，不是自己真实的想法，便是一种不诚信的行为。

第二，合同一旦缔结，便享有自己应有的权利，同时尊重对方的权利，要全面、适当履行自己的合同义务并确保对方履行了其合同义务。基于诚信原则，当自己的权利遭到侵害时，应该积极主张自己的权利，或自己未能适当地履行义务时，应当积极地对万不得已情况下发生的违约行为进行及时补救。

2. 公民意识

契约精神不是一个整体的概念，它其实是对每一个社会参与个体公民意识的要求。这种公民意识体现为一种主体的精神价值取向，契约是"缔约人自己为自己立的法律"。

在一个市场经济社会中，信用应当成为考量社会成员的无形标准，恪守信用则应成为社会成员不可或缺的无形资本。一个理想的、健康有序的市场，是即使行为主体面对的是平生素未谋面的陌生人也完全可以依赖完善的信用体系来判断是否同对方进行交易的市场。

如果法律失去信用而变得虚伪善变，便失去了法律的权威，那么对于主体而言，这种法律便失去了意义。因为行为主体无法根据法律的规定（或者说法律保护下的契约约定）对自己或他人行为产生一种合理的预期，并且无从依赖这种预期行事，长此以往，规则与法律便沦为无用之物，社会交往陷入无序，法治社会必然成为一种奢望。同样地，若社会各个主体（包括政府机关、企业、社会组织、公民在内）恪守契约，依法律规定行事，那么，整个社会的交易成本就可以降低，这才更有利于社会的发展和

进步。

因此,契约精神作为合同法律意识的最高标准,必须为社会各方所信仰,社会组织作为由公民组成的团体,是社会发展必不可少的支柱型力量,自然也不能例外。

(四)小结

随着社会组织的蓬勃发展、社会组织数量的快速增加,我们看到,近年来与社会组织有关的纠纷(特别是在劳动人事、知识产权以及项目资助与合作等方面)屡见不鲜。社会组织频陷法律纠纷,通常被认为是社会组织法律意识的缺失。[1] 然而对于社会组织来说,法律意识究竟指什么?社会组织需要意识到什么才能有效地防止合同纠纷?

笔者认为,社会组织频涉合同纠纷不能以法律意识的缺失一概而论。究其真正的原因,是社会组织的主观意识中存在多个误区,这导致了社会组织形成了错误的法律意识。

所谓法律意识,从广义上指个体关于法和法律制度的知识、观点、思想、心态的总和,从狭义上指个体对一定时期法律及法律制度特征的评价和观点。[2] 可见,法律意识具有一定的主观性和个体差异性。从个体对法律制度的认识角度来说,有些法律意识中的观点和思想可能与法律制度相一致,但是有些也可能是理解错误后产生的意识。

社会组织从注册登记到运行过程中与捐赠方签订捐赠协议或者与劳动者签订劳动合同,这些均是法律意识的具体体现。然而,发生纠纷的社会组织大都与相关方签订了合同。所以,从广义上来说,它们确实具备法律意识。但是这些法律意识并没有使它们避免合同纠纷。因此,法律纠纷发生的关键,不在于社会组织缺乏法律意识,而在于误区太多,它们存在各种错误的法律意识。

从中国社会组织发展的角度来说,资助方过于强势,小微社会组织过于弱势,都是阻碍社会组织健康发展的因素。对资助人来说,选择资助对象的时

---

[1] 《联手做公益,捐赠者为何与公益组织反目》,华律网,http://www.66law.cn/topic2010/gysyjzhtjf/37959.shtml,最后访问日期:2014年9月10日。
[2] 李瑜青:《当代契约精神与法律意识》,《学术月刊》1999年第2期。

候，要注重公益性（即避免与商业利益挂钩）、公平性（即以公开透明的程序使得同等条件的社会组织都有机会得到资助）和有效性（即只选择有能力承接项目的组织，而不选择私人关系好的组织）。对社会组织来说，应当使树立正确的法律意识成为一种思维习惯。谈判的时候，积极主张权利；履行的时候，要讲诚信、不违约；当权利受到侵害的时候，要积极拿起法律武器进行维权。只有这样，才可以使得中国的社会组织在一个具有法治意识的环境下得以发展完善。

结　语

2014年4月，随着新修订的《环境保护法》的出台，我国首次以法律形式确立了社会组织在环境公益诉讼中的主体资格和认定标准。随后，最高法发布《关于审理环境民事公益诉讼案件适用法律若干问题的解释》，并联合民政部、环保部下发《关于贯彻实施环境民事公益诉讼制度的通知》，对社会组织参与环保公益诉讼作出了可操作性规定。由此，我国社会组织参与环保公益诉讼制度基本建立。

2014年9月，泰州市环保联合会起诉6家化工企业非法倾倒废酸，6家企业被一审判决赔偿1.6亿元，成为我国迄今为止民事赔偿额最高的环保公益诉讼案件。从这个没有列入十个案例中的编外案例中，我们可以了解到，法律对于公益慈善组织而言非常重要，其意义不仅仅在于中国公益慈善组织的发展本身需要一个良好的法治环境（比如我们需要一部新的《慈善事业法》，需要进一步改革公益慈善组织的登记管理制度、税收减免制度、公募资格制度），更在于公益慈善组织本身在"立法协商、普法和守法、推进法治社会建设"方面可以起到的作用，在环境保护事业，儿童福利事业，残障人、妇女权益、老年人权益以及职工权益保障方面，社会组织都在发挥着越来越重要的作用。

2014年3月，中国第一个由社会力量举办的社会组织法律研究、培训与服务中心——上海复恩社会组织法律服务中心（下称复恩）在全国率先完成了一部《中国社会组织法律实务指南》（由法律出版社在2015年正式出版），也是在顺应这个潮流，该指南用较为平实的语言让社会组织了解应当如何合法依规运营、如何维护自身合法权益。复恩还在继续进行中国社会组织劳动法、

内部治理、反家庭暴力等方面实务与案例研究,以推动中国社会组织法律的发展。在某种意义上,复恩本身也是一个很好的中国社会组织、公益慈善组织法律支持方面的案例。

2014年发生的这些法律案例告诉我们:信息公开制度、募捐捐赠制度方面法律法规的完善对于优化中国公益慈善组织的发展环境是至关重要的;中国公益慈善组织的法律意识、自律意识也有待提高。我们相信中国速度、中国梦,期待着通过中国公益慈善界以及全社会的共同努力,在2015年这一切都会有一个新的提升与进步。

B.10 慈善立法的基本争议

——以2014年为基本语境

马剑银[*]

摘　要： 2014年，慈善法的起草过程如火如荼，国家机关、学术界、慈善业界和社会公众都广泛参与，为立法机关提供了多部法律专家建议稿，并且采取沙龙、座谈会、研讨会等方式进行深入研讨，对于促进慈善事业发展，制定一部高水平的慈善法达成了基本共识，但同样也有一些分歧，例如在法律性质上作为社会法的慈善法应以私法为基础还是以公法为基础，在规制对象上是以组织法定位还是行为法定位，在功能目标上是促进法还是规范法，等等，甚至还有人对制定慈善法能达到的效果有所担忧。文章对这些问题都进行了深入分析，并强调在依法治国战略深化发展的当下进行慈善立法，值得期待，但也不容乐观。

关键词： 《慈善法》　开门立法　基本定位

一切固定的僵化的关系以及与之相适应的素被尊崇的观念和见解都被消除了，一切新形成的关系等不到固定下来就陈旧了。一切等级的和固定的东西都烟消云散了，一切神圣的东西都被亵渎了。人们终于不得不用冷

---

[*] 马剑银，北京师范大学法学院讲师、法学博士、公共管理学博士后，《中国非营利评论》执行主编。本文的写作得到教育部人文社会科学研究一般项目"公共领域与立法正当性"（项目批准号：12YJC820071）的资助，特此感谢。

静的眼光来看他们的生活地位、他们的相互关系。

——马克思、恩格斯《共产党宣言》

一 引言

对于中国的慈善法而言，2014年这个年份值得书写一笔。在这一年中，从立法机构到学术界，从慈善组织到公益实践者，皆热情洋溢地参与着有关慈善立法的各项活动。无论从汶川大地震以来出于对慈善事业发展的全方位渴求而对政策、制度与法律环境的改善愿望，还是因为"郭美美炫富事件"对慈善事业进行法律规则和信誉重建的强烈需求，都体现了各界人士对出台一部系统的慈善法充满着期待。

当然，这一年甚至可以适当延长，以"长时段"的形式表现出来。在2013年10月30日公布的《十二届全国人大常委会立法规划》当中，慈善事业法不仅仍然位列第一类立法项目，而且牵头起草机关也从之前的国务院变成了全国人大内务司法委员会（简称内司委）。而《全国人大常委会2015年立法工作计划》于2014年12月15日由第十二届全国人民代表大会常务委员会第三十六次委员长会议原则通过，并于2015年4月10日第十二届全国人民代表大会常务委员会第四十五次委员长会议修改公布。该工作计划中明确写明"慈善事业法将于2015年10月进行初次审议"。一年之前，还有学者在感叹"中国慈善漫漫立法路"[1]，那么一年之后，新的变化真的会出现吗？

2014年，受到此次立法起草变化动向的鼓舞，学术界对慈善立法的热情高涨，据笔者不完全统计，至少有7部慈善法专家建议稿提交到了全国人大内司委。[2] 其

---

[1] 程芬：《中国慈善漫漫立法路》，《中国发展简报》2013年第4期。
[2] 这7部建议稿分别是北京大学非营利组织法研究中心与清华大学NGO研究所共同草拟的《中华人民共和国慈善法（专家建议稿）》、北京师范大学中国公益研究院《中国慈善事业法（专家建议稿）》、上海交通大学第三部门研究中心《中华人民共和国慈善公益法（专家意见稿）》、中国社会科学院法学研究所《中华人民共和国慈善法（学者建议稿）》、中山大学中国公益慈善研究院《中华人民共和国慈善事业促进法（建议稿）》、山东大学法学院《中华人民共和国慈善法（专家建议稿）》和聊城大学慈善法研究所《中华人民共和国慈善法（专家建议稿）》。

中有5部专家建议稿以"慈善法民间版本研讨会"的形式进行发布。① 除此之外，各大学术科研机构还以学术沙龙、研讨会等形式讨论慈善立法的相关问题，并广泛邀请慈善法起草小组成员、相关行政机关官员、公益慈善从业人员、公益慈善领域的专家学者参与，例如清华大学NGO研究所与北京大学法学院非营利组织法研究中心联合主办、明德公益研究中心承办了"慈善立法半月谈"系列沙龙共13期②，北京师范大学中国公益研究院、山东大学法学院和中山大学公益慈善研究院也相继召开了多次研讨会。这些专家建议稿、沙龙、研讨会，为立法机关主动提供参考，"还提交几十份专题研究报告和几百万字的相关资料"，这在当代中国的立法史上也属罕见。③ 全国人大内司委、全国人大常委会法工委、民政部相关官员的身影也经常在这些沙龙、研讨会中出现，认真听取专家发言，记笔记，"（全国人大内司委）内务室人员参加学界组织的研讨会20多场，与专家学者进行深入的交流互动"④，这些都展现了新的慈善法起草班子"开门立法"的开明思路。

当然，人们对这次慈善法的起草充满期待，并不仅仅因为这些具体细节，更有对国家战略与政策导向层面的宏观认知。

二 依法治国战略下的慈善立法

2014年，关于慈善立法的热烈讨论并非偶然现象，这在国家战略层面与宏观政策导向上能够为慈善立法的可期待性提供旁证，这与国家依法治国战略的新动向密切相关。2014年10月，中共中央第十八届四中全会通过了《中共中央关于全面推进依法治国若干重大问题的决定》，这是我国历史上第一个关于加强法治建设的专门决定；2015年3月，十二届全国人大三次会议表决通

---

① 这个会议于2014年12月21日举行，参见王亦君《慈善法的五个民间版本》，《中国青年报》2015年1月7日第8版。关于五个版本内容特征的初步比较，请参见金锦萍《五个民间版本慈善法的特点》，《中国社会报》2015年1月19日第4版。
② 《〈慈善法〉究竟要解决哪些问题》，《中国青年报》2014年12月15日第6版。
③ 《慈善立法：营利性活动请止步 利益相关者要公开》，《成都商报》2015年3月4日第10版。
④ 《慈善立法：营利性活动请止步 利益相关者要公开》，《成都商报》2015年3月4日第10版。

公益蓝皮书

过了关于修改《立法法》的决定,这也是 15 年来《立法法》的首次修改,增改了立法程序的多项内容,在这样的背景下讨论 2014 年慈善立法的特殊意义才更加有针对性。

当代中国的慈善立法,从 2005 年开始,进入基本法律或统一立法的起草阶段,当时由民政部组织起草《慈善事业促进法》,草案一度提交国务院法制办,在学术界和行业界也掀起一股热潮,"应该尽快制定中国的慈善法"成为当时行业内部的共识。① 然而之后的几年,慈善法的立法进程却并非如预想的那么顺畅,走走停停,许多慈善法基本问题也因种种原因并未真正获得解决,这是行政部门主导立法权的一种弊端:部门利益影响着法律的基本旨趣。当一部法律背后的行政机关存在多家且部门利益难以调和时,这种部门之间的掣肘也会表现出来,国务院自身很难解决这些部门之争,更无法有效地与行业界、学术界进行沟通。② 因此"慈善法"自 2006 年正式列入国务院立法计划,民政部主导起草的慈善法草案多次提交国务院法制办,全国人大常委会在 2008 年也将慈善事业法列入一类项目,但草案始终未能走出国务院而进入全国人大立法程序。

2013 年,慈善法从行政机关起草立法变成了人大专门委员会起草立法,这也是针对前情所作的改革。社会各界对慈善立法的呼声日高,尤其是 2008 年"汶川大地震"和 2011 年"郭美美炫富事件"这两个事件,极大地推动了社会公众对慈善法的期待,前者"使中国慈善整整提高了一个年代"③,不仅催生了一个庞大的公益慈善款项,而且引发了全民参与慈善的热忱,催生出中国志愿者参与的新模式,这种庞大的慈善款项和众多的慈善活动参与者形成了各种复杂的法律关系,需要更为明晰的法律规则进行引导和规制;而后者引发了"对中国公益组织整体公信力的质疑","使我们不得不去切实反思公益组织存在的诸多问题及其成因,进而思考和推进公益组织的改革之策"④,以法

---

① 程芬:《中国慈善漫漫立法路》,《中国发展简报》2013 年第 4 期。
② 在公共领域中,对此评论一直没有间断,例如,参见孙秀岭《法律法规起草权争夺战利益冲突非立法之争元凶》,见央视网,http://www.cctv.com/news/china/20050202/102086.shtml,最后访问日期:2015 年 6 月 20 日;刘英团:《慈善立法"难产",部门利益是最大障碍》,《检察日报》2013 年 7 月 24 日第 5 版。
③ 《汶川地震使中国慈善长大 10 年》,《重庆晚报》2008 年 11 月 3 日第 4 版。
④ 王名、马剑银:《破解中国公益组织的治理困境》,《中国改革》2011 年第 9 期。

治的方式来治理公益慈善领域，形成通过法治治理社会的典型范式，成为一种社会共识。

2008年前后，从政府到社会，都在全面反思30年改革开放的成就与局限，如何实现"共同富裕"的目标，将经济改革的红利普惠于全社会，解决深化经济改革的瓶颈问题。许多有识之士提出要从经济改革迈向社会——政治改革，和谐社会、社会主义民主政治、社会管理创新等口号此起彼伏，而慈善公益领域的制度创新恰恰是社会改革一个重要组成部分，其中涉及的法律关系错综复杂，争议也非常尖锐，议题跨越政治、经济与社会三大部门，上涉意识形态、下涉民生，中间围绕国家与社会关系。如何更为高效合理、规范合法地进行社会治理与社会改革，包括慈善公益领域的制度设计与制度创新，成为新时期慈善立法的核心命题。

2015年《立法法》修改并明确了立法准备阶段的程序，第五十三条第一款规定，"全国人民代表大会有关的专门委员会、常务委员会工作机构应当提前参与有关方面的法律草案起草工作；综合性、全局性、基础性的重要法律草案，可以由有关的专门委员会或者常务委员会工作机构组织起草"，虽然措辞比较平和，这里的"应当"一词似乎并未撼动国务院等机关的法律草案起草权，但较之以前有很大的进步，因为"立法准备"阶段程序立法的空白造成各个部门法律起草权之争、部门立法的规则冲突、部门利益无法协调等一系列问题。人大专门委员会和人大常委会法工委的介入，已经悄然改变了立法起草权的权力分配格局，可以想见作为立法机关的人民代表大会，会在立法过程中发挥越来越重要的作用。而《立法法》这个新增条文实际上是对前几年人大立法起草实践的阶段性总结，2013年10月，全国人大内司委代替国务院成为慈善法的起草机关，也是这一过程中重要的一环。因此，社会公众和学术界对此次慈善立法的期待颇高，当然，人大内司委的介入，并不是排斥各个相关部门参与立法，而是更为有效地去引导利益博弈，将部门利益博弈在公共领域中公开化，以"说理"的方式合理协调部门之间的利益以及行政部门、慈善公益行业与慈善参与者之间的各种法律关系。

2014年《中共中央关于全面推进依法治国若干重大问题的决定》的通过具有很强的符号意义，以"法治"的方式进行权力与权利的分配，形成规范化的格局，"坚持法治国家、法治政府、法治社会一体建设，实现科学立法、

公益蓝皮书

严格执法、公正司法、全民守法,促进国家治理体系和治理能力现代化"。

因此,关于慈善立法,也必须在这个背景下来思考其中的基本问题,甚至需要打破原有的一些思维惯性。虽然各界人士对慈善法充满着期待,但似乎依然需要在新的高度上去理解慈善、慈善法和慈善领域的法治建设,去认知慈善立法过程中的一些基本争议。

三 需要一部慈善法吗

2014年,虽然社会公众对于全国人大内司委起草慈善法期待颇高,学术界也纷纷提出慈善法草案专家建议稿主动为立法机关献计献策,但也有一些反对意见,例如有行业界大佬甚至消极地认为目前并不需要一部统一的慈善法,将已有的法律法规修改好、执行好就可以了,慈善立法中一些基本问题、初级问题还没有搞清楚,甚至还在研究一些老问题、过时问题。[①]

这些质疑与反对意见不无道理,"泼冷水"反而能使人更清醒、更理性、更严谨地思考问题。当代中国的法治建设过程,正如《中共中央关于全面推进依法治国若干重大问题的决定》中所指出的,"有的法律法规未能全面反映客观规律和人民意愿,针对性、可操作性不强,立法工作中部门化倾向、争权诿责现象较为突出;有法不依、执法不严、违法不究现象比较严重,执法体制权责脱节、多头执法、选择性执法现象仍然存在,执法司法不规范、不严格、不透明、不文明现象较为突出,群众对执法司法不公和腐败问题反映强烈;部分社会成员尊法信法守法用法、依法维权意识不强,一些国家工作人员特别是领导干部依法办事观念不强、能力不足,知法犯法、以言代法、以权压法、徇私枉法现象依然存在"。这一系列现象在慈善法治领域同样存在。但是,这并不意味着大家可以消极等待,中国是一个成文法国家,有清晰明确的法律规定是法治建设的基本要求,也是加强执法、司法、守法等环节的基本前提,加强慈善基本理论的研究、改善慈善领域的执法环境、改变当下慈善领域中国家权

---

① 徐永光:《〈慈善法〉研究的是过时问题》,2014年12月21日在"慈善法民间版本研讨会"上的发言,基金会中心网,http://news.foundationcenter.org.cn/html/2014-12/88872.html,最后访问时间:2015年6月20日。

力之间和国家权力与社会公众权利之间的不合理关系，并不妨碍出台一部慈善领域的基本法。反对或质疑者并没有很好地理解一部慈善基本法在慈善公益领域或者整个社会治理领域中的地位与功能。慈善立法实际上是对慈善底线负责的一个表现。

为什么当下的中国需要一部慈善法？这个问题需要分解为以下两个子问题。①

（一）为何需要法律来规范慈善行为

第一，慈善行为本质上属于道德行为，属于"good"的伦理范畴。无论是儒家的恻隐之心，佛家的慈心善行，还是基督教的博爱精神；无论是传统慈善主张的济贫、助困与救危，还是现代公益关注的人与社会的幸福、和谐与发展，似乎看起来都不需要法律来"管制"。然而，这种将慈善法的功能定位于"管制"的观点实际上误解了法律的概念，其源于公众常常将"法"等同于"行政机关"，而这种误解也正是慈善法立法所要去除的。在逻辑上，慈善法所规范/调整的并非这种抽象意义的慈善行为，而是要规范/调整以"慈善"的名义所进行的各种慈善"异化"行为。法律对人的基本假设是"恶人"、"坏人"，慈善法所要规范的基本行为就是号称做好事的"坏人"可能做的"坏事"。例如，企业家做慈善时可能只是谋利的附带行为，其中可能隐藏着一些"以合法形式掩盖非法目的"的行为，所以需要用税法等法律对其慈善"捐赠"的行为进行规范；从事慈善事业的工作人员，在做好事的同时也需要谋生，谋生过程中可能觊觎慈善公益领域的财产，出现占为己有的冲动，那么慈善法就要用财产规则限定慈善从业人员对慈善财产的使用。因此，慈善法在某种意义上，一方面是防止个人、组织和政府在慈善活动中获取不正当利益，惩治各方当事人的恶行，尤其是政府"必要之恶"限度外的"恶行"；另一方面，让民众能够信任一般性的慈善行为。这种信任，并非让民众相信从事慈善活动的人都是好人，而是让他们相信，如果有人在慈善活动中谋取不正当利

---

① 以下两点是2014年12月21日笔者在"慈善法民间版本研讨会"上发言的一部分，关于这个发言一个较早的版本可以参见马剑银《我们为什么需要一部慈善法》，《中国社会报》2015年1月19日第4版。

公益蓝皮书

益,就会受到法律制裁。

第二,惩恶与扬善是一个硬币的两面。慈善法作为行为规则,最重要的功能之一是向社会宣示,国家通过法治的方式为慈善活动中基本"善"的底线负责,扬善本身似乎不需要法律规制,但在立法语言中仍然需要出现扬善的字眼。除此之外,还有一个现代性的命题。传统慈善和现代公益其中一个基本区别在于前者旨在帮助弱势人群,而后者旨在满足人的多样化需求、提升人的能力、创造美好社会,用法理学基本的话语来说,前者是一种义务的道德,而后者则是愿望的道德。① 现代社会并不是以消极的义务道德为核心的社会,而是以创造美好社会为社会成员共同愿望的积极社会。因此,慈善法有展示现代社会基本精神与现代公民基本特质的功能。

第三,具体到当代中国,法治作为国家与社会治理的基本方略,是现代国家治理现代化、协调国家与社会关系、加强国家和社会共治的主要方式。在依法治国的背景之下,慈善法是联结政府、慈善组织与社会公众的基本道德关系,保障财产从政府、市场和个人到慈善领域合法安全有效地流入与使用,凝聚社会基本共识、创造美好社会目标的一项基本法律制度。慈善法为慈善领域的基本之善提供底线,在此底线之外不要多做规制,要以扬善为主,为社会发展和社会创新留出空间,尤其是在全球化和互联网的背景之下,更要促进慈善领域的发展和创新。②

(二)为何对慈善的法律规范需要一部基本法律

用法律而非行政法规的方式来制定慈善领域的法律规范,这是慈善法制定必要性的另一个维度。慈善法并不是既有法律规范的一个简单整合,更不是以"社会组织三大条例"③ 为核心的行政法规的简单整合。它所反映的不只是法律与行政法规之间法律的位阶高低,最重要的是,国务院作为行政机关,有其

---

① 关于"愿望的道德"和"义务的道德"的内容介绍,参见〔美〕富勒《法律的道德性》,郑戈译,商务印书馆,2005。
② 这也是对徐永光先生"《慈善法》研究的是过时问题"观点的一个回应,慈善立法完全可以给诸如"移动互联网时代给公益带来的革命性变革"、"全球社会企业发展运动"等新领域留出空间。
③ 指的是《社会团体登记管理条例》、《基金会管理条例》和《民办非企业单位登记管理暂行条例》。

自身的价值取向，而慈善领域并非完全可用行政管理的观念来涵盖，慈善法并不是一部"行政管制法"。当下中国主流的法学界，在这一法理学基本问题上经常语焉不详，只关注不同法律规范之间法律位阶的高低，而忽视法律规范之间不同的基本价值取向。

无论从法理上，还是从法律史上来看，法律与行政法规的基本立法理念都不一样，"行政法规"是19世纪末20世纪初随着社会福利国家的兴起而兴起的"行政立法"运动的产物，是行政权扩张的一个具体体现，20世纪的美国是"行政国"的典型。行政立法虽然适应了现代社会管理的需要，扩展了用以治理社会的基本法律规范的范围，但有可能侵犯立法机关的权力和人民的基本权利，形成行政权对立法权的"逆导控"，需要对行政立法进行必要限制。①

国务院的行政法规是中国版本行政立法的最基本部分，其最基本的功能是为行政机关行政行为提供便利服务，以适应现代大型国家社会治理的需要，这是由行政机关的性质所决定的。行政活动最直接的功能并非实现社会正义/和谐或者便利民众，而是如何最为便捷地完成行政任务，立法语言的高尚掩盖不了行政效率至上的基本价值取向。这一点不仅深深地印刻在所有的行政法规和部门规章上，而且也体现在许多由行政部门负责起草的法律上，有时候甚至行政部门之间的利益纠葛会直接导致法律内部的价值冲突，甚至规范本身的冲突。由于中国缺乏一种有效的规范审查制度，因此对于行政立法的审查基本处于无效状态。而慈善法在制定过程中，也表现出这种行政管理便捷的价值取向，同时也出现了行政部门之间的利益纠葛与冲突。所以，此次制定慈善法，由全国人大内司委代替国务院来主导法律草案的起草，以法律的形式而非整合行政法规的形式，是一种非常大的进步。这会稍稍改变行政部门在立法过程中的优势地位，也为慈善法能够保证基本的社会正义而不是沦为行政部门便捷管理理念的法律化奠定基础，这也是这次慈善立法的成果可以为大家所期待的一个重要原因。

这里可以比较一下2014年11月出台的《国务院关于促进慈善事业健康发

---

① 关于对行政立法的控制，可参见苗连营《行政立法及其控制》，《郑州大学学报》（哲学社会科学版）1998年第6期；赵宏：《立法与行政——从行政立法角度思考》，《行政法学研究》2002年第3期。

展的指导意见》(国发〔2014〕61号),虽然相较以前的行政规范性法律文件有不小的进步,系统反映了国务院系统对慈善事业发展的基本态度,但仍然是以行政管理的便捷为基本价值取向的法律文件,即使采用了"支持、培育"这样的字眼,也是在行政机关的监管、控制之下进行的,保证慈善活动的行政管理基本秩序是该指导意见的基本理念,并且维持着"小慈善"的基本主张,这与慈善立法建立现代公益(大慈善)的规范体系的目标背道而驰,要使得慈善法真正脱离行政管理法,还有很长的路要走。

四 慈善法的基本定位

(一)私法、公法、社会法?

慈善法属于社会法部门,这是一个常识。它不是慈善领域的行政法,不是社会管理法。但我国官方的社会法概念比较狭窄,而且主要从规范领域而非从规范目的与方法上进行界定:"社会法是调整劳动关系、社会保障、社会福利和特殊群体权益保障等方面的法律规范,遵循公平和谐和国家适度干预原则,通过国家和社会积极履行责任,对劳动者、失业者、丧失劳动能力的人以及其他需要扶助的特殊人群的权益提供必要的保障,维护社会公平,促进社会和谐。"① 从这个意义上来说,社会法主要是辅助弱者以实现实质公平的法律部门,但我国法律上对"弱者"的界定比较狭窄,"劳动者、失业者、丧失劳动能力的人以及其他需要扶助的特殊人群"实在无法包含社会法所调整的法律关系范围。

从历史上来看,社会法的兴起与资本主义社会化大生产和社会主义的兴起有关,因为在国家利益与个人利益之间产生了一种社会利益,这种社会利益广泛存在于公法与私法的间隙,社会法就产生了。② 社会法的产生与当时出现的社会主义思潮(the social,即"社会的")密切相关,认为"法律作为有目的

---

① 参见《中国特色社会主义法律体系》白皮书,中华人民共和国国务院新闻办公室2011年10月发布,中华人民共和国中央人民政府官网,http://www.gov.cn/jrzg/2011-10/27/content_1979498.htm,最后访问时间:2015年6月20日。
② 参见董保华等《社会法原论》,中国政法大学出版社,2001,尤其是第1章。

222

的活动和调控机制,认为它能够且应该推动社会生活的演进,使社会生活适应强烈感受到的社会各个层面(从家庭到国家)的相互依赖",在非西方国家中,这种社会法与民族主义运动和自上而下的精英行动相联系。① 这个含义的社会法不仅仅是一种法律的领域,更是一种法律的目标和方法,体现出社会本位的核心思想,以区别于国家本位和个人本位的法律模式。

因此,从这个意义上而言,社会法虽然也形成了以辅助弱者以实现实质公平为主要理念的核心法律领域,例如劳动法、社会保险法、对老幼病残的扶持性法律等,但更为重要的是,它同样用这种理念重塑了传统私法和公法,例如民法中对绝对所有权的限制,对契约自由或私法自治的限制,对过失责任的突破,以具体人格代替抽象人格等;② 在刑法领域,主流的法律理论不再单纯关注刑罚,而是主张"通过识别各种犯罪及其社会原因,从而使惩罚收到更好的社会效果"。③ 而新公共管理运动和新行政法则是社会法理念在传统行政法的渗透,以治理(governance)的理念取代传统的统治/支配(domination)和管制(administration),甚至强调多元治理与社会共治。

从规范对象上来看,慈善法显然属于社会法的核心领域,然而,随着传统慈善向现代公益的转型,对于慈善公益事业的法律规范也产生了新的认知视角,即慈善行为的产生基于私法制度无法自行调整形式上的平等主体之间各种不平等的现实,慈善领域的捐赠与募捐都超越了普通私法领域的赠与行为,需要公权力适当介入以规范慈善领域各类复杂的法律关系,从而在私法关系的间隙产生了自上而下的公法关系;但从作为社会法的慈善法在国家与个人之间所处的位置来看,其中的私法关系是基础,而公法关系是手段。社会法最重要的功能就是平衡形式上平等但实质上不平等的主体之间的平等修复问题,以实质正义、具体正义作为法律实现的最终目标。这本来是一个常识,但是因为中国当代的法律实践,这种常识的面貌变得非常模糊。长期以来,由于政治与文化

---

① 参见邓肯·肯尼迪《法律与法律思想的三次全球化:1850~2000》,高鸿钧译,《清华法治论衡》2009年第2期。
② 关于近代民法和现代民法的区别,也可参见梁慧星《从近代民法到现代民法》,《中外法学》1997年第2期。
③ 〔美〕邓肯·肯尼迪:《法律与法律思想的三次全球化:1850~2000》,高鸿钧译,《清华法治论衡》2009年第2期。

的原因，慈善活动都在行政机关的直接监管之下进行，慈善法律制度基本上都在行政管理的过程中进行设置，甚至政府自己来举办慈善活动，导致了当代中国现有关于慈善事业的法律规范更多的是公法性质，在公法的主导之下，才涉及捐赠协议等私法规范，这是一种本末倒置的现象。这也是某些人认为不需要制定慈善基本法，而只需要将一些慈善领域的行政管理规范简单整合即可的深层次原因。在慈善立法的过程中，对此应该溯本清源。

在慈善法领域中，捐赠人、受赠人（主要是慈善组织）与受益人三方之间形成了基本的慈善法律关系，但在现代社会中，纯粹的私法行为无法满足慈善法律关系三方之间的平等主体关系，因此需要公权力作为社会利益的代表者进行介入，以公法的方式（主要是以行政介入的方式）来处理原本属于私法关系的慈善法律关系，形成了社会法意义上的新型法律关系，也就是作为社会利益代表的国家通过法律的方式来平衡捐赠人、受赠人与受益人之间产生的各种不平等关系，以及平衡政府自身与慈善行为当事人之间的关系。这种介入和国家在雇主与雇工的劳动关系、消费者与生产者/销售者的消费关系中的介入一样，由政府作为执行相关法律的主体，并由司法机关为相关法律的适用提供司法裁判。然而，在逻辑上，政府自身并非慈善活动的核心当事人，慈善活动中的行政法律关系（主要是行政机关与慈善组织之间的关系）也不是慈善法核心的法律关系。政府不是慈善行为（活动）的主体，政府只能成为慈善活动的监管者与服务者，司法机关是慈善行为合法性的裁判者。

既然作为社会法，慈善法也与私法有基本的差别，换句话说，慈善的"社会性"（在中国，用汉语"民间性"表达更为恰当）并不等于"私人性"，慈善虽然是一种私性主体的道德行为，但不同的个人在公共领域合作形成了社会公共性。慈善组织是具有一定公共性的社会组织，当然，这种社会公共性不等于国家意义上的政治公共性，慈善组织也不能视为政治公共组织，国家与社会的基本分野，也就是公法和社会法的基本分野。因此，在慈善法领域中，行为主体之间的关系并不完全适用私法，而需要公权力的适当介入，但使用公权力的政府也不能成为慈善活动的实施者，即政府不能直接做慈善，即使政府做的事情和慈善活动类似，那也只是履行政府的行政义务：社会救助、社会保障、社会福利——这些活动都属于政府使用源于公民税收的财政资金的活动。这一点在这次慈善立法过程中逐渐形成了基本共识，从慈善财产和税收财产的本质区别厘定了慈善行为与政府义务的边界。政府不能直接向慈善组织捐赠，只能通过政府购买服务的方式（行政合同）进行；政府购买服务的本质是政府寻求社会的帮助，来履行本应由政府履行的义务，并接受人民的监督，政府购买服务并不是政府对社会（慈善组织）的恩赐，而是接受帮助。

因此，以社会法为基本定位的慈善法中，国家介入慈善活动的途径可以有下列三种：第一，立法与政策制定，创造慈善的良好制度环境；第二，过程监督，以行政管理和司法裁判的方式，规范慈善行为，惩罚慈善异化的行为，主要是慈善财产流入与使用的不合理行为和提供慈善服务中的不合理行为；第三，购买社会服务，以协调公共福利和慈善在社会民生方面的平衡，履行政府的社会行政义务。

（二）组织法 vs 行为法

慈善法到底应该以组织法还是行为法为基本定位，在2014年的各种慈善立法讨论中也都有过分歧[1]，甚至还有不少人认为用"慈善事业法"字眼本身就是回避这种基本定位之争。组织法定位的观点主要是以《公司法》作为立法样本，既然公司作为市场领域中营利组织的基本样态，那么慈善组织也相应作为慈善公益领域非营利组织的基本样态。这种观点在慈善立法的过程中成为主流观点，而自2005年开始由民政部主导起草的《慈善事业促进法》草案和此次全国人大内司委拿出来的早期草案过程稿版本基本也持这个观点，以慈善组织为核心设计慈善法的基本框架，将对慈善组织的监管作为最重要的部分。但这种观点值得商榷。

首先，组织法定位的观点混淆了慈善组织与非营利组织的差别。与公司相对应的概念并非慈善组织，而应该是非营利组织，一部统一的《非营利组织法》才是与《公司法》（作为市场领域的基本组织法）相对应的社会领域的基本组织法。但由于历史原因，在公益慈善领域长期适用的法律规则，主要以社会组织三大条例，尤其是《基金会管理条例》为核心，《公益事业捐赠法》等

---

[1] 例如2014年5月26日由清华大学NGO研究所和北京大学法学院非营利组织法研究中心主办、明德公益研究中心承办的"慈善立法半月谈"系列沙龙第1期，就以"慈善的界定与慈善法的定位"为主题，其中就探讨了"组织法 vs 行为法"这个话题。

法律法规是作为特别法而出现的，非营利组织研究与公益慈善研究之间有非常大的重合度，国人在认知境外的公益慈善立法和非营利立法时也常常不加区分。2014年在慈善法的起草过程中，很大一部分参与者都具有非营利组织研究、实践和管理背景。

当然，慈善法起草参与人员的背景并不必然导致慈善立法的组织法化倾向，更重要的原因恰恰是非营利组织立法的迟滞而导致学界、业界与公众的不满，统一的《社会组织法》(《非营利组织法》)立法遥遥无期，非营利组织领域的三大条例（行政法规）的修改进程也是走走停停，官方对非营利组织的态度始终比较暧昧与纠结。因此，学界、业界和社会公众很多知名人物都殷切期待慈善法的立法进程能解决大部分或者至少关键的非营利组织规范问题。这种心情可以理解，在慈善立法过程中这些诉求可以成为次要的目标，实现必要突破，但如果将之视为慈善立法的主要目标，则会造成立法的错位。

其次，以组织法作为慈善立法的基本定位，实际上在捐赠人、受赠人和受益人三方构成的基本慈善法律关系中过度偏向受赠人（慈善组织）一方，强调政府与慈善组织的行政管理法律关系，尤其是组织登记和组织监管的法律关系，导致慈善法的公法化。如前所述，虽然慈善法属于社会法部门，但应该是以私法为基础，以公法为后盾，两种法律关系并行而不悖，然而组织法定位使得原本应该是非营利组织的基本法及其登记管理的行政法规需要解决的问题过度渗透到慈善立法中，偏离对慈善行为进行法律规制的初衷，重行政监管、轻司法监管，将作为社会法的慈善法行政法化。在这样的理念之下，慈善法草案的条文设计必然受到影响。虽然行政机关已经不是慈善法的主导起草机关，但并没有从实质上改变慈善法成为一部慈善行政管理法的趋向，更加迎合行政机关行政管理的惯性，并使得行政机关之间的部门利益博弈也渗入到立法过程中，从而过度侵蚀慈善法的私法基础。

再次，慈善法的组织法定位，造成行政机关内部的职能交叉和错位。慈善组织并不是非营利组织中的"一类"组织，按照国际惯例，从事公益慈善活动的主体是多元的，例如作为普通法系典范国家的美国，主要有非营利公司（nonprofit corporation）、慈善信托（charitable trusts）和非法人社团（unincorporated associations），或者用另一种方式将之分为公共慈善机构（public chariteis）和私立基金会（private foundations），由美国国家税务局

(IRS）进行认定,《美国国内税法典》（Internal Revenue Code）对什么是公益慈善也进行了详细列举。而作为大陆法系的典范国家的德国,作为基本组织形态的社团（包括社团法人与非法人社团）和财团法人都可以从事公益慈善活动,但这种公益慈善活动是否获得认定,也由税务机关负责,《德国税收通则》（Abgabenordnung, or AO）第五十二条和五十三条列举了公益慈善的活动清单,包括公益活动（gemeinnützige zwecke, 25 种）、慈善活动（mildtätige zwecke）。而在英国,慈善机构的来源基本与美国类似,除了上述三类传统慈善机构之外[1],2011 年《慈善法》（Charities Act, 2011）设立了一种新的形式叫慈善法人组织（charitable incorporated organizations, CIOs）,根据《慈善法》直接向慈善委员会进行注册,同时获得法人组织资格和慈善机构的认定。

从国际惯例上来看,从事慈善活动的主体可以多元化,组织资格认定和慈善认定是两个不同的法律问题,甚至像慈善信托这样的制度是不是一种组织也有不同的观点。从英国《慈善法》的表述来看,慈善机构并未使用"organization"（组织）的概念来指称,而是使用"institution"（机制、机构）这样的表述,这两者的区别在于,前者是指一个有机的整体,而后者则主要指称一种制度运作的载体,对其内部是否构成一种有机的组织形式并不强求,甚至有学者认为,"institution"就是"反复而持续进行的有价值的行为模式"。[2]

因此,笔者认为,慈善立法应该是行为法定位,慈善组织是慈善行为的主要实施者和核心主体,捐赠人、慈善组织和受益人的三方法律关系才是慈善法基本法律关系,三方当事人的各类行为才是慈善法需要主要调整的对象,至于慈善组织的设立、变更及其内部治理结构等,其地位应该次于慈善行为,虽然很重要,但更应该由《非营利组织法》来进行规范。这样的定位能够消除诸如慈善信托、志愿服务在慈善法中的制度设计障碍,更可以在设立非营利组织和慈善认定之间进行区隔,设立组织是一个法律问题,慈善组

---

[1] 在英国,与非营利公司（nonprofit corporation）对应的机构叫作"private companies limited by guarantee",译为"担保责任有限公司"。
[2] Samuel P. Huntington, "Political Development and Political Decay", *World Politics*, 1965, 17 (3): 386-430.

织的公募资格和免税资格的认定是另一个法律问题。另外，也可以在当前的国情之下在严格认定慈善组织与降低设立非营利组织的门槛两个政策之间获得一种动态的平衡。

（三）促进法 vs 规范法

很多国家并没有作为一般法或基本法的慈善法，大都采取分散立法模式，当然也有像英国这样直接制定慈善法的国家，但如前所述，由于中国独特的国情与政策环境，制定一部慈善基本法非常必要，那这部慈善法到底是一部"促进法"还是"规范法"呢？

2006年民政部主导起草慈善法时，采取的名称是《慈善事业促进法》，而促进慈善事业的发展也是政府、学界、业界和社会大众的共识；在2014年民间版本的慈善法草案中，中山大学公益慈善研究院的版本也定名为《中华人民共和国慈善事业促进法（建议稿）》，而全国人大内司委草案过程稿版本和其他民间草案版本均没有"促进"字样。但有没有促进字样与立法是否以"促进法"为定位并没有直接联系。

慈善立法一个重要功能是引导社会力量开展慈善活动，为国家治理现代化提供坚实的社会基础；同时也在国家的经济改革进入深水区和遇到瓶颈时另辟蹊径，补上"社会建设"的短板。在这种背景下，促进慈善事业的发展无论如何都会成为慈善立法的一个非常重要的目标。但是从法律自身的性质来说，"规范"永远是核心，"促进"的立法目标也要通过规范各类行为人的行为来实现，仅有"促进"措施而没有配置相应的权利与义务明晰各类行为人的法律责任，是无法完成立法的目标的，甚至会导致立法的错位。就我国采取"促进法"的思路进行立法的经验来看[1]，基本上是失败的，这导致了法律政策化倾向，抽象、模糊、无法操作。"政策是这样一种标准，它设置一些解决社会共同体中某些经济、政治或社会问题的目标并加以实现"[2]，为了实现政策目标，鼓励"社会内部的利益和负担相互交换，以便促成作为一个整体的

---

[1] 现行有效的促进法有《清洁生产促进法》、《循环经济促进法》、《就业促进法》、《民办教育促进法》、《农业机械化促进法》等。

[2] Ronald Dworkin, "The Model of Rules", *The University of Chicago Law Review*, 1967, 35（1）: 23.

社会的某种普遍利益"。① 政策可以转化为法律,但是政策转化为法律时至少有两个条件,首先,因为政策具有实用性,在转化为法律时必须符合某些道德性的原则;其次,必须转化为法律规则,不仅有行为模式,而且具有法律后果。而从立法实践来看,许多立法恰恰缺少这两个条件,不是过于实用主义牺牲社会的底线原则,就是只有行为模式的表达,但无法律后果的配套,成为徒具法律形式的政策文本。

法律必须是规范法定位,作为政策宣示的促进法,实际上没有必要采用法律规范的形式,使用政策文本同样能够收到效果。但是,采取规范法的形式,也能在另一个层面实现促进法的目的。一部正常的法律文本,除了指导思想、立法宗旨和法律原则这些抽象性规定之外,主要是采取法律规范的模式对各类当事人的权利和义务进行配置,并规定当事人在行使权利、履行义务过程中出现违法和不当行为时应当承担的法律责任,最重要的是法律必须为此提供救济途径,让有违法与不当行为的当事人承担法律责任,并提供救济途径,目的就是更好地实现该法律想要促进的目标。

慈善法采取规范法而不是促进法的定位,还有一个理由,即在2014年的慈善立法讨论过程中,各界对慈善的界定范围达成了基本共识,无论是人大内司委的草案过程稿版本,还是所有的民间版本,都以《公益事业捐赠法》中广义的公益概念作为慈善法中慈善的基本概念,也就是除了济贫、助困、救危之外,慈善法中的慈善(公益)还包括美好社会的目标,例如教育、科学、文化、卫生、环境保护、社区发展等。当然,这一个共识得来不易,行政机关对此仍另有看法,有些官员依旧坚持2006年民政部慈善法草案中的"小慈善"概念,而这一点在2014年下发的《国务院关于促进慈善事业健康发展的指导意见》中得到了反映,该意见对慈善的界定依然比较保守和传统,突出扶贫济困,而对其他公益慈善事业关注不够。因此,在今后的立法过程中,立法机关与参与立法的学界、业界同人,能够坚守这一来之不易的基本共识,用广义的公益慈善概念来代替狭义的慈善概念,落实到法律条文中进行规范,这本身就是对慈善事业的促进。

---

① 〔美〕德沃金:《认真对待权利》,信春鹰、吴玉章译,中国大百科全书出版社,1998,第127页。

当然,在促进法 vs 规范法的争议中,要警惕两种极端倾向:第一,过分强调促进的目标,而无法在现实中操作,成为美好的具文;第二,将规范曲解为限制,束缚慈善组织和其他慈善行为当事人的手脚,使得促进慈善事业发展的目标无法落实。这两种极端倾向实际上已经偷龙转凤,远离了促进法 vs 规范法这一争论本身,在立法实践中,这两种倾向都不乏先例。

五 结论与展望

在 2014 年,慈善立法如火如荼,共识与分歧并行。可喜的是,这一热闹局面并不会昙花一现,仍然在 2015 年持续着。在"法治"这一战略深化表达之后,可讨论的问题不是变得更少,而是变得更多。

现代国家治理的基本方式是"法治",因此慈善立法也应在法治的框架之中,但慈善立法本身并不意味着法治,法治需要一系列的制度配套,例如立法过程的民主参与、立法者对法律条文的合理设计等;同时,在立法过程中也要展望国家与社会发展的主流走向,在慈善法框架结构中重新调整国家与社会的关系,强调社会共治,弱化行政管理色彩,增强私权、社会与公共领域等观念,慈善领域的纠纷解决也要强调司法介入,这些都是使慈善法走上法治正轨的重要理念与可行举措。

从本质上看,慈善立法的各种分歧,归根结底反映的是行政管理的效率优先还是公民自由优先的价值冲突问题,如何平衡,似乎得依赖法律起草者(甚至更高层的制度设计者)的政治智慧和立法技巧。慈善法能否依全国人大的立法规划进程表顺利进行审议?值得期待,但也不容乐观。

B.11
中国公益信托基金投资研究报告：
问题、约束与建议

——基于对英美两国相关立法的考察

洪錾*

摘　要：	自2001年《信托法》将英美国家的"慈善信托"这一概念首度引入中国以来，公益信托制度该如何完善一直是金融与公益这两大行业10多年来重点讨论的焦点。在发达的慈善行业中，公益信托作为慈善资产组织管理模式，其基金的保值增值离不开对信托财产进行投资管理。但在我国，业界往往对公益信托基金的投资问题关注不够。鉴于此，本报告力图紧贴我国《慈善法》制定和《信托法》修订的背景，从我国目前现有的8项公益信托投资活动所暴露的现实问题出发，在详细介绍英国和美国关于规范此类问题成熟的立法经验的基础上，借鉴日本和我国台湾、香港等地对相关问题可行的管理制度与实践做法，提议从建立"负面清单"扩大投资范围、设立受托人的谨慎投资义务标准、完善信息披露制度加强内外监督这三个方面来约束公益信托受托人的投资权，以应对当前公益信托投资信息不透明、投资政策不明确、受托人职责模糊以及风险控制措施薄弱等主要问题，从而以明确的法律指引来激活以公益信托安全高效地管理社会公益善款的潜力。
关键词：	公益信托与慈善信托投资规范　英美立法　制度完善

---

* 洪錾（1990~），女，华东政法大学经济法学硕士（金融法方向），现就职于国泰君安证券固定收益部。

公益蓝皮书

一 引言

信托管理的长期性,是信托区别于其他财产管理工具的一大特色。公益信托由于其有利于社会的发展和进步,为国家所鼓励与倡导,因而各国法律对公益信托的存续期没有限定。公益信托一旦成功设立,只要信托财产没有完尽,就可以一直服务于社会。而公益信托的财产要实现社会效益的最大化,就需要对信托基金进行保值增值,将筹集到的信托善款进行高效的投资运作,这是公益信托受托人的权利,更是其义务。因此,为实现公益信托的可持续发展,出于信托基金的保值增值目的(特别是处于委托人不再或不可能向初始信托基金追加本金),对信托财产进行投资以维持并扩大其基金规模就尤为必要。

在国外,不乏利用信托基金的投资收益来保持公益信托"长青"的案例,"诺贝尔奖"就是其中最典型的一例。诺贝尔基金会成立于1896年,其基金源自诺贝尔先生价值3100多万瑞典克朗(当时合920万美元)的遗产信托。诺贝尔奖每年颁发的奖金数额视信托基金投资收益而定。1901年诺贝尔信托首次颁奖时,单项奖金金额约为15万瑞典克朗,而2014年单项诺贝尔奖的奖金就高达800万瑞典克朗,增长了近52倍。诺贝尔遗产在100多年里都消耗不完的"奥秘",正是诺贝尔信托基金进行了高效的投资,实现了慈善资本的有序循环。

诚然,"公益信托并非着重于信托财产为了保值增值而进行投资,而更重视信托财产的运营是否合乎其设立的信托目的"[①],但是将公益信托基金在闲置期进行投资可以为公益目的的实现提供足够的资金支持,以保障公益信托目的之达成。但是,我国现行《信托法》并没有对公益信托基金出于保值增值目的而应该如何投资的问题予以明确。所以,实践中都是由受托人(目前在我国,大都为信托公司)自主行使信托财产的投资管理权。尽管2008年汶川地震发生后,银监会紧急之下出台了一份《关于鼓励信托公司开展公益信托业务支持灾后重建工作的通知》(以下简称《通知》)对公益信托管理的相关规则进行了一定的细化,例如《通知》第六条第四款限定了公益信托受托人

---

① 赖河源、王志诚:《现代信托法论》(增订三版),中国政法大学出版社,2002,第25页。

可予以投资的范围,即信托公司管理的公益信托财产及其收益,只能投资于流动性好、变现能力强的国债、政策性金融债及中国银监会允许投资的其他低风险金融产品。但是从字面上看,该《通知》的效力仅限于受托人是"信托公司",信托目的仅限于"帮助和支持灾区重建工作"。所以,我国公益信托基金的投资活动实际上仍处于一种无法可依的状态。

在此背景下,我国公益信托基金投资管理情况实际如何?笔者通过对现已设立的几个公益信托的"财产管理报告"、"信息披露公告"等文件的查阅发现,数年来,信托公司作为受托人试水公益信托的过程中,在公益信托基金保值增值的管理上,或多或少已显露出一些问题。究其原因,主要还是我国公益信托基金投资活动缺乏明确的法律指引,受托人投资权难以受到有效的约束和监督。

"最好的立法策略是给受托人投资权以明确的指引和约束,明确告诉受托人在投资时可以做什么、不可以做什么。"① 考察信托制度和慈善制度都相当健全的英国与美国发现,信托法制能让慈善资本得以实现良好的管理和壮大。因此,本报告的研究问题就是:面对我国公益信托基金投资管理中所暴露出的一些现实问题,如何借鉴英美两国慈善信托投资方面的立法与实践经验,来完善我国公益信托的相关规范,以约束受托人的投资权从而实现公益信托的保值增值?

二 研究对象的界定

(一)公益信托基金

公益信托是指出于法定的公益目的②,为使社会公众或一定范围的社会公众受益而设立的信托。③ 公益信托除了符合"必须为公益目的而设立"要求之外,还需要满足以下三个要件:①经公益事业管理机构的批准;②设置

---

① 徐卫:《慈善宣言信托制度构建研究》,法律出版社,2012,第283页。
② 我国《信托法》第六十条规定:"为了下列公共利益目的之一而设立的信托,属于公益信托:(一)救济贫困;(二)救助灾民;(三)扶助残疾人;(四)发展教育、科技、文化、艺术、体育事业;(五)发展医疗卫生事业;(六)发展环境保护事业,维护生态环境;(七)发展其他社会公益事业。"
③ 全国人大信托法起草工作组:《中华人民共和国信托法释义》,中国金融出版社,2001,第144页。

信托监察人；③信托财产及收益全部用于公益目的。公益信托通常由委托人提供一定的财产设立。根据我国《信托法》规定，委托人可以通过信托合同、遗嘱等书面形式设立信托；信托财产既可以是货币、房产，也可以是股权等财产权利。当信托财产表现为货币资金形态时，就为"信托基金"。因而，"公益信托基金"就是独立于信托委托人和受托人的，专门开展《信托法》下用于公共利益目的事业的专项资金。而根据《信托法》第十四条①，公益信托设立之初的本金和信托期限内信托财产所得收益共同构成一笔信托基金。

（二）投资

所谓投资，是将资金或实物等财产或财产权加以利用从而获取收益的经济活动。② 信托基金投资就是用信托基金购买某些财产或财产权，以让其在未来能够增值或者取得收益的行为。那么，在《信托法》上，受托人将信托基金进行投资的依据是什么？将信托财产用于投资需符合哪些条件？

1. 受托人的投资权是一项默示权限

"现代信托的一个重要发展动向就是信托的积极化，受托人在信托财产管理中承担起越来越主动、积极的职责，其主要表现在信托与投资日益紧密结合，投资已成为信托的应有之义。"③ 尽管我国的《信托法》没有明确规定受托人享有投资权，但是"管理和处分信托财产、处理信托事务"是受托人的基本权利，由此可派生出受托人对信托财产的投资权。所以，受托人的投资权在我国被视为一种"默示权限"，除非委托人在信托文件中对受托人的投资权有特别限制，投资权是受托人管理信托财产权限下的一种当然权利。

在公益信托里，受托人出于积极履行管理信托财产的职责，将公益信托基金进行投资以获得最佳经济回报，以达到让信托财产保值增值的目的，因而可以说"如何使信托基金保值增值既是公益信托受托人的权利，也是其义务"。④

---

① 我国《信托法》第十四条规定："受托人因承诺信托而取得的财产是信托财产。受托人因信托财产的管理运用、处分或者其他情形而取得的财产，也归入信托财产。"
② 余卫明：《信托受托人研究》，法律出版社，2007，第151页。
③ 中铁信托博士后创新实践基地：《信托前沿问题研究》，中国金融出版社，2014，第10页。
④ 赵磊：《公益信托法律制度研究》，法律出版社，2008，第149页。

2. 信托投资须产生一定经济回报

基于信托财产保值增值的目的，受托人运用信托财产从事的投资行为必须能够产生一定的经济回报，而非是为了直接实现信托目的却不产生任何的收入。英国1947年的Re Power's Will Trust案中，法官指出，受托人购买住房让受益人免费居住不会产生任何收入，这样的做法不属于"投资"，因为信托文件采用了"投资"一词，这意味着得获得一定的收入。

值得指出的是，"投资"在慈善实践中，可能因含有公益因素而不属于上述所谓的"投资"范畴。例如，在欧美慈善领域盛行的"项目关联投资"（Programme Related Investment，PRI），也就是慈善组织或公益信托的受托人通过向某些弱势群体或公益组织予以一些较为长期性的资助，如公益贷款、公益担保、公益出租、公益创投等，这些资助行为都可能对资助者产生一定的经济回报，但是这种资助的核心目的是作为慈善组织开展公益项目的一种手段，属于一种现代慈善事业的运作模式，以实现社会效益的最大化。所以，这种"名为投资，实为公益"的PRI[①]行为不在本文的研究之列。

综上，本报告对"公益信托基金投资"的定义是：公益信托的受托人在委托人未对受托人的默示性投资权予以限制的前提下，基于积极管理财产的职责，出于信托财产的保值增值之目的，而将信托基金中处于闲置部分的财产通过购买某些财产或财产权，以使这部分闲置的基金在信托存续期内获取最佳经济回报，从而保障公益目的实现（而非直接作为实现公益目的之手段）的行为。

三 中国公益信托基金投资的现状与问题

（一）我国公益信托发展现状概述

我国《信托法》于2001年颁布，该法将英美国家实行数百年的"慈善信托"正式引入我国。据《中国信托业发展报告（2013—2014）》统计，"信托

---

① 在美国，PRI反映在会计处理上，属于一种特殊的捐赠，算在基金会每年的慈善拨款支出之中。开展PRI得到的利息、分红和资本增值不算作投资收入，无须交税。参见《比尔和梅琳达·盖茨基金会成双轨制典范》，http://gongyi.qq.com/a/20131206/009656.htm，最后访问日期：2015年4月28日。

公司开展公益信托以及准公益信托项目截至 2013 年底有 39 件，规模相当于全国信托资产的约 1‰"。① 但其中绝大多数的"公益信托"并不具备我国公益信托成立的法定要件，如"获得公益事业管理机构的批准"、"信托财产及收益完全用于公益目的"、"设置信托监察人"等条件，现实中符合法定要件的公益信托屈指可数。

根据笔者表 1 的统计，截至目前，仅有 8 件公益信托是完全符合《信托法》中公益信托成立要件的。从中可以发现我国公益信托有四个特点。一是公益信托项目都是由地方审批、地方开展的，并且公益信托的成功设立离不开信托行业监管部门的支持与推动，如我国内地第一件公益信托——"5·12 抗震救灾公益信托计划"的快速启动得益于当地银监会领导的大力推动。二是存在明确的存续期限，短期的有 2 年、3 年的，中期的有 5 年的，长期的有 10 年的，而永续型的公益信托只有 1 件，即由万向信托公司管理的"中国自然保护公益信托"。三是信托基金规模一般都较小，而我国台湾地区公益信托的数量和单项金额却远高于大陆，每件公益信托平均基金规模将近 7241 万元人民币。② 其中，规模最大的为"公益信托王长庚社会福利基金"，金额达 63 亿新台币（约 12.5 亿元人民币）。在大陆，目前仅有"金色盾牌·重庆人民警察英烈救助基金公益信托"规模上亿。四是由于我国公益信托的受托人为金融机构，所以其主导设立的公益信托主要是对外资助型的，如援助病患儿童、援建贫困地区的学校或卫生设施、捐助国内环保公益项目等，而由受托人自己直接运作公益项目的案例尚未出现。

总体而言，公益信托在我国大陆还处于信托公司自发探索、区域性试水阶段，现实中，老百姓、富裕个人/家族、企业利用公益信托开展公益事业的情形寥寥，公益信托制度对公益慈善事业的社会效用还没得到充分发挥。其主要原因是：《信托法》出台后，相关的行政法规和规章主要围绕营业信托进行规范，未涉及公益信托和民事信托，相关的配套细则特别是税收优惠制度有待健全。

---

① 《中国公益信托何时春暖花开》，公益中国，http://gongyi.china.com.cn/2014-11/12/content_7364453.htm，最后访问日期：2015 年 3 月 18 日。
② 根据台湾地区信托业商业同业公会统计，截至 2014 年第四季度，总计开展公益信托业务 122 件；按照信托财产的金额统计，信托财产金额共计 446.86 亿新台币（约 88.34 亿元人民币）。

中国公益信托基金投资研究报告：问题、约束与建议

表1 我国信托公司开展的公益信托实践汇总

时间	信托名称	信托目的
2008年 （3年期）	5·12抗震救灾公益信托计划	全部财产用于陕西地震灾区受损中小学校舍重建,援建新的希望小学
2008年 （10年期）	郑州慈善（四川灾区及贫困地区教育援助）公益信托计划	全部财产捐赠给汶川地震灾区及贫困地区的教育项目,信托终止时将剩余财产全部捐赠给郑州慈善总会
2009年 （10年期）	金色盾牌·重庆人民警察英烈救助基金公益信托	信托财产全部用于帮助重庆市范围内的特困、伤病、伤残、牺牲的公安民警及其家属和相关人员
2013年 （10年期）	长安信托奖学金公益信托	信托财产捐赠给西安交通大学教育基金会,并全部用于奖励西安交通大学经济与金融学院优秀全日制在校学生
2014年 （5年期）	国元爱心慈善公益集合资金信托计划	信托财产的首期资金用于金寨县斑竹园镇沙堰希望小学的援建项目,主要用于该校的改水工程
2014年 （2年期）	爱心久久——贵州黔西南州贞丰"四在小学"公益信托计划	信托财产专项用于捐赠贵州省黔西南州贞丰县开展"四在小学"活动所需的软件和硬件设施建设,支持当地教育事业的发展
2014年 （5年期）	湘信·善达农村医疗援助公益信托计划	信托财产全部定向使用于捐助湖南省武陵山片区、罗霄山片区等贫困地区乡镇卫生院及村级卫生室的基础建设和设备
2014年 （永久存续）	万向信托—中国自然保护公益信托	信托财产全部用于无偿捐助受托人根据信托文件的规定筛选确定的、执行中国境内自然环境和生态保护公益项目的个人、组织或法人机构

规模	受托人	监察人	托管人	审批单位
1000万元	西安信托（现改名为长安信托）	西安希格玛会计师事务所	—	陕西省民政厅（陕西银监局备案）
（初始） 160万元	百瑞信托	郑州慈善总会	郑州银行	郑州市民政局
（初始） 1.8亿元	重庆信托	大信会计师事务所	重庆三峡银行	重庆市公安局
（初始） 16.35万元	长安信托	陕西简能律师事务所	建设银行	陕西省民间组织管理局
（初始） 34.5万元	国元信托	周苏*、安徽省天恒律师事务所	建设银行	安徽省民政厅
（初始） 20.15万元	国民信托	北京振兴联合会计师事务所	工商银行	贵州省贞丰县民政局、教育局

续表

规模	受托人	监察人	托管人	审批单位
（初始）1000万元	湖南信托	天职国际会计师事务所	建设银行	湖南省卫生和计划生育委员会
（初始）34.72万元	万向信托	德勤华永会计师事务所北京分所	工商银行	杭州市民政局**

* 其职务为安徽省民政厅副厅长。

** 该信托合同中未明示公益事业管理机构的身份，但在宣传新闻中表示已经得到了杭州市民政局的支持。参见《国内首款保护公益信托将面市　专家称应允许试错》，搜狐证券，http://stock.sohu.com/20140730/n402889756.shtml，2015年2月15日访问。

资料来源：笔者根据各公益信托公开的信托合同、管理报告等整理（资料收集截至2015年3月31日）。

（二）我国公益信托基金投资情况的实证分析——以"金色盾牌·重庆人民警察英烈救助基金公益信托"为例

我国现有的这8件公益信托管理情况对外披露的信息非常有限。其中，重庆信托公司所受托管理的"金色盾牌·重庆人民警察英烈救助基金公益信托"（以下简称为"金色盾牌公益信托"），因该信托基金的规模大、在地区的社会影响力较广，所以其财产管理情况的披露相对其他公益信托而言较为详细。因此，本报告择其作为重点考察对象，分析该公益信托基金的投资情况。

1. 投资标的的考察

现实中，公益信托基金的投资对象并不局限于国债、金融债及《通知》第六条第四款所谓的"中国银监会允许投资的其他低风险金融产品"。根据重庆信托公司披露的2009~2013年四份关于"金色盾牌公益信托"的年度管理报告①，可发现，受托人对信托财产保值增值的管理运作主要有三种投向。

（1）投资债权类信托。如2009年"以买入返售的方式投资购买重庆泽天物业有限公司的8541万元应收账款债权"；2010年将1360万元信托资金"以买入返售的方式投资受让重庆润江基础设施投资有限公司持有的优先信托受益权"；2011年将6800万元信托资金"向重庆汉源电力物资有限责任公司发放

---

① 参见《金色盾牌·重庆人民警察英烈救助基金公益信托管理报告》，http://www.cqitic.com/disclosure.php?classid=403，最后访问日期：2015年5月7日。

中国公益信托基金投资研究报告：问题、约束与建议

流动资金贷款"。

（2）投资集合类信托（并以投资自己管理的信托计划的份额居多）。如2012年投入1亿元用于认购1年期、预期年化收益率8%的"华城希望股权收益权集合资金信托计划"份额，2013年投入1.17亿元用于认购2年期、预期年化收益率8%的"重庆信托·神州1号集合资金信托计划"份额，投入3600万元认购2年期、预期年化收益率9%的"北京泰禾花园项目集合资金信托计划"份额。

（3）投资同业存单。2012年和2013年"将闲置资金用于银行同业存款"，分别产生存款利息收入234.16万元和100.78万元。

总体而言，重庆信托公司管理的"金色盾牌公益信托"投资偏向于自己所管理的其他信托计划的份额，此外就是参与其他信托公司推出的信托计划，而信托工具的期限一般为1~2年，年化收益率在8%~10%，远高于同期银行存款利率。

2. 一些引人思考的问题

尽管"金色盾牌公益信托"投资效益看起来总体较好，2010~2014年的投资总收益几乎能覆盖公益总支出的一半，但是，该公益信托基金投资管理中的以下几个问题，值得人们思考。

（1）我国《信托法》第六十七条规定，"受托人应当至少每年一次作出信托事务处理情况及财产状况报告，经信托监察人认可后，报公益事业管理机构核准，并由受托人予以公告"。那么，"金色盾牌公益信托"的监察人是否知晓并"认可"了该信托基金的投资方式和投资结果？从公益信托的管理报告上看，情况不明。因为报告的末尾只揭示了受托人的法定代表人是谁、公司信托财务管理负责人是谁、报告编制人是谁，对此公益信托进行监督的具体负责人是谁则不得而知。并且，四份报告都未加盖监察人的印章，何以表明监察人对此份报告已经予以认可？缺少了监察人对信托财产管理报告有效的"认可"，公益事业管理机构的"核准"以及受托人的"公告"工作又该如何进行下去？

（2）受托人将绝大部分公益信托基金用于购买自己作为受托人管理的其他信托计划份额或信托产品，这种做法是否谨慎？信托公司作为公益信托受托人的同时，也管理着大量其他的金融信托。理所当然的，受托人具有将公益信

托基金中的不小部分投向自己管理的其他信托的倾向。但是，信托产品种类多样，有的结构较复杂，不同信托产品包含的风险大小不一。受托人在决定将其管理的公益信托投向受托人管理的其他信托项目之前，是否应当向信托产品的监管方进行事前报告，由其预审一下产品所隐含的风险是否为该公益信托可以承受的？此外，将超过一半甚至绝大部分的公益信托基金集中投向某一个信托项目，这种做法是否有违分散风险的投资原则？

（3）重庆信托公司作为公益信托的受托人有义务按照《信托法》的要求每年定期披露公益信托的管理情况。但是，至今只能从受托人的官网上查到2009～2013年的四份管理报告。① 而根据过往的信息公告期间，2014年10月应当能查到公益信托第五年度的管理报告，但是2014年度的管理年报截至目前尚未登载于该受托人的网站。可见，受托人对公益信托财产管理的信息披露义务没有贯彻始终。

（三）我国公益信托基金投资主要问题评述

根据笔者对我国公益信托实践情况的长期追踪，发现除重庆信托公司管理的"金色盾牌公益信托"之外，我国仅有的其他几件公益信托在投资管理中也普遍存在一定问题，主要表现在以下三个方面。

1. 投资信息不透明

我国《信托法》课予了受托人"信托事务处理情况及财产状况报告及公告"的义务。从字面上看，"公告"并不是只将这些管理信息"告知"给公益信托的委托人即可，而是要以社会公众都能知悉的方式进行信息的发布和通告。特别是那些接受社会捐款加入的公益信托，受托人更应当保持信托事务处理情况及财产管理的透明。例如，百瑞信托在信托文件中明确"郑州慈善（四川灾区及贫困地区教育援助）公益信托计划"为开放式，即委托人可在信托存续期间内随时投入资金加入公益信托；同时明确，信息披露平台为百瑞信托的网站。但是，该公益信托所有的事务报告只向加入信托的委托人

---

① 并且，这四份管理报告在其网站上的公告时间间隔不一，如第一年度的年报是于"2011年1月15日"公告的、第二年度的年报是于"2011年10月26日"公告的、第三年度的年报是于"2012年10月18日"公告的、第四年度的年报是于"2013年10月30日"公告的，参见http：//www.cqitic.com/disclosure.php?classid=403，最后访问日期：2015年5月7日。

公开，社会公众无从获悉该公益信托任何运作信息，更不用说投资情况如何了。

一些受托人如"国元信托"尽管在其网站上披露了公益信托事务报告，但是该报告只公布了"实际募集资金总额"、"信托合同数"、"信托财产专户"，而在"资金运用方式"中只是笼统性地陈述了"在信托存续期间，受托人本着诚实、信用、谨慎和有效管理的原则，严格按照信托说明书、信托合同等信托文件的约定，对信托财产进行管理、运用和处分"，进而罗列了所资助的具体公益项目及其资助额①，至于信托财产闲置期间是如何运用的，只字未提。而其他一些信托公司网站甚至连专门披露公益信托相关管理信息的页面都没有，即使网站上有几篇关于介绍其推出的公益信托的文章，内容也多为对信托公司宣传性的新闻稿。

2. 投资政策不明确

目前，在信托文件里明确公益信托基金投资范围的为数不多。只有在公益信托项目完成后，才可能通过一些新闻媒体透露出某公益信托在过去几年里的投资方向。例如，通过2013年5月6日《金融时报》的一篇报道才知道我国第一单（早在2011年底完成的）公益信托——"5·12抗震救灾公益信托计划"，其信托文件规定了在信托资金闲置期间，受托人（长安信托）"将信托资金运用于新股申购、国债逆回购及存放同业存款等短期低风险产品，以实现公益资金的保值增值，此期间共产生信托收益530256.33元"。② 而长安信托对于2013年成立的"奖学金公益信托"，是在其官网的"产品介绍"栏上披露将闲置资金投资于"高流动性、低风险金融产品，包括但不限于如存放同业存款、投资国债、央行票据、商业银行人民币理财、债券型基金等，在风险可控的前提下追求收益最大化"。③

至于其他信托公司管理的公益信托计划，其合同中的"信托计划财产的

---

① 参见《国元爱心慈善公益信托2014年4季度信托事务报告》，国元信托网站，http://www.gyxt.com.cn/gyxt/front/news_detail.jsp?xxnr_id=1015707，最后访问日期：2015年5月17日。
② 《典型案例：纯公益信托5·12抗震救灾公益信托计划》，中国信托业协会，http://www.xtxh.net/xtxh/mediumtrust/15452.htm，最后访问日期：2015年5月6日。
③ 长安信托"产品中心"，http://www.xitic.cn/front/product/product_info.do?id=938，最后访问日期：2015年5月10日。

运用"条款①，只是简单"复制"了《通知》中关于投资范围粗浅的规定。但是，由于缺乏透明的信托财产管理方面的信息披露②，谁能确证受托人的确是严格按照《通知》所规定的投资方向，只将公益信托基金投向国债、金融债？难道不会像重庆信托公司那样，在实际的投资管理过程中，将信托基金的不小数额投给自己管理的其他信托计划？这里，并不是说受托人不可以将公益信托基金投向信托公司管理的其他信托计划，只是指出：由于欠缺信息披露容易让人们认为公益信托的投资管理运作神秘，不清楚公益基金在闲置期间都被用于何处，由此疑惑丛生——信托基金到底有多少比例是进行投资的？投资的资产类别是什么？具体的投资标的又是什么？这些投资标的是否适合该信托？所有的投资决策又是如何达成的？

3. 受托人职责模糊、风险控制措施薄弱

《信托法》第二十五条规定："受托人应当遵守信托文件的规定，为受益人的最大利益处理信托事务。受托人管理信托财产，必须恪尽职守，履行诚实、信用、谨慎、有效管理的义务。"诚实和信用体现在信托关系中，就是受托人对委托人和受益人不欺不诈，按照信托文件行事并履行信托义务。但是，"谨慎"和"有效管理"在公益信托合同中该如何体现？什么样的投资行为算是"谨慎"的？怎样的投资结果属于"有效管理"？这些应当将法律原则进行具体化说明的条款在我国的公益信托文件鲜有见到③，这可能是由于迄今为止我国公益信托全部是由信托公司主导设立的，取得公益信托管理主动权的受托人自然不会以太细太严格的条款来约束自己的职责，而正是这种对职责履行要求上的宽松与模糊容易导致受托人在管理公益信托时"不作为"或"恣

---

① 参见《长安信托奖学金公益信托合同》第十一条第二款，http://www.xitic.cn/caxt/news/onotice/8217.html。
② 目前，只在西安交通大学教育基金会网站上看到《长安信托奖学金 2014 年公益项目总结报告》，该报告只披露了发放的奖助金额、奖助政策和具体受益人名单等信息，而未见到信托基金管理方面的相关内容，见 http://www.ef.xjtu.edu.cn/info/1025/1273.htm。又如，湖南信托在《湘信·善达农村医疗援助公益信托计划持续信息披露公告》中也只披露了援建项目名单和捐赠总金额。尽管该公益信托也为开放式，但是对于信托财产的管理情况社会公众却无从得知，见 http://www.huntic.com/contents/67/5244.html。
③ 《万向信托—中国自然保护公益信托合同》第 9.6 条照搬了《信托法》中的这一原则，却未作任何拓展，见 http://www.wxtrust.com/resources/upfile/File/2014/2014061601.pdf。

中国公益信托基金投资研究报告：问题、约束与建议

意妄为"，由此埋下公益信托基金管理的风险隐患，受益人的利益难以得到保护。

此外，受托人在"诚实、信用、谨慎、有效管理"等原则性的软约束下，保障受托人广泛的投资权为实现受益人的利益最大化而服务，需要建立内外相结合的风险控制措施。对于公益信托来说，一是来自内部的风险控制。凡在我国经过审批而得以设立的公益信托都设立了监察人，并且我国多是由律师事务所、会计师事务所或是慈善机构甚至是来自民政部门的领导来担任监察人这一角色的，所以实践中，监察人代表受益人对受托人财产投资管理的监督功能难以得到有效发挥。因为"信托财产管理涉及投资，则信托监察人的选任应以具备理财知识及会计知识的人较为合适"。① 尽管律师事务所和会计师事务所都是提供专业服务的机构，但是两者在公益信托业务中主要是出具财务报告、审计报告，提供法律意见书等，而对于动态性的投资理财事务的风险把控则略显无力。

二是外部的风险控制。我国公益信托在设立时无不自觉将银行托管人安排进公益信托运作的监督框架中（尽管法律对公益信托是否设置托管人没有强制规定），由托管人通过保管全部信托财产，实时监督受托人的投资运作是否合法合规、符合信托文件的约定。所以，一般而言，托管人对外出具的托管报告可以在数据上反映公益信托资金的变化和支出用途。但是，实际上，我国的这8件公益信托的托管人未曾对外披露过相关的托管报告。

《信托法》第六十七条规定："公益事业管理机构应当检查受托人处理公益信托事务的情况及财产状况。"而"受托人处理公益信托事务的情况及财产状况"当然包含"信托财产的投资情况"，所以受托人对信托财产的投资管理属于公益事业管理机构的监管范围。然而，从汇总表中可以看到，我国公益事业管理机构多为民政部门、教育部门和卫生部门，从这些行政部门的职能定位上看，它们能否通过"检查权"的行使而对受托人的投资权形成有效的约束，实成问题。实践中，也从未发生过公益事业管理机构在公益信托实施过程中主动行使"检查权"的情况。主要原因可能在于：由于缺乏信托法规对此的具体解释，这些行政部门也不清楚"检查权"的具体内容有哪些？该如何行使

---

① 雷宏：《信托监察人制度研究》，知识产权出版社，2011，第113页。

其"检查权"？如果发现受托人管理财产时存在问题又该如何处理？法律规定上的模糊让公益信托的监管主体处于相当被动的地位。同理，尽管《通知》第九条赋予银监会"检查信托公司处理公益信托事务的情况及财产状况"的权力，但在《通知》出台的数年里，也未能通过制定相关的解释条款对此问题予以明确。

四　英美国家公益信托基金投资立法经验

在发达的慈善行业中，慈善信托行之有年，是相当重要的慈善资金来源和慈善资产组织管理形式。相比慈善和信托法制完善的国家，如英国和美国，我国公益信托发展相对滞后。所以，了解、学习英美国家慈善信托基金投资管理经验，有助于我国吸收其中好的做法，并结合我国的实际发展情况加以改造，适用于我国公益信托投资法律规范的构建。通过对英美两国慈善信托管理相关法律综合性的考察，本报告认为，主要有如下三个方面启示：一是信托基金（无论是否为慈善性的）可投资的范围不受法律的严格限制，保值增值的空间广阔；二是慈善信托受托人的投资行为受到《信托法》"谨慎投资义务"的约束，而"谨慎"有非常明确的法律标准；三是慈善资产管理运作受到多方面的监督，而监督的基础正是有严格的信息披露制度。

（一）广泛的信托基金投资范围

尽管《通知》曾规定信托公司管理的公益信托基金可投资于"国债、政策性金融债及中国银监会允许投资的其他低风险金融产品"，但是，这一规定将投资渠道限定得过窄，不少信托公司认为限制了其所管理善款的增值能力。其实，英美慈善信托并非一开始就能进行任何种类的投资，因为在英美信托投资法的发展历程中，也一度采取过"法定投资目录"（legal list）式限定。但随着经济的发展，这种目录无法满足人们的投资需求而被时代所淘汰，"法定投资目录"的废除也相应拓宽了公益信托基金的可投资范围。

1. 英美法对信托投资范围限定的废除

英国法院曾为受托人列出了一份"法定投资目录"，受托人投资于目录以外的种类则会被认定为违背了"谨慎投资义务"。① 虽然后来颁布的《1961年受托人投资法》扩大了受托人的投资权,但是仍然严格限制受托人的投资范围和具体投资比例,要求受托人在投资前将信托基金进行均分:一部分投资于风险很小的固定利息的政府债券和银行存款;另一部分投资于风险稍大的公司债券、股票和证券;两个部分的资金相互独立。② 即使如此,这种通过制定法律列出"投资目录"来限制受托人投资权的方法仍显得落后。③ 然而,由于委托人的授权优先于成文法的适用,即委托人可以扩张、变更成文法的相关规定,因而在实践中,越来越多的信托文件在专门的投资条款中赋予了受托人更广泛的投资权。在慈善信托领域,受托人请求扩大其投资权的情况也屡屡发生。例如,在 Steel v. Wellcome Trustees Ltd. 案中,原告是英国一家著名慈善信托组织 Wellcome Trust 的专业受托人,依信托文件原本只拥有非常有限的投资权。1956年经法院批准,扩大了投资权,允许投资于英国、美国的固定利息证券和股票,但只能对信托财产的2/3适用这些投资权。后来金融市场发生了很大变化,受托人于是再次请求法院批准一项计划扩大他们的投资权,以便投资于任何标的。④

美国原本也采取这种"法定投资目录"的方式,但是当人们发现"法定投资目录"无法使信托基金从证券市场获得更大收益时,这些目录纷纷失去了活力。此后,美国大部分州先后采纳了"谨慎投资者规则",而对受托人的投资不再加以限制,具体的投资方向、投资数量等完全由受托人自行决定。

2. "法定投资目录"废除的原因

"法定投资目录"在规范受托人投资自由裁量权方面有两大缺陷:一是导致投资方法僵化,使得司法或立法机关的预先判断代替了受托人对市场的自主判断,并且削弱了受托人应有的谨慎义务;二是投资标的保守。"法定投资目录"只允许受托人投资于所谓"较安全的"的高信用等级的债券,如政府债

---

① 彭插三:《信托受托人的法律地位比较研究——商业信托的发展及其在大陆法系的应用》,北京大学出版社,2008,第250页。
② 这个对半开的划分比例后来因过于保守而遭到人们的批评。后来,英国在1986年将这一比例修改为25:75,即受托人可以将75%的信托基金投资于风险稍大的公司债券和其他证券。
③ 何宝云:《信托法原理研究》,中国政法大学出版社,2005,第232页。
④ 参见何宝玉《英国法研究三部曲:信托法原理与判例》,中国法制出版社,2013,第300~301页。

券、公用事业债券及铁路债券等。这种保守的投资限定与金融发展格格不入。

3. "法定投资目录"废除对慈善领域的影响

信托基金投资范围的全面放开对慈善领域而言意味着慈善基金可投资领域的扩大。美国统一州法全国委员会（The National Conference of Commissioners on Uniform State Laws, NCCUSL）① 在2006年通过的《慈善机构基金谨慎管理统一法》（Uniform Prudent Management of Institutional Funds Act, UPMIFA）② 的第3条（3）款中，指出"慈善机构可投资于任何类型的财产或投资品种"；而英国慈善委员会（Charity Commission）在2011年制定的《慈善与投资事务：受托人指南》（Charities and Investment Matters: A Guide for Trustees）③的E1款也表明"受托上可以进行任何种类的投资"，并在E1款中简单列举了可供受托人投资的类型：银行或建房互助协会账户付息存款、上市公司股权、政府或公司的付息贷款（债券）、建筑物或土地、共同投资基金④或其他集合投资计划、非自由转让的私募股权、对冲基金、商品以及衍生品，等等。

（二）细致的"谨慎投资者规则"

放开信托基金的投资渠道是时代趋势，但投资风险必须受到有效控制，对于财产源自公众捐款的公益信托而言，投资风险的管理更是被摆在一个至关重

---

① NCCUSL设立的目的在于向各州推荐其拟制的示范法律文本。它起草过100多项统一标准法案，供各州选用或按此制定相应的法律，以此推进各州间法律的统一。

② 该法源于对美国《统一谨慎投资者法》中的"谨慎投资者规则"的吸收，而对其于1972年制定的《慈善机构基金管理统一法》（Uniform Management of Institutional Funds Act, UMIFA）作了修订，以更新、完善对慈善机构投资责任的规定，该法的适用范围包括受托人为慈善机构的慈善信托。当前，几乎美国所有的州都已采纳了这套新的关于慈善机构基金管理的法律标准。

③ 慈善委员会作为英国政府主管民间慈善事业的独立机关，会依据实践管理经验为民间组织提出其推荐的好的行为准则。该份指南的内容是面向各类慈善机构的管理人——受托人，并采取"一精一简问答"的方式对英国国内慈善投资实务规则进行了简明扼要的陈述。一些规则若属法律规定范围内的，问题下方就会有一个代表"Legal"的"L"的标记，以提示受托人严格遵循。除此之外，该指南还提供了不少"建议性"的"Answer"，向受托人提供慈善委员会认为较佳的投资行为指引。

④ 共同投资基金（Common Investment Funds, CIFs）是由英国慈善委员会或法院根据2011年《慈善法》的第96条作出的计划而设立的。CIFs本身为慈善机构，并且只为英国众多慈善组织进行集合性投资而服务。

要的位置。英美信托法在放开信托基金投资范围的同时，都强调了受托人的"谨慎投资义务"，而"谨慎"是对投资行为而非投资业绩的测试，不管是投资组合的总体业绩的表现，还是单个投资业绩的表现，并不是关注的核心。关注的重心在于受托人是否履行了谨慎义务。这种立法安排可以有效防止利益相关者在事后借"投资失利"为名肆意追究受托人的投资责任。[①] 所以，理解英美信托法对受托人"谨慎投资义务"标准的诠释，有助于我国构建公益信托受托人谨慎投资相关规则。

1. 美国"谨慎投资者规则"

1952年，投资组合理论（Portfolio Theory）出世，该理论源于"不要把鸡蛋放在一个篮子"的原理，通过资产组合管理降低风险并且实现收益的最大化。此后，美国1994年的《统一谨慎投资者法》（Uniform Prudent Investor Act，UPIA）引入了这一投资组合理论，认为受托人有义务将投资组合分散化从而实现控制风险前提下的收益最大化。具体而言，UPIA的主要内容如下。

（1）UPIA采用的是当事人约定优先的任意性立法原则，即信托文件的具体约定可以变更UPIA的相应规定；若信托文件无相应约定，受托人则需履行UPIA规定的各项义务。

（2）UPIA设定了受托人"注意义务"的标准，表现在：其一，受托人应当具备合理的投资技能和谨慎心态，在管理信托财产时应充分考虑信托文件的相关约定以及其他情形；其二，受托人应当对信托投资策略的风险和回报保持整体评估，而不能单独评估单项信托财产的投资决定；其三，受托人在投资和管理信托财产时应当综合考虑宏观经济情况、通货膨胀/紧缩影响、投资纳税预期、单项与整体投资的目的与作用、投资回报预期、某项资产对信托的关系等方面；其四，受托人应合理地查证与投资、管理信托财产有关的事项；第五，受托人在管理信托事务时有义务运用其具有的或为委托人所信赖的特殊技能或专业能力。

（3）UPIA授予了受托人进行投资和管理活动的授权之权利，但同时应当在三个方面显示出合理的技能和谨慎：一是挑选代理人；二是在符合信托目的和信托条件的基础上确定授权的范围和相应的条件；三是为了监督

---

① 张敏：《信托受托人的谨慎投资义务研究》，中国法制出版社，2011，第92页。

代理人的行为与授权条件相一致，定期检查代理人的行动。只要受托人履行了上述谨慎授权义务，就无须对代理人在授权范围内的投资行为负责。

（4）UPIA对受托人及其管理信托事务规定了一系列具体的审查标准：其一，除非受托人因特殊情况合理确信投资多样性不利于实现信托目的，投资应当保持多样化；其二，受托人在接受信托或收到信托财产后应当适时检查信托财产并作出投资部署，使信托财产整体符合信托文件的相应约定；其三，受托人在管理信托事务时的花费应当与信托财产、信托目的和受托人的技能相适应；其四，受托人在制定投资决定时，应当依据当时具体情形作出合理研判，确保其符合"谨慎投资者规则"。

2.英国"谨慎投资者规则"

2000年初，在美国法的影响下，英国制定了《2000年受托人法》，该法明确了受托人的"谨慎投资者规则"。具体说来，受托人"谨慎义务"体现在以下四个方面。

（1）明确了受托人的"注意义务"标准，规定受托人无论在何种情况下都必须履行符合当时情形的谨慎义务，同时要考虑两个因素：一是受托人具有或者声称拥有的特殊知识和经验；二是如果受托人是在从业过程中接受信托，其则被期待拥有从事该种职业所应当具有的特殊知识或经验。这条规定的注意义务对受托人行使投资权而言是普遍适用的。

（2）要求受托人行使投资权时必须遵从"标准投资准则"（standard investment criteria）。该投资准则主要体现在三个方面：一是关注性，即受托人须随时检查信托投资并根据标准投资准则考虑是否需要作出调整；二是合适性，即受托人意图从事或保留的特定投资所属的投资类型应当符合信托要求；三是多样性，即在充分评估具体情形的前提下实行信托投资多样化。

（3）确认了受托人作出投资决策时必须征求专业人士的意见。受托人在行使投资权之前必须充分注意标准投资准则，听取并考虑有关人士的专业建议。并且，受托人在考虑是否需要根据标准投资准则变更投资时，也需要听取并考虑有关人士的适当建议。除非受托人合理地认为，根据信托各方面的情况，无须听取他人建议。

（4）明确要求受托人投资时必须公平地对待不同的受益人，受托人需要在作出投资决策时注意兼顾到不同类型受益人之间的利益分配，不能偏向一方,否则将可能构成违反信托。

3. 英美受托人"谨慎投资者规则"总结

总体而言,英美两国对受托人谨慎投资规定都强调了:要以全局性的眼光看待投资的风险收益回报、树立多元化投资理念、受托人的谨慎程度要与其拥有的或者宣称的能力和知识相匹配、时时审视投资情况的变动、公正对待不同受益人、可将投资事宜进行委托等。所以,在英美两国,由于存在健全而详细的谨慎投资义务标准,即使信托法未对受托人的投资范围予以限制,信托文件也授权受托人进行某类投资,受托人也不能免除谨慎投资的义务。"将信托基金投入一项授权的投资,也可能会构成违反信托。"[1]

现实中,美国税务局认定的"谨慎"投资一般应符合以下几个要件:[2] 一是选派了合适的投资经理;二是有多位合适的投资顾问针对投资提供多方面的投资建议;三是基金会有权随时撤出投资;四是基金会及其管理人的投资决策得到两名以上投资顾问的认同。英国法院在决定是否批准扩大受托人投资权时,也特别关注受托人是否就投资问题征求过专家意见。例如,受托人采取的是口头形式的,要求随后必须及时予以书面确认,否则就不能认为受托人获得了专家意见。而受托人若未获得专家意见,或者获得口头建议而未得到书面确认的,一旦投资给信托基金造成损失,受托人被起诉的,就需为此承担个人责任。

(三)以信息披露为核心的监管制度

考察英国和美国对慈善信托的监管制度,可以发现其监管的主要手段就是要求含慈善信托在内的慈善组织披露其财务状况,并通过公开渠道将包括投资活动在内的各项财务信息向社会进行公示。唯有严格遵守这一要求的慈善组织才能获得并保有税法上的免税资格。而那些经由财务信息披露,发现有不适当投资情形的,监管机关则可能取消相应的税收减免优惠或者对慈善组织及其管理人进行罚款。这些经验,对于我国公益信托信息披露和监管制度的完善是一种启发。

---

[1] 张敏:《信托受托人的谨慎投资义务研究》,中国法制出版社,2011,第258页。
[2] 王名、李勇、黄浩明编著《美国非营利组织》,社会科学文献出版社,2012,第94页。

公益蓝皮书

1. 英国对慈善组织投资活动的监管

在英国,"慈善"只表明一种特殊地位(status),而不是法律形态(legal form)。慈善组织可以通过信托、社团、担保有限公司、股份有限公司、有限责任公司、慈善法人组织等形式设立。[①] 无论这些组织是否进行登记,只要它是以慈善为目标,就已经是"慈善组织"。不过,经过慈善委员会登记的慈善组织可以就此获得"注册的慈善组织"地位,从而能向英国税务及海关总署(HM Revenue and Customs, HMRC)申请承认,以此获得相关的税收减免优惠,例如投资收入(包括租金)和资本收益都可以免税。

(1)慈善组织财务信息披露制度

在英国,慈善组织一旦登记成功,就必须履行相应的义务,例如设置会计账目、制作年度报告。在财政年度结束后的 10 个月内,慈善组织必须每年向慈善委员会提供其账目的详细情况,后者则会在网站上公布。

根据英国《慈善法》的要求,慈善组织的受托人提交给慈善委员会的年度报告中,需要包括法定的审计报告,而年度报告需要包含受托人采取的任何投资政策纲要。同时,报告还需要陈述慈善组织在这一年里的投资情况;如果采取了"道德投资",报告也需要对此进行解释。[②] 与此同时,慈善委员会也有权对登记的慈善组织动用检查权,直接要求任何受托人提供账目。[③] 根据慈善委员会的要求,所有账目一般至少保存 7 年。

(2)税法对慈善组织投资活动的激励措施

在英国,慈善组织的投资收益能享受免税待遇,但前提是这些收益都必须用于慈善活动。此外,HMRC 在审查一项支出是不是属于符合免税条件的投资时,不仅看是不是由慈善机构作出的,更要审查投资的性质。如果慈善组织的某些投资不被 HMRC 认为是"经认定的慈善性投资"(approved charitable investment)的话,它们就不能得到税收优惠(海外投资也同样不能享受英国国内税收优惠)。而一些特定类型的投资在税法中则自动被认定为慈善性投资。

[①] 王世强:《英国慈善组织的法律形式及登记管理》,《社团管理研究》2012 年第 8 期。
[②] Charity Commission, *Charities and Investment Matters: A Guide for Trustees (CC14)*, p. 7.
[③] 解锟:《英国慈善信托研究》,法律出版社,2011,第 124 页。

英国《2010年公司税法》（Corporation Tax Act，CTA）的第511条（针对慈善公司的税收条款）和《2007年所得税法》（Income Tax Act，ITA）的第558条（针对慈善信托的税收条款），共罗列了以下八种"认定的慈善性投资"类别：①任何共同投资基金、共同储蓄基金或类似的计划；②任何土地上的收益（只有在持有土地是作为债务的抵押或担保的情况下）；③在认可的证券交易所挂牌的公司的股票或证券；④单位信托计划的份额；⑤开放式投资公司（Open – Ended Investment Company）的股份；①⑥银行存款（但是向银行提供资金用于向某人放贷的存款除外）；⑦存单；⑧为了慈善机构的利益并且非基于避税的目的而进行的借贷或投资。②

2. 美国对私人基金会投资活动的监管

根据《美国国内税法典》规定，慈善组织一般都会被推定为私人基金会，除非其能证明自己是公共慈善组织。所谓"私人基金会"是由个人、家庭、法人资助设立的，每年用于捐赠和开展慈善活动的支出不得少于其资产的5%的非营利性组织③。而按照设立方式的不同，私人基金会可以分为两种④，一种是法人式的私人基金会，遵循的是《公司法》；另一种是信托式的慈善基金会，遵循的是《信托法》。对这两类私人基金会进行监管的部门有两个：一个是各州的司法部门，另一个则是美国国内税务局（Internal Revenue Service，IRS）。这两种基金会都需要按照州的规定设立，通常设立满一定期限后再向IRS申请免税组织（exempt organization）地位。设立信托式私人基金会需要准备信托契约/信托声明/信托遗嘱、申请书等，然后向州的总检察长（Attorney General）申请，经其批准。

（1）私人基金会财务信息披露制度

美国国内税务局和各州的司法部门对获得免税资格的基金会的主要监管手段，一是要求基金会每年按时提交年度报表。所以各基金会每年都要填写并上

---

① 此类公司的业务主要是投资其他的公司。
② See HM Revenue and Customs，*Guidance Annex iii：Approved Charitable Investments and Loans*，at https：//www.gov.uk/government/publications/charities – detailed – guidance – notes/annex – iii – approved – charitable – investments – and – loans.
③ 参见王名、李勇、黄浩明编著《美国非营利组织》，社会科学文献出版社，2012，第173页。
④ 褚蓥：《美国私有慈善基金会法律制度》，知识产权出版社，2012，第47页。

公益蓝皮书

报统一制定的 990－PF 表,详细汇报经费来源和财务支出以及资产经营损益情况等。这份年度财务报表与营利机构的财报要求一样严格,内容涉及现金支出、财产、债务、证券、抵押等。IRS 会严查基金会的财务报表,并对其财务状况进行抽查(每年 1%～2% 的比例)和突击检查,如经审计查实确有问题,将采取责令限期改正、罚款、取消其免税资格等处罚措施。这些报表最终由美国国税局统一管理,制成缩微胶片,存放在公共图书馆内,任何一位公民都可以查询。①

美国的慈善组织数量庞大,无论是国税局还是州司法部门不可能全面顾及,所以大量的监督是靠公众和新闻媒体。其监督的重点在于,检查该慈善组织及其成员有没有违法牟利的行为。经检举后一旦发现疑点,州司法厅、国税局都将主动对该组织进行外部审计。此外,民间自发地建立了许多慈善组织信息披露平台。例如,"美国基金会中心"(foundationcenter. org)就是目前美国国内基金会信息披露最为集中的网站,其主要工作是获取各基金会填写的 990－PF 表,并将数据整理后予以公布。这些信息平台为政府和社会公众针对近 11 万家私人基金会提供了重要的监督渠道,促使它们的财务管理运作趋于规范和透明。

(2) 税法对私人基金会投资活动的惩罚措施

措施一是建立了超额持股规则。按照《美国国内税法典》规定,私人基金会从事与其非营利业务无关的活动是不被鼓励的。因而,违规过度投资将被课以"超额持股税"。所谓超额持股,是指获得免税待遇的基金会持有商业公司的股份或股权的数额超过法定数额。《美国国内税法典》规定,基金会持有某商业公司股份不得超过 20%。② 该规则旨在约束慈善组织的营利性投资活动。超额持股的基金会将被课以营业税,该税种被分为初等税和附加税。初等税的税基是超额持股股权/股份的价格(按照市场价格计算),课税率是超额持股股价总额的 10%。附加税的税率为 200%,针对的对象为在纳税期间内未能处置掉超额持有股份的基金会。如果能在规定的矫正期内矫正超额持股行为,则可以免缴或少缴附加税。③

---

① 参见《美国慈善:高价"养善"》,新浪财经,http://finance.sina.com.cn/roll/20140118/005717995399.shtml,最后访问日期:2015 年 5 月 20 日。
② 但是,《美国国内税法典》规定,对于无表决权的优先股,以及合伙企业无表决权的股份,私人基金会可以突破上述 20% 的投资限制。
③ 参见王名、李勇、黄浩明编著《美国非营利组织》,社会科学文献出版社,2012,第 93 页。

252

措施二是建立了有害投资规则。根据《美国国内税法典》第4944条的规定，如果私人基金会对外投资危害到了基金会的免税目的[①]之实施，那么该基金会和基金会的经理人都将被课以"有害投资税"。所谓"有害投资"是指私人基金会的投资并不是根据旨在获得免税资格的长期或短期的财务需要，并且也未能经过足够的谨慎考虑而作出的。审查有害投资的关键在于看投资前是否经过一定的论证程序。如果未经详细调查就进行下列投资，就属于有害投资：[②] ①期货交易，②融资融券交易，③石油、天然气的开采，④认购付款凭证，⑤期权交易，⑥卖空交易。出现有害投资的情况将会导致慈善基金会及其经理人被课以消费税，该税种也被分为初等税和附加税。初等税的税率是投资总额的10%，税基是所有的投资金额和投资所得。基金会经理人如果明知是有害投资还故意进行，且没有合适的理由，也将被课以10%、最高不超过1万美元的初等税。如果基金会在纳税期间内，没有处置掉有害投资资产，将被课以25%的附加税。同样，如果能在规定的矫正期内矫正有害投资行为，则可以免缴或少缴附加税。如果私人基金会被课以附加税，负有责任的基金会经理——如果其拒绝处置掉有害投资，将被课以投资额的10%、最高不超过2万美元的附加税。

由上可见，英美对慈善信托组织投资活动的监管主要采取的是严格的信息披露和报告制度。尽管英美信托法上并不对投资范围及投资比例进行严格限制，但是会以严格的税收调节的方式，通过激励与惩罚相结合的措施来约束受托人的投资权，引导慈善信托谨慎投资，以维护慈善资产的安全性和慈善信托的非营利性。

五 中国公益信托基金投资规范的完善建议

（一）建立"负面清单"扩大投资范围

我国资本市场历经数十年发展，现已迈入蓬勃发展的历史时期。收益高于

---

① 《美国国内税法典》第501（c）（3）条规定的"免税目的"是指：宗教、慈善、科学、公共安全测试、文学、教育、促进业余体育竞争、鼓励艺术、防止虐待儿童和动物。
② 褚蓥：《美国私有慈善基金会法律制度》，知识产权出版社，2012，第210页。

银行定期存款利率的投资工具可以说是铺天盖地，其中很多投资产品都是风险和收益适中的投资标的，也是适合公益信托基金保值增值的工具。但是，并非所有的投资工具都适合于公益信托基金，为此，我国的法律法规应当对公益信托基金的投资范围予以一定限定。

1. 投资范围限定模式的考量

在我国公益信托基金投资范围的问题上，如果像英美曾经那样采取"法定投资目录"的方式，如明确罗列仅仅可以投资哪几种（并且局限于风险低、收益也相对较低的几类证券），持有不同投资品种之间需要保持怎样的比例，尽管这种做法在一定程度上降低了信托基金投资风险，但也大大限制了受托人投资的自由裁量权，使得受托人的投资策略不能随市场变化而相应调整资产配置，从而限制了信托基金保值增值的空间。更重要的是，采用"法定投资目录"模式不能也不应取代受托人进行谨慎投资的自主决策。

但是，为受托人的投资权"松绑"的同时，要防控受托人将公益善款投向一些公认的高风险的投资领域。毕竟公益信托基金不是证券投资基金，以投资者个人经济利益的最大化为最终目标。因为慈善组织的财产，大多数来自社会捐赠。出于保障慈善财产安全的考虑，高风险的投资行为必须被禁止。所以，采取"负面清单"模式是较"法定投资目录"更为合理的一种投资范围法定限制。

2. 投资范围"负面清单"的内容建议

我国的慈善法专家建议稿中的"北大清华版本"对慈善组织的投资行为划出了禁区——该建议稿的第103条提议，慈善组织不得从事下列行为："①提供担保；②投资期货和期权；③借款给非金融机构；④从事可能使本组织承担无限责任的投资；⑤从事违背本组织使命、可能损害其信誉的投资；⑥慈善组织一般情况下不得直接投资、参股企业，但慈善组织投资给与其业务范围和慈善项目直接相关的企业，或者通过买卖股票、捐赠人捐赠获得的股权的除外。"从禁止的内容来看，该条所罗列的都是对于慈善组织来说风险过大或者不适合慈善组织事业定位的项目。

对于这份民间版慈善法对慈善组织财产投资范围划定的"禁区"，笔者总体上抱以认同态度，即把那些"再怎么谨慎也无法有效控制风险"的投资品种拉入"负面清单"。但是，基于对我国主要投资品种的考察，本报告认为这份"清单"还有以下地方需要进一步完善,以将受托人的投资权约束在合理的范围内。

(1)投资股票型产品应设置法定的风险准备金。目前,我国A股市场散户比例较大,信息严重不对称,同时缺乏健全的风险对冲机制,导致股市大起大落、市场投机氛围浓厚的现状。此外,我国上市公司的分红水平低,由于上市公司分红少,收益的变现只能通过卖出股票实现。鉴于股市起落和股票流动性,投资股票是风险较大的投资选项。而公益信托基金的来源和用途的特殊性决定了其投资运作必须要保证本金的完整,因而作为风险厌恶型的投资者,公益信托基金投资股市的本金部分须得到充足的保障。例如,可以要求将财产投资于股票型产品的公益信托,应当计提年度投资净收益部分的一定比例用于设立风险准备金直到覆盖投入股市的累计规模,以专项用于弥补股票投资所产生的亏损,而闲置的风险准备金则可以投资市场流动性高、风险低的固定收益型金融资产。

(2)能否"借款给非金融机构"建议视情况而定。实践中,我国有不少慈善机构以及公益信托向个人或是企业提供借款的情况。当然,不是两者之间直接进行的民间借贷,而是通过"银行委托贷款"、"信托贷款"、"资金贷款专项资产管理计划"等开展的。此类投资风险大小除了要看借款对象的财务、信用、融资用途等情况及其提供的保障措施外,还要看融资产品管理人自身的资产管理水平以及其风险控制力度。其中,不少融资项目是风险可控、收益良好的。所以,投资贷款类的金融产品,应当被允许。

(3)建议将"直接投资商业房地产"列入投资禁区。众所周知,房地产业是一个资金高度密集的行业,投资一宗房地产,少则几百万,多则上亿元的资金;由于建设开发期漫长,因而投资的资金回收期长,投资风险相当高,一旦投资对象有误,可能会对慈善基金造成巨大损失。[①] 所以,房地产市场明显不适合公益信托基金等慈善基金涉足。但是,有两种情形是可例外的:一种是投资含有"房地产项目"的理财产品,如信托公司管理的房地产信托计划;

---

① 例如,中国青少年发展基金会曾经有过不少投资房地产失败的案例,包括:广西的房地产开发项目,累计亏损3000万元;大连种植园项目亏损1000万元;深圳大厦股权投资亏损800万元。参见宋昊泽《我国基金会投资监管的法律研究》,吉林大学硕士学位论文,2013,第16页。

另一种是信托财产若含有房产的,为了使该房产适于日后的出租、出售以获得更好的收益,而以信托财产对房屋进行合理的修缮,这类对不动产维护性的投资应当是允许的。

(4) 建议将艺术品等另类动产投资纳入"负面清单"。随着金融创新的发展,我国投资市场出现了艺术品等可替代性投资工具,但是受限于艺术品交易种类、标准以及配套规则不健全,我国艺术品投资市场还很不成熟,各种"拍假"现象横行,所以艺术品投资是一个风险系数很高的行业。此外,艺术品价格波动较大,流动性也较差,投资期限一般需要数年,其间还需要专业人员来管理,成本较高,所以这类投资不适合公益信托基金进行保值增值。至于通过金融产品来对艺术品进行投资应当允许,不过还需要格外慎重。

(5) 能否"从事违背本组织使命、可能损害其信誉的投资"[①] 不宜在法律中予以限制。英国慈善委员会 2011 年 10 月推出的《慈善机构投资事务法律基础》(Legal underpinning: Charities and Investment Matters)[②] 中,对此类可能对慈善组织使命或是信誉产生影响的"道德投资"(ethical investment) 能否开展的问题进行了如下陈述。

首先,英国慈善委员会认定,从财务意义上说,"道德投资"也是一种投资,并且受托人投资责任的相关规定在此也适用。在英国,的确有不少慈善组织会在自己投资权限管理文件中明确排除一些投资领域或投资对象。这些投资限制,有时候是慈善受托人自己主动加上的。但是,慈善委员会强调,受托人在这么做的时候需要意识到:对自身的投资权进行限制,依然要以商业谨慎的方式来实现投资回报的最大化,以实现慈善信托的目的。如果受托人采纳的

---

① 什么是"违背本组织使命、可能损害其信誉的投资",可以用"盖茨与梅琳达信托基金"(Bill & Melinda Gates Foundation Trust) 的投资为例。曾有媒体披露,盖茨与梅琳达信托基金约有 2.24 亿美元资金投资于一些酒品企业以及与香烟销售收益相关的企业,而这些投资对象完全不符合基金会"推动全球卫生保健"的慈善宗旨。盖茨与梅琳达信托基金这种博取投资收益最大化行为在过去几年受到了很多美国民众的指责,认为这种投资行为是"不道德的"。参见李豫川《投资利益抵触基金宗旨 盖茨基金会考虑调整投资策略》,《中国证券报》2007 年 5 月 13 日第 A04 版。

② 该文件是英国慈善委员会 2011 年出台的针对慈善机构投资事务的指导性文件之一,它从数个方面介绍了英国法(主要是《信托法》)对慈善组织投资事务的一些重要规则,是对《慈善与投资事务:受托人指南》的补充,使用了更多必要性的法律术语。

"道德投资"政策从长远来看能让慈善机构获得风险与收益的最佳平衡,那么这种投资限制就是可取的。而 Bishop of Oxford v. Church Commissioners 案(1992)给出了三种允许受托人可以不从收益角度来进行投资政策自主考量的情形。①

第一个是投资一些特定类型的企业会与慈善机构的目标发生冲突,如慈善机构的目的是保护环境,那么它们不会决定投资那些会产生环境污染的企业。但是,对投资的企业不应采取贸然的"道德性"的评价,应当要考察其实际活动。②

第二个是慈善机构可以避免投资那些可能会妨碍其活动的项目,例如可能使潜在受益者因为金钱来源而不愿接受帮助,或会因此而疏远潜在的捐助者。在此情况下,受托人需要在进行此类投资可能会有多少捐款损失以及出售此类投资会有多少损失之间进行经济权衡。

第三个是非前面所述的任何一种,而是受托人会采纳一些人认为"在道德上这种投资不合理"的观点,而拒绝这种投资也不会有"重大财产损失的风险"。但是,受托人还是需要基于自身情形,为了慈善组织的利益和目标来做独立判断。

最后,慈善委员会提醒:任何道德政策的制定都应当落实在书面上,并且对道德投资政策的采纳会造成的投资收益上的影响,应向专家咨询意见。可见,慈善组织在投资的时候也要贯彻其宗旨理念进行"道德投资"或"社会责任投资",不应当由法律进行强制。"只能投资哪一些"、"不能投资哪一些"这些对于投资范围的限定属于公益信托的内部管理事务,是受托人应当根据信托文件的指示,或是由受托人自己依据投资的社会效益与经济效益再三权衡后确定的。

简言之,只要不属于"负面清单"范围内的投资类别,债券、股票、基

---

① See Charity Commission, *Legal Underpinning: Charities and Investment Matters* (October 2011), pp. 11–12.
② 盖茨与梅琳达信托基金的负责人对"道德投资"问题曾指出:对企业"道德"判断掺杂的因素太多,很多因素需要特别专业的机构去考证,或者需要政府去干预,对于基金会的投资人士来讲,显然不想越俎代庖,也不是他们的专长。参见郑晓舟《盖茨基金:不以简单标准框定投资范围》,《上海证券报》2007年8月27日第C10版。

金、银行理财产品、信托产品、证券公司或基金公司子公司设立的资产管理计划等，公益信托基金都可以投资，并且不对各类资产的投资比例以及"道德投资"进行法定限制。此外，我国税法目前未对公益信托制定任何明确的税收优惠措施，因而未来在完善我国税收制度时，可借鉴英国和美国的方式，在贯彻慈善资产投资收益和增值可享受法定税收优惠原则基础上，通过制定兼顾"减免性和惩罚性"的税收政策来引导受托人将信托基金的投资组合均衡地分配给安全性相对较高的不同种资产；同时，将风险较高的投资品种的比例约束在较小的范围内。

（二）树立受托人的谨慎投资义务标准

我国《信托法》第二十二条规定，受托人违反谨慎义务致使信托财产受到损失的，受托人应恢复信托财产的原状或予以赔偿。该规定也适用于信托投资中的受托人，正是此点，使对受托人是否履行了谨慎投资义务的判断依据在实践中具有重要意义。但是，相较英美国家，我国《信托法》欠缺受托人谨慎义务的解释，谨慎投资义务该如何履行并没有一套清晰的判断规则。鉴于此，本报告建议，我国可以建立如下以受托人的谨慎投资义务标准为内容的谨慎投资规则。

1. 我国"谨慎投资规则"制定主体的考量

由于《信托法》属于信托基本法，内容具有原则性和相对稳定性，所以不宜在《信托法》中对受托人谨慎义务标准作出详细规定。因而本报告建议，可由我国的信托业协会对此作出规范。理由是：首先，信托业协会属于全国性信托业自律组织，而谨慎投资规则为指导性规范，其内容的实质为受托人的自律性规范，两者性质吻合；其次，信托业协会主要职责之一就是"受主管部门委托，组织制定行业标准和业务规范，推动实施并监督会员执行，提高行业服务水平"[1]，所以由信托业协会制定"受托人谨慎投资行为规范指引"符合其职能；最后，无论是我国台湾地区、香港地区还是日本的信托业协会都致力于推动公益信托的发展，例如"香港信托人公会"于2012年8月推出"最佳

---

[1] 中国信托业协会网站，http://www.xtxh.net/xtxh/aboutus/index.htm，最后访问日期：2015年5月13日。

实践指南系列"之《慈善信托安排——信托人之最佳行业准则指南》，其在"行事专业及尽职"一项下，对受托人投资事务进行了一定的建议。①

2. 我国"谨慎投资规则"内容的构想

（1）谨慎投资标准应和受托人能力与职业相适应。受托人有一般受托人与专业受托人之分，专业受托人具有专门的知识和技能，委托人将财产信托给受托人，主要是基于其对受托人资产管理能力的信赖。因此，制定谨慎投资义务的标准时应区别一般受托人与专业受托人，具体规定可以如下："受托人应当根据公益信托的信托目的、信托文件的要求，如同谨慎的投资者对信托基金进行投资。如果受托人有特别的技术或专长，或其因具备特别的技术或专长而被选择作为了受托人的，那么其在信托基金的投资管理运作中，应当充分运用这些技术和专长。"

（2）明确受托人履行谨慎投资义务需要考虑的因素。关于受托人谨慎投资的具体要求，目前只有《信托公司集合资金信托计划管理办法》规定了信托公司应采取资产组合投资方式进行投资。信托财产的组合投资有利于分散投资的风险，但仅依据这一条规定，无法指引受托人作出最切合公益信托目的的投资决策。因此，制定谨慎投资义务的标准时还应当进一步细化受托人其他需要考虑的要素。

对此，可以借鉴美国《慈善机构基金谨慎管理统一法》的第 3 条"慈善机构基金管理与投资行为标准"中的 E 款所规定的"除非信托文件另有约定，受托人须考虑的一些相关要素"。例如，可包括以下几个方面：①经济总体状况；②通货膨胀或紧缩所带来的可能的影响；③投资计划所可能产生的纳税负担；④每项投资或行动在整个基金投资组合中所起到的作用；⑤来自投资收益与增值的预期总回报；⑥其他可利用的财产资源；⑦对基金分配以及本金留存的需求；⑧某一财产与该信托的公益目的所可能存在的特殊联系或特殊价值。

---

① 建议的内容为："确保设有政策及程序，详细列出相关假设以及指导信托投资决定的策略。假如您不确定投资项目的性质或所涉及的风险的，应寻求专业意见。您可以将投资项目局限于《受托人条例》附表 2 所载的投资范围；然而，假如您不理解投资项目的功能及属性，这将不会否定您的受信责任。您可能需要雇用投资专家，接受投资专家的指导。"参见 http://hktrustees.com/upload/article/HKTA_BP_Guide-Charitable_Trusts_%28Aug_2012%29_Chinese.pdf，最后访问日期：2015 年 5 月 7 日。

（3）确立受托人履行谨慎投资义务的判断依据。由于投资活动的复杂性和不同受托人投资能力的客观差异，受托人即使决策相当谨慎，信托财产最后也可能受到损失。因此，合理的方法应是受托人是否履行了谨慎投资义务，依其作出投资决定时的事实和情境来判断。所以，应当要求受托人将当初投资决策的过程记录下来，相关专家的咨询文件也应当落实于书面，签字盖章后长期保存。

此外，基于组合投资理论，受托人对特定信托财产的投资，不应独立地就该投资进行评价，而应当将信托财产的投资组合作为一个整体，把该项投资作为一个整体投资策略（该策略的风险和收益，对信托而言是适当的）的一部分进行评价。因此，如果信托基金投资出现一项或几个单独投资失败，但赢得了积极合理的全部收益，受托人已履行谨慎投资义务，就无须为部分投资失利承担责任。

（4）要求出台书面的公益信托基金投资政策。投资政策是对受托人投资自由裁量权的约定性限制，为受托人的投资行为确立最高的指导原则，从而受托人可基于此投资政策，为信托基金制定具体的投资方案。投资政策应当落实于书面，特别是存在需要委托他人为公益信托基金进行投资的情况下。所以，投资政策应体现在委托人与受托人签订的信托合同中，而公益信托合同应向主管部门备案。

至于投资政策的内容①，可参照英国慈善委员会在《慈善与投资事务：受托人指南》的 D3 款中所指出的，投资政策应当包含"投资目标"以及"如何达成投资目标"两大方面。具体内容可包括以下八个要点:②①投资权限的范围；②公益信托的投资目标（例如，预期的最低收益率、含纳税考虑在内的投资成本）；③公益信托对风险的态度（即该信托基金的风险承受能力大小，以及对风险补偿的要求）；④可投资的数额、回报期限以及对流动性的要求；⑤拟进行的投资类别，包括对"道德投资"的考量；⑥可作出投资决策的人（例如，受托人、投资顾问、投资经理）；⑦投资管理程

---

① 中国青少年发展基金会针对基金会的投资事务制定了一份非常详细的、共 34 条的"投资政策"范本，即《中国青少年发展基金会资产管理条例》，内容请见 http://www.cydf.org.cn/touziguanli/。

② See Charity Commission, *Charities and Investment Matters: A Guide for Trustees* (CC14), p. 14.

序，以及判断投资表现的基准和目标；⑧对投资实际操作人的报告要求。此外，外部投资代理人的选择标准，以及对投资亏损的弥补措施也应当予以明确。①

（5）允许受托人将其公益信托基金的（部分或全部）投资职责进行委托。尽管目前我国公益信托的受托人都是专业的金融机构——信托公司，但是《信托法》并不排除如由基金会作为公益信托受托人的可能。当非金融机构受托人难以胜任对专业和技术要求较高的投资事务时，出于谨慎，就有必要将其投资职责委托给外部专业机构。因而，只要信托文件或其他法律法规没有特别限制，受托人可将其信托投资的职责委托给他人。但是，受托人将其投资权进行委托时必须基于相应的谨慎，体现在：一是选择投资代理人；二是制定委托的投资权限与约定条款；三是定期地检查代理人的投资表现，以监督其行为是否超出代理权限、违背代理约定。投资代理人有责任以合理的谨慎依据其代理权限和约定条款，履行其代理公益信托基金投资的职责。

（6）其他需要强调的义务：①严格遵守委托人在信托文件中的投资指示，在管理和投资信托基金时，要考虑该信托的公益目的；②不得利用公益信托基金为自己或第三方谋利，未经允许，不得进行关联交易等会引发利益冲突的投资；② ③投资所产生的任何费用要合理，必须与信托基金规模、财产类型和投资目标相适应；④受托人应当尽可能经常核查与信托基金投资相关的各种事实和运作情况。

（三）完善信息披露制度加强内外监督

《公益时报》曾做过的一项"公益调查"显示，近八成网友反对基金会对资产进行增值保值，但是有36%的网友认为，如果能够公开透明，可以赞成慈善组织进行增值保值。归根结底，公众并非不认可慈善组织进行投资，而是

---

① 例如，上海慈善基金会曾与银河证券、上海实业盛通投资公司、汇银投资集团等投资机构签订的委托理财合同中约定投资回报率为5%~10%，慈善基金投资股票后，若取得盈利，盈利部分将全部划入慈善基金；若出现亏损，亏损部分则由投资代理人以捐赠的方式，给予慈善资金入市资本金和利润补足，到期一起划入慈善基金。

② 因此，在进行投资决策之前，应当对投资标的所涉及交易的关联关系进行调查（关联关系方主要包括：受托人、监察人及投资代理人）。

不认可我国慈善行业目前的透明度状况。① 所以，只有打造好慈善组织的"玻璃口袋"，才能赢取公众对慈善组织保值增值工作的认可。同理，公益信托要获得长足发展，得到人们的支持，就需要完善财产管理运作的信息披露制度，促使公益信托的受托人实现财务情况和投资情况的透明公开。而健全的信息披露制度也有助于增强公益信托受托人的自律意识，降低利益冲突引发的道德风险。

1. 完善信息披露制度的措施

（1）信息披露的内容

完善的公益信托投资活动的信息披露制度应当强制性地要求受托人定期向社会公众真实、及时、完整地公开公益信托基金的各项财产管理情况。在投资方面，需披露的内容应当包括：年度投资计划（含投资预算）、投资操作人的背景、投资组合策略（每种类型/期限的投资额占全部投资额的比例），以及受托人有无利益冲突事项发生或是否存在关联交易等。通过建立信息披露制度有助于社会公众实现对公益信托基金投资的知情权、监督权，及时发现公益信托受托人的违法或违规投资行为，以降低监管成本。

（2）信息披露的途径

公益信托因涉及公共利益或不特定的多数社会群体的利益，因而，信息公开的请求人不应局限于公益信托的委托人、受益人或其他相关的利害关系人，而应是社会上的"任何人"。② 但是，就目前我国信托环境来看，还不具备能让"任何人"获悉任一公益信托信息的平台。我国民政部副部长曾坦言，跟电子政务、电子商务的高速发展相比较，目前我国慈善领域的信息化建设明显滞后，由此导致慈善组织的募捐信息、项目信息、款物使用信息难以及时准确地传递给受助人、捐赠人和社会公众。由此，也导致了社会公众大多对慈善组织财产保值增值工作不知情的局面。在我国已开展的公益信托活动中，也存在

---

① 《2014年度中国民间公益透明报告》显示，2014年度中国民间公益透明指数平均值仅为27.87分（满分为100分），与此同时，中国基金会透明指数平均值为49.45分。其中，"财务信息披露仍然是信息披露最为薄弱的环节"，使得公众苦于找不到慈善组织的"钱花到哪去"、"花得是否有效"等信息。

② 宋立妍：《我国公益信托行政监管制度研究》，首都师范大学硕士学位论文，2013，第25页。

这种信息公示度低的情况，有的信托公司的网站上难以查询相关的活动进展情况，更不用说年度财务信息和投资情况的披露了。

鉴于此，本文建议由我国的信托业协会联合中民慈善捐助信息中心筹建一个整合我国公益信托各项信息的开放式的网络平台——"公益信托信息登记与管理服务平台"，将每一件经过登记设立的公益信托的具体信息，包括信托目的、存续期限、信托财产状况、受托人、监察人、资金托管机构、主管的公益事业主管机构等关键信息登载在该信息平台上，并且将每个公益信托的投资政策和年度投资计划、年度信托事务管理报告、经过审计的年度财务报告以及托管报告（如有）等文件上传该平台上。

（3）信息披露的时限

我国《信托法》仅要求公益信托的受托人"至少每年一次作出信托事务处理情况及财产状况报告"，但是并未规定将这些报告予以对外披露的时限。在日本，受托人根据《公益信托法》的要求，进行年报披露的时限为"每一事业年度结束后的3个月以内"。对于公益信托的年报，我国也可参照此时限规定，强制性地要求受托人按时在指定的网络平台上进行信息披露。

至于投资项目情况的披露时限，不妨参照《国务院关于促进慈善事业健康发展的指导意见》中对"募捐活动"所规定的"公开时限"①，即"项目运行周期大于6个月的，应当每3个月向社会公开一次"，投资项目结束后1个月内应全面公开投资运作结果。至于其他的事项，如年度投资计划应当在确立后立即进行公示，以便公众对该年的投资活动进行及时监督和质询。

2. 完善内外监督制度的措施

（1）建立受托人报告制度

上海市民政局、上海社会团体管理局2014年发布的《上海市社会组织重大事项报告指引》要求社会组织若"参加重大投资项目，接受和使用重大捐赠及资助"的，需要通过书面材料载明组织名称、重大事项发生时间、地点、事项具体内容、联系人及联系方式等，并加盖组织公章进行报告，政府相关部

---

① 慈善组织"应及时公开慈善项目运作、受赠款物的使用情况，项目运行周期大于6个月的，应当每3个月向社会公开一次，项目结束后3个月内应全面公开"。参见《国务院关于促进慈善事业健康发展的指导意见》（国发〔2014〕61号）。

公益蓝皮书

门则对社会组织报告的重大事项"视情给予指导和服务"①,并鼓励社会组织在报告的同时主动进行信息公开,自觉接受社会监督。

由上可见,报告制度属于一种面向监管部门的动态性披露机制,而这种报告制度同样适用于公益信托开展相关的活动。本报告建议,公益信托中的报告制度应当要求受托人及时向公益信托的公益事业主管机构和监察人报送公益信托的相关投资管理信息,以便内外监督主体随时掌握公益信托的财产运营情况、发生或存在的问题及风险因素,对公益信托的投资管理活动进行实时监督。

报告制度主要包括事前报告和事后报告。本报告建议,如果受托人将公益信托基金投资于自己管理的金融产品的,应当向受托人的业务监管主体进行事前报告。具体规则,可以借鉴银监会"99号文"中对"优化业务管理"②所做的规定,如信托公司拟将其受托的"A公益信托"财产中的1000万元投向其管理的"B基础设施建设信托产品"的,就需要在进行投资的前10日,向其属地银监会报告该投资决策,如果银监会在获得报告后的5日内不表示任何异议的,则受托人可开展该项信托投资计划。当然,受托人同时也需要将此投资决策向监察人进行事先报告,报告内容主要是投资项目的情况摘要、风险情况以及风险控制措施。事后报告则主要报告投资项目结束后所得收益的具体情况,以及所发生的任何投资突发状况(如发生了延期兑付、资产的市场价值巨幅波动等无法预见的情况)。

(2)加强公益信托内部监督的建议

信托事务报告及财产管理报告是公益信托存续期间必须要提交的法律文件,而获得监察人的检查认可又是受托人向行政主管机关报送核查情况进而向社会公众予以公示的前置条件。但是,我国《信托法》对监察人的检查认可权具体如何行使没有明确的规定。

我国台湾地区的"公益信托"法也制定了类似的监察人制度,并且根据公益事业主管机关颁布的公益信托细则,如"台湾文化公益信托许可及监督办法"的第11条要求"受托人应于年度终了后三个月内,检具年度信托事务

---

① 参见《上海市社会组织重大事项报告指引》(沪民社综〔2014〕7号)的第五条和第六条。
② "信托公司开展关联交易应按要求逐笔向监管机构事前报告,监管机构无异议后,信托公司方可开展有关业务。"参见《中国银行业监督管理委员会办公厅关于信托公司风险监管的指导意见》(银监办发〔2014〕99号)。

处理报告书、年度收支计算表及资产负债表、年度终了时信托财产目录，送信托监察人审核后，报主管机关核定或备查"。所以，翻阅我国台湾地区的公益信托（主要由银行作为受托人）的年度报告，都可以在该报告的末尾发现有监察人的签名及印章，以明示该公益信托事务得到了监察人的"审核"，而这些监察人也多为自然人。

自然人担任公益信托监察人的做法具有现实合理性。理由是"监察人执行职务具有直接性和不可替代性，如果法人担任监察人，则由法人的代表人执行监察事务，这似乎不太合适"。[1] 所以，为提升我国公益信托监察人的内部监督的实效，应当在设立公益信托时加强对监察人背景的考察，建议任命精通投资理财并能"检查"出投资风险所在的，具备投资理财经验的专业人士。如果公益信托投资规模较为庞大、投资组合运用工具较为复杂的，建议可以设立由多人组成的"监察人委员会"。必要的时候，可在信托文件中设置"重大投资决策监察人通过制"。监察人对某项投资决策予以否决的，应说明理由并予以记录。

（3）强化公益信托外部监督的建议

公益事业主管机构应当对受托人的投资活动进行定期检查或者不定期抽查，以及在社会公众对公益信托的事项提出质疑时进行专项调查，以确定信托财产是否按照信托文件、确立的投资政策等进行谨慎管理。主管机构可以要求公益信托的受托人以及托管人（如果存在的话）随时提供与信托财产投资活动相关的财务数据、法律合同、托管报告，以及获得投资咨询相关的建议文书，以审查受托人的投资行为是否符合谨慎投资标准，并要求受托人对这些文书进行说明。

此外，公益事业主管机构应当和银监会、证监会、信托业协会、财税部门等建立起信息共享机制，以便公益信托的监管各方及时跟进受托人在投资中守法的情况，一旦发现存在违法违规的情况，通告相关部门予以处理。

最后，公益事业主管机构还应当对受托人违法违规的投资活动予以严厉惩处。"如果一部法律没有相应配套的罚则，就会被称为'没有牙齿的'的法。"[2] 就公益信托投资监管的法律规范来看，如果只有信息披露或报告制度而缺少对违法行为的责任追究，就会让公益信托监管制度的效力大打折扣。例

---

[1] 徐卫：《慈善宣言信托制度构建研究》，法律出版社，2012，第324页。
[2] 彭丽萍：《社会保障基金信托法律问题研究》，法律出版社，2013，第229页。

如，公益事业管理机构若查证受托人存在将公益信托基金投资属于法定"负面清单"内的标的或有违背谨慎投资义务的情况，在命令受托人限期整改投资的同时，可以视情况严重程度而对受托人进行警告、通报批评、罚款、解任并且限制其在一定年限内再次担任公益信托的受托人；如果投资因受托人的原因而出现损失的，受托人还应当以其自有财产向公益信托基金进行赔偿。若监察人疏忽履行其法定的监督职责而放任受托人违法违约行事的，公益事业管理机构也应当对其进行一定的行政处罚。

综上，通过内外监督制度的构建可以明确相关各方对公益信托投资的监督职责，及时发现、纠正受托人投资权的"越界"行为，加强公益信托基金投资活动的风险控制，同时根据法律法规及谨慎投资规则对相关责任主体追究法律责任。

·专业领域发展·

B.12
参与的权利：妇女组织推动妇女发展的新进展

李文芬　柯倩婷[*]

摘　要： 妇联推动妇女发展事业经历了一个从理念模糊到目标明确、从处于工作边缘到成为工作中心的进化过程。在30多年的转型历程里，权利导向的公共参与是妇联一直努力的方向，妇联越来越强调自身的服务与维权功能，致力于从工作和组织两个层面拓宽基层妇女的参与空间，并于2013年修改妇联章程第一条，首次明文规定，妇联不仅要团结和动员妇女参与经济建设，还要团结和动员妇女参与政治、文化、社会及生态文明建设。不过，从目前的实践看，妇联动员妇女参与的领域以及提供给妇女的参与渠道都还比较有限，其承担的双重角色和"政权支柱"定位在一定程度上限制了改制创新的空间和步伐。民间妇女组织积极鼓励妇女参与社会各领域，把促进妇女权利作为妇女参与的首要目标。近些年，借助互联网技术，妇女参与的人数规模、地域范围与议题领域都明显扩展，妇女参与的形式与途径也明显增加。但是，由于缺乏资源，民间妇女组织的抗风险能力较弱。显然，在妇女发展领域推动权利导向的公共参与是

---

[*] 李文芬，香港中文大学社会学系博士生；柯倩婷，中山大学中文系副教授。

公益蓝皮书

妇联和民间妇女组织都确认的工作策略,而两者在这方面各有劣势,同时又优势互补,因此,可以尝试建立更有效的合作机制。在未来,希望妇联与民间妇女组织都充分发挥自身的智慧,逐步扩展合作空间,一起推动妇女发展事业。

关键词: 妇女组织合作机制 妇女权利 公共参与

2014年,国内性别平等事业取得了不少进展。从专家学者与广大网友联手选出的年度性别平等十大新闻事件①来看,新进展在广度和深度上均表现突出,地域范围覆盖农村与城市,权益类型横跨生命权、生存权与发展权,层次上包括了从文化观念的更新到政策法规的改进,性别上兼顾了对男性/多元性别权益的争取。如果把没能入选以及没有参与评选的性别平等工作全都纳入考量,比如很多默默扎根于社区的服务工作、很多埋头于书斋与田野的调研工作等,2014年取得的进展必然更为丰富。

需要强调的是,在男权主义集体无意识存续了几千年的社会里,② 性别平等领域的任何进展都得之非常不易,是各方力量在不同位置以不同方式多年深耕不辍的成果。以反家暴为例,1995年联合国第四次世界妇女大会(以下简称"'95世妇会")在北京召开后,家暴现象作为社会问题开始在国内受到关注,来自妇联系统、高校/科研机构、民间社会的力量开始汇集。妇联依靠组

---

① "性别平等新闻事件评选"活动由中国社会科学院新闻与传播研究所、中国妇女报社和中国妇女发展基金会妇女新闻文化基金发起,2012年启动,每年一届。2014年入选事件包括:①教育部明确规定高校不得擅自规定男女生录取比例;②中央一号文件强调切实维护农村妇女土地承包权益;③《反家庭暴力法(征求意见稿)》公布;④安徽省长丰县"子随母姓"可获得1000元奖励;⑤首例就业性别歧视案求职者胜诉;⑥陕西省男女均可担当土地承包户主;⑦李彦家暴杀夫案重审;⑧慰安妇有关档案申报联合国世界记忆名录;⑨四部委拟出新规严厉打击"两非";⑩《刑法》修改拟规定猥亵罪不再限定女性。

② 向忠盛:《碰撞与融合——简论新时期中国女性主义的收获与困惑》,《当代文坛》2007年第1期。

268

织优势，推动各级政府共同防治家庭暴力；① 精英妇女组织通过调查研究、社区服务、政策倡导等途径参与反家暴进程；② 缺少资源的草根组织及个人则各施其法，灵活机动地展开实践。"裸体反家暴，征集万人签名"是2012年底的一个民间行动③，经由网络传播与大众参与，很快发酵成声势浩大的倡导性事件。后来的很多民间行动也是如此：虽由个体发动，但将各方力量吸纳进来，一起推动妇女发展。

目前，中国大陆的妇女发展状况如何？推动妇女发展的力量有哪些？各有何特点？对于这些问题，妇女发展领域的行动者与研究者已有一定思考，但由于缺乏有关国内妇女组织发展状况的大规模调研数据，大多数的论述基本上是以零散的材料或体验为基础。本报告试图做些努力，希望通过对已有档案资料的系统搜集、编码与分析，在一定程度上弥补数据不足的缺憾，提供更有说服力的论述。

本报告分四部分。第一部分梳理"妇女发展"的理念与实际进展。第二部分讨论官方妇女组织（即妇联）的转型轨迹，并以广东为例，聚焦2014年妇联的工作状态。第三部分勾勒民间妇女组织④的发展历程，并对"妇女传媒

---

① 例如2005年开通省级妇女维权公益服务热线；2010年开通"十省千县"妇女维权公益服务热线12338；截至2013年底，有29个省区市出台了专门的防治家庭暴力的地方性法规或政策。
② 比如陕西省妇女理论婚姻家庭研究会自1998年起开始发表研究报告，2001年起开始提供热线服务，与地方政府开展反家暴干预合作项目；中国法学会则于2000年建立反家庭暴力网络，与各地妇联、学者、执法机构、城市社区开展合作，进行调研、倡导、培训、试点等〔参见仲鑫《中国家庭暴力研究评述》，《哈尔滨工业大学学报》（社会科学版）2008年第3期。〕。《反家暴法》列入全国人大立法规划后的2014年4月，该网络宣布结束工作。
③ 可参见《中国女权组织征万人签名吁加速反家暴立法》，荷兰在线，http://helanonline.cn/article/3748；《三名女大学生为反家暴发声携万人签名信送递全国人大》，http://www.ycwb.com/ePaper/ycwb/html/2013-01/22/content_72482.htm?div=-1；《清河县妇联举办"反家庭暴力万人签名"活动》，http://www.xingtai.gov.cn/gkgl/jrxt/xtgk/qhx/201212/t20121206_76055.html；等等。
④ 董一格把"民间组织"界定为"不隶属于任何行政机关、独立管理与运作的社会机构"。一些组织与体制保持着密切联系，但其身份和运作具有很大独立性，本文将它们也归入"民间组织"范畴。郭婷认为，以"推动社会性别平等"或"维护妇女权利"为使命或工作内容是"妇女组织"的核心要件。笼统地讲，民间妇女组织可以泛指妇联系统外的以促进性别平等为主要目标的所有非政府组织。目前，很多民间组织并非常规意义上的正式组织，不具备"三有"条件，即有固定工作人员、有固定办公室、有基本制度。

监测网络女声网"、"社会性别与发展在中国（GAD）"网站、"新媒体女性网络"官方微博①整理的民间妇女行动资讯进行编码分析，重点呈现民间妇女组织在2014年的整体表现。最后一部分总结国内妇女发展领域的最新格局，在简单对比妇联与民间妇女组织的基础上，进一步思考妇女发展工作的未来趋势。

一　改革开放后的妇女发展

本节从理念及实际进展两方面梳理新中国成立后，特别是改革开放以来，国内妇女发展的变迁。

（一）妇女发展的理念

妇女联合会于1949年4月宣布成立，把妇女的彻底解放当作自己的终极使命，尽管如此，"妇女（的）发展"这个提法并非从新中国成立初开始就存在。这一提法的出现经历了漫长的过程，其内涵与具体思路随着国家建设工作重心的转移而不断完善。此外，自20世纪90年代筹备及召开'95世妇会以来，大量涌入的国际援助机构带来了它们的发展理念，也对国内妇女发展的实践产生了重大影响。检视历次全国妇女代表大会（以下简称"妇代会"）的工作报告及修订通过的妇联章程，大致可以勾勒"妇女发展"事业在国内的演变轨迹。

第一次妇代会（1949年）明确妇联的核心工作是"动员和组织一切可能劳动的妇女走上生产战线"，而不是"单纯地救济（妇女）"，与此同时，核心工作必须"与保护妇女特殊利益相结合"。第二次妇代会（1953年）确认"保护妇女权益及儿童福利，提高妇女觉悟与能力"是妇联的宗旨之一，并且再次强调，在发动妇女参与生产时"必须特别注意帮助和教育妇女"。第三次

---

① 女声网（http：//www.genderwatch.cn）是国内最早创立也是目前发展最成熟的妇女传媒公益平台，对民间社会近几年开展的行动进行了较为系统的信息整理。GAD网络（http：//www.china-gad.org）主要由知识精英领导的妇女组织所构成，是国内最早的全国性联盟，其官网汇总了联盟自身开展的活动以及其他民间活动。新媒体女性网络（http：//www.weibo.com/u/1527379661）是活跃在中国南方的性别平等倡导机构，其官微对中国南方的性别平等活动一直保持充分关注。上述三个资源库的汇总信息能较为全面地反映近年的民间妇女行动。

妇代会（1957年）提出要"关心和保护妇女儿童权利与利益"，要发展群众性的妇女儿童福利事业，"同歧视、损害妇女儿童的思想行为作斗争"。"文化大革命"期间被污蔑为执行"修正主义黑线"的妇联于1978年召开第四次全国妇代会，主要强调高举"伟大旗帜"、贯彻"路线"、坚持一系列"原则"和"作风"，等等，对妇女的权利与利益未作专门论述。第五次全国妇代会（1983年）是在全面实施计划生育的背景下召开的，这次会议提出了"儿童发展"的问题，要求妇女"做好母亲，当好'园丁'"，把儿童少年培养成德智体全面发展的新人。

第六次妇代会（1988年）开始提"妇女（的）发展"。针对改革开放后妇女事业遭遇各种新问题而妇女工作未得到党政领导足够重视的局面，妇联提出"妇女问题是社会问题"、妇女权益的维护需要全社会的关注和支持，进而呼吁"把妇女的发展作为社会发展的重要标志"纳入改革和建设的总体规划，并确认妇联的基本职能之一是"推动有关部门为妇女发展提供服务、创造条件"。在开始筹备'95世妇会的1992年，《中华人民共和国妇女权益保障法》颁布实施，该法明确规定妇女在政治、文化教育、劳动、财产、人身、婚姻家庭等方面的权益，并强调"保障妇女的合法权益是全社会的共同责任"。

第七次妇代会（1993年）明确提出妇女发展的十大目标，涉及先进的妇女观、妇女人才成长、教育、就业、社区服务与家务分工、贫困妇女的生活保障、妇幼保健、针对妇女的暴力，等等。1995年，在北京召开的联合国第四次世界妇女大会通过了行动纲领，其提出的重大关切领域、战略目标、机制安排等成为国内制定妇女发展规划、开展研究和行动的重要依据。不久，国务院颁布实施第一期《中国妇女发展纲要（1995—2000年）》，详细规定妇女发展的主要目标、政策与措施、组织与实施、监测和评估，国内的妇女发展事业正式纳入国家发展的整体规划，成为政府各部门必须履行的职责。随着工作的深入和经验的积累，后来的两期纲要（《中国妇女发展纲要（2001—2010年）》与《中国妇女发展纲要（2011—2020年）》）内容越发翔实。

综上所述，从妇联所代表的政府立场看，国内的妇女发展事业经历了一个逐步进步的过程：从理念模糊（在发动妇女参与生产时，注意帮助和教育妇女）到目标明确（妇女问题是社会问题，妇女发展是社会发展的重要标志），从处于工作边缘（在执行国家的中心任务时，注意保护妇女的特殊利益）到成为工作

中心(颁布实施《中国妇女发展纲要》,把妇女发展纳入国家发展总体规划)。

改革开放之后,学界与民间社会开始复苏,妇联独家统领妇女解放事业的局面开始松动。从20世纪90年代开始,在国际援助机构的支持下,与体制保持密切关联的精英妇女组织成为推动国内妇女发展的重要力量。1993年8月,由福特基金会资助,天津师范大学妇女研究中心(2006年10月更名为天津师范大学性别与社会发展研究中心)联合主办了名为"中国妇女发展:地位、健康与就业"的研讨会(班)。此次会议意义重大,是国内第一次由民间组织主办、聚焦"妇女发展"议题的全国性会议,也是国内第一次正式引进"社会性别"的概念。据时任天津师大妇女研究中心负责人的杜芳琴教授回忆,"当时,我真不知道'发展'的概念是什么……关于'发展'的学科和实践定义还是这次天津会议引进来的……我(后来)做的所有事情都是在慢慢做的过程中一点点摸索出来的,一开始都不是特别清楚的"。①

'95世妇会前后,国际援助机构大量进入中国,与妇联及其他政府机构、民间妇女组织展开广泛合作,国际发展理念开始对国内妇女发展理论与实践产生直接影响。这一时期,源于社会性别理论的发展以及第三世界妇女主体意识的提升,国际援助机构超越了先前的"妇女参与发展"(WID, Women in Development)、"妇女与发展"(WAD, Women and Development)的模式,普遍采纳"社会性别与发展"(GAD, Gender and Development)框架,通过性别意识、知识技能、资源分配等方面的赋权,鼓励妇女民主参与发展过程,挑战公/私领域里权力不平等的性别关系。② 此后,国内妇女发展的理念和实践更加重视对性别权力关系的批判性分析与改造,强调妇女赋权与民主参与。值得注意的是,到目前为止,GAD模式并非取代了WID和WAD模式,而是三者共存。妇联作为党政领导下的群众组织,把执行政府的中心任务当作工作核心,因而动员/组织妇女参与国家发展(WID)依然是其首要方针,当然也不

---

① 此处引用来自中华女子学院中国女性图书馆2014年"'95+20口述史项目"之《不悔不弃,知行合一,推动性别正义:杜芳琴访谈录》。在此,对中国女性图书馆以及杜芳琴教授表示衷心感谢。
② 李小云:《发展进程中的妇女及性别问题》,《社会学研究》1998年第3期; Candida March, Ines Smyth and Maitrayee Mukhopadhyay, *A Guide to Gender - Analysis Frameworks*, Oxfam. GB, 1991.

排除 WAD 和 GAD 模式。后两者主要存在于民间实践中,包括妇女发展专项项目、有性别敏感度的发展项目、社会性别相关的研究/传播/倡导,等等。

(二)妇女发展的进程

由于长时间跨度的大规模调研需要投入巨大的人力、物力和社会资本,对妇女发展整体状况的把握,主要只能依靠政府、妇联的调研和工作报告,后来一些国际机构做的跨国调研报告也可以作为补充,而民间掌握的数据比较有限,往往局限在某(几)个领域,样本量也相对较小。

在前三次全国妇代会上,妇联一般从如下几方面总结妇女地位的提升。①经济。妇女在各行业的就业比率、男女同工同酬。②参与决策。妇女参加选举的比率,在各级政府、企事业单位担任管理职务的比率。③教育。妇女进入大学的比率,以及女性知识分子的比率。④妇幼保健。⑤婚姻自主。⑥劳动妇女特殊权益,比如孕妇的工作权、产假和生育补助,等等。1978 年的第四次妇代会则用一句话概述了之前 21 年(1957~1978 年)的妇女工作:大批妇女参与了社会生产,在农业、工业、交通、财贸、文教、科技、卫生、体育、国防等各条战线上作出了伟大贡献。

从 20 世纪 90 年代开始,特别是在'95 世妇会行动纲领确定了 12 个重大关切领域之后,国内对妇女发展状况的国家报告全面与国际接轨,在围绕这些关切领域的同时兼顾国内的特色议题,例如流动/留守妇女、流动/留守儿童、老年女性、家庭建设等等。

《执行〈提高妇女地位内罗毕前瞻性战略〉国家报告》总结了 1979 以来妇女发展的状况。报告的领域包括:妇女分享权力和参与决策、提高妇女地位的全国性机构、对妇女权利的认识和承诺、妇女走出贫困、妇女参与经济活动、妇女与发展(就业、保健、教育)、消除对妇女的暴力、和平、妇女与环境等方面。《中国性别平等与妇女发展状况》(2005 年)从促进性别平等与妇女发展的国家机制、经济、消除贫困、参与决策和管理、教育、健康、婚姻家庭、环境、妇女权益的法律保障等九个方面介绍'95 世妇会后十年里(1995~2005 年)妇女发展的状况。

国家统计局的《中国社会中的女人和男人:事实和数据(2012)》利用人口普查、人口统计年鉴、劳动统计年鉴、妇女儿童状况综合统计年报等数据,

对几年妇女事业的发展变化进行了综合分析。分析结果与之前的各类国家报告无明显差异，一句话概括：成果很显著，但也有较大的进一步发展空间。具体来说就是：教育、卫生健康领域进步很大，但就业、收入、社会保障、出生性别比、政治参与、社会性别观念、防止家庭暴力等方面仍有不足，其中，出生性别比与妇女参政（包括妇女参与决策、参与社会管理）的问题较为突出。

对于政府层面的报告结果，学界和民间社会持有基本的认同，但同时也提醒注意一些未受重视的问题以及提醒现存问题的严重性。比如，对于教育方面的表现，有学者认为，教育起点、教育过程和教育结果仍存在明显的性别差异和性别歧视。妇女传媒监测网络发布的《2014年"211工程"学校招生性别歧视报告》也表明，至少59%的"211工程"学校在年度本科招生中存在性别歧视。① 此外，很多调研一再表明，国内的出生性别比、妇女参政等问题尤为突出，例如世界经济论坛发布的《全球性别差异报告（2014）》从经济参与机会、教育获得、健康与生存、政治赋权四个方面评估不同国家的性别平等状况，中国在接受评估的142个国家里排第76位，出生性别比、妇女参与决策是拉低中国名次的两大主要因素。

出生权（生命权）是所有其他权益的基础。对于数量巨大的被剥夺了出生权的女性而言，"发展"根本无从谈起；而对于那些得以出生的女性，严峻的性别出生比问题所折射出的对女性生命价值保持实质性贬低的性别文化与实践，依然无所不在地妨碍着政府与民间推动妇女发展的努力。过去一些年，政府做了很多努力来保障女性的出生权，比如打击"两非"（非医学需要的胎儿性别鉴定、非医学需要的人工终止妊娠），但效果不明显。究其根源，普通民众中重男轻女的"封建残余思想"是原因之一，但容忍甚至鼓励这种性别偏好的社会发展机制（比如从夫居、随父姓、职业发展中的性别歧视）与政策法规（比如"如果是农村户口，头胎女孩的话可生第二胎"的"惠民"政策）更负有不可推卸的责任。有效改善出生性别比问题以及其他妇女发展问题的首要条件是：男女平等国策不仅是口头宣称，而且落实于相关政策法规的制定、实施、监督与评估的方方面面，切实贯彻社会性别主流化策略。根据国际经

---

① 刘伯红、李亚妮：《中国高等教育中的社会性别现实》，《云南民族大学学报》（哲学社会科学版）2011年第1期。

验，妇女参与政治与社会事务的决策至关重要，是推动社会性别主流化的关键因素。①

贬低女性价值的"封建残余思想"以及徘徊不前的妇女参与决策比例依然是国内妇女发展领域面临的两大顽疾，未来的性别平等工作依然任重而道远。② 不过可喜的是，近年来，妇联与民间力量在倡导平等的性别文化、推动妇女参与等方面都已经做了不少积极有效的探索。

二 妇联系统的社会化转型

妇联，是国内历史最悠久、规模最庞大、体系最完备的妇女组织。作为由党政主导的群众团体，妇联从诞生之日起就担负着双重角色：党和政府的妇女工作负责人、广大妇女的利益代言人。两大角色之间有很大张力，特别是改革开放后，随着政府对妇女的保障服务减弱，以及社会群体之间的利益分化越来越复杂，妇女利益与党政主张的"国家整体利益"、不同妇女群体之间的利益不再是理所当然的协同一致，妇联的角色危机就明显暴露出来。正因如此，改革开放后不久，妇联就开始了自己的改革转型之路，努力在两个角色之间寻找平衡点，后来的'95世妇会、国际援助机构等加速了这一转型。③

（一）从"代表妇女参与"到"妇女参与"

从历届全国妇女代表大会工作报告和妇联章程修订来看，妇联的改革转型呈现一个有趣的趋势：妇联在身份定位上越来越党政化，在组织与工作上越来越社会化。前者体现在：根据1957年的妇联章程，妇联是妇女群众组织；根据"文化大革命"后1978年的章程，妇联不仅是群众组织，还是党联系妇女群众的桥梁；根据1988年的章程，妇联是社会群众团体，是党和政府联系妇

---

① 世界银行：《2012年世界发展报告：性别平等与发展》，清华大学出版社，2012。
② Jude Howell, "Women's Political Participation in China: In Whose Interests Elections?", *Journal of Contemporary China*, 2006, 15 (49): 603-619.
③ Jude Howell, "Women's Organizations and Civil Society in China: Making a Difference", *International Feminist Journal of Politics*, 2003, 5 (2): 191-215. Joan Kaufman, "The Global Women's Movement and Chinese Women's Rights", *Journal of Contemporary China*, 2012, 21 (76): 585-602.

女群众的桥梁和纽带；到了2003年，妇联的身份在1988年定位的基础上又加了一重，即"是国家政权的重要社会支柱"。后者体现在对维护妇女权益、鼓励妇女参与基层妇女工作、引导妇女参与国家和社会事务等越来越重视，也采取了很多实质性措施。在目前的政治语境下，不管对党政还是妇联而言，这两者并不冲突，可以互为策略与目标。无论如何，从20世纪最后10年开始，妇联加快了组织与工作的社会化进程，而这一进程有助于更多妇女获得更多机会进行更广泛的参与。

从成立起至今，妇联的核心任务始终是"团结和动员"广大妇女参与国家建设，但2013年之前，妇联鼓励妇女参与的主要是经济建设领域。妇女素质教育、家庭建设也是妇联从始至终的基本任务，同时也是实现核心任务的关键方法。妇联主要通过"四自"（自尊、自信、自立、自强）教育、"三八"红旗手评选、"双学双比"（学文化、学技术、比成绩、比贡献）竞赛、"巾帼建功"等系列活动开展妇女素质教育，而提高妇女素质关键是为了推动妇女参与社会主义市场经济建设。家庭建设主要是通过评选五好家庭等类似活动来展开的，近两年，评选最美家庭等活动更是风行全国。妇联关于家庭建设重要性的论述包括：①家庭建设有助于提升妇女在家庭中的平等权益；②家庭建设是国家建设的基础，家庭和睦，个人才能更好地投入社会经济建设；③家庭是儿童成长的主要场所。

除上述三大任务外，1988年的妇联章程把"代表妇女参与"、"为妇女儿童服务"分别单列为基本任务。妇联代表妇女参与的主要是经济建设、家庭建设之外的其他领域，比如参与社会协商对话，参与民主管理、民主监督，参与有关妇女儿童法律、法规、条例的制定，等等。1998年的全国妇代会工作报告提出"广大妇女要在推进社会主义民主政治建设中发挥积极作用"、"广大妇女有责任参与国家和社会事务的管理和监督"、"广大妇女要自觉运用法律武器维护自己的合法权益"。10年之后，2008年的妇联章程把"维护妇女权益"单列为基本任务，全国妇代会工作报告把妇女参与国家和社会事务以及基层公共事务管理、参与文化建设列入五大重点推动领域。2013年的妇联章程则直接把核心任务发展成"团结、动员妇女投身改革开放和社会主义经济建设、政治建设、文化建设、社会建设和生态文明建设"。

妇联的组织转型与工作转型相配套进行。1988年，全国妇代会认为"（妇联）代表和维护妇女的利益不够，为基层和为妇女服务不够，对妇女在发展社会主义商品经济中面临的新情况调查研究不够"，因此决定加快妇联的体制改革，发展多形式、多层次、多渠道的组织网络，增强基层组织的活力，尊重基层的自主权。自此之后，妇联自身的基层组织建设成为妇联重要工作之一。1993年，全国妇代会重申"（基层）妇联组织只能加强，不能削弱"，要建立纵横结合的组织体系，把工作做到各领域各层次的妇女中去；要形成具有宣传、教育、培训、科研、维权、生产等多功能的服务网络。2003年，全国妇代会明确提出"完善社会化、开放式的妇女工作格局"，发展专兼职和志愿者相结合的妇女工作队伍，吸纳海内外社会资金，采用市场化、项目化的运作方式兴办公益事业。2008年，妇联又提出"党建带妇建，妇建服务党建"的办法，力图"把妇联基层组织建设纳入党的基层组织建设整体规划，做到同步建设、同步督察、同步推进"。

以上梳理表明，在30多年的社会化转型过程中，妇联越来越强调自身的服务与维权功能，在实践中（愿意）积极回应广大妇女的需求与权益；此外，妇联还致力于从工作和组织两个层面拓宽基层妇女的参与空间。第一，拓宽妇女参与的领域范围。妇女的参与不再限于经济建设领域，以往主要由妇联代表妇女参与的政治、文化、社会事务领域逐步向妇女开放，党政和妇联还鼓励妇女自我维权。第二，妇女参与的渠道增加。妇联基层组织的增加、妇联与民间组织和个人的合作增加、妇联引入社会资源与市场化运作方式，等等，这些措施都在扩展妇女的参与渠道，使更多妇女有机会参与。

（二）集思公益：推动妇女参与的实践

上文提及，组织动员、素质教育、家庭建设、代表妇女参与、权益维护、提供服务等是全国妇联通过妇联章程和全国妇代会确定下来的基本任务。在实际操作上，不同地区可以根据本地具体问题与需求确定工作重点、探索工作方法。下文以广东省为例，特别介绍省妇联/妇儿工委[①]与李嘉诚基金会合作的

---

① 该项目的具体执行机构是广东省妇女儿童工作委员会，省妇联属于支持机构。不过，从实际设置来讲，妇儿工委与妇联两者在人员、组织及功能上有着高度重合、密不可分的关系。

"集思公益·幸福广东"项目。根据笔者对相关国际援助机构、民间组织的大量访谈,与全国部分省份相比,比如湖南、陕西等,广东省妇联在扩展民间合作、推动民间参与上的总体表现不算特别突出。不过,近几年,广东省妇联开展了一系列创新性实践,"集思公益"项目是其中特别突出的例子,能够较好地借此管窥妇联转型的状况与趋势。

从广东省妇联的官方网站以及近几届省妇代会工作报告来看,与全国妇联的整体框架一致,动员妇女参与经济建设,包括政策、法规、价值观宣传在内的素质教育,家庭建设与家庭教育,妇女儿童维权以及为妇女儿童服务同样都是广东省妇联的基本任务。2014年9月底的广东省妇女第十二次代表大会报告显示,"四自"教育、"双学双比"、"巾帼建功"、"五好家庭评选"等传统活动依然是并且将继续是妇联的重点工作;对服务与维权的加强是近几年工作转型上的特点;而组织转型上除了继续"纵向到底、横向到边"的基层组织建设外,发展枢纽型组织是新的策略;总体而言,广东省妇联近两年通过社会化转型推动妇女参与的办法是:培育、凝聚社会组织,推动它们参与社会治理,特别是参与服务——"集思公益·幸福广东"支持妇女计划[①](以下简称"集思公益")是最典型的例子,该计划获评"广东十大创新案例"和"中国妇女十大公益项目"。

"集思公益"的定位是:联结境内与境外、政府与社会的慈善资源,通过社会组织和公众的共同参与,培育社会组织,推行社区服务,促进妇女发展,积极营造性别平等的社会环境。具体操作流程大致包括:广东省人民政府和李嘉诚基金会各出资1000万元,分两期进行;省内社会组织通过网上平台提交妇女项目;由包括性别研究者在内的各路专家对项目进行首次筛选;入选项目公布于网站,由大众通过网络或电话进行投票,依照得票数进行最终筛选;入围项目分别获得5万~100万元不等的经费资助,按计划开展为期一年的活动;按照自愿参与原则,为项目执行机构提供项目管理、社会性别等方面的培

---

① 本文中与该计划相关资料及数据来源于广东省妇联官方网站(http://www.gdwomen.org.cn)、"集思公益"项目的官方网站(http://care.gdwomen.org.cn),以及相关媒体报道(比如,《"集思公益 幸福广东"支持妇女计划获选项目出炉》,新浪广东评论,2013年4月3日;《"集思公益 幸福广东"支持妇女计划接受投票》,《南方日报》2014年5月11日)。

训;项目检查验收与结项。

首期"集思公益"启动于2012年10月,收到项目申报书1000份,50多万人参与投票,最终获资助的项目88个;一年的初步评估显示,首期直接服务10万人次,惠及50万人次,31%的受资助机构属于新注册的社会组织。[1]第二期启动于2014年3月,收到全省575个社会组织共1219个申报项目,70多万人参与投票,最终选出89个资助项目。从这些数字看,"集思公益"在培育社会组织、支持社会组织参与妇女工作、吸引大众关注妇女工作等方面效果卓著。

为进一步了解该计划的社会参与情况,本文对2014年的89个入选项目作了简单的编码与描述统计。89个项目落户于18个市和县,其中60%的项目集中于佛山市、江门市与梅州市。[2] 33个项目由地方妇女机构承接,这些机构大多是妇联的基层组织,少部分是妇联的团体会员;社工机构也是承接项目的主要组织类型。超过80%的项目指向市区和县区的服务对象,在农村开展工作的项目占很小份额。约20%的项目服务于儿童,22%的项目服务于普通妇女,其他则是针对特殊需求的妇女群体,主要包括老年妇女、流动/留守妇女、贫困妇女、遭遇特殊困境的妇女(比如孩子患有自闭症,或者有重症亲属需要照顾),也有项目服务于女大学生、新婚妇女、孕妇、少女等群体。所有项目目标大致可归为四类:第一,培养工作技能,促进职业发展,提高经济收入;第二,协助处理个人困境,促进心理或/和身体健康;第三,提高子女教育技能,改善亲子或夫妻关系,促进家庭和谐;第四,丰富休闲娱乐生活。

不难看出,第二期"集思公益"资助的项目在地理上覆盖面并不广;大多是福利/救济型项目,但主要分布在相对发达的地区;虽然吸纳了很多非妇女组织参与其中,有助于传播社会性别理念,但因为参评机构必须是正式注册的组织,数量占多数的未注册组织以及有志于公益的个人被挡在门槛外;大多关注的是妇女当下表浅的需求,逻辑上符合前文提到的WID与WAD的妇女发展思路,而较少采取GAD理念去触及社会结构与制度上存在的问题;此外,

---

[1] "集思公益"的参选条件之一:项目申请主体必须是广东省内经民政部门合法登记的社会团体和民办非企业单位。
[2] 广东省下辖21个省辖市、59个市辖区、21个县级市、36个县、3个自治县。佛山、江门属于经济相对发达的珠三角地区,梅州属于粤北地区。

公益蓝皮书

所推动的妇女参与主要是经济领域的参与,在推动妇女参与国家与社会事务、自我维权等方面投入很少。

总结来讲,"集思公益"所展现的妇联的社会化转型,确实有助于妇女参与,但开放的参与领域与参与渠道很有限;服务于经济建设依然是妇联的核心任务,素质教育与家庭建设依然是重点。经济建设参与程度提高并不必然提升妇女的社会地位,这一点已是国际共识,国内改革开放后的实践也见证到,妇女在某些领域的发展,例如职业发展、参与决策,随 GDP 连年飙升反而经受不断加重的挑战。对于素质教育,尽管有学者主张从正反两面看待妇联在具体政治文化背景下的素质导向策略,但也有学者认为素质论有责备受害者之嫌,是将妇女的不利处境归咎于妇女素质低,从而回避更深层次的社会结构与制度问题。① 对于家庭建设,韩贺南认为党政和妇联在这方面的工作有一定局限,某种程度上强化了性别刻板印象。②

全国妇联虽于 2013 年把首要任务从动员妇女参与经济建设扩展到参与经济、政治、文化、社会建设等方面,但 2014 年初下发的《全国妇联 2014 年重点工作任务分解》通知基本没有提及妇女在国家和社会事务、自我维权等非经济领域的参与;普通妇女的非经济领域参与在广东省妇联过去五年以及未来五年的工作计划里也不是重点。可以理解的是,妇联作为党政主导的全国性妇女组织,其转型和创新必然受到诸多制约,同时也确实需要相当程度的谨慎。可以预见,妇联在推动妇女参与上还会摸索很长时间。不过,近些年发展出的民间草根组织,可以与妇联形成一定程度的互补。这些组织大多规模小、不"正规",但也因此很灵活,充满创意,在平权意识倡导、鼓励大众参与上发挥了不小作用。

三 民间妇女组织的性别平等倡导

进入 20 世纪 80 年代之后,高校和研究机构开始出现妇女研究组织或兴

---

① Marilyn Porer, "Review on the Chinese Women's Movement Between State and Market by Ellen R. Judel", *The Canadian Journal of Sociology Online*, 2002.
② 韩贺南:《新时期妇女组织对妇女群体的"社会性别"期待——基于中国妇女全国代表大会报告研究的考察》,《湘潭大学学报》(哲学社会科学版) 2014 年第 4 期。

趣小组,妇联系统独家统领妇女工作的格局自此慢慢转变。这一转变既是妇联以及民间力量对社会剧烈转型给妇女工作领域带来的严峻挑战和复杂需求的积极回应,同时也是对国际妇女运动的回应,比如1981年9月起,《消除对妇女一切形式歧视公约》正式生效,两次世界妇女大会分别召开并通过纲领性文件。

(一)民间组织:从精英到草根

从基于高校和研究机构的妇女研究机构,到溢出体制外但与体制资源密切关联的民间精英组织,再到与体制保持一定距离的普通民间组织,以及从权益直接受损群体里生发出来的草根维权团队,等等,国内妇女工作格局的转变逐渐加深,一直持续到现在,并且必将持续下去。

1983年的妇联章程第十六条首次写明,"在常务委员会下,可根据工作需要设若干有关妇女儿童工作的委员会或研究会,吸收有关专家和热心妇女儿童工作者参加,起咨询作用"。1986年,杜芳琴教授与天津师范大学的几位同事形成妇女研究小团体。据她回忆,"妇联在1984年开了第一届妇女研究会议,1986年开第二届的时候就邀请学界参加啦,这是因为1985年李小江(当时任教于郑州大学,是国内最早的妇女研究学者及妇女研究推动者)召集开了(第)一个学术界的妇女信息研讨会"。[①] 全国妇联得知学界这个会议后,便邀请相关与会者参与1986年妇联系统的第二届研讨会。这一历史性动作不仅开启了妇联与民间的合作,而且客观上对民间妇女力量的发展起了推动作用。

简单回顾国内民间妇女组织的发展历程,'95世妇会、国际援助基金、高校妇女课程及学科建设、网络社交媒体技术是四大关键的动力因素。'95世妇会将"非政府组织"的概念与实践引进中国,为国内民间组织的快速发展准备了政治、舆论等条件;'95世妇会前后,大批国际援助基金进入中国,提供资金、理念、技术及国际交流等支持,不仅推动原有的民间妇女组织转型,而

[①] 相关信息及此处引用来自中华女子学院中国女性图书馆2014年"'95+20口述史项目"之《不悔不弃,知行合一,推动性别正义:杜芳琴访谈录》。在此,对中国女性图书馆以及杜芳琴教授表示衷心感谢。

且推动新一批组织的建立①。进入新世纪后，国内最早的一批妇女研究学者形成学科建设网络，在全国范围合力推动高校内的妇女/性别研究及教学，虽然进展艰难，但持续地为妇女发展领域培育着种子并提供养分。最近几年，网络社交媒体技术突飞猛进，发声、组织与参与的成本显著降低，民间社会土壤得以改良，很多种子因此可以破土而出，正在生成最新一波的妇女权益行动主义图景。

学者们对国内民间妇女组织的发展进行了总结。他们认为，10多年来，妇女组织的发展不仅体现在快速增长的组织数量上，还表现为"组织形态的丰富性、发展路径的多样性、组织目标的多元化和行动策略更为灵活与具有弹性"②。最新的妇女组织发展调研是《中国发展简报》发布于2014年底的《中国民间妇女组织报告》，③ 该报告区分出传统妇女组织、新兴妇女组织以及边缘妇女组织等三大组织类型，对各自的发展历程、运作模式、现实处境等进行了分析。

第一类组织大多是20世纪80年代以来由知识精英建立的。'95世妇会后，这些组织普遍开始转型，工作模式从比较单纯的学术性调查研究进化到包括社区服务、政策倡导等，不过，它们始终与妇联和/或相关政府机构保持着密切联系。新兴妇女组织发起于'95世妇会之后，主要包括性别平等传播倡导组织，以及社群培育与行动倡导组织。与传统组织不同，新兴组织与体制的合作不多，也很少得到体制的资助；它们善于利用各类媒体网络平台，能够直率地表达异议和诉求，工作重心放在公开的社会倡导与政策倡导上；它们关注的议题很多，除了传统的就业、贫困、教育等议题之外，还对媒体资讯中出现的各类性别议题保持着高度敏感。第三类组织大多活跃于2000年之后，分别为艾滋妇女、性工作者、

---

① Jude Howell, "Women's Organizations and Civil Society in China: Making a Difference", *International Feminist Journal of Politics*, 2003, 5 (2): 191 – 215. Joan Kaufman, "The Global Women's Movement and Chinese Women's Rights", *Journal of Contemporary China*, 2012, 21 (76): 585 – 602.

② 金一虹：《妇女组织：回顾与展望——中国妇女组织和国际妇女研讨会综述》，《妇女研究论丛》2010年第5期。

③ 参见郭婷发表在《中国发展简报》官方网站的系列文章，如《依托体制试点社区：妇女组织的传统倡导模式》、《野生：边缘妇女组织路在何方》等，http://www.chinadevelopmentbrief.org.cn/periodical/2 – 83. html。

女同性恋、女工等群体的权益服务，其草根性与维权性相对突出，可支配的资源较少，诉求或行动的社会能见度与接纳度较低，因此，生存状况也更艰难。

《中国民间妇女组织报告》考察了50多家组织，包括网络、小组、社团，等等，可以说是目前对国内民间妇女组织最全面细致的实证调研。但是，从这个报告里，我们比较难以看到这三类组织在同一时空下到底形成了怎样的生态；在这个有机生态里，哪些类别的组织，在以怎样的行动方式，趋向哪些诉求。女声网、GAD网站、新媒体女性网络等三个重要的妇女网站搜集保存了近几年民间妇女行动的相关资讯，本文对2014年出现的所有行动的资讯逐一进行编码，用发起者、议题诉求、行动方式等变量做简单的描述统计，希望能够展现国内民间妇女组织在过去一年的最新发展态势。

（二）民间行动：权利导向的公共参与

"行动"是分析单位，一个行动是指有明确的发起时间、发起者、行动目标及行动过程，与同一发起者指向相同目标的下一个行动有相当的时间间隔。根据三个网站2014年的相关资讯，本文共录得200个行动，这些行动的发起者是民间妇女组织或别的民间力量，核心目标是推动性别平等和维护妇女权益。从发起时间、发起者、发起地、行动覆盖区域、议题与诉求、行动方式等几个方面，本文根据分析需要及信息最大化利用两个原则对每个行动进行编码。

发起时间。标记为行动开始启动的月份。

发起者。资讯里很多行动的发起者身份比较模糊，比如"来自3个省的10多位女大学生"、"一位律师"、"某地的女权组织"，等等，因此"发起者"被区分成"单个个人"、"多个个人"、"单个组织"、"多个组织"四类。

行动覆盖区域。根据现有资讯，能够较好地区分直接参与行动的各方是属于同一城市还是跨越多个省，因此编码成"市内"和"跨省"两项。行动覆盖区域不同于发起地，由于网络技术的普及，很多行动由一地发起，但迅速吸纳各地组织和个人参与进来。

议题与诉求。根据国内妇女研究及行动界目前惯用的议题领域划分方法对资讯呈现的行动诉求进行整理。可以发现，200个行动涉及的议题/诉求有近30类，比较主流的包括知识/经验/技能分享、反家暴、反性侵害、性权、同性恋权益、女工权益,等等。

行动方式。具体方式非常多元,比较传统的包括各种室内活动,比如讲座、沙龙、工作坊、撰写时评,等等,新近比较流行的包括申请信息公开、递送建议信、网络联署、街头行为艺术、约谈,等等。按照行动主体部分依靠什么方式完成,主要区分出媒体/线上活动、街头活动、室内活动和其他线下活动四类。

从图1的时间分布看,除3月外,其他月份的行动分布比较均匀,5月、9月与11月只是略多一些。议题与诉求(见表1)有27项之多,其中知识/经验/技能分享、反各类暴力、同性恋权益、女工权益等比较突出;除去所占比例最高的"知识/经验/技能分享"以及后面"培养媒体从业者性别意识"之外,其他25项都是明显的权利诉求,不仅包括就业、教育、参政、土地、家务分工等这些传统议题,也包括性、性取向、性工作、女工等方面的权利诉求。

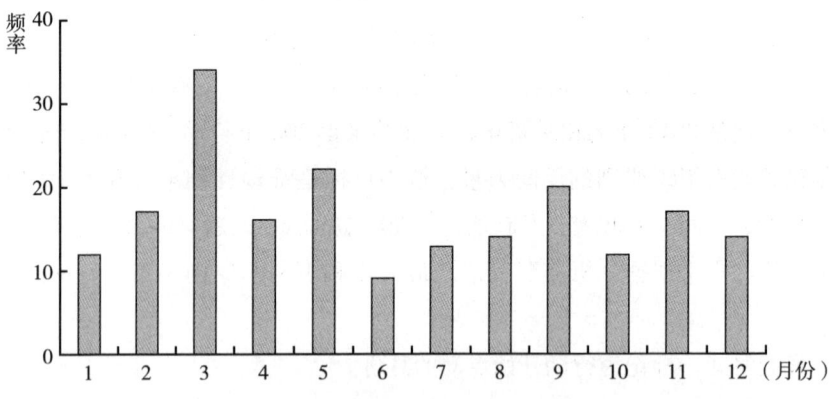

图1 2014年民间妇女行动的月度分布

用议题与诉求和发起时间做交叉分析,可以看见,以"知识/经验/技能分享"为诉求的室内常规活动基本均衡分布于每个月份;除这类活动外,3月的行动主要集中于反性侵害、女工权益和儿童权益,5月集中于反性侵害、同性恋权益和性权,9月高度集中于反性侵害,11月则高度集中于反家暴。结合行动的触发事件看,2013、2014两年媒体曝光了多起儿童性侵害、校园性侵害的恶性事件,这使得反性侵害成为2014年整年的热点行动诉求。3月因为有三八国际劳动妇女节和"两会",女工组织及其他民间力量就办了很多活动。5月因为有"5·17"国际反恐同日活动,因此LGBT(lesbian,女同;

gay，男同；bisexual，双性恋；transgender，跨性别）等组织更加活跃。9月是开学季，还包括了教师节，是反校园性侵害的最佳时机。11月因发布《反对家庭暴力法（征求意见稿）》以及国际反性别暴力16日运动，使得反家暴议题讨论非常热烈。

表2显示，室内活动约占了总行动量的一半，这类活动比较常规，一般是通过小规模且短期的分享、交流、培训等方式来进行社群建设、能力建设以及社会性别意识的面对面传播。其他三类占总行动量的剩下一半，这三类活动的基本特点包括：回应突发新闻事件，公开表达异议和诉求，进行意识动员和行动动员，呼吁公众、政府部门、媒体或企业等一起推进妇女权益。

从表3可以看到，在四类发起者里，接近一半的行动由单个组织发起，以个人（单个、多个）名义发起的行动所占比例也很高。非常有趣的是，室内活动基本全部由组织（单个、多个）发起，背后的原因应该是，以常规活动为主的室内活动政治风险相对较低，发起者相对愿意公开自己的组织身份。另外，街头活动与其他线下活动（比如当面向政府部门递交建议信，等等）多由"多个个人"发起，这很大程度应是出于降低政治风险、合作照应的需要。依托媒体或网络的活动（前者如新闻发布会，后者如呼吁网络联署），则主要由"多个组织"之外其他三类发起，可以说，这也是考虑风险、计算投入产生的结果。

表1　2014年民间妇女行动的议题与诉求

		频率	有效百分比	累计百分比
议题	知识/经验/技能分享	48	24.0	24.0
	反性侵害	31	15.5	39.5
	反家暴	25	12.5	52.0
	性权	16	8.0	60.0
	同性恋权益	9	4.5	64.5
	女工权益	8	4.0	68.5
	平等就业权	6	3.0	71.5
	反逼婚/剩女污名	5	2.5	74.0
	性工作者权益	5	2.5	76.5
	儿童权益	4	2.0	78.5
	反性别暴力	4	2.0	80.5

续表

		频率	有效百分比	累计百分比
议题	反性别歧视	4	2.0	82.5
	农嫁女权益	4	2.0	84.5
	培养媒体从业者性别意识	4	2.0	86.5
	农村妇女服务	3	1.5	88.0
	平等受教育权	3	1.5	89.5
	性别平等的学校教育	3	1.5	91.0
	性教育	3	1.5	92.5
	职业妇女权益	3	1.5	94.0
	残障女性权益	2	1.0	95.0
	家政工权益	2	1.0	96.0
	性别平等的家务分工	2	1.0	97.0
	性别友好的公共空间	2	1.0	98.0
	妇女参政	1	0.5	98.5
	妇女生育权	1	0.5	99.0
	跨性别权益	1	0.5	99.5
	消费者权益	1	0.5	100.0
	合计	200	100.0	

表2　2014年民间妇女行动的行动方式

		频率	百分比	有效百分比	累计百分比
议题	室内活动	99	49.5	49.5	49.5
	媒体/线上活动	68	34.0	34.0	83.5
	街头活动	23	11.5	11.5	95.0
	其他线下活动	10	5.0	5.0	100.0
	合计	200	100.0	100.0	

表3　2014年民间妇女行动"发起者类型*行动方式"交叉分布

			行动方式				合计
			街头活动	媒体/线上活动	其他线下活动	室内活动	
发起者类型	单个个人	数量	0	19	2	3	24
		行动方式(%)	0.0	27.9	20.0	3.0	12.0
	单个组织	数量	5	25	3	60	93
		行动方式(%)	21.7	36.8	30.0	60.6	46.5

续表

			行动方式				合计
			街头活动	媒体/线上活动	其他线下活动	室内活动	
发起者类型	多个个人	数量	15	16	5	2	38
		行动方式(%)	65.2	23.5	50.0	2.0	19.0
	多个组织	数量	3	8	0	34	45
		行动方式(%)	13.0	11.8	0.0	34.3	22.5
合计		数量	23	68	10	99	200
		行动方式(%)	100.0	100.0	100.0	100.0	100.0

前文提到，行动发起地不同于行动覆盖区域。从此次的200个样本看，这些行动发生于中国的近25个城市，其中以广东、北京、上海为最多；另外，跨省发起的比例很低，不超过15个，约占8%。从发起之后的行动覆盖区域看（见表4），跨省行动占33%，增幅很大。这背后的原因不难分析：①以呼吁网络联署等为主要方式的行动占相当比例，其中很多是由单个组织/个人或同一城市的多个个人发起，行动开始后，各地力量通过网上联署参与进来，发展成跨省行动；②其他线下活动很多是依靠邮寄方式，由一个城市发起的活动通过把信件寄往不同城市，从而把不同城市纳入行动过程中。以上数据与这一分析相符，例如，媒体/线上行动中跨省的占绝大多数；其他线下活动中跨省的也不少。

表4　2014年民间妇女行动"行动覆盖区域 * 行动方式"的交叉分布

			行动方式				合计
			街头活动	媒体/线上活动	其他线下活动	室内活动	
行动覆盖区域	跨省	数量	7	53	4	2	66
		行动方式(%)	30.4	77.9	40.0	2.0	33.0
	市内	数量	16	15	6	97	134
		行动方式(%)	69.6	22.1	60.0	98.0	67.0
合计		数量	23	68	10	99	200
		行动方式(%)	100.0	100.0	100.0	100.0	100.0

总体来说，2014年民间妇女行动的生态图景可勾勒出如下特点。

第一，议题领域扩展。随着青年女权行动者群体的成长，民间妇女行动着力的议题领域比三年前宽广很多，并且行动频率也比较稳定，不过，具体时间段内的重点领域和行动频率会明显受特殊节日及突发新闻事件的影响。

第二，公开的权利诉求。2014年的常规活动与公开权利诉求各占半壁江山，很显然，同议题领域的扩展一道，民间妇女的权利意识和行动力也在不断增强，此外，近年表达诉求的方式也更公开透明。

第三，行动方式多样化。除传统工作模式外，青年行动者们广泛借鉴其他国家的实践经验，开发出很多有创意且易操作的行动方式，其中以街头行为艺术最为盛行。灵活新颖易复制的行动方式对吸引公众关注与参与妇女发展领域起着至关重要的作用。

第四，多元化的倡导。网络社交媒体技术使公开表达变得简便迅捷且"人人可为"，在此之前，政策倡导是主要的倡导方式，进入门槛高，要求行动者具备足够的体制、学术甚至关系资源；在此之后，愿意公开表达的人都可成为倡导主体，倡导对象不再局限于公权机制。近年来，除政策立法倡导之外，民间妇女组织在面向社会大众、市场部门、国际机制的倡导上也做了很大努力，以提升社会性别意识、呼吁公共参与，督促具体机构（政府、学校、企业等）改善工作的倡导也日渐增加。

第五，走向合作的参与。根据2014年民间妇女行动的状况，由个体、传播倡导型妇女组织、女工/LGBT等组织发起的活动大概各占30%，剩下10%由体制内或与体制关系密切的精英妇女组织发起；基本上所有活动都对外开放、鼓励公众参与，与几年前相比，妇女发展领域的民间参与程度显著提升，更重要的是，不同的参与主体之间正在形成有机合作。比如，很多精英妇女组织积极参与公开联署活动，同时，给年轻人提供理论、技能、人脉、机会等各方面支持。

上述五个特点的形成或多或少都归功于互联网的发展，特别是新媒体/自媒体在传播、倡导方面带来的便利。这意味着，当这种便利受到限制的时候，民间妇女组织发挥效能的空间就会受到一定程度的威胁。对此，需要有应对挑战的前瞻性安排。

四 参与的权利：互补与合作

权利导向的公共参与是妇联系统一直努力的方向。改革开放之后，妇女在教育、卫生健康等方面的发展取得了显著成绩，但是在参与政治及社会事务管理、职业发展等方面则徘徊不前，总体而言，新旧"妇女问题"持续并存，妇女的权利诉求日益多样化。对此，妇联系统开始体制改革，并一步步明确妇女发展的理念：在认识到妇女问题是全社会的问题之后，妇联逐步把维护妇女权益、鼓励妇女自我维权等工作放在越来越重要的位置，并最终在2013年对妇联章程中妇联任务的第一条进行了修改，首次明文规定，不仅要团结和动员妇女参与经济建设，还要团结和动员妇女参与政治、文化、社会及生态文明建设。也就是说，妇联系统已经确认：①妇女有责任争取自己的权利；②妇女的权利不止于经济方面，还包括政治、社会、文化等方面，因此鼓励妇女广泛参与这些领域。

权利导向的公共参与是民间妇女组织的日常实践。'95世妇会之后，国际援助机构带来了GAD妇女发展模式，这一模式不仅鼓励妇女参与发展、满足妇女的主观需求，还要求对现有的性别权力机制进行反思和改良，从根本上逐渐消除阻碍性别平等进程的障碍。'95世妇会之后转型的精英妇女组织以及新兴的民间妇女力量将国外经验融入本土化实践中，积极鼓励妇女参与社会各领域，同时把促进妇女权利作为妇女参与的首要目标。进入21世纪之后，互联网技术的发展大大拓展了妇女参与的范围：妇女参与的议题领域扩大，妇女参与的形式和途径增加，更大规模的妇女（包括越来越多的草根妇女）参与进来。

很显然，在妇女发展领域内推动权利导向的公共参与，是妇联和民间妇女组织都确认的工作策略。从2014年的发展实践看，一方面，妇女在经济领域之外的权利与参与依然不是妇联的工作重点；另一方面，民间妇女组织在推动妇女参与权利争取活动上虽然成绩尚佳，但其过于依赖互联网，抗风险能力较弱。妇联在权利导向的公共参与上推进不足主要源自妇联承担的双重角色和"政权支柱"的定位，这要求妇联在工作中足够谨慎，从而限制了其改制创新的空间和步伐。民间妇女组织的抗风险能力弱主要因为缺乏资源，特别是缺乏体制内的资源——这也是民间妇女组织比较依赖互联网的原因之一。实质上，妇联与民间妇女组织具有互补的优势：妇联已经创建起纵向和横向的组织系统，有相对丰富的政策、资金、关系资源；民间妇女组织理念新、技能强、组织灵活、方式多样、有行动力、有感染力，等等。

既然妇联与民间妇女组织都认可要推动权利导向的公共参与，而两者在这方面各有劣势，同时又优势互补，那么，何不展开对话，尝试建立更有效的合作机制？过去几年，妇联与民间妇女组织的合作比较有限，基本局限于与部分精英组织的合作上，合作的区域性差异很大，领导个人对合作的影响很大，没有形成明确的合作机制。在未来，希望妇联与民间妇女组织都充分运用自身的智慧和信念，更好地应对政治环境，逐步扩展合作空间，一起推动妇女发展事业。

B.13
2014年中国环保公益组织发展研究报告

恩派社会组织发展研究中心*

摘　要： 环保公益组织行业不仅是环保工作的必要力量，也是社会的重要组成部分之一。中国公益行业正处于初期发展阶段，鼓励社会组织发展的新政策不断出台。财政部、国家税务总局于2014年1月联合发布了《关于非营利组织免税资格认定管理有关问题的通知》（财税〔2014〕13号），国务院办公厅于2013年9月发布了《关于政府向社会力量购买服务的指导意见》（国办发〔2013〕96号），环境保护部于2013年7月首次组织举办了中国环保社会组织培训班。目前的环保公益行业总体处于环保公益组织数量少、规模小、专业能力有待大幅提升的阶段，尚不能完全满足社会的需求。为此，本研究报告把环保公益组织作为一个行业从内到外进行研究，希望实现以下三个目的：①梳理行业发展现状和问题，初步比较国内外经验，加深业内人士对行业现状和未来发展的了解；②让各种资助方能够找到既契合自己的愿景和目标，又兼顾环保公益组织发展的着力点，在项目评估体系中考虑环保问题需要长期坚持的特点，在环境保护中找到共同目标；③热心环保的公众

---

* 项目名称"更美好的世界"；资助方：福特汽车有限公司。主要编写者：韩燕、耿宇、谭咏风、Austin Dempewolff，编委会成员还包括：李英、张志鹄、张朗萱、丁立、林喆、张祎、王稳、罗偲萌。本项目得到了环保公益组织、政府部门、企业等机构，以及陈冀俍、霍伟亚、李来来、徐嘉忆、邓敏讷、朱嘉纯、陈斯缘、谢楚君、阎碧琦等人的大力帮助。

了解到环保公益组织的现状和需求，以实际行动加入共同的环境保护中。

关键词： 环保公益组织　发展状况　国外经验

一　引言

本研究采用定量与定性结合的方式，通过问卷调查的方式收集环保公益组织行业的发展现状，此外还对政府、大型公司的社会责任部门进行了访谈，结合文献资料，编写了本研究报告。本研究结果表明，我国环保公益组织行业具有以下特点：①行业规模小，从业人员少，发展速度有待提升；②机构能力提升潜力大；③工作领域范围虽然广泛，但大部分是从事环境倡导；④国内基金会为主要资金来源。我国环保公益组织行业最大的需求是技术、能力、资金，最大的机遇是公众环境意识提高。

为此，本研究对环保公益组织行业、资助方、公众和政府提出以下五点建议：①环保公益机构应提高自身专业能力；②环保公益机构应拓宽视野，提升跨界合作能力；③资助方应增加支持周期，提高支持力度；④公众个人应在行动和资金上支持环保公益行业；⑤政府应为公益行业发展提供法律和政策保障。

二　研究对象及研究方法

（一）研究对象

1. 中国环保公益组织界定

环保公益组织（Environmental Non-governmental Organization，ENGO）是以环境保护为目的的非营利组织，通过创建与政府和其他组织的关系，提供自然资源保护、水土保持方面的培训和援助，最大限度地利用当地资源，寻找环境解决方案，解决特定区域的环境问题。环保公益组织通常不是由政府运营，而是由民间力量运营；资金来自政府、个人捐赠、企业和其他机构。①

环保公益组织关注公共资源和社会公共问题，例如雾霾、垃圾分类和处理、湖泊的水污染、珍稀动植物保护、湿地保护等问题，要解决环境与发展的关系问题，重视经济与环境相互作用。环保公益组织的工作方式多种多样，例如倡导、观测、监督、研究等。

在中国，环保公益组织也称为环保民间组织、民间环保组织、环保组织等，主要类型见表1。

表1 环保公益组织类型

分类依据	类型	特点
发起方	官办环保公益组织	由政府部门发起成立。例如中华环保联合会、中国环境科学学会、各省市环境科学学会、中国环境保护产业协会、各省市环保产业协会等。业务主管部门通常是环保部或地方环保厅（局），因此业务受政府环保部门的直接领导，机构属性与事业单位基本相同
	草根环保公益组织	民间自发组织成立，就一个或多个环保议题开展非公益活动，也称为"草根组织"，包括各种研究、教育、志愿者活动、体验活动等，例如成立较早的辽宁省盘锦市黑嘴鸥保护协会、自然之友、公众环境研究中心、阿拉善生态联盟等
	学校环保社团	成员基本都是本校师生，或者纯粹由在校学生组织，环保活动范围通常是在本校内或者学校所在地
	国际环保公益组织	国际环保公益组织驻华机构，例如世界自然基金会（WWF）等
项目内容与影响	公众倡导型	通过教育、宣传等方式提升公众环境保护意识，例如环境教育、垃圾分类收集、绿色选择等
	环保实践型	在城市、工业、社区、学校、家庭等开展环保行动，为个人、企业、社区提供环保节能行动方案，促进公众环保行为的改善，例如企业社会责任、校园节能等
	政策研究型	推动完善公众参与机制，推动环境政策的出台，推动环境政策的有效执行，推动完善环保信息披露机制、环境评价听证会制度，作为独立的第三方参与环境政策的咨询与评估等

2. 环保公益组织数量

随着近年来政府职能转变、简政放权，由政府部门发起成立的新机构数量越来越少，甚至总数也呈下降趋势。学校环保社团源于对环保的热爱，这类环保机构的影响力通常局限在本校内，组织本身属于师生的"课外活动"，容易受到

---

① 参见维基百科关于ENGO的定义，http://www.en.wikipedia.org/wiki/ENGO。

学生流动性的影响，很难有全职工作人员，其成员来自校内各个院系与学科，投入的时间和精力也比较有限，因而其专业性不强，持续性较差。国际环保民间组织在中国设立分支机构的，大部分都是发展成熟、规模较大的机构，这类机构数量不会在短期内剧增，因此相对稳定，其业务模式和业务方向也相对固定。

民间环保组织（草根环保 NGO）目前虽然数量很少，但近年来各级政府纷纷出台各种政策鼓励和扶持公益性社会组织，公益性社会组织未来的发展空间大、最受社会关注、承载的社会期望最大，无论是从国内社会需求来看，还是从国外发展经验来看，本土环保公益组织都将是非常重要的环保力量。因此，本报告着重研究本土草根环保 NGO，在以下章节中称"环保公益组织"、"机构"、环保 NGO、ENGO。

据统计，中国环保公益组织总量从 2005 年的 2768 家增加到 2012 年的 7881 家，增加了 1.8 倍。环保公益组织数量从 2005 年的 202 家增加到 2013 年的 1065 家，增加了 4.3 倍，增幅最大，但只占全部环保公益组织的 15% 左右，仅为全国各类民办非企业单位总量的 0.5%。

表 2 环保公益组织数量

类　型	2005 年 数量	2005 年 比例(%)	2008 年 数量	2008 年 比例(%)	2012 年 数量	2012 年 比例(%)
1. 政府部门发起成立	1382	49.9	1309	39.8	—	—
2. 民间环保组织	202	7.3	508	15.4	1065	13.5
3. 学校环保社团	1116	40.3	1382	42.0	—	—
4. 国际环保民间组织驻华机构	68	2.5	90	2.7	—	—
总　计	2768	—	3289	—	7881	—

注：截至 2012 年底，社会团体为 6816 家。[1][2][3][4]

[1]《中国环保民间组织现状调查报告（2005）》，http://www.zhb.gov.cn/hjyw/200604/t20060429_76273.htm。
[2]《中国环保民间组织现状调查报告（2008）》，http://www.acef.com.cn/news/lhhdt/2009/0526/9394.html。
[3] 中国环保民间组织，http://baike.baidu.com/view/143321.htm?fr=Aladdin。
[4]《中国环保民间组织近八千个》，http://www.paper.people.com.cn/rmrbhwb/html/2013-12/05/content_1357312.htm。

（二）研究方法与局限

本研究采用定量与定性结合的方式进行研究分析，通过问卷调查的方式收集环保公益组织行业的发展现状，包括数据和信息，通过书籍、文章、网站等途径收集了相关资料。作为研究内容的参考和补充，我们对政府主管部门的负责人、大型公司的社会责任部门负责人分别进行了访谈。

根据网络、报纸、杂志等各种媒体的报道，各种会议、培训、项目申请比赛等名单信息，我们将出现在这些名单中的环保公益组织作为研究对象，总共有166家。这些样本机构分布在我国大陆29个省区市（除西藏和山西外），样本数量占全国已经注册的生态环境类民办非企业单位数量的16%。由于这些环保公益组织已经具有一定规模、产生了较大影响力，大部分机构已经具有稳定的业务方向和业务模式。

我们采用问卷调查的方式收集环保公益组织的发展现状，问卷内容包括以下七个方面：①成立时间；②员工情况；③2013～2014年上半年执行的项目；④未来发展领域、目标、方向；⑤能力与发展目标；⑥工作总结、规划机制；⑦外部机遇和挑战。

虽然本报告提出了环境保护领域特别是环保公益组织行业当前存在的一些问题，但我们并没有对此提出系统全面而具体的解决方案。这是因为，首先这些问题需要人们的正视，然后才有改变的可能；其次，改变需要时间，需要许许多多专业机构和公众的长期行动。这些问题号召那些真正热爱环保并愿意为此尽心尽力的人，无论行业、所在地区、年龄和性别，在所思所行中真正实践环保理念，这样行动必然会多起来，必然会涌现出越来越多的解决方案、环保先锋，而我们的环境也会逐渐好起来。

由于样本机构、所访谈的各种资方数量所限，难免挂一漏万。从行业和组织发展角度来看，本研究仍具有一定的参考价值。

三 调查结果

样本机构分布在中国大陆29个省区市，共收到104份有效问卷，回收率63%。[①]

[①] 在信息化时代，问卷调查的形式多样、种类繁多，人们通常不太积极回应，根据经验，同类问卷调查的回收率通常为10%～15%，本次研究的问卷回收率高达63%，表明环保公益机构对本行业发展较为关注，特别渴望得到更多外部支持。

公益蓝皮书

早期成立的环保公益组织关注生物多样性、生态环境脆弱地区、濒危动植物、湿地保护等。随着中国环境污染范围和程度的变化，对污染源的关注程度逐渐提高。目前污染源遍布全国各地，国家重点监控企业（简称"国控企业"）集中分布在中东部，特别是沿海发达地区，除"国控企业"，其他中小型污染源分布更为广泛。普遍的环境污染导致本地环境问题最为人们关注，因此几乎所有省份都有环保公益组织，尝试用各种方法解决本地环境问题。此外，也有环保公益组织关注跨流域、跨区域的环境问题。

（一）行业规模小，从业人员少，发展速度有待提升

根据中华环保联合会发布的《2013环保NGO工作报告》，已经注册的生态环境类民办非企业单位有1065家，仅为美国和德国的10%左右。中国目前环境问题多样、环境污染影响地域广泛，即使全部四类环保公益组织也不能满足社会的需要。

样本机构的专职人员总数为506人，平均每个机构只有不到5人，加上顾问和实习生，总共为2706人，六成以上机构拥有顾问和实习生。另外，13%的样本机构没有全职员工。目前普遍规模较小，5人以内的机构占总数的58%，10人以上的机构只占总数的9%。2011年以后成立的机构中，86%的机构员工不超过5人。2000~2010年成立的机构中，约65%的机构员工不超过5人。

行业分布具有地域特点，64%的样本机构分布在华东（特别是长三角）、华北（特别是北京）、西南，东北地区数量最少，只占3%。数量最多的5个省（市）依次是北京、江苏、广东、上海、云南，这5个省（市）的公益组织占全国数量的一半，从业人员占全国的58%。北京是环保公益组织聚集地，机构数量占全国的16%，全职从业人员占全国的28%，年龄在30岁以上人数、有理工科背景的人数、有NGO之外工作经历的人数、有专业资质人数、顾问人数、实习生人数、有专职财务的比例、有专职从事传播/媒体工作人员的比例均居首位。

行业发展时间短，机构规模小，聚集在北京、上海等地，发展速度缓慢，长三角发展较快。"十二五"期间，上海、广东、江苏新增机构数量最多。

大约90%的样本机构是在2000年之后成立，从业人数占样本总数的

2014年中国环保公益组织发展研究报告

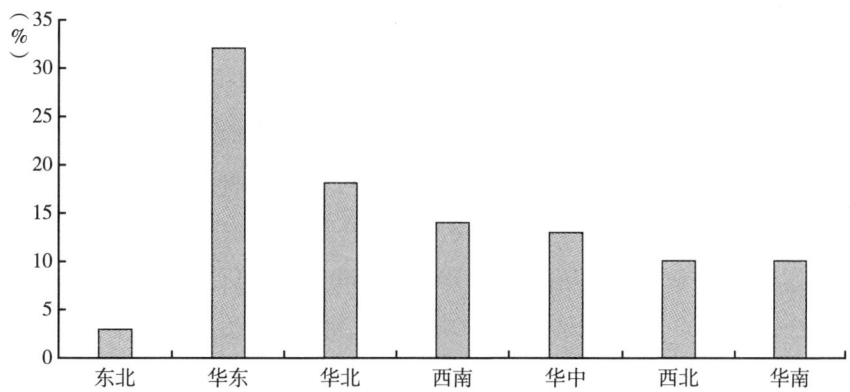

图1　样本机构地理位置分布情况（按区域）

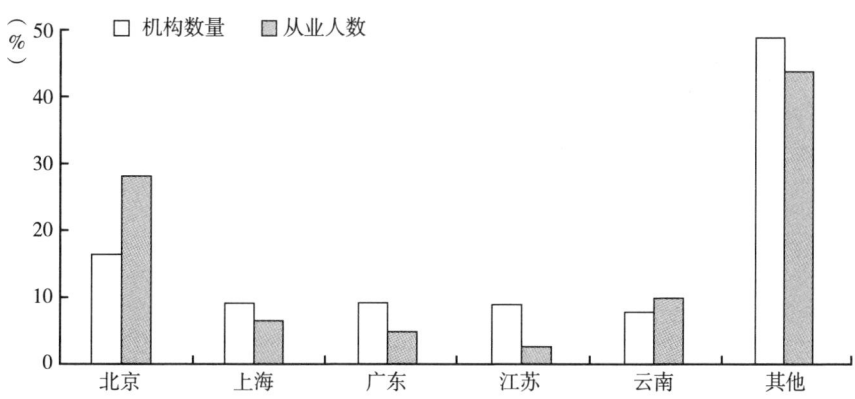

图2　机构数量和从业人数地理位置分布情况（按省区市）

91%。近几年从业人数增幅与之前的5年大致相同，并没有呈现快速增长的趋势。

样本机构顾问数量是从业人员的1.4倍，实习生数量是从业人员的3.2倍。这表明，在显而易见的环境问题面前，公众有日益强烈的环保意愿，同时政府对社会组织越来越开放的态势，都预示着中国环保公益组织行业巨大的发展空间。

根据全球社会学网络——世界价值观调查（www.worldvaluessurvey.org）

297

2011～2013年在线调查数据（见表3①），在环保意识方面，中国的重视程度高于德国和美国，但是在环保行为方面，环保组织成员的人数比例低于德国和美国，是环保组织成员而且经常参加活动的人数仅为德国的21%、美国的11%。目前人们对环保的关注尚未全部转化为环保行动。一方面是显而易见的环境问题，另一方面是公众日益强烈的参与环保行动的意愿，同时政府对社会组织越来越开放的态度，因此，中国环保公益组织未来有巨大的发展空间。这种力量会在未来逐步释放出来，特别是在近几十年内，直到生态环境有明显改善，水环境质量、空气质量不再是最困扰人们的社会问题。到那个阶段，环保组织也不会消失，只是工作重点发生改变，例如在欧美国家，气候变化成为重要的环境议题。

表3 不同国家人们对环境问题的重视程度和行动

单位：%

调查问题		选项	中国	德国	美国
认识	您是否重视环保，节约资源	重视	39.70	35.80	38.30
		一般	47.10	50.70	48.80
		不重视	8.10	13.10	11.00
	世界上最严峻的问题	环境问题	21.60	10.30	9.90
		贫穷	42.50	55.80	53.10
		缺乏教育	12.10	19.30	18.90
	环保与经济增长	环保优先，即使会降低经济速度、减少就业机会	56.60	47.70	37.20
		经济和就业优先，即使环境受到一定影响	28.00	39.10	60.20
行动	您是否环保组织成员	是，经常参加活动	0.5	2.4	4.7
		是，但很少参加活动	1.9	4.4	12.9
		不是	97.6	93.2	80.7

（二）机构能力提升潜力大

1. 专业人才数量不足，专业搭配不能满足实际需求

样本机构全职从业人员57%有人文、社科教育背景，43%理工科教育背景，22%的机构员工全部没有理工科背景，73%的机构具有理工科背景的员工

---

① 世界价值观调查（World Values Survey），www.worldvaluessurvey.org/WVSOnline.jsp。

比例低于50%。环境保护是跨学科领域，涉及理工、人文等多学科，许多环保项目对理工类基础知识和思维有一定要求，因此应注意文理搭配。

样本机构全职人员中不具备专业执业资质人员的比例高达72%，10%的机构员工全部拥有专业执业资质，32%的机构全部员工都没有专业执业资质，52%的机构"具有专业执业资质的人数"低于25%，62%的机构有专职从事传播/媒体工作人员，只有38%的机构有专职财务。

样本机构全职人员中43%只有NGO从业经历，只有16%的机构员工全部有公益行业之外的工作经历，40%的机构一半以上员工只有NGO从业经历。43%的机构员工为年龄在30岁以下的年轻人，25%的机构员工全部为30岁以上，54%的机构"年龄在30岁以内的员工"占一半以上，22%的机构近八成员工都在30岁以内。年轻人受教育程度普遍较高，英文水平普遍较高，有国外留学背景的比例高。样本机构专业人才聚集在北京、上海、江苏和浙江，东北地区的人才数量最少。

2. 年度工作总结报告数量少

77%的样本机构编制年度工作总结报告，但只有一半的机构对外发布，80%以上有阶段性工作总结机制和规划，只有40%编写季度工作报告。

年度工作总结报告是筹资的重要材料之一，也是赢得公众支持的重要途径。首要原则是实事求是。工作报告的专业性体现在：再现机构工作重点，突出机构的独特性、专业性、语言简明、准确，便于理解和传播。

目前环保公益组织编写并对外发布的年度工作总结报告数量少，可能有以下几方面原因。

（1）注重工作内容和工作过程，但对信息公开的重视程度不高。

（2）对年度工作总结报告的认识不足，没有把年度工作总结报告当作对外沟通的有效工具。

（3）编写能力不足，无法对外发布专业的、可读性强、有利于沟通的年度工作总结报告。

年度工作总结报告也能够充分体现一个机构的经营理念。许多环保公益组织创始人尚未认识到，一套清晰而明确的经营理念，是建立共同信念的基础，会在组织中发挥极大的效力。在商业领域，经营理念是管理者追求绩效的根据，是顾客、竞争者和企业追求的经营目标，一个企业的成功与持续发展离不开正确的经营理念。同样地，对于环保公益机构，经营理念也和商业领域相同，是事业目的和存在理由，是所有经营活动的根本。长期经营理念与人员构成、人员稳定性、筹资能力、机构执行力都有密切关系。

（三）半数以上项目为环境倡导类

样本机构从事的项目分为十个类型。四成以上项目为"环境教育、社区行动"类，其次是"生态系统保护"及"环境治理"。"救灾防灾"项目数量最少，但资金最多。除了"救灾防灾"项目外，资金最多的是"环境教育、社区行动"。资金最少的是"环境政策和法规"，特别是环境法规类项目。欧美等发达国家的热点领域"气候变化"在中国环保公益组织行业中是最"冷门"的，这与中国目前的环境污染特征有关，水污染、大气污染等问题在欧美等发达国家都已经得到了很好的解决，而在中国依然是亟待解决的问题。

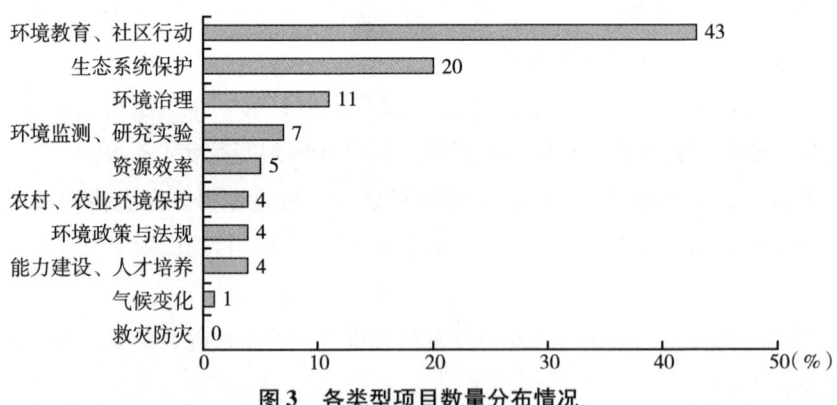

图 3　各类型项目数量分布情况

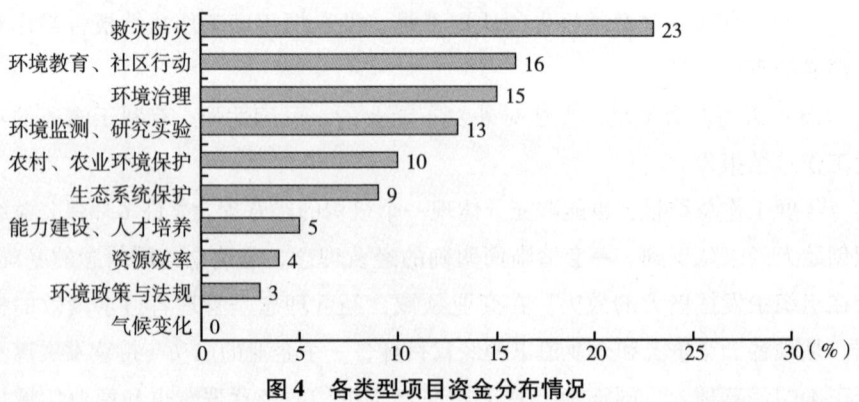

图 4　各类型项目资金分布情况

样本机构规划发展方向特别集中在：①环境教育、社区行动（64%）；②生态系统保护（38%）；③环境治理（27%）。与现有项目对比，规划发展方向和机构数量分布与当前项目基本一致，其中"农村、农业环境保护"类项目，没有机构将其作为未来发展领域。另外，有机构计划成立公益基金会。

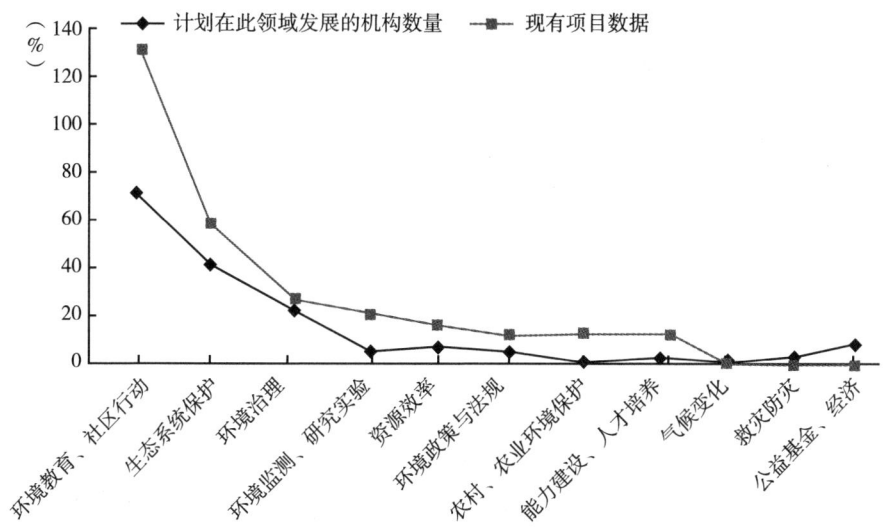

图5 未来发展领域规划

以上这十个工作领域不是完全独立的，而是有重合或相互关联。例如资源效率提高，能够减少污染物排放，从而有利于环境治理。这些领域间合作应当是未来的发展趋势，这样能从更大范围来分析环境问题，以从根本上解决环境问题。

（四）国内基金会为主要资金来源，全社会潜力待释放

样本机构的资金来自：①国内基金会；②政府；③企业；④国外基金会；⑤其他，例如个人捐赠、外国使馆等。从样本机构的项目总数和总资金来看，国内基金会都是最大的资助方。在2008年金融危机之后，境外机构（国际NGO、多边组织、领馆等）预算缩减成为必然趋势。

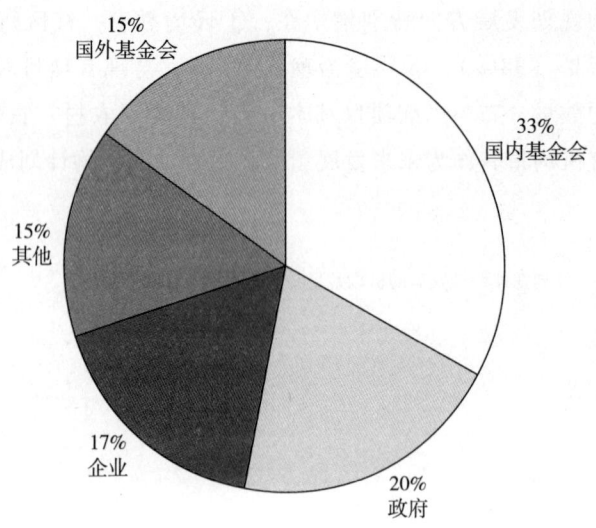

图6 项目资金与资助方

样本机构 2013~2014 年 7 月共有 230 个项目,其中 50 个项目完全没有项目经费支持,其余 180 个项目的总资金为 8700 万元。如果不包括其中 2500 万元的灾后救援与重建资金,资金总额仅为 6200 万元。约 1/3 的样本机构资金不足 10 万元/年,17% 的机构资金超过 100 万元/年,12% 的机构资金超过 300 万元/年。相比之下,美国 2012 年环保公益行业总收入 155 亿美元,平均每个机构 100 万美元以上,资金规模是中国样本机构的千倍以上。

在样本机构中,对国内基金会给予支持的项目,41% 的额度在 5 万元以内,30% 为 5 万~20 万元,7% 超过 100 万元。政府对单个项目的资助额度大部分是 5 万~20 万元,其次是 5 万元以内的微小额度。中国政府采购社会组织服务的力度在加大,在政府资助的项目中,有 4% 的项目超过了 100 万元。企业对单个项目的资助额度全部在 50 万元以内,大部分是 5 万元以内。目前国内企业仍然习惯把公益资金给基金会。国外基金会支持的项目中,25% 为 5 万元以内,20 万~50 万元的项目数量比例是国内基金会的 1.8 倍,100 万元以上的项目数量比例是国内基金会的 1.3 倍。其他资金来源中,9% 的项目资金额度超过 100 万元。相比国外基金会,国内基金会在资金方面较为保守,单个项目资助额度总体偏小。

（五）需求，挑战，机遇

在样本机构中，60%的机构认为机构能力与未来发展领域相匹配，87%的机构提出有需求，需求最大的三项依次为：技术、能力、资金。

机构能力和品牌容易被业内人士所忽视，"缺钱、少人"虽然是比较普遍的现象，但并不是行业发展缓慢的根本原因，而是许多因素产生的结果，例如对创业是否有充分准备、业务模式是否具有可持续性、专业度如何、对机构能力的重视程度、如何打造机构品牌等。

样本机构提出的需求及面临的挑战分为内部和外部两种类型。行业和机构内部的需求与挑战主要是：资金规模太小，筹资能力有待提高；人力资源管理能力有待提升，专业人才短缺，特别是在环保专业技术、策划、传播、财务管理、志愿者管理等岗位人员流动性大；如何提高项目执行管理能力；如何加强机构的专业实力、打造品牌，形成核心竞争力；如何跨领域合作，例如与企业、政府、媒体合作，以及行业内的联合，各方的利益共同点，化冲突为合作与共赢。

外部的需求与挑战主要是：环保公益组织（官方统称"社会组织"）政策环境不够完善，例如注册、免税资质办理，另外，环保法律、政策难真正落实，环境污染责任划分不够清晰明确，无论个人还是企业，排污成本都低；公众支持行动少，包括资金、知识、行为；还有一个客观因素是，解决环境问题需要时间。

样本机构面临的机遇主要是：公益机构的政策环境正在逐渐改善，从中央要求到各地方的管理都在日趋改善，鼓励社会组织的发展，特别是在注册程序简化、免税方面；资金来源渠道在增加，从过去依赖国外基金会到目前国内基金会、企业、政府购买社会组织的服务以及会员支持等；环境污染及其影响有目共睹，这已激发人们提高了环保意识，社会对环保公益组织的认可度在提升，环保公益组织将成为一个重要的信息中心和行动平台；越来越多的专业人才和年轻人加入这个行业中；信息发达，资讯获取方便，便于自学。每个需求和挑战都对应了一个以上的机遇，总的来看，前景是乐观的。

表4 样本机构提出的需求及面临的机遇、挑战

需求	挑战	机遇
1. 技术能力	1. 筹资困难,国内基金会支持力度小	1. 公众环保意识提高
2. 项目管理,机构执行能力,核心竞争力	2. 公益组织环境不完善	2. 国家政策鼓励公益组织发展
3. 钱,筹资能力	3. 留住人才,保持人员的稳定性	3. 机会多,信息平台发达
4. 团队成员稳定	4. 如何提高专业实力,打造品牌	4. 资金来源渠道增多
5. 志愿者培训	5. 没有减免优惠政策	5. 社会认可环保公益组织
6. 文案、策划能力,传播能力	6. 公众支持行动少	6. 政府关注环保
7. 机构职员培训	7. 跨领域合作	7. 政府购买社会组织的服务
8. 财务管理	8. 解决环境问题需要时间	8. 从业人员增多,特别是专业人才和年轻人
9. 注册	9. 各方利益冲突	9. 环境污染及其影响日益显现
10. 人力资源管理	10. 环保法律、政策难真正落实	10. 越来越多企业重视环保

四 企业对环保公益组织的建议

在本研究中,我们采访了几家不同领域、不同行业的国内外企业,主要发现如下。

(1) 越来越多的企业将环境保护纳入可持续发展战略的重点;

(2) 环保公益项目比其他公益主题难以在短期内看到效果;

(3) 企业和公益组织合作的模式取决于企业的公益管理方式和资源。

企业对环保公益组织的期望主要有以下五个方面。

(1) 可持续发展战略。目前很多环保公益组织被每天生存下去的现实问题困扰,有些小的组织只能走一步看一步,甚至是想到却无力去做。这样的短视状态削弱了公益组织的愿景感染力,阻碍了资源整合能力,大大削弱了企业对公益组织的信心。

(2) 提升专业性。在环保公益生态圈中,企业可能是专业分工最细化的利益相关方。企业在和环保公益组织合作沟通过程中,常常感到较大的专业期望落差。

（3）跨界合作，协力制胜。作为第三方力量，环保公益组织面对的往往是复杂严峻的社会、环境问题，必须要协调各方面的力量才能制胜，尤其是在目前中国环保公益组织数量有限、规模较小的情况下，这种合作成长的模式更为重要。

（4）结果可见，过程清晰。企业对环保公益组织的基本要求是过程清晰透明，能有可见、可衡量结果。

（5）传播沟通要有创意、要接地气。公益组织要注重品牌可持续发展，多进行有创意和接地气的传播沟通。

五 美国和德国环保公益组织发展经验

全球范围内，工业化进程造成的环境破坏，是许多国家环保浪潮的导火索。与发达国家相比，中国的工业化进程起步略晚，这使得中国的环境保护也正处于最具潜力的成长阶段。在许多较早实现工业化的国家，例如德国、英国、美国、日本等，环保发展历程不尽相同，并非呈线性发展，它们都有过这样的经历：最初的活跃期过后，会进入一段相对平静的时期，直到出现新的环境问题、新的机遇、新一批环保活动者及其新策略后，又重新复兴。

德国和美国环保运动发生的社会、政治以及环境背景都与中国大不相同。中国环保公益组织所面临的诸如工业废水和空气污染等许多环境问题，在德国和美国早已解决，但这不妨碍我们参考国外解决问题的方法和工具，更有效地解决问题。我们总结出以下四点可以借鉴的经验。

（一）加强对新媒体的运用，并结合传统媒体，以此提高公众对环境问题的认知，并吸引新成员、志愿者和支持者

将对环境问题的关注转变为行动，关键需要创造性地利用媒体来进行宣传推广，尽可能扩大覆盖人群，在介绍环保问题的同时，还需要提供简单易行的行为倡议。除了传统宣传方式外，中国环保公益组织还可以借助微信、微博、视频网站等新兴社交媒体，用新的传播途径快速扩大传播面。例如 Moveon. org 和 Credo Action 都与社交媒体和互联网的崛起相伴而行，它们不但在规模和影响力上发展迅速，而且也对大型非政府组织如何运作产生了重要影响。

（二）在环境问题中融入其他社会、经济问题，例如将环境问题与失业等社会问题结合起来考虑，以增强公众和政府支持环保的广度和深度

例如，德国工业界和劳工组织都曾经在20世纪90年代反对碳减排，但最终还是表示支持德国能源转型，因为它们看到了绿色能源将成为一个重要的新兴出口业。美国环保公益组织目前正在尝试加强与美国劳工协会的联系。环保问题的解决方案并不是必须与经济发展相对立，许多环保方案能够提供相当多的工作机会，激发创新和科技进步，为国家经济繁荣带来新活力。各行各业的人们为合作解决同一个威胁人们生存的问题而努力，还有助于社会和谐。目前需要把环保问题与更多的领域联系起来，例如，把环保融入学校的主要课程，既提高学生的环保意识，又解决了许多学生认为教材不够有趣、与生活联系不大的问题；把污染和健康联系起来，让医生和公共卫生官员能够直接参与环保；把环保中相互协作的技能用于共同抵御罪犯，警察等执法人员也可以参与环保。

（三）开展多方合作，包括商业、政治、媒体、研究或教育机构、其他非政府组织以及国际合作伙伴等，建立双向互惠关系，共同为保护环境而努力

环保公益组织的合作伙伴可以是商业伙伴、教育家、医生、政府官员等。例如，爱沙尼亚的"行动吧！"（Let's do it! World），是2008年开始于爱沙尼亚的一个民间环保运动，最初召集了5万人在5个小时内为整个国家清除垃圾。目前这已经成为一项国际运动，有112个国家超过1100万人参与，目前该组织已成为联合国环境规划署（UNEP）所认可的成员。

（四）帮助和鼓励人们将环保意识带入日常生活中，转化为长久的具体行动

大部分中国人希望加入环保公益组织，包括参与监督污染、发展绿色科技、环保教育、环保宣传和媒体推广等保护环境的行动，但缺乏这方面的训练或途径。环保公益组织的作用应当是教育公众认识到环境与社会各行业、各方面之间的联系，只有这样，公众才能具备充足的经验和专业知识，并在自己的领域内采取行动去保护环境。

六 行业发展对策

作为一个新兴行业，环保公益组织行业与其他行业在开始阶段一样，规模小，从业人员少，观察者多、行动者少，批评者多、支持者少。从发展看，环保公益组织行业承载的希望大、担子重、任务多、愿景既现实又美好。这个行业需要自身的努力和社会各界的支持，特别是扶持现有机构，促进发展新机构。

解决环境问题和从事任何一个行业一样需要耐心、智慧、信心、坚持。对于整个社会而言，消费者肯付代价（特别是牺牲自己眼前的利益）、分解者承担责任，而且受到充分的监督和约束，环境问题就会逐渐解决。

2014年中国和美国发表的《中美气候变化联合声明》表明，中美这两个世界经济和碳排放大国这一举措，将对全球气候变化应对产生直接的影响，这对于环保公益组织是一个来自春天的信号。目前社会对环境污染的抱怨和失望，既为环保公益组织提供了机会，同时也提出挑战要将这前所未有的环境意识真正转变为发展的动力，环保公益组织不仅要引导公众看到环境污染，也要看到好的环境、成功的案例，让那些美好的环境激发人们对美的向往，产生改变环境污染现状的动力。

全社会应共同用实际行动支持环保，包括资金、知识、消费习惯、生活习惯等，让环保成为正面的价值观和文化。

根据环保公益组织行业发展现状，结合社会需求与外界对该行业的期望，参考美国和德国的发展历程与经验，本文从机构自身、资助方、政府和公众四个方面，提出以下五点建议。

（一）环保公益组织应提高自身专业能力

对于环保事业而言，环保公益组织与资助方、政府、商业企业、公众（个人、团体）共同组成了环境保护的力量，共同利益和目标是环境改善，所以有合作也有竞争（甚至互相反对），充满希望又富有挑战。但无论是合作还

是竞争，环保公益组织自身的专业能力都是至关重要的，把不对等转变为对等，把一个合作变为可持续合作，把孤军奋战变为跨界联合，把环境忧虑变为环境宜居。

1. 从描述环境问题到提供解决方案

描述环境问题能够提高人们对环境问题的注意力，但是要想真正地动员全社会来解决问题，还需要有人提供专业的解决方案。方案应初步明确每一个利益相关方应当做什么、如何做；如果有多个路径选项，则应给出每个路径的投入产出比分别是多少，方便人们判断和选择。

以种树公益活动为例，"环境问题"是空气质量差，"解决方案"可以是有更多的树木、净化空气、美化环境、增加碳汇、减少环境中的温室气体、提高人们的环境意识、提升人们对环境的热爱等。仅以种树相关的"解决方案"为例，其内容可能包括：树种（美观、适应性、功能等）以及对应的成本、种植位置、种植数量、种植时间、每次活动的最佳人数、如何维护已种植的树木……在解决方案中，要能体现每个利益相关方的职责、成本（时间、金钱）、收益（个人体验、荣誉/影响力、对干净空气的信心等）。在这个过程中，环保公益组织可以为公众提供树种选择的相关信息，进行趣味环保科普教育；市民可以参与树种的选择，在互动中扩大这个事情本身的影响力；还可以发动公众的力量不断优化实施方案。

解决环境问题需要各个利益相关方共同努力。对于相对简单的环境问题，环保公益组织可以直接提供解决方案；对于复杂庞大的环境问题，则需要联合各种专业人士、各个利益相关方共同协商制定解决方案。以雾霾为例，"环境问题"是：雾霾的组成成分包括很多种化学物质，有害物质能够进入人体呼吸系统，引发诸多病症，今天××地区的PM2.5指数为300。我们可以把问题简化，"解决方案"是：本地雾霾50%起源于燃煤热电厂排放的SO_2、NO_x，生产的电力中，45%用于工业生产，30%用于商业和建筑，25%是生活用电。为此需要：①节能。生活节电措施有：减少电热水煲等电器的待机时间、关闭电源插座……预计每年可以节电10%~30%。电厂节能潜力是20%~40%，每个节能途径的节能效果分别是A1、A2、A3，对应投资分别是C1、C2、C3；工业节能的潜力是30%，每个节能途径的节能效果分别是D1、D2、D3，对应投资分别是E1、E2、E3；商业和建筑的节能潜力是15%~40%，每个节能途径的节能效果分别是 F1、F2、F3，对应投资分别是 E1、E2、E3。政府制定碳交易规则，用市场手段引导重点用能单位自愿节能；奖励非重点用能单位的自愿节能先锋。②降低锅炉烟气中的 SO_2、NOx 排放量。与节能类似，涉及污染者（热电厂）、污染者制造的产品的消费者（工业、商业、建筑、个人）、政府（制定更加严格的锅炉废气污染物排放标准，考虑经济技术条件、违法成本），解决方案也涉及各个利益相关方若干路径的比选。③用可再生能源替代煤，涉及可以利用的可再生能源、投融资方式以及各种类型能源和投融资方式的投资回收期，与前面两点相同，解决方案需要考虑各个利益相关方的职责、成本、收益，以及各方之间的关联。

彻底解决环境问题往往需要投入大量的人力、物力、时间，这是一个循序渐进的过程。正是这样的过程才能够推动实现真正的改变。

由于环保跨学科的特点，在寻找和提供解决方案的过程中，环保公益组织往往需要内部力量和外部力量的结合。因此，环保公益组织要培养本机构内部的技术力量，同时也要从外部借力——邀请外部专业人士做顾问、志愿者。

2. 从资金导向逐渐转向打造品牌

从资金导向逐渐转向打造品牌是机构长期发展必须要考虑的，这个转变是一个循序渐进的过程。一个机构要有自己的最擅长的优质"产品"——环境问题的解决方案，才可以引导"消费者"。例如世界资源研究所（WRI）给人们的印象是专门研究开发标准，这些标准得到了业界内外用户的认可。中国也已经开始出现机构品牌，例如公众环境研究中心的污染地图和绿色供应链。但是大部分机构仍然处在资金导向阶段，还没有形成稳定、明确的品牌。品牌也能够提升机构的应变能力，实现随着环境问题的改变而及时调整方案，推动行业发展，带动越来越多的人加入环保行业，抓住机遇而持续发展。

3. 注重内部管理

环保公益组织与企业都是为了解决社会问题，区别在于：环保公益组织行业的短期目标是环境不再污染，长期目标是可持续发展；企业的目标是稳定地向客户提供产品、塑造体验，在此基础上实现利润最大化。因此，企业管理思维、工具也适用于环保公益组织的内部管理。内部管理是好"产品"，而且是"销售"良好的前提和保障。要参照质量管理中的"人机料法环"（指制造产品的人员、设备、原材料、所使用的方法、所处的环境）——需要哪些"车

间"、"材料"、"设备"、"工艺流程"、"岗位"、"人员"、"销售"范围和对象,如何提高"产品质量",何时应开始"研发""新产品"……环保公益活动并不比实际产品制造流程复杂,这里是说环保公益也同样要考虑流程、质量管理,才能为"顾客"提供难忘、愉快的"体验",形成对"顾客"终身的影响力,使其把对环境的抱怨转变为积极有效的行动。

对于任何行业,专业人才都是非常重要的。例如在筹资技能方面,不同的资助方有不同的申请条件、文件内容和格式要求,筹资专员只有真正理解资助方的要求,才能写出合格的"标书";还要了解资助方的"利益"——最关注的领域和方向,在资助方的理想与本机构的理想之间找到合作点、共赢点。

4. 制定长远发展规划

从机构角色来看,一个环保公益组织的带领人相当于一个企业的最高管理者,与管理企业相同,带领人在机构初始阶段需要有创业精神,承担创业期的压力,随着机构的成长,带领人的角色也要逐渐转变。学习、合作和坚持是一个机构永远需要的。

环保公益组织本身需要有清晰的愿景、经营理念——长期发展、可持续发展,了解"客户"的需求,实现这样的目标需要机构具备一定的专业能力。资助方是环保公益组织重要"客户",专业能力首先表现为要有客户思维,要明确客户群、客户需求,要有相应的品牌"产品",加强能够保障"产品"品质的"生产流程"管理。

上述这几个方面不完全是独立的,而是相互作用的关系。

目前中国环保最缺少的是行动和接地气的解决方案,环保公益组织可以研发,也可以借鉴国内外最佳实践做法,还可以通过深入传播环保理念,推动人们在本区域、本城市、本土本乡、本行业、本岗位就地产生创造性想法和措施。在诸多机遇面前,环保公益组织亟须提高专业能力,互联网为信息传播和自学提供了便捷条件,相对容易得到国内外先进经验、技术、知识。在环保领域,国内外各种交流机会很多,特别是许多发达国家,与中国开展了很多环保领域的技术合作。

(二)环保公益组织应拓宽视野,提升跨界合作能力

第一是资金渠道。从样本机构看,来自国内外基金会的资金总共占48%,

在一段时间内，基金会资金的占比都会是最高的。从美国和德国的发展历程来看，基金会的资金总占比会逐渐下降，其他来源特别是公众（包括个人和企业）和政府将成为最大资金来源。目前阶段，环保公益行业就要关注基金会之外的多种资源，提高与多种资助方的合作能力。例如，目前越来越多的企业开始有意愿支持公益环保，合作的前提是信任和形成利益契合点，关键是机构的专业程度以及对外合作能力。

另外，部分环保公益组织在心理上不能接受制造型企业的资金，认为这些企业是污染源，因此其资金也是"黑色"的，使用"黑色"资金有损机构独立性和公信力。实际上，如果将"黑色"资金转变为"绿色"产品——节能减排、清洁优美的环境等公共福利，岂不是一个很好的案例？

第二是行业内联合。行业内联合不仅是环保公益组织行业的发展趋势，也是整个社会的发展趋势。加上环境污染的区域性、流动性，环境治理措施、路径的高度可复制性等特点，业内联合显得格外重要和有效。就某一领域与国内外同行联合行动，既能够实现比单一机构行动更大的环境社会利益，也能够提高本机构的执行力、协调能力、合作能力、沟通能力、适应能力、专业能力。

第三是跨界联合，包括与政府、企业、媒体、同行业组织等多方合作，将各方优势和资源有效整合。这如同搭积木，每一块的形状和大小不尽相同，要搭出一个牢固、美观的造型，每块积木的形状和所处位置都同等重要。同样地，对于跨界合作而言，需要的是相互信任、相互支持、智慧和耐心。

另外，环保公益组织不仅要关注已有的环境污染，特别是环境污染严重的区域，也要关注那些环境相对良好的区域，避免"先污染、后治理"，这就好比医护者，既医治病人，也要在健康人群中进行疾病预防科普工作。发达国家曾经为"先污染、后治理"模式付出的巨大代价，这验证了一条健康谚语：一分预防胜过十分治疗。我们现在需要在"先污染、后治理"的同时，广泛推动"一分预防胜过十分治疗"。

（三）资助方应增加支持周期，提高支持力度

环境污染源于工业化和人们的过度消费，人既是大部分污染的制造者，也是污染的消费者。环境污染本质上体现了人们不加节制的欲望，环境污染只会得到改善，尽可能减少对人的影响，但不会完全消除。人们欲望的变化也需要

公益蓝皮书

时间。这既是一个坏消息，也是一个好消息，说它是坏消息是因为污染不会立刻消失，这带给人们不安全感；说它是好消息是因为这个领域的挑战多，属于"朝阳产业"，发展潜力大。在欧美、日本等国家和地区，环境优美舒适，环保做得很好，仍然有数量可观的环保组织，发现可持续发展的新挑战，仍然在不断进行各种研究、采取各种措施以避免或减少环境污染。从自然条件来看，中国拥有丰富的生态环境类型、数量众多的优美自然景观，这些天然财富在这几十年工业化进程中遭到了破坏，甚至是毁坏。随着环境治理进程，目前中国许多污染严重的地区也会像德国的鲁尔工业区、日本的工业城市北九州市那样，重新成为环境优美、宜居、富有活力的地方。

环保公益组织行业仍处于初级发展阶段，但发展空间非常大，对环境保护的推动力也会越来越大。这个行业需要政府、基金会、企业、公众、行业本身来共同努力，在知识、技能、资金、政策、创意等方面提供支持。

任何行业发展都需要时间，即使是互联网这样公认发展迅速的行业，从开始到成熟也经过了大约40年的时间。中国从1991年第一个环保公益组织——黑嘴鸥保护协会成立，到现在只有20多年的时间，扶持这个行业本身，就是支持环保的一个重要途径。目前大部分资助方的项目周期是一年，虽然可以滚动申请，但是相比周期是几年的情况，不确定性仍然比较大，这对行业发展是不利的。因此，考虑到环保行动的长期性，资助方无论是基金会还是政府、企业等任何机构和个人，都应在评估体系中考虑到这个特点，尽可能增加支持的周期。

（四）公众个人应在行动和资金上支持环保公益行业

环境意识只有转化为行动，环境才会变化。根据皮尤研究中心（Pew Research Center）数据，中国人对空气污染的担忧从2012年的36%上升至47%，对水污染的担忧从33%上升至40%。① 这种担忧尚未转化为环保力量并完全发挥出来，其中原因在前面有所提及。如何结合一线环保公益组织的实际需求与资助方的目标？需要双方进行调整，也需要类似恩派这样的

---

① Pew Research Center, http：//www.pewglobal.org/2013/09/19/environmental-concerns-on-the-rise-in-china.

机构和平台,加强双方的沟通、理解、合作。公众,无论是代表个人还是代表一个机构,都要在行动和资金方面多为环保公益组织"雪中送炭",而不是"锦上添花"。

无论是国内还是全球,人们的环境意识都比以往大大提高。大众对公共空间、生态环境的关注程度超过以往。这并不意味着人们的生活习惯更加环保了。虽然环境污染导致的危害很容易看到,但解决环境问题是"长线行为",假如把环境污染看作一个产品,那么这个"产品"的生产者、消费者、分解者与这个"产品"关系。高举旗帜,大力反对这个"产品"的生产者是比较容易的事情,发挥消费者对生产者的作用力、承担分解者的责任就不是容易的事情了,因为这涉及"我"的购买习惯、生活习惯等利益。根据世界价值观调查在线调查数据①,中国人"过去两年捐钱给环保组织"的比例仅为4.20%,仅为德国的22%和美国的25%。在中国,人们对环保事业的热爱程度并不高,对环境、资源的珍惜程度太低,我们需要彻底改变"囤积"物品的习惯。

(五)政府应为公益行业发展提供法律和政策保障

最近几年,政府出台了若干政策扶持公益行业发展,约束条件逐渐在放宽,从公益行会发展和社会对公益行业的需求来看,法律政策依然存在一些障碍,为此提出以下两点政策建议。

第一,缩短社会组织注册流程并降低条件要求。以民办非企业单位注册为例,在资金方面,2014年工商注册对资金的要求已经改为认缴制,实现了"零首付"注册企业,政府对民办非企业单位注册仍然提出注册资本要求,以上海为例,要求注册资本为10万元,而且对这部分资金必须写上"捐赠"。按照国务院1998年发布的《民办非企业单位登记管理暂行条例》(国务院令第251号)第一章第五条规定:"国务院民政部门和县级以上地方各级人民政府民政部门是本级人民政府的民办非企业单位登记管理机关。国务院有关部门和县级以上地方各级人民政府的有关部门、国务院或者县级以上地方各级人民政府授权的组织,是有关行业、业务范围内民办非企业单位的业务主管单位。""业务主管单位"作为政府或者其授权的单位,本身业务负荷已满,无

---

① 世界价值观调查(World Values Survey),http://www.worldvaluessurvey.org/WVSOnline.jsp。

公益蓝皮书

法完全做到对民办非企业单位的监督管理，因此，有些政府部门或其授权的单位就"多一事不如少一事"，拒绝新公益机构的"业务主管单位"申请，这反而为公益行业发展设置了不必要的障碍，同时也为腐败提供了空间。因此，建议政府对社会组织的注册要求向工商注册看齐。

第二，税费减免和简化。财政部、国家税务总局、民政部分别在2008年、2010年发布了《关于公益性捐赠税前扣除有关问题的通知》（〔2008〕160号）和《关于公益性捐赠税前扣除有关问题的补充通知》（财税〔2010〕45号），办理公益性捐赠税前扣除资质的程序非常复杂，需要到政府若干部门办理审批手续，个别机构表示办理这一资质耗费了近一年时间。另外，公益组织依靠捐赠资金生存，大部分资金进项都是定向针对单个项目，从现实考虑，需要为发展预留少部分资金，这符合实际，也符合国际惯例。目前政策中对这一部分考虑不充分，如果没有办理公益性捐赠税前扣除资质，预留资金必须同企业一样缴纳利润所得税，法定税率为25%，国家需要重点扶持的高新技术企业为15%，小型微利企业为20%，非居民企业为20%。这部分税对于公益行业是个不小的负担。

建议政府取消捐赠免税资格审批规定，对社会组织"利润"——年度预留的发展资金免征利润所得税，细化免税规定，把财务监督功能交给专业财务审计人员和公众。

此外，建议政府为公益行业提供"一站式服务办公大厅"，既为方便社会组织办理各种手续，同时也加强政府部门间沟通、合作，提高政府工作效率。

B.14 志愿组织的专业转型：以中国狮子联会为例

夏循祥　景燕春　刘艺非*

摘　要： 随着政府进一步放开社会组织的登记注册管理，大量的松散型志愿组织正逐步向专业化组织的方向转型。对于志愿组织而言，如何从随手公益向专业公益、从松散型团队向专业性团体转型，进而发展成为一个专业性的公益组织，这是本土公益组织面临的普遍问题。本文以全球最大的服务性志愿团体国际狮子会在中国的发展为例，结合定量和定性研究方法，从会员管理、组织治理和组织文化等方面，探讨志愿组织的专业转型问题。从中国狮子联会的经验来看，从松散型志愿组织向专业性公益组织的转型过程中，组织关键能力的提升主要体现在执行力、公信力、文化力三个方面。

关键词： 志愿组织专业化转型　中国狮子联会

一　研究背景与研究方法

自20世纪90年代以来，志愿精神越来越被社会主流和中产阶级所接受，但是国内很多志愿服务者和志愿组织仍然处于草根状态，不够专业化和现代化。随着中国的改革开放，许多国际志愿组织进入中国，不可避免地影响到中国志愿服

---

* 夏循祥，中山大学社会学与人类学学院讲师；景燕春，中山大学人类学系博士生；刘艺非，中山大学中国公益慈善研究院研究员。

公益蓝皮书

务的发展。国际志愿组织与中国的地方治理体系相互嵌入，一方面完成国际组织在中国的本土化，另一方面也带来了中国志愿服务与市场经济相适应的专业化转型。

近年来，随着政府政策的开放，许多公益组织逐渐登记注册，走出草根状态，浮出水面。与此同时，企业、媒体等也纷纷加入公益的领域，这种由政府、公益组织、基金会、企业和媒体组成的立体的公益生态系统，在资金、人才、技术、管理、传播上支持着公益领域各方面的发展。而这种行业的形成迫切地需要专业性公益组织的出现。十八大之后我国进一步推动社会组织的登记开放，更多的草根NGO将洗脚上岸，它们可能更重要的不是停留在草根状态，而是在成为正式的民间公益组织的同时，还能够继续保持那种贴近土地和人民，不屈不挠、敢为人先的草根精神。

全民公益一个重要的趋势是从随手公益开始走向专业公益，公益集体行动和松散的志愿团队向专业公益的转向引起了人们的关注和热烈讨论。专业公益指的并不是社工执照、各种证书的资格认证，专业公益包括很多方面，其中最重要的一点是对所需要解决的社会议题有深刻的了解，对自己组织所在的社区存在的问题有所觉察。这种对社会问题的专业知识，可能来自长期关注相关议题所搜集的信息和生活经验，可能来自为了解决问题所做的行动研究。一个专业性志愿组织如何完成专业转型、如何动员和凝聚志愿者、如何开展公益行动、如何合作？本文将从国际狮子会在中国的本土实践入手，研究狮子会在中国的专业转型过程及问题，以此为志愿组织的专业转型提供可资借鉴的经验与思考。本研究受中国狮子联会委托，中山大学中国公益慈善研究院与美国印第安纳大学礼来家族慈善学院合作，于2014年启动"志愿组织的专业转型——中国狮子联会案例研究"项目，通过全国会员抽样问卷调查，以及对狮子会会员组织的实地调研和座谈等方式收集资料和数据，在全国层面开展对狮子会会员组织的总体性研究，探讨狮子会在中国的发展策略及面临的问题、中国志愿组织的专业转型议题。

在定量研究方面，本次调研面向全国9个地区的狮子会会员组织（未包括四川、海南、云南）开展了抽样问卷调查。问卷的设计参考了美国印第安纳大学礼来家族慈善学院以往对国际狮子会调研所关注的维度，同时由印第安纳大学礼来慈善学院研究团队加入进行抽样和数据分析等关键性工作，为定量研究提供关键技术支持。问卷调查主要涉及五个方面的问题：①会员基本情况；②志愿服务参与情况；③家庭慈善捐赠；④会内获得领导地位的机会；⑤社会价值观。根据各地会员占总会员数的比例，共抽取样本1600人，最终以电话调查的方式完成有效问卷605份。

在定性研究方面，本研究共选取广东、深圳、浙江、哈尔滨、陕西5个地区狮子会，每个地方用2~3天的时间进行了实地调研。调研以座谈会和深度访谈的方式进行。我们首先按照秘书长、理事会成员、服务队长、普通会员等不同层次设计不同的核心问题，并提前发给狮子会组织。①座谈会。每个会员组织各安排10名左右服务队长和10余名普通会员，集中安排和组织焦点小组座谈会。②深度访谈。我们对秘书长、理事会成员采取二对一或二对二的深度访谈方式，访谈不限于提纲，持续2小时左右。除了被访谈的会员组织外，我们还访谈了中国残联前副秘书长、中国狮子联会前副会长等重要实践者和推动者，获得了更多的宏观资料。③参与式观察。我们在深圳、哈尔滨各参加了一次会员服务活动，对具体服务行动中管委会、服务队和队员三个层次的分工和合作有了感性的认识。④文献研究。我们通过梳理公益慈善领域研究文献，以及有关中国社会组织转型研究、国内外慈善组织研究等大量文献，获得了对于专业转型的一般理解。

二 狮子会概述

国际狮子会（International Association of Lions Clubs）于1917年在美国成立，迄今已经有90多年的历史，是一个典型的慈善服务团体。其会员遍布全世界206个国家和地区，超过135万人，是世界上最大的志愿者组织。狮子会以社区服务为宗旨，秉承"我们服务"的座右铭，以"赋予会员以能力服务于他们的社区，满足人道需求，鼓励和平并促进国家间的理解"为组织使命，希望最终达成"成为社区和人道服务的全球领导人"这一愿景。狮子会不涉及政治、宗教、种族和国别等问题，在全球范围内开展医疗卫生、公民教育、助残护老、减灾扶贫、环境保护等多个领域的服务项目。

早在20世纪40年代，在天津和青岛，外国商人们就已经将狮子会带到中国，并成立了青岛狮子会。中国是世界上第三个发展狮子会会员组织的国家。

但随后因为战事，狮子会在中国大陆停止了活动。1997~2002年，国际狮子会重新开始在中国活动，与中国卫生部、中国残联合作开展了为期5年的"视觉第一·中国行动"。在合作"视觉第一·中国行动"项目的过程中，国际狮子会与中国政府建立起良好的合作关系，赢得了中国政府的信任，2002年4月，深圳狮子会和广东狮子会作为在中国发展的狮子会组织的试点应运而生。经过10年努力和探索，狮子会在中国的发展格局已基本形成。至2015年1月，已在深圳、广东、大连、青岛、北京、浙江、沈阳、陕西、哈尔滨、四川、云南、海南12个地区设立了代表处和会员管理机构。江苏、吉林省残联也已提交报告，申请成立狮子会组织机构。中国狮子联会现有近800支服务队，会员人数超过29000人。10年来，中国狮子联会遵循"自主建会、独立运作、坚持宗旨、依法办事"的办会原则，坚定不移地走中国特色的发展道路，摸索出符合中国国情的组织形式和运作模式，在弘扬人道主义思想、激发社会活力、推进公益慈善事业发展等方面发挥着积极的作用。

在当时乃至现在，国际狮子会是第一个也是唯一一个在中国取得合法注册并开展活动、发展会员的国际NGO。

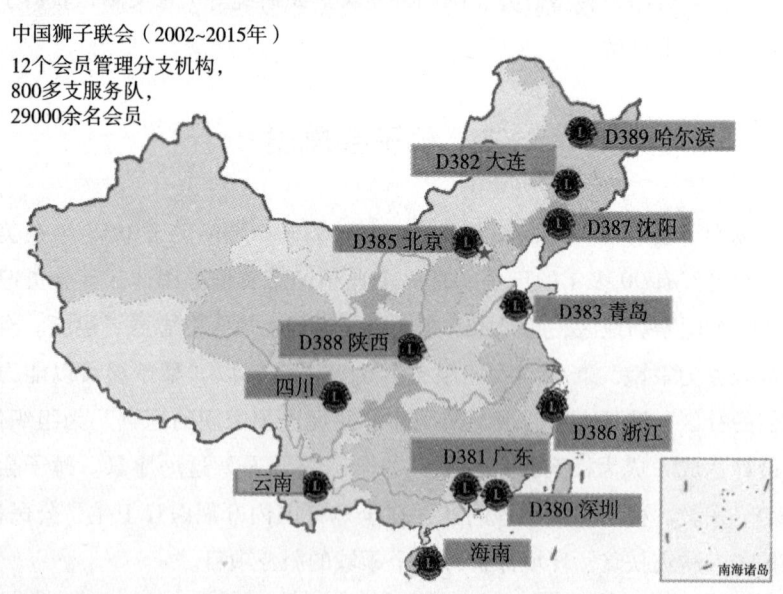

图1　中国狮子联会会员分支机构全国分布示意

为了规范狮子会在中国的发展，2005年6月国务院批准成立了中国狮子联会（以下简称联会），以一个国家层面的狮子会组织来理顺狮子会在中国民间组织管理体系内的位置和关系，使得狮子会的发展在中国进一步获得合法性和更大的发展空间。中国狮子联会成立之后，国内所有的地区性的狮子会都成为联会在各地的会员管理机构。而中国所有的狮子会的会员组织都是通过联会加入国际狮子会，从而形成了国际狮子会历史上首次以国家会员身份加入的特例。

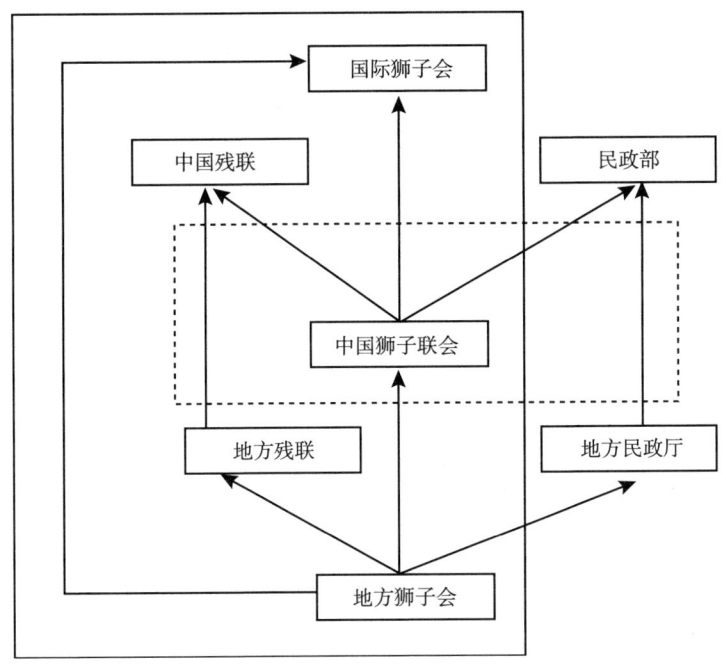

图2　中国狮子联会各级关系图谱

联会并非一个实体性的会员组织，不直接发展会员，也不开展服务，它的主要任务是"对内组织引导会员开展形式多样的慈善服务活动，对外统筹中国与国际狮子会的合作关系"。各地狮子会都将作为中国狮子联会的会员管理机构，无须再独立注册，其合法性来自中国狮子联会授权。中国狮子联会则以团体会员的方式，加入国际狮子会。同时也解决了地方狮子会的涉外

权限的问题。① 联会成立之后，中国的狮子会从"野蛮生长"阶段逐渐进入规范发展的阶段。

三 中国狮子联会的实践

狮子会的慈善活动符合政府期望，正在逐步取得各级政府的信任和社会各界的信任。第一，狮子会只在政府支持发展的地方发展狮子会，并主动接受残联的领导。第二，愿意最大限度地与政府合作，并愿意成为政府项目的合作者、参与者和捐赠者。全国会员问卷调查数据显示，目前中国狮子会会员捐赠参与度最高的三个领域为"灾害预防和紧急救援"、"教育"以及"青少年发展活动或家庭服务"，这些都是当前政府所关注或社会所特别关心的领域。狮子会与政府合作的传统和经验嵌入中国政府支配型的治理模式中，使得狮子会与中国政府合作治理成为可能，双方可以在公益慈善领域中共同解决社会问题。基于基本的合作逻辑，中国狮子联会在政府的支持之下，在各地取得良性的发展，在实践中不断积累其中国经验。下文将从会员参与、组织治理、组织文化等方面来呈现中国狮子联会的实践活动。

（一）会员及其志愿参与

1. 会员基本情况

根据2014年3月狮子会会员全国问卷调查的数据，狮子会会员的基本构成中，男性会员和女性会员比例接近6∶4，年龄在30～44岁的会员约占全部人数的70%。数据显示，会员的整体学历水平比较高，一半以上的会员都具有大学本科或专科（有学位）及以上学历。而在会员经济水平方面，绝大部分会员来自私营企业；家庭年收入在50万以上的会员占37%。职业类别则主要是企业、机关、单位领导人，经理或中层管理人员和自雇或自由职业者。数据显示，受访的狮子会会员中近一半会员入会时间在1～3年，超过一半的会

---

① 根据1998年颁布的《社会团体登记管理条例》，地区性社团组织不能冠名为"中国"、"中华"等字样，也无权和境外NGO发生关联。中国狮子联会的成立，使得各地狮子会可以以中国狮子联会的下属机构的名义与国际狮子会进行合作，从而解决了地方狮子会的涉外权限问题。

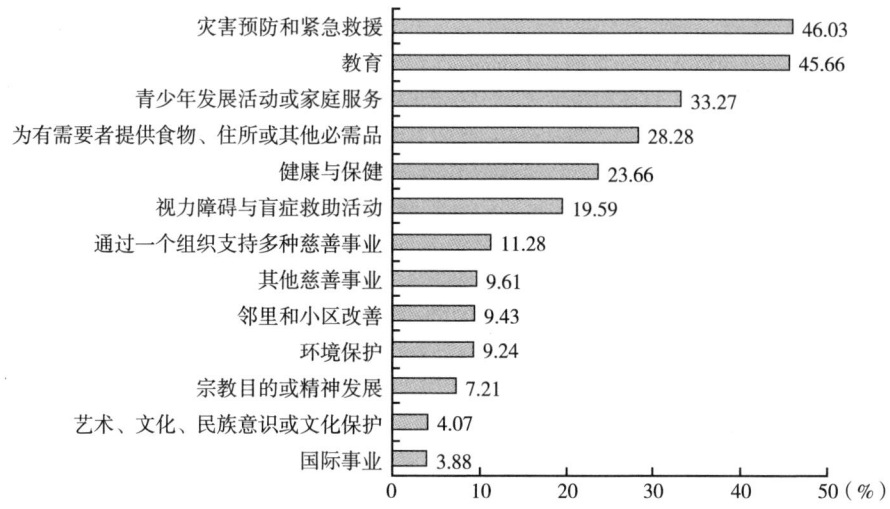

图 3 会员在不同领域慈善捐赠参与度

员担任过会内职务。而在志愿服务和捐赠方面，2013 年会员志愿服务时间平均约为 97 小时；而 2013 年会员捐赠数额的均值约为 47379.64 元，但捐赠额中位值仅为 7000 元，说明在会员内部捐赠水平存在较大差异。

表 1 受访会员基本信息

单位：%

基本信息	占比	基本信息	占比
性别		单位类型	
男性	60.17	政府部门、事业单位	4.40
女性	39.83	国有企业	5.41
年龄		集体企业	0.34
18~29 岁	8.13	私营企业	79.70
30~44 岁	69.65	外资企业	2.37
45~64 岁	21.72	合资企业	2.20
65~79 岁	0.50	非营利组织(含基金会)	1.69
受教育程度		其他	3.89
高中及以下，包括技校/职业学校	21.98	曾在狮子会中担任的职务	
大专或大学同等教育(无学位)	22.98	狮子会会员	48.93
大学本科或专科学历(有学位)	42.15	服务队干部	41.32
研究生及以上	12.89	分区/分域干部	4.96
去年家庭收入		理事会/区干部	4.46
12 万元以下	17.15	国际狮子会主席/执行干部或国际理事	0.33

续表

基本信息	占比	基本信息	占比
12万~50万元	45.49	成为会员时长	
50万~100万元	18.77	不知道	0.17
100万元及以上	18.59	不到6个月	6.12
职业		6个月至1年	22.64
所在企业、机关、单位的领导人或负责人	40.70	1~3年	47.27
高级主管	9.88	3~5年	18.51
经理或中层管理人员	15.41	5~7年	3.80
专业技术人员	11.39	7年及以上	1.49
非管理职位的雇员	5.53		
已退休或不工作人员	0.17		
自雇或自由职业者	14.74		
家庭主妇/家庭主夫	1.84		

会员们普遍认可狮子会的平台作用。第一，作为一个国际性的服务组织，狮子会具备良好的公信力和声誉，能够比其他组织更加规范有效地开展公益慈善服务，这使得会员们普遍具有归属感。第二，作为新兴的中产阶级，"小老板"们需要一个抱团取暖、相互支持的平台。第三，在"我们服务"的过程中进行自我实现和改善，有助于会员个人境界的提升。

从对组织的参与程度来看，会员大概可以分为四种：骨干、积极的追随者、偶然的存在者、不活跃者。骨干会积极参与建队，具有很强的号召力和进取心，并且会参与更高层次的领导职位的竞选。而积极的追随者则是积极响应狮子会的号召，珍惜狮子会的荣誉，尽可能地参与各种服务和联谊活动。偶然的存在者是指根据自己时间偶然参加服务或联谊活动的会员。他们会主动缴纳会费、响应捐款，也认同"四出"，但是由于各种原因而无法经常出席，只能维持传统的公益角色。

表2 会员志愿服务及慈善捐赠参与情况

志愿服务		慈善捐赠	
2013年是否参与志愿服务(%)	91.07	2013年本人或家庭是否有过慈善捐赠(%)	89.42
服务时间均值(小时)	96.68	捐赠额均值(元)	47379.64
服务时间中位值(小时)	43.00	捐赠额中位值(元)	7000.00

不活跃的会员是上述三种会员担心狮子会发展的最大原因。在座谈和访谈过程中，会员们也普遍提到，部分新会员和大量的老会员对于服务活动的参与性不足，"老会员慢慢地就没有热情了。而有些新会员，交了会费之后，就不见面了，怎么喊都不来"。造成这种状况的原因是多方面的，有以下几方面的因素。第一，在地方狮子会快速发展期，由于发展会员的需要而"拉人头"时完全出于捧场和给面子的原因而加入狮子会的"狮友"，一般交了会费之后，就不再有任何参与；无论怎么动员，他们都很难变成活跃的会员。第二，服务队内部的小圈子文化，强调对组织领导人的认同而非对组织的认同。这使得某任队长在任时积极参与的会员，在领导人更换之后就不再活跃。第三，因为对服务队或具体领导人有看法或者得不到足够的重视而逐渐变得不活跃。第四，有部分会员在加入狮子会之后，发现狮子会的平台不能满足其需求，与自己的期待不符或者最初的社交和资源目的无法实现，从而导致在参与会内活动时表现得不活跃。第五，个人阶段性原因。如时间确实安排不过来，公司、家庭或工作地点变换等导致无法继续参与行动。曾经有会员总结说有四种加入狮子会的理由：因为慈善而加入狮子会、因为成长而加入狮子会、因为资源而加入狮子会、因为朋友而加入狮子会。① 后两种加入者可能会因为无法获得足够的资源或者因为朋友的职务变化而不活跃，甚至离开狮子会。

2. 志愿者的管理与激励

对于不活跃的"狮友"如何处理，会员存在不同意见。服务队队长往往会因为有责任确保服务队会员保留率达到一定的水准，迫于服务队发展的压力而代交会费继续保留其会籍，然后再采取各种措施来试图激活这些不活跃的会员。也有些会员认为应该将这一部分会员从组织中清退："基本的出席都做不到，何谈'四出'？"

通过参与狮子会的各种活动，会员个人的收获主要体现在几个方面：心灵的归属和成长；家庭关系的改善；对事业的帮助和职业能力的提升；交朋友，获得友谊。

会员是狮子会的基石，"让会员舒坦了，大家就都好了"。在狮子会里，

---

① 《您，为什么加入狮子会？》，http://mp.weixin.qq.com/s?__biz=MjM5MTU0ODQyMA==&mid=205338340&idx=2&sn=dd84bde7bcf3ce3ab90795fa77e97835&scene=5#rd。

会员以公益为核心共同进行服务、聚会和联谊交流。第一，能够一起服务社会，履行社会责任。第二，能够一起交流、学习，扩充多种资源。第三，能够在"我们服务"的过程中进行自我实现和完善，有助于会员个人境界的提升。第四，会员们做起服务很开心，感觉有正能量。因此，对于绝大多数会员来讲，狮子会将是值得他们毕生追随的公益组织。而对狮子会会员而言，狮子会的服装、徽章、车标等，都令他们骄傲和自豪。

3. 志愿服务逐渐专业化

调查认为，狮子会服务活动的"专业化"体现在如下几个方面。①服务项目程序化。一个项目从最初的提出、申报、实践、总结、报账、记录，各地已经有了比较顺畅的流程。如哈管会就出台了所有的"服务纲要"，服务计划精确到日期，非常有计划性。②服务活动经常化。地区之间的服务队基本形成常规的合作机制。比如浙江的少管所项目有20多支队伍参加，各地也有多个服务队对同一福利社区联合服务。但对于各种活动信息，服务队层面的交流还需要加强。③服务对象本土化。各地管委会尤其是新发展的区会都着力加大本土服务项目品牌的提升，减少外地项目。比如浙江狮子会有人对于浙江的服务队参与云南"狮爱井"项目提出过不同看法：搞那么多人去照相，来回的路费比打井还贵，导致钱没有花到最关键的地方，服务没有落到实处。因此，服务对象的本土化将随着狮子会在更多地方的设立而成为常态。④服务内容流程化。由于服务活动经常化、内容日常化，因此进行服务时，谁负责什么，前面做什么，后面做什么，都有了基本的流程。⑤服务焦点日常化。除了重大自然和社会灾难中的统一行动外，狮子会不主张进行重大疾病救助，越来越比较注重社区日常服务，更贴近实际，惠及面更广。比如哈管会为孤寡老人一个月理一次发、洗两次澡，让服务对象能够感受到日常生活中的关爱和帮助。如此，在服务队层面就能获得资金支持。⑥服务态度平等化。大多数"狮友"将狮子会定义为参与式的公益慈善组织，具有使会员成长的功能，是社会和谐的重要推进器，并日益强调尊重帮扶对象，通过服务来倡导平等理念，强调赋权。

（二）组织治理

1. "一级法人、三级管理、队为基础"的组织架构

作为一个全国性的志愿服务组织，中国狮子联会为了便于规范和协调各地

区会员组织，发展出"三级管理"结构。所谓的"一级法人"是指中国狮子联会为法人单位，经民政部批准由联会在地方设立代表机构，并成立地区会员管理委员会，代表联会行使管理职责。"三级管理"指联会—区管委会/会员管理委员会—服务队这样的三个层级的管理架构。"服务队"是狮子会庞大体系中最基层的细胞、最基本的运营单位，作为义工志愿者和捐款者，狮子会会员们的组织活动、民主权利、社会服务、会务活动和筹款，都更多地体现在服务队层面。"三级管理"体制既努力为狮子会的发展提供规范和指引，同时也在最大程度上确保了服务队的自主性和活力。

绝大部分接受访谈的"狮友"都表示联会、区管委会、服务队的三级管理体制非常适合当前中国的国情。他们认为在复杂的国内国际形势下，联会是"阀门"，能够对狮子会这一国际NGO的"不稳定基因"进行控制，并认为如果没有残联保驾护航，狮子会可能因为单纯的民间性缺乏持续的动力而不会发展到今天的规模。虽然也有"狮友"认为残联管得太多，但更多的人希望在一个特殊的历史时期需要残联保驾护航，当狮子会发展好了再交给社会。

2. 各管理层级的规范治理与创新

中国残联和中国狮子联会对各地的狮子会会员管理机构实行地方首席代表制度，授权各地残联的理事长为中国残联和中国狮子联会在当地的首席代表，行使业务主管部门和联会的管理职责。除广东、深圳两地狮子会拥有独立法人资格外，其余各地基本模式为：①残联委派首席代表、代表兼会长、秘书长等组成决策层；②理事会、主席团队、监事会组成执行层；③专门委员会、分区、服务队构成具体行动层次。

但各地会员管理机构并不完全一致。具体的构架与本地区狮子会的创区文化有关，更与组织创始人对于组织的理解与态度有直接关系。比如前任主席一般都会进入理事会，但哈尔滨创区主席许武顺为保证接任者的"清净"而实行了"裸退"；浙江管委会则特别设有一个"执行会长"职位，一直由创区主席戴建明担任；陕西狮子会数年来发展停滞不前，在以创区主席刘连腾为核心的"顾问委员会"的支持下，才得以成立标准区。这说明，创区主席对狮子会的发展还是非常关键的。

分区是普遍的模式，但分区主席的职能、分区秘书处的设置基本上各有不同。例如陕西管委会秘书处只有3人，秘书处只是负责处理常规性的文秘工作

以及与各地狮子会及中国狮子联会的日常沟通、信息传递和汇总工作。服务队的很多事情都是由与部分关键理事私人关系不错的几位"狮友"义务处理，显得人手不够，执行力稍弱。哈尔滨每个分区配一个秘书，与哈管会秘书处合署办公，组成一个大办公室，既起到了上传下达的作用，还能够彼此照应、相互提醒。浙江管委会则是有需要的服务队（或分区）合请一个秘书，在各区残联提供的办公地点集体办公。分区是否能够成为一个实体，与分区主席的热情和能力有关。

专门委员会系统日渐完善。除了激活负责发展、保留会员的部分专门委员会（如讲狮团、导狮团、领导力培训营等）之外，各种促进会员联系和个人发展的与会员服务、联谊和关爱相关的专门委员会也开始成立，促进了狮子会文化在中国的扎根。比如哈尔滨狮子会建立了分区足球俱乐部、形成了分区联赛等，不仅能够为年轻的"狮友"们提供了交流的平台，而且为他们从事健康的娱乐活动提供了文化基础。广东狮子会内部有非常系统的培训体系，有包括讲狮团和导狮团在内的专业培训团队，除了满足广东狮子会会员的培训需求外，还为哈尔滨、沈阳、大连、浙江、青岛和陕西地区会员提供各种狮务培训，同时还为四川狮友开展创队筹备培训、候任干部培训、导狮资格认证等培训服务，并且还在当地协助成立了讲狮发展学院和四川管委会。培训工作的输出，一方面为各地"狮友"提供培训服务，另一方面也为广东狮子会讲狮团的成长提供非常宝贵的锻炼机会。

3. 管理制度日渐规范

目前狮子会的管理制度日渐走向规范化，具体表现在以下方面。①法人治理机构基本建立。深圳狮子会建立了法人治理制度，编辑法人治理手册，将组织的治理纳入规范化管理，确立了"一级法人，三级管理，队为基础（尊重服务队的民主权利）"的组织治理格局，并被中国狮子联会逐渐推广到各地区管委会。②财务管理体系基本建成。中国狮子联会的组织体制和管理模式决定着联会财务管理体制和模式。中国狮子联会财务管理组织架构分为"一级法人、三级管理"和"二级法人、三级管理"两种模式，主要是为了匹配中国的民间社团法律法规。中国狮子联会的管理模式是以中国狮子联会财务部门为主体，以各地会员代表机构财务结算中心为基本核算单位，以各地服务队为基础建立财务活动的财务管理体系。联会设立财务部进行财务管理和报表汇总核算。各地代表处设立财务结算中心集中核算，服务队自主理财。如 2014～2015 年度，广东狮子会出台了一系列规范性操作指引文件，包括《关于进一步加强服务队财务管理规范的补充规定》、《财务公开的说明》、《会员缴纳会费的规范说明》、《荣誉会员设定的要求》、《为重大疾病的会员筹款的管理规定》，等等，因此其财务制度被认为是"12 年来最严格的财务制度"，而制度的落实也带来了显著的成效。据悉，目前公开财务信息的服务队已经达到 90%。③建立了项目管理制度。在项目管理方面，狮子会还将一些持续性的项目进行模块化管理，对项目进行标准化和流程化的管理，包括实施项目所需要的各种资源和技术，都进行标准化提炼，不同的服务队需要运作同类项目的时候，可以方便地从标准化模块和资源包中获得必要的支持。

（三）中国狮子会的俱乐部文化

"Club"一词最早从西方世界引入亚洲时，由日本人将其翻译成"俱乐部"，其基本定义是：人们聚集在一起进行娱乐活动的组织团体或者其场所，严格解释是具有某种相同兴趣的人进行社会交际、文化娱乐等活动的团体和场所。在会员看来，经过 13 年的积淀，狮子会的组织文化主要体现在以下几个方面。

1. 轮庄文化

管委会主席、理事、服务队队长等领导职务一年一轮换的"轮庄"文化，首先让这些精英们理解"今天的领导者"与"明天的追随者"之间角色的转换与差异。做普通会员，只是凑热闹。而做服务队队长，能够参与组织内部的治理，也为志愿者提供了成长和发展的平台与空间。同时，狮子会组织中的领导职务是很好的交友平台，借此能与更多有价值的会员建立更深入的关系。

狮子会会员们在此体验民主的同时也接受了关于民主的训练，参与规则的制定，投票选出自己信任的领导者。他们在组织逻辑与中国的政治文化之间周旋，历练政治智慧，为组织寻求发展的空间。各地狮子会会员发挥创新精神，创造性地把民主化的治理模式和弹性的协商机制相结合，既符合社会内部治理的需求，又符合中国传统的风格，在程序民主的基础上不失人情味。而这"温暖"的民主更能够推进城市精英们的志愿参与。

2. 嘉许文化

狮子会主张在会员当中推行嘉许文化,即做错了也要表扬,主要看优点,让每个人都很开心。这样,参与度才会高,提高包容度,使每个人都能参与进来。

但是,作为一个志愿组织,也不能一味地嘉许。有会员提出,需要在包容理解的前提下批评,这样会有助于会员的成长和问题的解决。"嘉许完了之后还有许多不能说的东西,(这些)如果不解决,会发展成矛盾和问题。从会员个人层面上来看,这些还是蛮重要的",甚至有人提出建议,"可以考虑成立一个咨询疏导的机构"来解决组织内部和会员之间的矛盾。

3. 捧场文化

捧场文化首先表现在入会时,很多人在不知道狮子会为何物时,凭借对某个人的信任就直接交钱入会,体现了熟人之间互相帮衬的传统中国文化。其次,与轮庄文化联系在一起的相互支持,"每个人都有做会长的那一天。你不支持别人当会长,你当会长的时候别人怎么会帮助你?"

4. 狮子会文化建设存在地区差异

在新发展的地区,如哈尔滨、陕西,主要是规范发展、建章建制、维持会员人数的稳定、提升服务的质量和品牌。而深圳、广东这样的"老区",强调的是快乐参与、狮子会文化(嘉许文化、轮庄文化、捧场文化)的传承以及个人发展方面的学习。各地都根据自身发展状况而设定年度主题、发展目标等。在旗帜、服装、会刊、会员证等方面,各管委会都提出与地方文化相符合的创意,并受到其他狮子会的认可,也受到各地社会组织的认可。同时,地方文化和慈善传统也为狮子会在中国各地的发展打上了地方特色的烙印。

四 成为专业性志愿组织:执行力、公信力、文化力

在复杂和动荡的国际社会交往中,各种文化存在巨大差别。单一政府形象的外交具有一定的劣势,各国政府不得不出面应付很多国际贸易诉讼中的协会、商会等民间组织,不仅国际形象不对等,而且在实效上处于劣势。公益慈善组织的存在价值,就在于寻找差异中的共同理念和文化融合。因此,治理创新机制的存在和发展能够推动公益慈善组织本身的改革,朝着有利于社会稳定、有利于和平处理国际争端的方向发展。狮子会在中国10余年的发展,一

直在走一条专业化的道路，致力于成为一个专业化的志愿者社团，以行动促进社会公正，以服务倡导社会政策的公共性。

那么，像狮子会这样一个带有民间自发性的志愿服务组织如何能够实现治理机构、管理及服务行动的专业化？通过对中国狮子联会在中国实践的研究和分析，本报告认为，狮子会作为一个专业性志愿组织的能力，主要集中在"执行力"、"公信力"、"文化力"这三个方面，这些方面不论是狮子会已经做到的还是尚有待改善的，对国内志愿组织的专业能力提升均具有普遍性意义，值得国内类似的志愿组织借鉴。

（一）执行力

第三部门的首要目的就是提供公共服务，满足社会需求，包括不断提升服务对象满意度，从制度上做好服务程序化和规范化工作，并推行服务评估制度。狮子会是一个自我运作为主的服务型组织，必须提供更加专业化的慈善服务。因此，在服务项目专业化方面，狮子会总结和提炼出一套自己的做法，从而大大提升了志愿组织提供志愿服务的执行力。

1. 服务项目从最初的提出、设计、申报、审批、实践、总结、报账、记录，都需要经过规范的流程进行管理，以确保服务项目的规范化运作

每一年度的副秘书长，安排具有丰富项目管理经验的资深会员分管项目管理和审批，要求所有的项目均需经过区会秘书处的审批方可正式运作和执行。针对不同的服务对象，开放决策机制和救援行动流程，并就如何传播与动员资源提供指引。建立工作流程表格，比如评估表、物资申请表、仓库出入登记表、总结报告模板，以保障不同类型服务行动的规范性。

2. 专业化转型还体现在服务行动的项目化和模式化

第一，服务项目的可行性调查，包括需求调查、合作关系建立、掌握潜在服务对象的需求规律；第二，项目前期准备专业化，包括专业分析，提前储备物资，制订好服务流程和分工计划，落实场地、人员和资金；第三，服务活动开展的专业化，服务内容流程化，并及时改进，回应服务对象的进一步需求；第四，专业联动，建立狮子会内部的跨区域响应机制；第五，组织工作的专业化，不断统一规范，完善服务流程，定期讨论服务项目中利益相关人的权利和义务，使决策机制和管理规范在行动过程中越来越清晰。

3. 服务对象本土化，服务内容日常化

如狮子会各地管委会都重视本土服务项目品牌的提升，摸索和开展服务队的专项服务和特色服务，减少外地项目，使会员的行政经费捐赠用到最关键地方，服务落到实处。除了重大灾难外，狮子会不断根据所在社区的季节、社会环境，更加注重社区日常服务，更贴近帮扶对象的实际需要，使狮子会逐步被本地群众接受和认可。

4. 服务活动经常化，服务态度平等化

日常制度和特色服务对凝聚力以及长远发展非常重要。在服务对象本土化和内容日常化之后，行动就会显得具有可计划性。因此，狮子会各地管委会结合年度和月度的狮子会行动日历，让会员看到项目的可持续性和连续性。同时，强调尊重帮扶对象，通过服务来推进社会公平，强调对弱势群体的赋权。优势为本的视角是近来社会工作领域所形成的一种新的工作理论和方法，它意味着慈善对象有能力作出决策，不仅具有优势和潜能去解决他们生活中的困难，而且他们有能力去发挥他们的优势并由此为社会整体利益作出贡献。

5. 在项目管理方面，将一些持续性的项目进行模块化管理，对项目进行标准化和流程化管理，包括实施项目所需要的各种资源和技术，都进行标准化提炼，不同的服务队需要运作同类项目的时候，可以方便地从标准化模块和资源包中获得必要的支持

例如，深圳狮子会发起的"红色行动"捐血项目实现了比较好的标准化，设立了"红色行动"专项委员会，建立了统一的视觉识别系统（Visual Identify System，VIS），制作了活动手册、资源包等，每个服务队可以方便地申请使用。这样一来，服务队可以在比较短的时间之内筹备一场"红色行动"的捐血活动。

6. 以项目专业化为核心，开发独有的品牌公益项目，提升组织在慈善市场中的竞争力

随着民间公益组织的迅速兴起，以及整个公益慈善行业生态的逐步形成，各界都日趋强调专业。在此情况下，应基于所在地区弱势社群的关键需求和面临的问题，推动传统慈善项目的专业发展模式，着力开发、改进、创建一批可持续性强、社会影响力大的品牌项目，提升组织自身在公益慈善领域中的竞争力，扩大社会影响力，广泛动员社会资源和市场资源，通过项目打造一批具有竞争力的慈善项目领袖和枢纽型服务队伍。同时，应充分整合志愿者资源，在公信力建设方面以扎实的服务项目提升知名度和美誉度，以规范的行政体系来确保组织的高效率和高信赖度。

7. 推进专职工作人员的职业化

从社会福利发展的角度看，设立社会工作岗位是社会公正、社会健康发展的大势所趋。现阶段，狮子会秘书处往往由于资金或工作目标的限制，无法吸引专业人员的加入，难以提供专业化、连续性的服务，最终影响服务的效率和质量。志愿组织要改善类似的状况，第一，制定人才的认证制度和评价办法，特别要推动政府逐步探索建设与国际接轨的专门从事社会服务的社会工作人才的注册制度和人才信息库。第二，加大人才引进力度。例如狮子会可以与残联或民政部门协商，落实好所聘人员（包括管委会和服务队的会计、文秘、项目管理者等工作人员）的落户、住房、子女入学等优惠政策，以及解决好职称、工资、社会保险金、住房公积金和人才管理费等问题，提高对于专业社工的吸引力。第三，完善专职工作人员的相应保障政策。要尽快制定专职工作人员劳动人事管理制度、人事档案管理制度、收入分配和考核奖惩制度，健全专职工作人员的相应保障机制。受聘人员按照有关决议和约定履行责任。第四，建设合理的人才选拔、引进和流动机制，统筹考虑人员的年龄、学历、专业和产业分布的不断优化，满足社会发展需要。

8. 志愿者培训要实现"社工化"

就目前国内的情况而言，志愿者服务有随意性和盲目性的特点，人人都可以从事志愿服务活动，不一定需要专业的助人理念、技术和技巧。越来越多的专业人士，如医疗卫生工作者、教育工作者、法律工作者以及工程技术人员等加入狮子会队伍之中，极大地提高了志愿者服务的技术含量。因此，狮子会及其他志愿组织应该通过有目的的、长期的培训，令志愿者掌握一些基本社工专业知识和工作方法，实现"志愿者社工化"，或使之成为"准社工"，提升其志愿服务精神、提高服务的针对性是非常必要的。在这方面，国外以及我国港台地区的狮子会作出了很好的努力，值得我们学习。此外，社工化还意味着服务态度的平等化。慈善服务也意味着对慈善对象优势的肯定。慈善工作者受过专业训练，开展专门的慈善服务，不但有助于促使慈善对象通过自身努力、借助外力缓解或者摆脱贫困，而且也可使人们看到慈善对象积极的一面，看到其

公益蓝皮书

自身所有的资源，更加客观而全面地分析和评估慈善对象的困境，探究改善的最佳路径，实现"助人自助"的目标。

（二）公信力

治理机构的专业化是指志愿组织要像企业那样建立与完善现代社会治理结构，强调机构治理的可持续性。从狮子会的案例来看，实现治理机构的专业化有以下一些路径。

1. 完善法人治理结构，强化理事会和监事会的职能，推进社会组织治理的科学化

理事会及相应的决策机制，是公益慈善组织内部治理结构的核心。就狮子会的案例而言，残联要继续简政放权，同时保持政治领导；继续建立、完善理事会民主制度，尤其是保障轮选制度，明确监督和授权制度，建立领导"狮友"的问责制，杜绝领导人专权现象，解决好残联和狮子会领导层权力关系不明、残联与联会双重管理等问题。社会组织的可持续发展能力，是指一个机构在实现其愿景、宗旨和目标过程中，能够形成一个均衡的发展机制，更加注重发展规划，既具有结合机构的战略设想而达到持续发展的控制能力，又具备解决运营和转型等现实困境的能力。机构的可持续发展能力体现在机构业务的稳定发展、机构人员的不断成长和成熟、机构财务在合理范围内的基本平衡等方面。

2. 选举民主化

目前狮子会坚持民主轮选制度，逐步在服务队队长、理事会成员、管委会主席团队等各个层级积极稳妥地推进差额选举制度，确保那些真正愿意并且能够为狮子会发展作出巨大贡献的人当选。强调理事会成员能否为狮子会的利益提供公正的服务，是否具有责任心，能否支持机构的透明，是否具有奉献精神，是否有较强的合作意识以及较高的专业化水平，特别是在理事会中吸引非领导"狮友"的加入，形成多元共治的格局。通过选举制度使轮庄文化在狮子会扎根，使所有人都可以接受"领导者"与"追随者"身份之间的自如切换，并确保治理机制以及项目管理的决策都在民主监督之下，以"我们服务"的狮子会精神克服传统领导文化的弊端。

3. 管理去行政化

志愿服务机构应当尽量减少行政色彩，尽可能地突破行政的束缚，突出志

愿服务的主导地位。一个独立、问责、有效的治理结构需要降低主管单位公职人员在理事会、监事会中的比例，逐步建立一个多元的治理机构。这不是要割断与政府的联系，而在于改变行政化的组织模式与运作机制。对狮子会而言，要求各级残联和联会都尽可能地以"服务狮子会的阶段性目标"为宗旨而建设秘书处，还要求身处领导位置的"狮友"改变传统行政体制的领导作风，以服务带动"狮友"的服务，以付出带动"狮友"的付出。同时，要吸引公关和传播等专业人才流入，实行专业人才专业待遇，推进狮子会工作人才的职业化，进而提升机构治理能力。

4. 建立完善监管机制，建立快速的新闻传播机制

在一个信息高度发达的媒体时代，志愿组织所有工作者都在各种媒体、各种主体的监督下。要理解媒体所承担着的监督责任，经得起媒体和大众的监督，提高社会公信度。面对自身的负面报道时，公关储备将会发挥直接的作用。一是要做好自身的各项服务工作，二是各项改革一定要慎之又慎，不能授人以柄。应制定规范化的快速新闻发言制度、法律维护制度、媒体关系维护制度等预警机制，特别是在与媒体关系维护上，做好与各大媒体的联系工作，积极参与媒体组织的公益慈善活动，邀请媒体参与服务活动或者论坛，做到媒体关系维护常态化和合作化。

5. 以竞争提升公信力

信任在建立捐赠者、慈善组织和受益者关系中发挥着核心作用。去行政化是慈善机构增强社会信任的前提条件。慈善组织间的竞争将促使慈善机构去行政化，要创新募捐方法，真正面向社会大众开展募捐；信息系统公开、透明，主动接受社会监督；资金使用有效率，充分尊重捐赠者意愿；满足捐赠主体的心理，尊重服务对象。

6. 促进慈善评估的专业化、科学化、体系化和标准化，提高组织治理及问责能力

慈善活动的目标在于促进社会稳定、解决社会问题、促进社会各阶层的互助与认同，其行动方案是否可行、其行动最终是否达到了目的等，都需要建立一套能够适合慈善领域特点的指标体系来进行更加专业的评估。尤其是在评估主体上，除了政府以及自身外，还应引入第三方评估。

（三）文化力

文化力是专业性志愿组织提升能力的另一重要方面，组织的文化是一个组织生存与发展的支柱，也是该组织区别于其他组织的重要软实力。在文化力方面，相对于其他志愿组织，狮子会已经独树一帜，如下方式值得探索。

1. 对组织的文化理念，用明确、简洁的话语进行概括表达

如狮子会的"四出"、"我们服务"、"参与式慈善"等理念。这种抓住文化核心、言简意赅的话语，在组织成员更容易理解的同时，也有利于组织文化的输出。组织也通过系统的培训，令组织成员对组织文化充分理解并形成共识。这样，每一位成员都成为组织文化的积极传播者。

2. 形成一套识别性强的符号作为组织文化的标识，这种符号可以包括物质或者行为习惯

例如对狮子会而言，其专门设计的会旗、会徽、会服、会刊就是一种独特的物质符号；而"狮友"之间"狮兄"、"狮姐"以及其他带有"狮"字的习惯用语则是一种行为符号，由这些符号所形成的符号系统让狮子会显著区别于其他志愿组织，显示出自身活力以及组织独立性的重要文化力。

3. 实现组织与所在社区的"文化镶嵌"

文化镶嵌是指行为主体在进行经济活动时受传统价值观、信念、信仰、宗教、区域传统的制约，其内涵是文化形塑组织活动、结构和过程，包括组织战略和目标的集体理解、指导个人行动的意识形态、组织的规控系统。[1] 正如上文提到，志愿组织提升专业化能力的一个路径是服务对象本土化以及服务内容日常化，简而言之就是要求组织扎根于所服务的社区，要实现这个目标，组织文化与社区文化相契合就成为不可或缺的环节。

五　结语

随着国内志愿组织和公益环境的发展，志愿组织面临着更高的要求和期

---

[1] 朱健刚、景燕春：《国际慈善组织的嵌入：以狮子会为例》，《中山大学学报》（社会科学版）2013年第4期。

待，从草根志愿组织向专业公益组织的转型势在必行。狮子会在中国13年的发展，我们可以将之看作国际NGO嵌入中国治理体系的过程，也是国际NGO扎根中国，实现组织本土化的过程。通过上述分析，我们认为中国狮子联会作为国际狮子会在中国发展的关键组织，引导了中国狮子会专业化转型的过程。通过狮子会的实践我们可以看到，这种专业转型，主要体现在执行力、公信力和文化力三个方面。在内部组织发展动力和外部国家治理体系压力的双重推动之下，中国狮子联会发展出一套目前看来颇有成效的治理和文化体系，通过治理规范和培训体系，规范和推动狮子会在全国各地的发展，规范会员的行为方式以及对组织和公益慈善行为的理解。而国际狮子会在全球发展近百年的组织治理经验和志愿者管理的规范为中国狮子会的发展提供了很好的范本和参考经验。尽管如此，中国狮子会仍然经历了一个漫长的将国际NGO全球经验与本土文化相结合的本土化过程，这也体现在狮子会专业转型过程之中。

从中国狮子联会的专业转型的实践过程我们可以看到，志愿组织的专业转型并非仅仅通过西方经验和理论的学习得以实现。目前中国公益组织的能力建设也正在经历一个将国际经验与中国公民社会组织本土实践相结合的本土化过程。中国志愿组织的能力建设和专业转型更大程度上仍然依赖于组织自身行动研究能力的提升，在组织行动和实践的过程中面对现实的挑战不断地调整和探索，从而实现专业转型。

B.15
中国企业公益发展现状及培育建议

何智权*

摘　要： 自2008年起，关于企业公益的讨论开始进入公众的视野。2008年的汶川地震、2011年的"郭美美事件"等重大公共事件使企业公益在中国获得了长足发展，企业公益的理念也得到了快速推广。企业公益是企业协助政府和社会处理重大社会议题的重要形式，亦是企业自身迈向可持续发展的重要路径，因而推动企业公益的发展对于解决突出的社会问题具有战略意义。基于深入访谈与文献回顾，本文描述和分析了2014年度中国企业公益的发展状况，探讨了其在现阶段所面临的挑战并提出了相应建议。

关键词： 企业社会责任　企业公益　可持续公益生态圈

一　企业社会责任与企业公益

企业公益是企业社会责任中最重要的一环，亦是体现企业成熟程度的证据，知名学者卡罗尔（Carroll）对企业的社会责任提出定义：CSR金字塔从下至上分别代表经济责任、法律责任、伦理责任和慈善责任，四者共同构成、层层递进；慈善责任在金字塔的顶层，表明要做一个优秀的企业公民，企业就要向社会贡献资源，解决社会问题并提高生活质量。[1]

---

* 何智权，CSR Asian 中国区总监。
[1] Schwartz, Mark S., Carroll, Archie B., "Corporate Social Responsibility: A Three-domain Approach", *Business Ethics Quarterly*, 2003, 13 (4): 503-530.

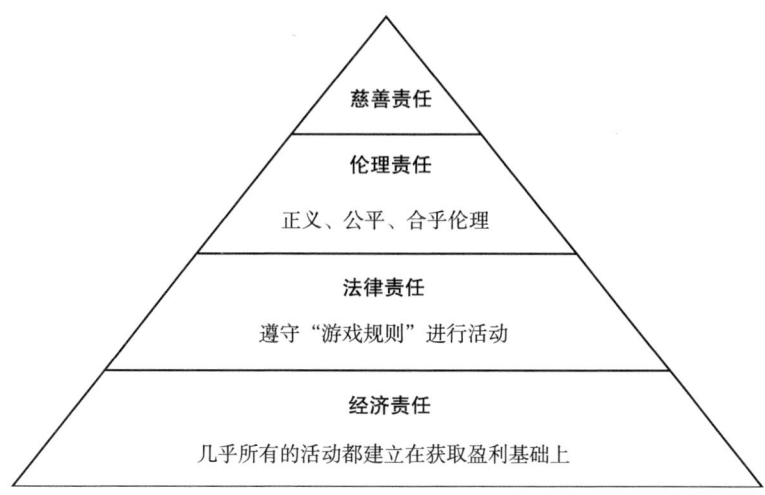

图 1 卡罗尔社会责任金字塔

故此成熟的企业一般在满足了自身发展需求后,作为一个负责任的企业公民,它会考虑如何在自身能力的范围内履行其慈善责任,协助社会解决问题。企业公益的形式丰富多样,从最早的单一捐赠(包括现金和物资)及员工志愿者活动,逐渐发展出主动参与、项目合作、出资成立慈善机构、独立执行等多种公益模式。

国际上对于企业公益的讨论亦开始从纯粹的道德行为转变为提升企业价值的竞争优势。哈佛商学院教授迈克尔·波特认为,企业可以通过开展慈善性活动来改善其竞争环境(包括削减竞争障碍、赢得广泛支持),进而促进企业长期繁荣发展。2002年,波特和克雷莫还在《哈佛商业评论》上发表了一篇名为《慈善行为的竞争优势》①的文章,系统阐述了企业如何通过有效的慈善捐赠帮助企业获得竞争优势。换句话说,企业的慈善公益行为是可以从战略的高度来进行管理的。波特在2011年发表的文章《创造共享价值》②中重新定义了企业在社会上的角色,他认为传统企业社会责任思维由于割裂了企业利润与

---

① Porter, Michael E., Kramer, Mark R., "The Competitive Advantage of Corporate Philanthropy", *Harvard Business Review*, 2002, 80 (12): 56 – 68.
② Porter, Michael E., Kramer, Mark R., "Creating Shared Value", *Harvard Business Review*, 2011, 89 (1/2): 62 – 77.

满足社会需求之间的关系已经不合时宜。企业的经济价值与社会价值之间是互相推动、良性循环的，共享价值是新时代企业的本质目的。企业应超越"零和"游戏的思维，从重新思考产品与市场关系、重新定义价值链上的生产力及促使地方社区发展三方面思考企业与社会的关系。

可持续的公益对企业来说，意义在于企业可以将公益作为战略发展的一部分，一方面通过公益行为回馈社会、协助社会解决问题；另一方面通过公益为企业发展带来价值，在企业价值链中对各环节进行可持续的提升，包括品牌、社区关系、招揽人才甚至开发新市场及产品等。从企业公益的回报来说，公益上的投入比较快捷和容易看到产出，而且都是直接和可控的，包括公益项目为品牌带来的价值、媒体曝光率、与政府关系的融洽等。[1]另外企业亦希望通过公益探索所谓的"金字塔底层"新兴市场，即相对欠发达地区的低收入人口，重新定位自身的市场和产品，这些都是将公益与企业发展结合的动力，亦令更多企业可以持续地投入社会的公益事业中。故此，企业打造可持续的公益，与社会各利益相关方共同创造价值是现在国际社会的大潮流，亦是我国企业值得参考的地方。

二 研究方法

为了更全面了解企业的公益发展，笔者选取了不同的企业进行了为期两个月的调查，基于调查结果从而描述及分析国内企业社会责任的现状和培育对策。由于缺乏统计性的量化资料，本报告主要以深入访谈的形式，了解企业在社会责任管理上的重点、策略、组织架构、评估方法等情况。笔者于2014年12月至次年3月共走访了30家在北京、上海、广州、深圳及杭州的企业，包括国有企业、外资企业、中外合资企业及民营企业，以品牌企业为主，包含了地产、日用品、汽车、电商、医疗、保健、服装、食品等十个行业。调查企业采用雪球抽样方式进行抽样，笔者对企业内负责企业社会责任或公益的部门（包括企业社会责任部、公关部、党委办公室、企业文化部、企业品牌中心及企业成立的非公募基金会）相关人士进行深入访谈从而了解企业的情况。

---

[1] Bruch, Heike, Walter, Frank, Corporate Philanthropy, 2005.

由于涉及企业的保密协议，企业经理的名字并不会出现在报告中，另外在没有得到有关企业许可的情况下，本调查不会将企业名字公开，而在报告中提及的企业名字均获得企业相关人士的许可。由于缺乏官方的统计数据，以及时间及资源所限，调查并非以量化研究方式进行，大部分被抽样的企业都是面向全国的品牌企业，调查内容未必具有广泛代表性，在此亦希望相关部门将来可以调配资源进行科学性的统计调查；但笔者认为这次调查对于了解企业的公益行为，尤其是其动机、面对的挑战和可提升之处，是具有一定的参考价值的。

三 企业公益发展状况

2014年承继着政府对企业公益在政策上的推动以及企业对战略公益认知的提升，企业公益稳步发展，并出现了令人鼓舞的情况。整体而言，接受访谈的企业普遍热衷于参与公益事业，所有企业每年均有投入于公益活动的预算，而且大部分企业从建立初始已经从事公益事业。访谈中的企业的公益活动所在地由省内扩展至全国，关注的范围涉及扶贫、救灾、教育、环保、公共健康、安全、文化保育等十多个领域，而其中有若干发展重点值得关注。

（一）政府继续积极推进企业公益发展

在大部分的亚洲国家，由于公民社会的发展相对落后，社会责任理念的推动主要还是靠政府；而中国政府过去八年在推动企业社会责任发展上亦不遗余力，包括出台多项政策和指导文件鼓励企业更好履行社会责任，尤其在推动企业参与公益事业上。2014年，公益事业在政府层面得到了高度的重视，而调动商界力量，鼓励企业从事公益事业，更是其中的重点。

在2014年的开端，民政部和全国工商联就向各政府部门和工商界发布了《关于鼓励支持民营企业积极投身公益慈善事业的意见》。在意见中提到，推动鼓励民营经济加入慈善事业、履行社会责任，是建设发展中国特色慈善事业的必然要求。可以看出，民营企业社会责任的履行是国家继续推进公益事业社会化的一个必然要求，值得民营企业家重视。在参与途径上，民政部鼓励的参与形式和企业现行的公益慈善参与形式接近，物资捐献、设立基金会、和社会

组织合作、员工志愿服务，等等，都是比较主流和成熟的公益行动形式。另外，对于各级政府部门，民政部也提出明确的要求，要从行政管理、优惠政策、资源对接、信息宣传等多方面去帮助民营企业实践公益行动。

  2014年11月24日，国务院发布的《国务院关于促进慈善事业健康发展的指导意见》（以下简称《指导意见》）更是具有里程碑意义的指导文件，它是第一个以中央政府名义发布的慈善事业发展指导文件，可以说，该文件发布之后的接下来几年，各级政府机关毫无疑问会大力支持慈善事业发展，这几年将会是中国慈善事业发展的重要时期，企业作为社会经济重要主体，毫无疑问会在其中担当重要角色。《指导意见》提出了发展社会主义特色慈善事业的四个基本原则，"突出扶贫济困、强化规范管理、确保公开透明、坚持改革创新"。扶贫济困为慈善事业指出了明确的方向，而后三者则从制度出发，从各个角度确保社会慈善事业的推进。另外，《指导意见》提出了明确的发展目标，即到2020年，"慈善事业对社会进驻体系形成有力补充，成为全面建成小康社会的重要力量"。可以说，慈善事业已经成为社会主义建设事业的战略组成部分。《指导意见》在第二部分明确提出，企业需要将慈善精神融入企业文化建设当中，这值得让广大企业管理者们好好思考，毕竟完善的企业文化在中国企业中还是比较缺乏的。在鼓励开展的慈善形式当中，慈善信托是一个亮点，以往中国企业都习惯于直接捐献，而信托的形式则较少接触，同时，相应的配套政策也比较缺乏。这次，《指导意见》中提到将会开展慈善信托政策试点，同时也希望金融机构探索资本支持慈善事业发展的政策渠道，看来，在国外讨论多年的"影响力投资"将会是未来中国慈善事业的一个发展要点。企业家们也需要留意到，在《指导意见》中，医疗、教育、养老、残障服务、文化体育都是未来社会公益力量的服务重点方向，需要更多的资金和服务载体。对于企业公益来说，企业管理者最关心的一点莫过于其带来的政策与税收优惠了。在这次的《指导意见》当中，强调了需要落实企业和个人公益性捐赠所得税的税前扣除政策，"企业发生的公益性捐赠支出，在年度利润总额12%以内的部分，准予在计算应纳税所得额时扣除"。总体来说，这份《指导意见》对中国慈善事业的发展举足轻重，有了一系列的政策配套，中国慈善事业发展将会迎来黄金期，企业在其中的地位毋庸置疑，如何把握着大方向构建自身的企业慈善体系，需要各位企业管理者好好思考。

（二）将公益与品牌结合，实行双品牌战略是大趋势

营销学学者菲利普·科特勒在2005年提出了善因营销慈善行为理论。[①] 菲利普·科特勒更多是从企业的营销角度来阐述的，他认为企业的慈善公益行为，市场营销活动，乃至公共关系，是可以有机结合在一起的，成功的公益事业关联型的营销活动，能够帮助企业吸引新客户，影响到利基市场（Niche Market）、增加产品销售额、强化积极的品牌认同。"成功的公益事业关联型营销活动能够帮助企业将慈善捐赠和商业利益联系在一起，这样的活动可能还会为一项公益事业募集到大量的资金，企业社会责任行动与企业的商业利益可以互为影响，并相得益彰。"

从访谈中可以看出，受访的品牌企业开始逐步将公益与其品牌结合，通过标杆性的公益项目打造其双品牌的战略——商业与公益品牌并行，而没有开始的企业亦开始在这方面探索。这些企业的公益项目与其理念、品牌形象和产品对应结合，令公众对企业的形象有更立体的认知。其中有几个公益与品牌结合的项目是值得参考的，例如国企广药白云山自2005年开始推行"家庭过期药品回收机制"，在全国范围内回收药品总计超过1000吨，惠及人群超过5.21亿人次，创下"全球规模最大的家庭过期药品回收公益活动"吉尼斯世界纪录。另外，外企达能饮料的水生态保护项目内容围绕水生态恢复、社区可持续发展和公众参与三方面进行设计，该企业也是全国第一家在东江源实施水生态保护的企业。这个项目不仅直接惠及寻乌县32万居民的生活，更关注东江流域5000万人口的饮水健康。像汤臣倍健这类民企亦与中国青少年发展基金会共同发起"希望工程汤臣倍健营养支教计划"，将通过希望小学营养教师培养、营养知识课堂、营养品捐赠等方式，为希望小学师生及家长普及营养知识。从这些企业的公益项目中发现，其与核心业务之间存在很高的关联度，这也是支撑企业持续地投入公益的最好力量。

大部分企业聚焦于扶贫、教育和环保等领域，这些是受访企业中投入最多的公益领域，结果亦与主流的研究一致。例如，中国社会科学院企业社会责任

---

① Kotler, Philip, Lee, Nancy, *Corporate Social Responsibility: Doing the Most Good for Your Company and Your Cause*, New Jersey, 2005.

研究中心发布的《企业公益蓝皮书（2014）》对50佳品牌公益项目研究发现，公益项目涉及领域广泛，本次的品牌公益项目共涉及教育、扶贫、环境保护、困难群体帮扶等九个领域，其中教育类公益项目最多，当前教育、扶贫、环保仍然为我国企业公益投入的主要领域，也与当前基本国情契合。受访者认为，主要原因是国家的关注热点是我国相对突出的社会问题，企业将公益资源投入到这些领域可以协助国家解决社会问题；而公众比较关注这些领域的议题，因为企业比较容易引起共鸣，从而达到更好的传播效果。

（三）企业基金会的更进一步发展

注册非公募基金会是企业更加独立而全面地开展慈善项目的重要方式，企业基金会因此在过去几年里成为中国企业管理自身公益活动的组织。中国并没有赋予企业基金会以法定地位，企业基金会之所以有这一称谓，一般都是因为起始基金是由企业捐赠，或每年企业定额捐赠公益项目经费，故此大部分都以企业的名称冠名。一般国外企业成立基金会后都用来支持自身的企业公益活动，但都是以资助项目为主，给各地分公司人员（包括员工志愿者及CSR部门）申请资金，或直接寻找公益组织作为合作方，支持它们在各社区中开展活动，自己操作项目的企业基金会少之又少；另外企业家的家族基金会与企业基金会亦有很明显的区分，甚至有的企业基金会所支持的公益项目都已"去企业化"——与企业的业务完全没有任何关系。

2014年，可以说是慈善基金会发展的大年，总体上来看，基金会数量、收入、支出都在快速增长，发展势头达到了2008年之后的一个新高峰。而其中，非公募基金会的快速增长是最主要的动力，根据统计，截止到2014年年末，中国非公募基金会的总数已经超过2700家，在数量上占据了中国慈善基金会的半壁江山，其中超过一半由企业出资成立。从国外的发展经验来看，非公募基金会的快速崛起是一个国家慈善事业步入成熟阶段的标志，因为其主要组成部分是由工商界力量所发起的企业基金会，这意味着商界开始投入自身的精力到慈善事业当中，承担起自身的社会责任，这对于慈善事业的发展是非常重要的。

商业机构的资本和商业化管理经验，对公益事业的发展有着突出的推进作用。市场经济的发展是一个国家生活水平提升的基础，无论资本被怎样丑化，可是不能否定的是，这个世界的绝大多数物质和精神需求都是由商业世界满足的，这得益于资本的巨大力量以及追求效用最大化的特质。商业机构的这些特点，在慈善事业中同样能够很好地发挥，并能够促进整个慈善行业的发展。因此，企业基金会的蓬勃发展对中国慈善基金会的未来而言无疑是注入了一支强心针。

2014年，最受人瞩目的企业基金会可以说是京东公益基金会莫属了。作为电商界的佼佼者，京东在企业社会责任上一直都有自己的策略，而在2014年京东公益基金会成立代表京东公益事业开启了一个新里程，这是刘强东所强调的"良知资本"的集体体现，也是继阿里巴巴基金会、唯品会365爱心基金等之后又一个重量级电商建立起自身的企业基金会。这显示了在竞争越发激烈的电商市场上，慈善事业成为电商们抓住消费者眼球，进行差异化竞争的又一策略点。另外一家值得关注的企业基金会是由南京中脉集团所成立的中脉道和基金会，它是首家民政部主管的内资直销企业的非公募基金会，在人民大会堂的成立大会也颇受关注。在中国，直销是一个颇受争议的领域，其独特的营销形式很容易会演化成违法行为，因此，很多老百姓都很难认同一家以直销为主要营销方式的企业。这次中脉道和基金会的成立，显示了直销企业对于改变自己形象的需求，以此作为和大众沟通的渠道，最终的效果值得期待。此外，还有一大批有实力的企业，如银泰集团、明基友达集团，二十一世纪教育集团等也相继在2014年成立了自己的基金会，履行自身的社会使命。

从2008年开始，由于当年的"不平凡"，很多企业意识到自身在这个社会不应该只追求经济利益，也要承担一定的社会责任，去回馈社会和善待自身的利益相关方。之后，不时传出的企业丑闻以及社交网络的催化作用，使大众也越来越关心企业的合规行为和社会担当，更迫使企业去思考自身的责任，去探寻企业可持续发展之路。2014年，企业基金会的蓬勃发展意味着企业开始意识到企业公益慈善行为并不是单单捐钱那么简单，只有专业的和规模化的管理才能让企业公益的效果最大化，另外，基金会给企业带来的税收减免也能让企业直接得到经济上的好处。

（四）员工志愿服务成为企业公益的核心活动

多方利益相关方，如员工、消费者、商业伙伴参与是企业公益可持续发展的元素，而动员员工作为志愿者更是国际上企业公益的核心内容。近年来，欧美的企业越来越重视在公益项目中吸纳自身利益相关方参与，包括自身的雇员、顾客以及商业伙伴（供货商、合作方，等等），这样的项目可以增强利益相关方对企业的认同感，有利于企业形象的建设和企业文化的构建。其中，自身的员工是企业最重要和最重视的利益相关方。

参照美国经验，在一项100家美国企业的调查中[1]，大多数企业都有4~6个所在地的志愿者项目，1~3个国际性志愿者项目。在2013年，至少有30.7%的雇员有1小时的志愿服务时间，48.5%的志愿者有至少6小时的服务时间。从2010年到2013年，在有本地性志愿服务计划的企业当中，有无偿志愿服务的企业从34%增长至50%，有雇员带薪服务时间的企业从51%增长至59%，存在董事会支持的志愿项目的企业从45%增长至50%。而在有国际性志愿服务项目的企业当中，有无偿支持服务的企业从24%增长至35%，有雇员带薪服务时间的企业从47%增长至58%，有家庭志愿者项目的企业从47%增长至53%。其中，金融行业有最多的无偿志愿服务。

受访企业大部分开始组织志愿者参与企业的公益项目，例如动员志愿者植树、到希望小学进行支教、探访孤寡老人等。组织员工志愿服务对企业来说意义在于几方面。首先，作为一种员工团队建设，志愿者服务能增强员工归属感，令员工更有积极性，亦令员工了解到公司在企业社会责任上的贡献。其次，动员员工能减少企业在公益财政上的直接投入，实现更有效的资源使用。部分企业亦开始慢慢建立志愿者队伍，例如南方航空已在数年前建立自己的志愿者团队，亦定期安排相关的专家学者为志愿者进行培训，加强他们的能力。不同类型企业的志愿者管理会存在不同模式，例如在国企中以团委为主导组织志愿者活动，外企则借助第三方支持机构的力量自发建立企业志愿者团队，而民企亦慢慢探索动员员工参与志愿活动，但组织化程度相对较低。

尽管员工志愿服务已慢慢成为大趋势，但仍存在一定的挑战。第一，由于员工志愿服务管理对大部分的企业来说是较新的理念，人力资源政策尚需要时

---

[1] UBM Group, Seven Practices of Effective Employee Volunteer Programs, http：//www.pointsoflight. org/sites/default/files/corporate - institute/ubm_ b4b_ whitepaper8. pdf, 2015 - 05 - 10.

间配合，例如志愿者服务是否应纳入员工考核的范围、是否提供足够的补助等。访谈中的跨国企业在志愿者管理上相对成熟，包括安排工作时间进行志愿活动或者提供补休，以及有良好的鼓励政策。第二，企业在选择项目时难以平衡企业的目标和员工的兴趣，降低了员工参与的积极性。第三，志愿服务的模式相对单一，大部分情况都不能发挥员工的专长，不能向社会提供专业志愿者协助企业公益项目的执行。有一个比较值得参考的案例是汤臣倍健的营养课堂项目，它成功将员工作为专业志愿者结合到公益项目中，而这些志愿者主要是来自其营养健康研究中心和其他部门具备相关营养知识的员工，与营养学会等专业机构的老师、医生共同作为志愿者，开展这个项目。通过好玩、互动的游戏，把枯燥的营养知识分享给小朋友。这种专业化志愿者的管理模式值得企业参考，从而在公益项目中发挥员工的专长。

四 企业推行有效公益的主要挑战

尽管企业公益在过去的发展势头下有着明显的提升，但推动可持续的公益仍存在一定的挑战，包括企业家思维、管理架构、社会大环境等几方面。

（一）管理层缺乏对可持续公益的认知

企业家普遍热衷于投身公益事业，但表现形式及方法会令企业公益的发展有所偏离。很多企业家，尤其是民营企业家，亦选择以低调的方式和根据个人意愿进行企业的公益活动，有受访企业经理表示，老板做公益很多时候是因为个人经历，或者看到社会上一些贫苦大众又希望帮助他们解决生活所需，例如某家企业员工表示，从2011年开始流行的微博求助引起老板注意，故此当时成立基金会，说明有需要的人。但这些基于个人意愿而进行的公益活动未必与企业的品牌和价值结合，未必能为企业带来价值。有些企业管理者只是将公益活动视为传播企业品牌的营销工具，而未能将其提高到促进企业长远发展的战略层面上来认知，忽略了企业进行公益活动时的其他价值。当出现这两种情况时，管理层会认为负责企业公益的部门或基金会只是花钱的部门，没有投放资源在企业的公益管理架构的建立上。再者就是中国企业的管理模式问题——企业领导的强势会导致公益对企业发展效果有限。中国大部分企业管理都是从上

公益蓝皮书

而下,领导会有自己想法和希望达到的目标,但他们想支持的公益项目未必是与企业发展相关的,而且领导不一定清楚社区一线情况,而专业的企业社会责任人员的意见又未必能得到老板的认可,故此如果企业公益需要更制度化的发展,企业管理者关于公益的理解必须得到提升。相比于民营企业,国企的公益活动更多的是聚集于完成"政治任务"。

相比起国企和民企,在华跨国企业的管理层对可持续的公益有更高的认知度,一方面是由于企业总部本身的全面政策,另一方面亦是经验较丰富。

(二)公众的误解会影响企业从事公益的积极性

中国社会有"为善无近名"的文化传统,民众对于公益的理解更近似于无私与牺牲。因而,任何涉及品牌营销、政企关系的企业公益,都会面临被老百姓批为"作秀"的风险。如何获得公众的信任,成为中国企业公益普遍面临的挑战。

受访的企业管理层表示,当企业的公益项目和自身商业业务靠得太近之时,他们往往会担心其会降低公众对企业的好感。他们认为,那些与公益挂钩的营销行为,被许多消费者和公益机构视为"市场营销剥削了公益理念",即企业只是为了销售更多的产品或者推广自己的商业服务,而不是秉持着公益理念来真心诚意地奉献社会。尤其是最近几年频繁爆出部分企业缺失社会责任的丑闻,如食品安全、环境污染和劳动纠纷等,这使得与企业有关的新闻很容易触动公众敏感的神经。企业的管理层担心其公益项目会被公众视为"漂绿"的手段,即企业通过公益活动来展现自身履行社会责任,但实际上在幕后的商业活动中反其道而行之。其结果是,这些担心使得企业在尝试将企业的经营发展和公益项目相结合之时常常会犹豫不决。因而,持续地引导公众正确了解企业公益显得极为必要。

此外,公众之所以无法真正了解企业公益,也与企业公益活动的不够透明密切相关。中国社科院 2014 年的调查数据显示,当前企业的公益投入普遍存在透明度不高的问题,中国 300 强系列企业中仅有 72 家企业明确披露年度公益资金投入量(占总体的 24%)。[1] 企业公益活动透明度的不足导致公众很难

---

[1] 中国社会科学院经济学部企业社会责任研究中心:《企业公益蓝皮书(2014)》,经济管理出版社,2015。

真正了解企业的公益行为,从而很容易误认为企业是在通过公益做产品推广和品牌宣传。例如,有受访企业曾组织其会员(消费者)参与公益活动,但经常遭到会员的质疑,如:企业如何处置通过公益活动筹集到的款项?如何真正帮助受众?公众的这些质疑无疑与企业公益活动透明度不足直接相关。

(三)组织架构不完善难以支持企业公益的专业化

企业公益的持续化与战略化需要企业健全自身的管理体系,搭建更为有效的组织架构以保障企业在公益项目中能有持续的投入。从国际经验来看,成熟型企业都设有企业社会责任部门,以负责管理企业的公益项目。受到总部的政策规划和组织架构的影响,绝大多数在华外资企业都设立了专门的企业社会责任部门,负责统筹企业公益项目及其他社会责任相关工作;为响应国资委的政策要求,央企也都设立有企业社会责任部门。但由于其公益活动常常与各级工会、党委或团委所组织的公益活动相互交叉,因而难以实现统一管理,也缺乏系统的战略规划。

在受访的国企、民企和合资企业中,只有不到1/4的受访企业设立有专门的企业社会责任部门或企业公益部门。这些企业一般会设置一位企业社会责任经理(下称CSR经理),其隶属于企业的公关部门、品牌中心或市场部,专门负责与企业公益相关的工作。然而,CSR经理常常处于一个边缘化的地位。首先,他们的人力资源非常有限,下面往往只有一到两名员工。CSR经理更多的时候是在独自战斗,因而要求他们必须具备较强的工作能力、抗压能力和乐观积极的公益心态。其次,如前文所述,由于企业管理层对公益的认识还不够全面,他们会认为企业社会责任部门只是花钱的部门,并不需要投入太多人手。再次,企业公益活动往往需要依靠并有效协调其他部门的人力、物力和财力,但由于企业社会责任部门不是直接创收的部门,在企业内相对缺乏话语权,因而很难得到其他部门的配合与支持。最后,CSR经理规划的企业公益项目往往被业务核算部门定义为与企业业务没有关系或没有创造企业效益的额外支出。这一系列挑战都使得CSR经理在开展企业公益项目之时困难重重,专业化更是难以保障。

反观受访的跨国企业,绝大多数都设立了专门的企业社会责任部门。其中,达能饮料是一个值得参考的案例。它设有专门的可持续发展的企业公益部

门，而且员工超过 5 人，企业公益已经深深嵌入企业业务的所有板块中。其 CSR 经理直接向企业高级管理层汇报，因而具备一定的执行能力、资源和话语权来影响企业的决策。毫无疑问，这样的组织架构是值得学习的。

（四）选择公益组织伙伴时面临困境

企业的专长是对其产品和服务进行开发、市场推广及销售，而不是开展扶贫、教育等社区发展项目。因而，企业在进行公益活动时有必要借助外部的专业力量，与公益组织伙伴合作便成为企业开发公益项目的常见形式。

相对于企业而言，公益组织、基金会、学者等对社会问题的认识更为深刻和专业，与居民沟通、组织社区活动的能力也更强。借助公益组织伙伴来进行企业公益外包可以使企业的公益项目更深入社区，公益项目的产出既合乎社区发展的需要，也有利于提升企业的商业价值。同时，由于公益组织伙伴的非营利性，并且以解决社会问题为主旨，因此它们在民众中具有较高的公信力和道德地位。企业在公益层面与公益组织展开合作，无疑能够提升自身的品牌价值，树立起其公益项目"只为公益，不为商业"的形象。

一般而言，全国性的品牌企业往往会将基金会作为合作伙伴。国内大部分企业的公益项目主要集中在扶贫、教育和环保等方面，它们在选择具体的公益合作伙伴时会基于企业发展的实际需要而有所偏好。受访企业中有超过 10 家是全国性的品牌企业，它们希望开展合作的公益组织伙伴能够将合作内容覆盖全国。就调查结果而言，无论是国企、外企还是私企，在选择公益项目的合作伙伴之时，大部分倾向于与政府部门或者大型公募基金会合作，只有少量企业尝试与民间公益组织开展合作。这主要是由于部分企业缺乏公益的长远战略，其公益项目侧重于营造政企关系和传播企业品牌，因而将企业公益项目外包给具有政府背景的社会组织或者公募基金会便成为优先选择。

但是，即使如此，在现实当中，许多企业在选择公益项目的合作伙伴时仍然面临困境，很难寻找到既能满足企业的经营战略又能保证公益项目的执行效率的公益组织伙伴。由于那些兼具影响力、执行力和创意的基金会和公益组织往往集中于北京、上海等地，而其他地区相对缺乏全国性的公益组织，可供企业选择的公益组织伙伴非常有限，因而真正与企业进行公益项目合作的公益组织在社会网络和影响力方面常常无法支撑起全国性的公益项目。

（五）企业缺乏专门的公益人才

我国公益组织和企业普遍面临公益人才缺乏的问题。中国公益事业在过去十年才开始得到较大发展，虽然 2008 年之后各类公益组织如雨后春笋般涌现，但公益组织的人才缺口一直较大。这与中国客观的社会环境和历史发展情况，以及长期缺乏第三部门专业人才培养体系密切相关。

对于企业而言，具备专门的公益人才的挑战更大。其 CSR 经理一方面需要根据管理层的期望值来平衡企业社会责任和企业经营之间的关系，另一方面又需要具备公益人的专业能力。现实是，中国长期以来就缺乏专门的培养公益人才的教育课程体系，在刚起步的企业公益领域，其专业人才更是寥寥可数。因而，如何找到合适的 CSR 经理，成为企业开展公益活动时所面临的巨大挑战。

北京和上海是中央企业和跨国企业的集中地，国资委的指导意见以及跨国企业总部的企业社会责任传统促使两地的企业公益活动相对活跃，也由此培养了一批复合型的企业社会责任人才。同时，这些 CSR 经理具有更多交流和互相学习的机会。与北京、上海相比，其他二、三线城市的企业公益人才稀缺的形势更为严峻。一方面，这些城市往往央企数量有限，国资委的指导意见没有能促使大批量的企业社会责任人才出现；另一方面，这些城市主要是作为跨国企业的产品供应地区，跨国企业设立的企业社会责任部门主要负责保障供应链中的生产和安全保障合乎法规。

自 20 世纪 90 年代中期起，企业社会责任（CSR）在中国沿海地区开始发展，其只是聚焦于保障供应链合乎法规，而整合性的 CSR 在最近四年才兴起。因而，这些地区的第一批企业社会责任人才主要从事于供应链的 CSR 管理而非关注企业公益。大部分受访企业的 CSR 经理只有两到四年的公益项目经验，而且大部分都没有接受过正统的企业社会责任或公益训练。他们大多来自企业的公关部、市场部及人力资源等部门，或者是由企业特意从媒体圈中聘请的。这导致许多企业的 CSR 经理不能够对社会问题有很深刻的了解。虽然那些从公益组织转职而来的 CSR 经理能够对相关社会问题及公益活动有深入的了解，但是需要较长时间将原有的公益理念契合于企业的经营需要和发展战略，从而令企业公益与企业发展相结合，以达到企业公益可

公益蓝皮书

持续的效果。

对于企业社会责任人才而言，这些无疑是对他们专业性的考验。但是，全国范围内有关企业社会责任的专门培训活动有限（下文将会提及），导致他们的专业能力难以得到提升。在企业管理层增加公益投入的前提下，不少受访企业都有招聘更多公益人才的计划，但是企业相关人士都表示很难找到合适的人才。因此，提升全国性的企业公益人才储备库的容量，对于保障企业公益的可持续发展至关重要。

（六）企业公益行业圈仍有待发展

2006年以来，企业社会责任的理念开始逐步被国内的企业界和民众所了解，社会开始期待企业履行社会责任，企业也由此产生了开展公益项目的需求，从而催生了企业社会责任的行业圈子。目前，这个圈子包括了从事企业社会责任方面的研究、咨询、监督、宣传以及相关服务的专业人士。在行业领头人和有志之士的努力下，北京、上海、广州等地的CSR群体已经在日益强化彼此间的交流和学习。例如，上海的"CSR微咖"、北京的"爱吧"、广州的"粤玩粤好CSR"以及全国性的"公益传播官"和"中国公益职业经理人俱乐部"等均是由CSR经理自发组织的。不少受访企业的CSR经理表示他们过去参与过在各自城市举办的此类活动，认为它们是非常实用的行业交流平台，可以在聚会中与同行坦诚地交流工作以及遇到的挑战。

但是，与北、上、广、深等地活跃的CSR行业圈相比，其他城市在打造CSR行业圈时困难重重。如前文所述，由于二、三线城市的企业公益人才相对缺乏，以及CSR行业圈发展时间短，CSR行业内部缺乏系统性的沟通与合作机制，制约了行业的进一步发展，从而限制了地区性CSR行业圈的形成与发展。这导致很多实用的实践经验无法实现行业内共享，难以达到CSR行业自我促进发展的效果。这个挑战不可能在短期内完全解决，有待于优先循序渐进地推动企业管理层提升对企业公益理念的认识。

（七）企业社会责任对企业发展带来的效益难以评估

公益项目的效果评估一直是企业做公益的重点和难点，这个问题在全球范围内具有普遍性。公益项目评估包括商业影响评估和社会影响评估两方面内容，前者是企业能够持续开展慈善活动的动力，后者则是涉及慈善行为的有效性。[1] 同时，公益项目评估分为直接产出（outcome）评估和影响（impact）评估两个维度。前者和企业的投入有很强的相关性，企业投入越多，其直接产出一般来说也就越多。例如，一个企业在社区中投入物资改善社区健身休闲设施，人们立即可以看到相关设施出现在社区中。而后者需要通过更深层次和长时间的监测，来分析相关的投入对服务对象所产生的影响，如社区中的健身休闲设施究竟是否真的提升了社区居民的生活质量，以及在多大程度上产生了正面影响。[2] 然而，公益项目效果评估的难点在于：没有一个具有普遍性的评估标准，缺乏标准的评价策略，难以评估长期的投资影响。

从企业层面来说，企业公益是一种投资行为，那么投资回报率就是重要的评估指标。系统的企业公益项目评估是监测企业在公益项目上所投入的资源是否对企业本身（包括品牌知名度、与当地社区的关系）和社会（解决特定社会问题）产生回报价值。[3] 企业把公益项目作为投资从而评估其成效，可以更有效地配置资源，将有限资源投入到对企业和社区都具有较高回报率的项目中，实现投资回报最大化。关于"社区投资"公益项目的评估模式，其中最著名的是伦敦标杆集团（London Benchmarking Group，LBG）提出的社区投资评估工具——LBG模式。[4] 它帮助企业确定公益投资对社区的贡献，并记录其结果及长期影响。它将CSR项目划分为三部分——投入资源、项目产出、影响回报，从而分别对这三个方面进行系统评估。量化企业公益对社区和企业的影响使得公益项目的价值变得更为直观，企业管理层也更容易了解每年开展的公益项目到底产生了什么效果。

受访企业的公益项目评估主要是集中于项目本身，项目评估报告多以项目本身的产出为基础，而不是项目所带来的影响力。企业一般会记录比较直观的数字，例如某企业会要求公益合作伙伴在提交的项目报告中列明相关数据资

---

[1] Maas, Karen, Liket, Kellie, "Social Impact Measurement: Classification of Methods", *Environmental Management Accounting and Supply Chain Management*, Springer Netherlands, 2011: 171 - 202.
[2] Maas, Karen, Liket, Kellie, "Talk the Walk: Measuring the Impact of Strategic Philanthropy", *Journal of Business Ethics*, 2011, 100 (3): 445 - 464.
[3] Lyon, Fergus, Arvidson, Malin, *Social Impact Measurement as an Entrepreneurial Process*, 2011.
[4] LBG, "About LBG", http://www.lbg-online.net/#about, 2015 - 06 - 13.

料,如活动参与人数、志愿者服务时数、受众人数、捐赠金额,但在项目的影响力、项目价值、投入产出比、对企业品牌的影响等方面缺乏系统的评估。聘请第三方机构进行项目评估的企业也比较少,受访企业中只有一家外企曾经邀请第三方机构评估其希望小学的项目,大部分企业公益的负责人表示希望将来会有这方面的评估,但同时也普遍认为,缺乏可信的第三方机构和通用的评估标准是最大的挑战。

(八)第三方支持机构稀缺

在企业内部缺乏专业公益人才的情况下,获得来自专业机构的支持显得极为重要。企业公益在我国处于起步阶段,那些具有国际化及专业背景的第三方支持机构能够为企业提供大量支持,包括企业公益项目策划、对接公益组织、与利益相关方对话以及进行项目评估等。许多外国企业在开展企业公益活动时会先由第三方机构提供协助,然后再逐步转化为企业自身的 CSR 力量,如建立专门的 CSR 部门。国际上不乏对企业社会责任及公益提供支持的第三方支持机构,比较知名的有美国的 Rockefeller Philanthropy Advisors、Business for Social Responsibility,欧洲机构 Business in the Community,亚太地区的 CSR Asia 以及中国香港的 Community Business 等,它们都为企业的公益项目管理出谋划策。

在中国,第三方支持机构主要集中于一线城市,出现于企业公益的价值链上。例如专门从事志愿者管理的"和众泽益志愿服务中心",从事企业公益传播的上海"索益公益文化发展中心"、"瑞森德",从事企业社会责任咨询的本土机构,如"明善道"、"商道纵横"、"责扬天下",以及国际机构"商务社会责任国际协会"(BSR),四大会计师事务所,如安永的可持续发展服务团队。这些机构的办公室均设立在北、上、广、深等城市,其他城市的第三方支持机构发展相对滞后。同时,这些第三方支持机构也主要是基金会以及从事能力建设的公益组织。

有部分受访企业开始购买第三方支持机构的服务,例如某合资企业将公益策划和项目执行外包给第三方支持机构。大部分专业的第三方支持机构以咨询公司的形式存在,并进行工商注册。但是,由于负责公益项目的 CSR 经理多隶属于公关部、市场部及广告部,因而更多的受访企业是聘用公关和广告公司来为企业公益提供支持。然而,大部分公关和广告公司缺乏相关知识,对社会问题和公益活动的认知有限,这种专业性的缺乏容易导致企业在公益管理上不能达到预期的效果。

(九)企业基金会发展困难

中国的企业基金会处于发展的初级阶段,仍然有许多问题有待厘清和解决。在现阶段,虽然企业基金会具备独立法人资格,但由于对企业基金会地位和角色的认识不清晰,管理层或多或少还是将企业基金会视为公益项目甚或是企业社会责任部门。由此带来的影响是,如果基金会的项目不与企业经营和品牌推广相挂钩的话,便会在企业内部遇到很大的阻力,基金会在动员员工志愿者或开拓其他资源之时更是难上加难。在英国,保持独立性是政府引导企业基金会的最重要内容,基金会可以服务于企业自身的社会责任战略,但是所有行动必须以基金会自身的利益为前提,以基金会自身所服务的社会目标为己任。[①] 而在中国,这是最难做到的,但也是企业基金会未来应该努力的方向。

管理人员的稀缺成为企业基金会在发展中面临的另一困难。中国的公益产业处在起步阶段,人才培养还远远没能跟上。从基金会管理人才的现状来看,大部分企业基金会的管理人员都需要兼顾企业和基金会的工作。例如,企业社会责任部门、品牌部员工甚至董事长秘书都时常会兼任基金会的管理人员。此外,如何找到合适的基金会秘书长也是个难题。企业基金会的秘书长一方面需要基于企业管理层的期望合理认识企业社会责任和经营之间的关系,另一方面也需要具有公益人的专业能力,而且这两方面的能力要达到平衡。解决这个难题绝非一朝一夕的事情,更关键的是需要解决长久存在的公益人才教育系统不够完善的问题。

现在中国已经有不少做得很优秀的企业基金会,例如在独立性上做得很好的南都基金会,作为媒体平台发挥巨大影响力的腾讯基金会,最具创新性的友成基金会,集聚企业家智慧的阿拉善基金会,等等。从这些企业基金会中,我们看到了中国企业公益在这方面的巨大潜力,只是路刚刚开始,远方还需要我们慢慢探索,更需业界一起努力。

[①] The UK Charity Commission, Setting up and Running a Charity – Guidance, https://www.gov.uk/how-to-set-up-a-charity-cc21a, 2015-06-10.

公益蓝皮书

五 培育建议：打造企业可持续性公益生态圈

基于调查结果，笔者认为，需要从整体的生态圈层面来探讨如何促进企业可持续性公益在中国的发展。其中，打造地域性的企业可持续性公益生态圈是应当优先考虑的，需要着力提升企业高管发展理念、加强企业公益人才储备、提高公众认知水平以及做好相关硬软件设施的配套，以保证企业在公益上的可持续投入更有效果，尤其是动员多元利益相关方一起参与企业公益的建设，促使国内企业公益的生态圈能够更有机地成长。

（一）提高企业家对战略性公益的认知水平

企业管理层对公益的片面认知影响了企业对可持续性公益的投入力度。为了提升企业家对企业社会责任及战略性公益的认识，政府可以委托相关机构（如企业家协会、行业协会及其他公益组织）专门为企业家开展相关培训，如参观优秀企业、举办沙龙茶会以及培训工作坊等。培训内容包括为他们引进国外企业公益的实践经验，如美国企业是如何区分个人慈善行为与企业公益行为的，以及公益理念如何在美国企业家族中实现代际传承。这可以使国内企业家了解到企业公益和个人公益的区别，进而形成企业战略性公益的理念——企业公益与企业发展目标相结合，开展企业公益项目需要企业内部的专门团队评估其与企业发展方向的关联性，而非单纯地以企业老板的个人意愿为最终依据。企业领导人对某些公益领域感兴趣，这应当属于个人公益行为而非企业公益，可以成立家族基金会来专门从事该领域的公益服务。最佳的例子是"比尔及梅琳达·盖茨基金会"。由于比尔·盖茨对公共健康感兴趣，他和妻子便成立了这家基金会来专门支持此类公益项目，而不是用微软公司的公益预算。

另外，基于对企业经理的访谈，笔者发现青年企业家是提升企业家对战略性公益认知水平的重要切入点。随着老一辈企业家的后代对家族事业的接手，以及近年来投身创业浪潮中的新企业家的出现，青年企业家逐渐在经济发展中发挥着极为重要的影响力。他们的教育水平大多比父辈高，容易接受先进的管理理念并与国际接轨。因此，青年企业家会更容易理解和认同企业社会责任的概念，并在此基础上加入他们的创新，由此成为企业社会责任的履行者。

现阶段，学界和商界都对企业社会责任进行了一系列阐释。其中，有一些理念已被广泛接受并且得到了实践验证，例如金字塔底层方法论、创造性共享价值、企业社会责任投资、影响力投资等。虽然这些理念大多是由外国学者提出的，但是近年来越来越受到中国企业和政府的认可和重视。这些有效并符合潮流的企业公益理念，值得我们在青年企业家群体中积极推广，让我们的企业家在理论上同国际接轨，同时根据本土情况在公益实践中加以发展。例如，深圳市政府部门重点学习影响力投资，志在颠覆传统慈善的模式，追求可持续性公益，实现解决社会问题和获得商业回报的共赢。

（二）地方政府更多支持公益机构与企业开展合作

如何推动公益组织与企业互动是跨界公益合作的重要内容。企业的公益项目主要依靠三股力量推动，即政府监管的力量、市场的力量、社会组织的力量，相互协作成为主要方式。[1] 受访企业觉得，如果合作的公益机构能够具备企业思维、运作模式规范且高效，企业投入资源才会放心。由于企业公益负责人掌握的与公益组织相关的信息十分有限，包括其项目内容、覆盖范围、执行能力、透明度等，因而受访企业认为，政府可以出面为公益组织搭建一个比较好的展示平台，促进公益机构更多地与企业开展合作。例如，民政部门可以协助建立更持续的对接平台——公益项目交易所，由其负责对入围公益项目的组织规模、执行能力、透明度、创新性开展评估，使有资质的公益组织的项目可以与有资源的企业互相匹配。

此外，政府可以考虑在公益组织的培育中投入更多资源，通过促进公益组织与企业开展更多合作来提升公益组织的能力，培养出一批能与企业合作营运公益项目的公益组织。其中，公益组织的能力建设包括与企业沟通、项目设计、项目管理、财务管理、项目报告及评估等几方面内容。相关政府部门可以以各地慈善会为平台，定期邀请企业公益负责人及专家学者为公益组织负责人开展相关培训。与其他公益组织相比，基金会的管理相对比较完善，但大部分仍然对于社会创新、公益创投等先进理念了解甚少，因而地方政府可以通过举

---

[1] Grant, Adam M., "Giving Time, Time After Time: Work Design and Sustained Employee Participation in Corporate Volunteering", *Academy of Management Review*, 2012, 37 (4): 589–615.

办培训或沙龙的形式协助基金会了解国外先进理念和实践经验,例如如何以新思维思考并解决社会问题,从而引起企业与其开展合作的兴趣。

(三)政策扶持第三方支持及评估机构

为了解决第三方支持机构缺乏的问题,民政部门可以从两方面培育企业公益的第三方支持机构。在政策支持层面,民政部门可以为现有第三方支持及咨询机构提供有限度的政策优惠,包括在租金、项目推广、税收、服务外包、专项资金申请等方面提供优惠,以此吸引更多的国际机构进驻。在第三方机构孵化层面,民政部门可以通过现有平台(如慈善会),协助想创业的公益专业人才成立以民办非企业单位、社会企业形式营运的第三方支持机构,利用者扶持具有企业合作经验并且规划转型的本土公益组织转化为第三方支持机构,使其工作经验、管理模式可以协助企业更好地进行公益活动。

缺乏项目评估的动力,也使企业公益的专业化十分艰难。对此,民政部门可以在未来两年建立企业公益项目评估专家委员会,邀请国内外专家学者作为委员协助孵化第三方评估机构,同时参考国际上具有可操作性的企业公益评估工具,如LBG标准和社会投资回报(Social Return of Investment,SROI)工具,来制定可供第三方评估机构使用的评估工具,由专家委员会提供指导建议。在评估机构成立之后,由企业出资邀请评估机构对其公益项目进行科学评估,量化公益项目对企业自身和社区的影响。地方政府也可以给予参与项目评估的企业更多的鼓励,包括每年的颁奖表扬活动,以及建立企业公益有效指数,以此吸引更多企业将其公益活动朝专业化的方向发展。

(四)提供更多的企业公益人才培养机会

国内企业社会责任在目前处于发展的初步阶段,企业公益人才的培养是政府必须要考虑的重要问题。在正规的教育课程上,全国范围内已开展了一定程度的工作,例如中山大学中国公益慈善研究院在2013年开设的"公益慈善硕士研究生课程",是全国首个高校开办的以公益慈善为方向的硕士研究生课程。但有受访企业认为,培养企业公益人才的时间成本较高,未必适合所有在职人士。对此,很多城市也开始出现了面向企业公益负责人的短期的专门培训班,例如2014年广州志愿者学院曾经举办名为"志愿服务岗位能力(领袖级)

培训班企业志愿者组织专场"的企业志愿者管理培训活动,[①] 有超过 26 个企业志愿者组织共 30 多名志愿者领袖参加了为期三天的专业培训。笔者亦作为培训师之一参与了培训。这种培训的内容可以延伸至不止志愿者管理,而是全面的企业公益管理,它通过大学、慈善会或志愿者学院等组织为企业公益经理提供专题培训,包括公益策划、与公益组织合作、项目评估及传播等内容,来提升企业公益人才的专业技能,并且尝试将这类培训变成常规化的证书课程。

从现阶段来说,师资力量及本土案例还相对缺乏,因而建议相关机构引入外国教材,并收集资料建立本土的企业公益商业案例数据库,以供参与短期课程的公益人士参考。有不少企业也会邀请专家进行内部培训,因而可以建立专家讲师数据库,按照专长将其分为公益战略、公益活动执行、公益营销、影响力评估、与公益组织合作等各种类型,以此帮助有需要的企业在数据库中寻找到合适的讲师。

(五)加强公众对企业公益的正确理解和认知

企业常常担心其公益活动会被公众批评是在以公益作秀,这种担心很容易降低他们开展战略性公益的积极性,这主要是源于整体的社会环境对公益还不够信任。社会整体的公益氛围需要逐渐营造,企业、政府和公益组织的三方互动无疑可以使更多的公众了解到企业公益的实际情况及其对社会发展的促进作用。企业可以通过参加学术研讨会、高校分享会等活动来宣传公益是如何成就社会和商业的双赢的,以此引导公众更理性地思考企业的社会功能,引发政府关注并协同解决相关社会问题。

一般情况下,开支合理且透明、具有社会成效成为公众对企业公益活动信任感的主要来源。因而,官网、微博等网络平台成为企业与公众进行不间断的信息传递的重要媒介。对于那些合乎目标消费群体价值与期望的公益活动,企业应当提供更多支持,同时提高消费者和雇员在公益营销过程中的参与度,以此提升企业公益项目的信誉。企业可以鼓励员工参与寻找潜在的公益项目或组

[①] 广州市团委:《弘扬向秀丽精神,提升志愿服务岗位能力》,http://www.byshjg.com/news_739.htm,2015 年 5 月 30 日。

织，并且以公益营销创新来吸引消费者和社区更多地参与其中。消费者加入企业组织的公益活动，例如为公众举办更多的免费公益沙龙及公益服务活动，同时通过电视宣传片、微电影等方式传播相关信息，这自然会对公众理解企业公益有莫大的裨益。因为，打造企业可持续性公益生态圈，其中一个极为重要的环节就是促使更多的公众了解企业公益的真正意义。

B.16 我国环保基金会的内部治理与外部监管研究

——对我国环保基金会公开信息的分析

龙朝晖 王紫微*

摘　要： 我国环保基金会在协调经济发展与环境治理方面发挥着重要作用。本文通过基金会中心网筛选72个环保基金会作为样本，在中心网和各基金会的官网收集其基本信息、财务信息和中基透明指数（FTI），先对其理事会、监事会和支出结构等内部治理情况进行实证分析，再从环保基金会的信息披露、FTI和税收征管三个方面研究其外部监管和存在的问题。在此基础上，提出政府部门加强监管和对外披露监管结果的具体政策建议。

关键词： 环保基金会　内部治理　外部监管

改革开放以来，我国经济在"高能耗、高投入、高污染"的粗放式增长格局下，环境污染问题日益突出，主要体现为日益严重的大气污染及水资源危机。2013年以来，全国出现大范围雾霾天气，环境治理刻不容缓。环境不断恶化，资源日渐枯竭，不仅成为抑制我国经济可持续发展的主要问题，而且是损害人类健康的重要因素，其甚至会引发社会冲突，影响社会和谐稳定。面对环境治理的多样性与复杂性，政府作为主要参与者治理环境的能力是有限的，

---

* 龙朝晖，中山大学岭南学院副教授，中山大学中国公益慈善研究院研究员；王紫微，中山大学岭南学院经济学学士。

需要"第三方"的力量介入并提供支持。各方参与者充分发挥各自的优势和主观能动性，从治理环境的角度补充公众对公共服务的需求。环保基金会是以环境保护为重点的非政府组织，在协调经济发展与环境治理方面发挥着重要作用。

截止到2015年5月2日，我国基金会总数已达到4370家，其中，公募基金会1500家，非公募基金会2870家。2012年度，全国基金会总资产达920亿元，年度捐赠总收入306亿元，年度公益总支出280亿元。随着基金会发展，其所服务领域也越来越广。目前，我国基金会已涵盖文化、艺术、教育、环境、动物保护、卫生保健、医疗救助、法律、就业、创业、"三农"、体育、心理健康、社会保障等各个领域，在社会服务和管理中发挥着越来越重要的作用。图1为我国基金会目前的行业构成，服务于教育、扶贫济困、科学研究、文化、医疗救助、见义勇为、老年人、儿童、安全救灾、残疾等领域的基金会数量最多。可见，基金会所关注的重点在科教文化和帮扶弱势群体方面，慈善特征较为明显。

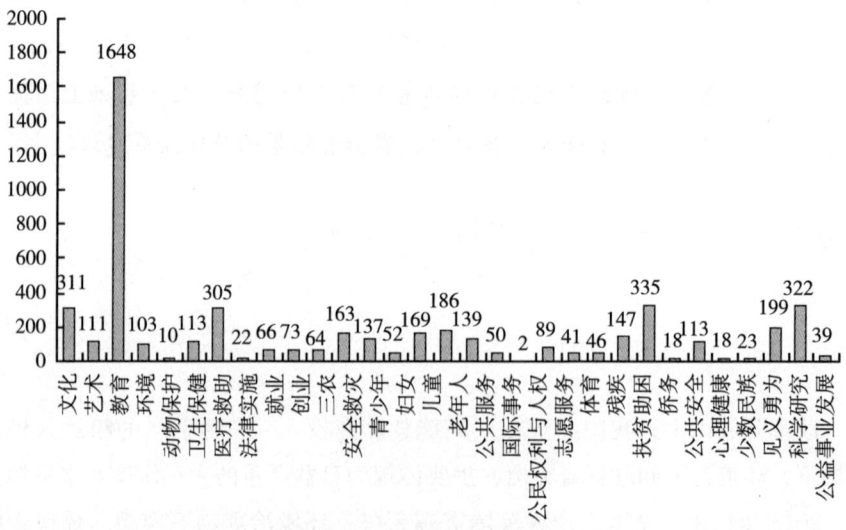

图1　我国基金会行业分布

2014年，我国环保基金会有103家，排在第15位。根据基金会中心网和各环保基金会官网数据，我国103家环保基金会中有27家信息不完全，未披露2012年度相关财务信息。在剔除了27家不合格样本之后，我们对76家符合要求的基金会2012年公开的信息进行分析，具体内容包括：环保基金会的理事会构成状况、监事人数、信息公开情况、透明指数、收入和支出结构、公益事业支出比例、工作人员工资福利支出和行政支出比例以及相关税收数据，等等。2015年，我们对之前所选取的76个样本进行后续追踪，发现有1家基金会找不到相关信息，3家基金会未披露2013年财务数据，因此剔除这4家基金会，我们对其余72家环保基金会2012、2013年度信息披露情况进行对比分析。我们通过基金会中心网和各环保基金会官网所公布的2012年和2013年有关信息，对环保基金会当年内部治理和外部监管进行实证研究，希望对我国环保基金会完善治理结构和实现自身可持续发展提供一些对策建议。

一 我国环保基金会的内部治理

（一）环保基金会的理事会和监事会

1. 理事会和监事会信息披露

从表1可以看出，2014年度，在72家环保基金会中，有67家环保基金会披露了自身理事会的构成情况，包括理事会成员的姓名、职位、上任日期、在其他单位担任的职务、是否领取报酬以及每年参加会议的次数。但仍有5家环保基金会并未披露自身理事会构成以及监事人数。理事会和监事会构成作为治理结构的最基本部分，这5家基金会有责任和义务将之披露给社会公众。2015年度，72家基金会全部披露了自身理事会及监事会构成情况，由此可见，我国环保基金会在理事会及监事会信息披露方面有一定的进步。

表1 环保基金会理事会、监事会信息披露情况

披露情况	2014年度		2015年度	
	数量（家）	比例（%）	数量（家）	比例（%）
披露	67	93	72	100
未披露	5	7	0	0

2. 理事会人数

《基金会管理条例》第三章第二十条对基金会理事会构成作出了详细规

定：基金会设理事会，理事为5人至25人，理事任期由章程规定，但每届任期不得超过5年。理事任期届满，连选可以连任。2014年度，已披露的67家环保基金会的理事会人数全都在5~25人，符合《基金会管理条例》的规定；2015年度，已披露的72家环保基金会的理事会人数全都在5~25人，符合《基金会管理条例》的规定。

表2 已披露环保基金会理事会人数合规性状况

合规情况	2014年度 数量(家)	2014年度 比例(%)	2015年度 数量(家)	2015年度 比例(%)
符合规定	67	100	72	100
不符合规定	0	0	0	0

3. 理事会组成结构

《基金会管理条例》第三章第二十条对于基金会理事会的组成结构作出了规定：理事会设理事长、副理事长和秘书长，从理事中选举产生，理事长是基金会的法定代表人。2014年度，我们的67个环保基金会的样本显示，有35家基金会未设置副理事长或秘书长，理事会组成结构不符合规定的比例达到了52%；2015年度，我们的72家环保基金会样本显示，有25家基金会未设置副理事长或秘书长，理事会组成结构不符合规定比例为35%。虽然2015年与2014年相比，情况有所改善，但是如此高比例的不符合规定仍应引起重视。

表3 理事会组成结构合规性情况

合规情况	2014年度 数量(家)	2014年度 比例(%)	2015年度 数量(家)	2015年度 比例(%)
符合规定	32	48	47	65
不符合规定	35	52	25	35

4. 领取报酬理事的比例

《基金会管理条例》第三章第二十条对于领取报酬理事的比例作出了规定：在基金会领取报酬的理事不得超过理事总人数的1/3。2014年度，披露了理事会及监事会构成的67家环保基金会中，不存在理事领取报酬的情况，所有理事均无偿提供服务；2015年度，披露了理事会及监事会构成的72家环保基金会同样不存在理事领取报酬情况。因此，目前我国环保基金会领取报酬理事的比例是符合相关规定的。

表4 领取报酬理事的比例

合规情况	2014年度		2015年度	
	数量（家）	比例（%）	数量（家）	比例（%）
符合规定	67	100	72	100
不符合规定	0	0	0	0

5. 监事设置

2014年度，披露了理事会以及监事会构成的67家环保基金会，全部设立了监事；2015年度，披露了理事会及监事会构成的72家基金会也全部设立了监事。监事会作为基金会内部治理结构的一个重要组成部分，是理事会和管理执行层的重要监督者，发挥着无可替代的分权与制衡作用。事实证明，我国环保基金会在监事设置方面较为规范，能很好地按照相关制度执行。

表5 监事设置

设置情况	2014年度		2015年度	
	数量（家）	比例（%）	数量（家）	比例（%）
设立监事	67	100	72	100
不设立监事	0	0	0	0

（二）环保基金会的支出结构

72家环保基金会收入一般来源于四个方面：捐赠收入、服务收入、投资收入以及政府补助收入。其支出一般用于三个方面：公益支出、工作人员工资福利支出以及行政支出。《基金会管理条例》中有专门规定基金会支出的条目，除此之外，基金会要想享受相关税收优惠，其支出结构也必须符合相关规定。就目前来说，已有较多管理条例对基金会财产使用进行规定，但具体执行情况不容乐观。

1. 公益事业支出比例

《基金会管理条例》第四章第二十九条对于公募和非公募基金会的公益支

出比例提出了要求：公募基金会每年用于从事章程规定的公益事业支出，不得低于上一年总收入的70%；非公募基金会每年用于从事章程规定的公益事业支出，不得低于上一年基金余额的8%。

为了了解我国环保基金会用于从事章程规定的公益事业支出的比例是否符合规定，我们在基金会中心网上搜集了2012年度以及2013年度34家公募环保基金会和38家非公募环保基金会的公益支出、上一年度总收入以及上一年度基金余额的相关数据，并计算出公益支出所占的比例，结果如表6和表7所示。

2012年度，在34家公募环保基金会中，有28家用于从事章程规定的公益支出占上一年度总收入的比例高于70%，占公募基金会比例为82%；有6家低于70%，占公募基金会比例为18%。2013年度，在34家公募环保基金会中，有24家用于从事章程规定的公益支出占上一年度收入比例高于70%，占公募基金会的71%，有10家低于70%，占公募基金会的29%。而在38家非公募环保基金会中，2012年度，有35家基金会用于从事章程规定的公益支出占上一年度基金余额的比例高于8%，占非公募基金会比例为92%；有3家低于8%，占非公募基金会比例为8%。2013年度，有37家基金会用于从事章程规定的公益支出比例达到规定，占非公募基金会比例为97%，有1家基金会用于从事章程规定的公益支出比例未达到规定，占3%。由此可见，与2012年相比，2013年度非公募基金会支出结构有所改善，而公募基金会支出结构则有所退步。

表6 公募基金会公益支出比例

合规情况	2014年度 数量(家)	2014年度 比例(%)	2015年度 数量(家)	2015年度 比例(%)
公益支出比例达到规定	28	82	24	71
公益支出比例低于规定	6	18	10	29

表7 非公募基金会公益支出比例

合规情况	2012年度 数量(家)	2012年度 比例(%)	2013年度 数量(家)	2013年度 比例(%)
公益支出比例达到规定	35	92	37	97
公益支出比例低于规定	3	8	1	3

2. 员工工资福利和行政办公支出比例

《基金会管理条例》第四章第二十九条对于基金会工作人员工资福利和行政办公支出占支出总额比例作出了规定：基金会工作人员工资福利和行政办公支出不得超过当年总支出的10%。在收集了环保基金会2012、2013年度总支出数额和各项具体支出金额后，我们计算出72家环保基金会员工工资福利支出和行政办公支出占总支出的比例。结果显示，2012年度，在72家环保基金会中，基金会工作人员工资福利和行政办公支出不超过当年总支出的10%的基金会有60家，占基金会的83%；超过此比例的基金会有12家，占17%。2013年度，基金会工作人员工资福利和行政办公支出不超过当年总支出的10%的基金会有59家，占基金会的82%；超过此比例的基金会有13家，占18%。两年情况相似，无明显改善，也应该引起注意。

表8 员工工资福利和行政办公支出比例

合规情况	2012年度 数量(家)	2012年度 比例(%)	2013年度 数量(家)	2013年度 比例(%)
符合规定	60	83	59	82
不符合规定	12	17	13	18

综上所述，我国72家环保基金会的内部治理可以分为人和财两个方面，都存在一些问题有待解决。从人的方面来看，2014年度，有5家环保基金会并未披露自身理事会构成及监事人数，有35家基金会未设置副理事长或秘书长；2015年度，72家基金会全部披露了自身理事会构成及监事人数，但仍有25家基金会未设置副理事长或秘书长。从财的方面来看，2012年度，34家公募环保基金会中有6家公益支出占上一年度总收入比例低于规定的70%，2013年度，这一数字竟然上升到了10家；2012年度，38家非公募环保基金会中有3家用于从事章程规定的公益支出的比例低于规定的8%，2013年度，这个数字下降为1家。在员工工资福利支出和行政办公支出方面，2012年度，有12家基金会的员工工资福利和行政办公支出比例超过10%，2013年度上升为13家。

公益蓝皮书

二 我国环保基金会外部监管

（一）环保基金会信息披露

《基金会管理条例》第三十六条对于基金会年度工作报告内容以及每年递交年度工作报告的时间作出了规定：基金会、境外基金会代表机构应当于每年3月31日前向登记管理机关报送上一年度工作报告，接受年度检查。基金会年度工作报告应当包括：财务会计报告、注册会计师审计报告，开展募捐、接受捐赠、提供资助等活动的情况以及人员和机构的变动情况等。第三十八条对于基金会自身信息披露作出了规定：基金会、境外基金会代表机构应当在通过登记管理机关的年度检查后，将年度工作报告在登记管理机关指定的媒体上公布，接受社会公众的查询、监督。《公益慈善捐助信息披露指引》也对公益慈善机构的信息披露作出了规定，第三章第十条规定公益慈善机构必须披露接受捐赠机构信息，包括机构名称、机构基本情况（年检情况、公募或非公募资质、评估结果、成立时间）、机构宗旨和业务范围、办公地址、工作电话、处理投诉的联系人及联系方式等。第十四条则规定了公益慈善机构必须披露的财务信息，包括年度财务会计报告（会计报表、资产负债表、业务活动表、现金流量表、会计报表附注、财务情况说明书）、审计报告等。

根据上述法规，我们对72家环保基金会进行网络搜寻，结果发现只有56家建立了官方网站。然后，我们将法规所要求披露的信息与环保基金会官方网站实际披露出的信息进行对比，说明我国环保基金会信息披露情况。在查看基金会官网信息披露情况的过程中，我们发现基金会官网信息披露存在较大的时滞性，2014年只披露了其2012年度的相关财务信息，而2015年才披露其2013年度财务信息。

1. 官方网站设置

在我们选取作为样本的72家环保基金会中，2014年度，有官网的基金会为56家，占78%；无官网的基金会有18家，占22%。2015年度，情况依旧如此。在基金会的官网上，我们一般可以看到基金会的基本介绍、组织构成、最新动态、项目信息、捐赠收入查询以及信息披露等与基金会相关的信息。因此，基金会官方网站对于其按法规披露信息和接受社会公众的查询、监督非常重要，还可以扩大基金会自身影响力。目前，环保基金会未设置官方网站的比例竟然高达22%，这是阻碍基金会依法披露相关信息和可持续发展的一大短板。

表9　72家环保基金会官方网站设置情况

官网设置	2014年度 数量（家）	2014年度 比例（%）	2015年度 数量（家）	2015年度 比例（%）
有官网	56	78	56	78
无官网	16	22	16	22

2. 收支明细披露

在56家设置了官方网站的环保基金会中，2014年度，有17家基金会在官方网站上披露其2012年度捐赠收入明细以及公益支出明细，占30%，其余39家未披露相关收支的明细，占比高达70%；2015年度，仅有10家基金会在官方网站上披露了其2013年度捐赠收入明细及公益支出明细，占18%，其余46家未披露相关收支的明细，占比高达82%。

表10　56家环保基金会收支明细披露情况

披露情况	2014年度 数量（家）	2014年度 比例（%）	2015年度 数量（家）	2015年度 比例（%）
披露收支明细	17	30	10	18
未披露收支明细	39	70	46	82

3. 年度工作报告披露

在56家设置了官网的环保基金会中，2014年度，有19家基金会披露了其2012年度工作报告，占34%。但是这些年度工作报告并不完全符合《基金会管理条例》所要求的内容，不完全包括财务会计报告、注册会计师审计报告，开展募捐、接受捐赠、提供资助等活动的情况以及人员和机构的变动情况等，基金会在官方网站上披露的工作报告总体来说过于笼统，并没有起到应有的作用。另外，37家根本未在官网上披露其2012年度工作报告，占比高达66%。2015年度，有24家环保基金会在其官网上披露了2013年度工作报告，占比

43%，工作报告基本涵盖了《基金会管理条例》所要求的内容，但是仍有32家环保基金会并未披露其2013年度工作报告。

表11　56家环保基金会年度工作报告披露

披露情况	2014年度 数量(家)	2014年度 比例(%)	2015年度 数量(家)	2015年度 比例(%)
披露年度工作报告	19	34	24	43
未披露年度工作报告	37	66	32	57

4. 审计报告披露

2014年度，在56家设置了官方网站的环保基金会中，有23家基金会在其官方网站上披露了2012年度审计报告，占41%，有33家未披露其2013年度审计报告，占比高达59%；2015年度，56家设置了官方网站的环保基金会中披露了2013年度审计报告的依旧只有23家，两年情况相同，无改善。

表12　58家环保基金会审计报告披露

	2012年度 数量(家)	2012年度 比例(%)	2013年度 数量(家)	2013年度 比例(%)
披露审计报告	23	41	23	41
未披露审计报告	33	59	33	59

综上所述，目前我国环保基金会的信息披露水平不容乐观。在我们研究的72家环保基金会中有16家未设置官方网站，56家设置了官方网站的基金会中，2014年度有39家未披露2012年度收支明细，37家未披露2012年度工作报告，33家未披露2012年度审计报告；2015年度，有46家未披露2013年度收支明细，32家未披露2013年度工作报告，33家未披露2013年度审计报告。我们有理由认为，这些基金会并未按章程规定向登记管理机关报送相关报告。若基金会均按规定向相关部门提交了报告，为何不按规定在官网上公布，接受社会公众的查询、监督呢？从另一个角度说，这也体现了政府相关部门的监管不力。

（二）环保基金会的中基透明指数（FTI）

2012年12月26日，由国内35家基金会共同发起设立的基金会中心网发布"中基透明指数2012排行榜"以来,中基透明指数(FTI)成为衡量基金会信息披露水平的重要指标。中基透明指数总分等于47个指标的分数之和,满分107.2分,其中基本信息总分为18分,财务信息总分为24分,项目信息总分为35分,捐赠及内部建设信息总分为30.2分。中基透明指数分数FTIn源于4项参数,即指标是否披露 Ti、指标权重 Wi、信息披露渠道 Si、信息披露的完整程度 Ci,其公式如下:

$$FTIn = \sum (Ti \times Wi \times Si \times Ci)$$

n:基金会序号;i:指标序号,值介于1至47之间;Ti:第 i 个三级指标是否披露,值为0或1;Wi:第 i 个三级指标的权重,值范围为1~6;Si:第 i 个指标的信息来源,来源于官网时 Si 值为1.2,来源于其他渠道时 Si 值为0.8;Ci:第 i 个指标信息披露完整度,值介于0到1之间,完整度越高值越接近1(该参数仅应用于主要项目信息分数的计算)。

中基透明指数是一个能全面反映基金会信息披露情况的指标,在前文选取基金会的4个指标进行具体分析的基础上,我们再利用FTI可以更全面地对我国环保基金会的信息披露情况进行比较研究。在我们研究的72家环保基金会中,有57家被基金会中心网进行2012年透明指数的披露,其余15家透明指数未被披露。15家基金会未被披露的原因,一是2012年成立的基金会不需要提交2012年度工作报告,二是2013年以后成立的基金会无2012年度工作报告。

根据基金会中心网披露的57家环保基金会透明指数,北京万通公益基金会、中华环境保护基金会、中华思源工程扶贫基金会、浙江正泰公益基金会共4家基金会的FTI为满分107.2分,这4家基金会官网上均披露了其收支明细、年度报告、审计报告和其他一些项目信息,是其他基金会学习的榜样。当年披露透明指数的基金会有2601家,FTI的平均值为45.55分,而57家环保基金会透明指数的平均值为67.40分。我们以FTI值45.55分和67.40分为分界线对57家基金会透明指数分布情况进行了整理,结果如表13所示,有7家基金会FTI值低于所有基金会的平均水平,有24家基金会FTI值高于所有基金会的平均水平,但低于环保基金会的平均水平,其余26家FTI值高于环保基金会的平均水平。

可见,环保基金会信息披露水平高于行业的平均水平,但我国基金会总体信息披露水平不高,很多重要信息都未向外披露,这需要引起我们的注意。

表13　57家环保基金会透明指数分布

	基金会数量(家)	占比(%)
FTI≤45.55	7	12
45.55＜FTI≤67.40	24	42
FTI＞67.40	26	46

(三)环保基金会税收征管

1. 法律依据

关于非营利组织免税资格认定的法律依据,主要源于财政部和国家税务总局在2009年11月19日联合下发的《关于非营利组织免税资格认定管理有关问题的通知》(财税〔2009〕123号,下称《认定通知》)和《关于非营利组织企业所得税免税收入问题的通知》(财税〔2009〕122号,下称《免收通知》),并已于2010年1月1日起正式执行。

新《企业所得税法》增加了符合条件的非营利组织收入免征企业所得税的内容,《免收通知》则具体划分了五类免税收入类型:①接受其他单位或者个人捐赠的收入;②除《企业所得税法》第七条规定的财政拨款以外的其他政府补助收入,但不包括因政府购买服务取得的收入;③按照省级以上民政、财政部门规定收取的会费;④不征税收入和免税收入产生的银行存款利息收入;⑤财政部、国家税务总局规定的其他收入。其中值得注意的是,按照《企业所得税法实施条例》的规定,非营利组织的收入不包括其营利性活动收入,政府部门另有规定的则除外。

此外,《认定通知》和《免收通知》还对非营利组织免税资格认定标准、非营利组织纳税申报以及不符合规定的非营利组织将被取消免税资格等进行了规定。按照以上法律规定,符合条件的非营利组织的收入属于免税收入,但是要想具有免税资格还需要经过相关认定程序,而在我国认定机关又是不统一的。全国性基金会以及地方性基金会分属不同的政府机构认定,且认定结果分较多批次公布。根据查询,72家环保基金会大都具有免税资格,符合条件的相关收入属于免税收入。但基金会的投资收入属于营利性收入,应该缴纳企业所得税。因此,通过分析具有投资收入的基金会的纳税情况,我们可以研究政府对基金会的税收征管情况。由于企业所得税按年计征、年终汇算清缴，我们认为，即便是从税收筹划的角度看，正常情况下具有投资收入的基金会应交税费余额不应为零。

2. 税收征管情况

基金会投资获取收入是其基金保值增值的重要手段。在我们研究的72家环保基金会中，根据2014年披露数据，有26家基金会2012年度拥有投资收入，占36%，投资收入总额高达4000多万元，平均值超过150万元；不拥有投资收入的基金会有46家，占64%。根据2015年披露数据，有30家基金会2013年度拥有投资收入，占42%，42家基金会2013年度不拥有投资收入，占58%。

2012年度，在拥有投资收入的26家环保基金会中，有13家基金会年末应交税费余额为零，占50%；2013年度，在拥有投资收入的30家环保基金会中，有14家基金会年末应交税费为零，占47%。我们不得不对政府税收征管状况产生怀疑，税务部门是否对具有投资收入的基金会进行了有效的征管与监督，值得进一步调研研究。

表14 基金会是否有投资收入

	2012年度		2013年度	
	数量（家）	比例（%）	数量（家）	比例（%）
拥有投资收入	26	36	30	42
不拥有投资收入	46	64	42	58

表15 拥有投资收入的基金会纳税情况

	2012年度		2013年度	
	数量（家）	比例（%）	数量（家）	比例（%）
年末应交税费为零	13	50	14	47
年末应交税费不为零	13	50	16	53

三 促进我国环保基金会可持续发展的政策建议

为了规范环保基金会的内部治理，除了基金会需要不断提升自身管理水平

外，外部监管也十分重要，其中政府监管是最重要的一环。政府应重点对基金会的信息披露进行监管，并把信息监管结果公开向社会披露，再发挥社会公众的监管力量，规范环保基金会的筹资和项目运作。

（一）政府部门加强监管

1. 监管的内容

《基金会管理条例》与《公益慈善捐助信息披露指引》已给出基金会信息披露所应包含的两方面内容：其一为被捐赠机构的基本信息，如机构名称、机构宗旨、业务范围及年检情况等；其二为被捐赠机构的财务信息，如年度财务会计报告、审计报告等。我们认为，以上两方面已经包含了比较全面的基金会信息，从以上信息中我们可以了解到基金会内部治理的方方面面，政府监管的内容就应该包含以上所提到的所有信息。但监管不应该只是流于规定和形式，具体的实施方法更为重要。

2. 监管的实施

（1）加强对环保基金会信息披露的监管

环保基金会必须把法规所要求的基本信息与财务信息相关资料在规定时间提交到相应管理部门。管理部门收到基金会提交的资料后，应该首先查阅相关资料看是否符合规定，并抽查一定比例的基金会实地调查。此外，前述披露审计报告的环保基金会仅占41%，还应该加大对负责审计基金会的第三方机构的监管力度，充分发挥审计机构的作用，提高审计报告的质量，同时降低政府监管成本。

（2）加强对环保基金会财务人员的培训

环保基金会的财务信息可以反映其财务状况、经营成果以及现金流量。因此，完整且高质量的财务信息对于了解基金会至关重要，应该加强对环保基金会财务人员的培训，提高财务人员素质，规范基金会的信息披露，也可以降低政府监管成本。具体培训的实施方法包括建立专门的基金会财务制度网站、印发基金会财务会计制度宣传册、开设基金会财务会计制度公开课，等等。

（3）细化惩罚性制度

上文提及的《认定通知》以及《财政部、国家税务总局关于通过公益性群众团体的公益性捐赠税前扣除有关问题的通知》不仅规定了非营利组织享受税收优惠所必须具备的条件，还对非营利组织制定了相应的惩罚措施，规定违反相关规定将取消非营利组织免税资格和税前捐赠扣除资格。但是两个通知对于违反规定情况的界定均比较宽泛，较难实际执行，我们认为，应该细化惩罚制度的量化指标，加强监管力度。

（二）对外披露监管结果

1. 环保基金会自身信息的披露

每家环保基金会都应该设置自己的官网，除每年必须向政府相关部门报送基金会基本信息和财务信息外，还应该在官网上披露，满足社会公众的知情权，形成健全的外部监管机制。没有设立官网的环保基金会应尽快设立官网，一方面满足其信息披露的要求，提高透明度，树立社会公信力；另一方面，还可以起到宣传作用，提高环保基金会的知名度，使其可以吸引更多的关注和公益捐赠。

2. 政府对于信息的统一披露

目前，我国有官办的民政部民间组织管理局、中国社会组织网和民办的基金会中心网对非营利组织信息进行披露，但政府网站所披露的信息较为简单，如非营利组织的年度工作报告点开之后看不到什么内容。我们认为，政府网站有义务将基金会信息披露工作做得更好和更细，所有年度工作报告中提交的资料都应该披露出来，供社会公众查询和监督。另外，各个地方政府在确定了基金会相关免税资格和税前捐赠扣除资格后，也应将相关的结果报送国家税务总局或财政部，在全国官网上统一公布相关结果，既降低公众查询资料的时间成本，也有利于基金会在全国筹款和运作项目。

·国际公益环境·

B.17
简评在华国际公益慈善对中国公益的影响

胡 明

摘 要： 国际公益慈善组织已经成为建构现代世界秩序重要的、积极的力量。自19世纪中期进入中国以来，它们不仅催生和支持了中国现代慈善事业，也对缓解中国底层民众的困苦生活起到了重要作用。特别是自1978年以来，国际组织不仅为中国提供了客观的直接援助，也在引入发展理念和技术、培养公益人才和公益组织、促进跨部门合作方面贡献很大。鉴于国际组织在中国开展工作仍然面临一系列政策、制度和意识形态的挑战，本文提出：已经深度融入全球化进程的中国应当有充分的信心吸纳国际公益慈善，发展本土公益力量，应对人类社会的共同挑战。

关键词： 在华国际公益慈善组织 困境与机遇 全球化

一 国际慈善起源与基本状况

公益慈善（philanthropy），即为"促进公共物品的志愿行动"。[1] 它包括三

---

[1] Payton, R. L., *Philanthropy: Voluntary Action for the Public Good.* New York: American Council onEducation/Macmillan, 1988.

个要素：志愿性（非强迫的）、公共目的、私人（非公共）手段。① 公益慈善普遍存在于各种社会，但具体实现形式则因经济发展水平、政治模式、社会生活制度和宗教信仰的不同而千差万别。例如，犹太社区早在公元前200年左右就建立了专门的慈善组织，如社区厨房（tamhui）和公共慈善基金（kuppah），古希腊社会建立了一种准强制的社会制度促使贵族行善，古罗马创建了最早的基金会组织。②

非正式的国际慈善伴随着跨地域的移民、贸易和宗教传播在亚洲、欧洲、非洲等社会的早期历史中一直都有零星存在。但常规性、制度化的国际慈善行动则主要是伴随国际民间组织（NGO）的产生而得以发展。有记录的早期国际NGO可以追溯至成立于1839年的英国与国外废奴协会（British and Foreign Anti-Slavery Society），以及稍后的世界福音联盟（World's Evangelical Alliance，1846年）、国际红十字会（1864年）等。

自20世纪50年代以来，国际慈善得以加速发展。国际NGO的数量则从1951年的1307个增加到2000年的25269个。③ 国际志愿服务自20世纪90年代稳步增长，2010年国际志愿服务者总量达到167万人，大约60%来自美国。④ 民间的国际捐赠目前并无完整统计数据，但从具体国家的情况可见一斑。例如美国2011年慈善捐赠总额为2984亿美元，其中用于国际事务的份额为5%。⑤ 加拿大2010年捐赠总额为106亿美元，其中国际组织接收8%。⑥

---

① Sulek, M., "On the Modern Meaning of Philanthropy", *Nonprofit and Voluntary Sector Quarterly*, 2010, 39 (2): 193-212.
② Robbins, K. C., "Thenonprofit Sector in Historical Perspective: Traditions of Philanthropy in the West", In Walter W. Powell and Richard Steinberg (eds.), *The Nonprofit Sector: A Research Handbook*, Yale University Press, 2006, pp. 13-31.
③ Boli, J., "International Nongovernmental Organizations", In Walter Powell and Richard Steinberg (Eds.), *The Nonprofit Sector: A Research Handbook*, Yale University Press, 2006, pp. 333-352.
④ Development Initiatives, International Volunteering: Trends, Added Value and Social Capital, http://forumidsOrg/wp-content/uploads/2004/08/18415460-FORUM-2004-Trends-Added-Value-and-Social-Capital-Development-Initiative.pdf.
⑤ Giving USA Foundation, Giving USA 2011, 2012.
⑥ Turcotte, M., Charitable Giving by Canadians, 2012, retrieved at http://www.statcan.gc.ca/pub/11-008-x/2012001/t/11637/tbl05-eng.htm.

国际慈善的发展主要得益于几个因素。其一,二战以后构建的新国际秩序(布雷顿森林体系,以后的华盛顿共识及相关国际组织,如联合国、世界银行、世界贸易组织等)空前地促进了不同国家在政治、经济和社会文化等领域的交流和合作,从而为国际慈善的发展提供了制度基础和资源条件。其二,全球化的加速发展也产生了大量跨国家的共同挑战,例如全球变暖、公平贸易、劳工权利、疾病传播、失业与贫困等。其三,发达国家对发展中国家的官方援助也带动了民间参与。2011年国际官方援助总额为1340亿美元。而一项统计发现,国际NGO的经费有一半来自这种官方援助。[1] 其他因素如国际移民、跨国企业和互联网技术也对国际慈善发展有重要推动。

国际慈善事业主要目的包括人道主义援助、提升人类发展和福利水平、创造有利的商业环境、传播特定价值观、发展文化认同等。为其他国家陷入灾难(包括自然灾害、技术灾难、战乱和暴力冲突)的民众提供避难所、食物、医疗和教育等方面的人道主义援助是国际慈善的基本目标之一。许多著名的大型国际NGO致力于这一目标,包括国际红十字会、无国界医生、宣明会、乐施会等。一些国际组织则以促进人类发展为目标。例如洛克菲勒基金会以"在全世界造福人类"为宗旨,在全球开展了许多影响深远的项目,包括推动钩虫病防治、绿色革命和各类科学研究等。而盖茨基金会的全球项目则涉及了艾滋病、农业发展、生育计划、穷人金融服务、图书馆等诸多领域。企业慈善则或多或少与发展国际商业环境相关,包括发展与政府、社区的关系,提升商业形象等。一项研究发现,在其所调查的261个全球领先企业中,79%的企业设立了企业基金会,其国际捐赠集中于健康、社会服务和教育领域。[2] 促进文化、技术和宗教交流也是一些国际慈善组织的重要目的,其组织类型包括各类国际职业协会,文化、艺术和体育组织,以及宗教组织。维护社会网络和文化认同则是移民慈善的重要动因。最后,存在一些国际组织服务于政治性目标的情况,包括提升母国的"软权力"、传输政治立场等。但研究表明,政治性国

---

[1] Szporluk, M., "A Framework for Understanding Accountability of International NGOs and Global Good Governance", *Indiana Journal of Global Legal Studies*, 2009, 16 (1): 339 - 361.
[2] CECP, Giving in Numbers, 2014, retrieved from http://cecp.co/pdfs/giving_in_numbers/GIN2014_Web_Final.pdf.

际 NGO 仅占全部总数的 0.6%。[1]

从总体上评价国际慈善的影响是一项非常艰巨的任务。本文将回顾国际慈善在华历史，并集中讨论 1978 年后国际慈善对中国慈善事业的影响。笔者希望这种探讨有助于研究者及实务工作者理解国际慈善对中国的意义，以及对于全球发展的意义。

二 晚清以来的在华国际慈善

从清末至今，国际慈善在中国经历了一段复杂曲折的历史。这大致可以分为几个阶段：成长和成熟（19 世纪上半期到 1911 年）、成为中国慈善的重要部分（1912~1949 年）和恢复在中国的发展（1978 年至今）。

（一）19世纪上半期到1911年

西方慈善在华始于传教。[2] 目前可见的最早记录是 1835 年美国公理会传教士伯驾（Peter Parker）开设的广州眼科医院（后变更为博济眼科医院），到 1877 年基督教组织在华设立的医院达到 16 所。这些医院常为穷人提供免费诊疗服务。慈幼事业也是教会慈善的重点，包括育婴堂、孤儿院、盲童学校、聋哑学校等。他们收养遗弃儿童、培训残疾儿童。到 1860 年左右，"教会举办的慈幼机构几乎遍及大半个中国，为数众多"。

在 1877~1878 年的丁戊奇荒中，教会慈善在灾民赈济中起到了极大的作用。李提摩太（Timothy Richard）组织了山东、山西等地的救灾，并推动成立了以传教士、洋商和外交官等为主的山东赈灾委员会（此后发展为中国赈灾基金委员会）。1906 年，传教士联合中国绅商在英租界成立了华洋义赈善会。这些努力不仅极大地帮助了灾民，而且为中国引入了近代西方组织严密、募捐散赈的民间赈灾模式，引发了中国绅商的大规模义赈，可视为中国近代民间慈善的开端。

---

[1] Boli, J., "International Nongovernmental Organizations", in Walter Powell and Richard Steinberg (eds.), *The Nonprofit Sector: A Research Handbook*, Yale University Press, 2006, pp. 333-352.
[2] 周秋光、曾桂林：《中国慈善简史》，人民出版社，2006。

国际红十字会系统在20世纪初引入中国标志着西方慈善在中国的发展达到一个新的高度。① 1904年3月10日,中、英、法、德、美五国人士于上海英租界发起成立上海万国红十字会。其董事会共有董事45人,其中西董35人,华董10人。这说明西方慈善已经与本土慈善力量结合。1910年,"大清帝国红十字会"正式成立,并在1911年调整为"中国红十字会万国董事会",确立了绅办原则和中西合办、理事会治理的模式。1912年初中国红会正式加入国际红会联合会。

(二)1912~1949年

在民国时期,西方慈善在中国得到进一步发展。北洋及国民政府都继承并改善了自清末以来与西方国家的外交关系。中国与西方在经济、文化等领域的联系也空前密切。频繁的战乱导致大量的灾民需要救援,而在这一时期民族资本的显著发展也为本土慈善力量的参与提供了资源。

在这一时期投资于中国慈善最为有力者当属洛克菲勒基金会。该基金会自1915年始筹建北京协和医学院,1921年落成。以建设一座"亚洲最好的医学中心"为目标,自1916年至1947年的32年间,洛克菲勒基金会用于创建、维持和发展协会医学院的拨款总数达4465万美元。同时它也大量资助了中国的自然科学、乡村教育和人文社科的发展。②

外国教会在这一时期对中国教育产生了巨大影响。新教会及天主教会先后主办了24所大学(新教21所,天主教3所),遍布华东、华北、华南、西南各地。一些学校如燕京大学、辅仁大学、东吴大学、圣约翰大学、金陵大学等当时在国际上享有盛誉。

赈灾领域取得重要发展的标志性事件则首推1921年成立"中国华洋义赈救灾总会"(下文简称义赈总会)。③ 1920年华北五省发生严重旱灾,各地义赈会筹集和发放善款1700余万元,其中六成来自海外(特别是美国)的捐款。救灾结束后,7个中外合办赈团联合组建了义赈总会。总事务所设在北

---

① 周秋光:《晚清时期的中国红十字会述论》,《近代史研究》2000年第3期。
② 资中筠:《洛克菲勒基金会与中国》,《美国研究》1996年第1期。
③ 黄文德:《非政府组织与国际合作在中国:华洋义赈会之研究》,台北秀威资讯科技股份有限公司,2004。

京，统筹全国救灾防灾事宜。该会之执行委员会有中西方人士共同参与，但西方人士居多。除救灾外，义赈总会通过修建减灾设施和发展农村合作社等方式提升防灾和灾民自救能力。它被誉为"近代中国第一个具有科学化、专业化、非营利性的国际慈善团体"。

查阅一些统计资料发现，民国时期全国共有救济机构4000多个，私人慈善组织占1/3到一半。[1] 虽然中国人自创的慈善组织已经有了极大发展，但国际慈善组织仍然占有相当比例。尤其是中外合办的慈善形式在清末的基础上得到进一步发展，并开始涉及海外救援。

（三）1978年以来

1949年新中国成立后，慈善事业被新政权定义为"统治阶级欺骗与麻痹人民的装饰品"及"少数热心人士的孤军苦斗"。[2] 政府对在华西方慈善组织进行了接收和改组，外籍人士遭到驱逐。随着计划经济体制的推行，各类民间慈善事业在1954年左右消失殆尽。

1978年中国开始推行的改革开放政策为西方慈善重新进入中国提供了契机。1979年，福特基金会相关人士受邀访华，重新开始基金会在中国的工作。同年进入中国的国际组织还有洛克菲勒基金会和亚洲基金会。中民慈善捐助信息中心（以下简称中民中心）的研究发现，1979~1988年来华活动的国际NGO在数量上有较快增长。它们主要致力于两大目标：推动中国的社会变革和改革开放，促进经济发展和传统公益慈善事业。[3] 在1989年一些国际NGO退出中国。自1993年以来，在华国际NGO数量再次呈快速增长趋势，其工作领域主要涉及人道主义救援、妇女权益、环境和人类发展、国际关系等。在中国活跃的国际NGO数量目前并无确切的数据，据估计在3000~6000家，包括约1000家美国NGO。

---

[1] 佚名：《中国慈善发展历史》，http://gongyi.qq.com/a/20070521/000028_1.htm。
[2] 董必武：《新中国的救济福利事业》，1953，http://dangshi.people.com.cn/GB/144964/145605/237447/17008211.html。
[3] 中民慈善捐助信息中心：《美国在华NGO慈善活动分析报告》，2012，http://mat1.gtimg.com/gongyi/2012/2012earthhour/Americanreport.pdf。

公益蓝皮书

三 1978年以来的国际慈善对中国慈善的影响

新中国成立后中国社会在意识形态和社会基本制度方面的巨大改变基本消解了所有慈善力量在中国的历史影响。我国慈善事业实际上是在1978年以后在新的社会条件下重新开始的。而这一过程仍然受到国际慈善的深刻影响。①

其一，国际慈善直接资助了大量中国公益慈善项目。这些项目几乎遍及中国所有省和直辖市，主要资助方向有扶贫、救灾、妇女与儿童权利、健康与疾病控制、环境、劳工权利等。流入中国的资金难以确切统计。但中民中心的研究认为，自20世纪80年代以来，通过在华美国NGO输入的资金达到约200亿元人民币。这不包括私人捐赠和通过中国政府实施的捐赠。而且，在最近几年国际捐赠占国内捐赠总额的比率一直维持在10%左右。② 例如，2008年全年中国慈善捐赠总额为1032亿元，其中135亿元来自国际捐赠（其中包括外国政府官方援助）。

其二，国际慈善为中国引入了许多重要的发展理念，包括赋权与参与式发展、社会性别平等、儿童权利、善治（政府民间合作）、全球公民、社会企业等。例如，香港乐施会较早地在中国NGO实务界引入社会性别平等的理念。1993年左右，乐施会开始组织社会性别培训工作坊，并推动了"陕西妇女研究会"、"性别与发展网络"等机构的成立与发展。参与式发展理念也在20世纪90年代初引入中国，经由国际NGO和多边援助组织在农村发展、反贫困等领域的推广而逐渐成为公益慈善领域的主流理念。一些理念如参与式发展、善治等被政府吸收，成为公共政策指导思想的一部分。

其三，国际慈善为中国公益提供了大量技术支持。小额信贷、农村快速评估、社会企业等公益模式均由国际慈善引入国内。例如，20世纪90年代初，福特基金会资助云南省政府扶贫办"中国云南省贫困山区综合开发试验示范项目"。通过该项目，泰国清迈大学Tan - Kim - Yong Uraivan教授等将农村快

---

① 当然，国际慈善的影响并不局限于公益领域，其对中国的政治改革、经济发展、教育与科研等也产生了重要影响。
② 根据中民中心2012年发布的《2011年度中国慈善捐助报告》，2009~2011年国际捐赠的额度占国内捐赠的比率依次为12.13%、12.49%和10.94%。

速评估技术引入中国,并培训了一批早期的农村发展工作者。① 1993年,小额信贷由中国社会科学院农村发展研究所从孟加拉乡村银行引入。此后,联合国开发计划署/中国经济技术交流中心、联合国儿童基金会、香港乐施会等国际发展机构陆续在中国开展小额信贷项目试点。社会企业最近几年在中国的兴起则得益于英国使领馆文化教育处的大力推动。

其四,国际慈善在国内公益人才的培养中发挥了重要作用。由于国内NGO发展起步较晚,国内早期的职业发展工作者主要受益于国际资助项目的在岗培训。另外,国际NGO也将公益人才能力建设作为其重要工作策略,举办了大量的培训班。其培训项目甚至催生了不少专注于非营利培训的机构,如惠泽人咨询服务中心、恭明社会组织发展中心等。提供国际交流和专项学习机会也是人才培训的重要方式。例如福特基金会国际奖学金项目2001～2010年共计资助了300多名有志于提升社会福祉和帮助弱势群体的人士赴国外攻读硕士(含少量博士)学位,其中包含不少职业的NGO人士。②

其五,国际慈善直接培育了大量的本土NGO。一些国际NGO以培育本土NGO成长为重要工作目标,为其提供从注册/启动资金、人才发展到项目资助的一揽子协助计划。例如,自20世纪90年代初在内地开展长期扶贫项目后,香港乐施会一直重视培育本土草根组织,识别和支持草根组织领袖,支持他们发展本地组织,提供能力建设支持,并推动草根组织发展行动网络。不少目前在国内比较活跃的本土NGO曾在起步阶段得到乐施会支持,例如陕西妇女研究会、NGO发展交流网、梁漱溟乡村建设中心等。由于本土资助机构缺乏,草根机构长期主要依靠国际慈善机构资助。一些资深公益领袖因此戏称中国民间公益组织是"喝着洋奶长大的"。③

国际慈善的另一个重要作用是推动中国社会对NGO的认同和跨部门合作。由于本土民间组织发展初期比较弱小,所以难以被政府和企业等认可。国际组织通过其项目、资金和网络推动了NGO与政府及企业的合作,例如在资助项

---

① 参见赵俊臣《纪念来中国推广"参与式农村快速评估(PRA)"的乌拉旺教授》,2008,http://www.aisixiang.com/data/19725.html。
② 参见《福特国际奖学金项目最后一年受理申请》,《中国发展简报》,2012,http://www.chinadevelopmentbrief.org.cn/org0/active-1216-1.html。
③ 中民中心的研究有力支持了这一说法,"中国接受过美国NGO资助的草根组织在2000家以上"。

公益蓝皮书

目中要求本土 NGO 的参与，或鼓励本土 NGO 联合执行项目，或者为跨组织、跨部门的合作牵线搭桥等。①

但是客观地说，民间公益领域并非国际慈善的最大受益者。仅从资金的角度来看，NGO 所接受的国际慈善资助占较低的份额。中民中心的研究发现，1988～2009 年，美国在华 NGO 投入资金的 21% 流入了政府部门，61% 流入了科研和教育部门，只有 8% 流入民间非营利组织。② 另一项研究发现，在 2002～2009 年，美国基金会对华资助总额的 25.38% 流入政府部门，44% 流向教育部门，仅有 5.6% 流入草根组织。③ 两项研究的发现非常接近。

2008 年是中国公益界的一个重要转折点。国际慈善在中国的影响力相对下降，而本土慈善力量加速发展，显示了日益增强的自我发展能力和社会影响力。汶川大地震催生了 100 万志愿者，300 多家 NGO 从事一线救援；众多本土基金会如南都公益基金会、中国扶贫基金会、千禾社区发展基金会等加入公益项目资助者行列。然而，国际慈善仍然在中国发挥重要影响力，尽管其方式已经有所改变。

第一，虽然有研究称国内公益基金会已经成为 NGO 的最重要资金供给方④，但国际慈善资助仍然是中国 NGO 重要的资金来源。国内资助型基金会和政府购买项目总量仍然非常有限，难以满足 NGO 对于项目及组织发展的资金需要。同时，虽然有部分国际资助因为中国日益增长的经济实力等原因而急剧削减或退出，例如日本、德国、英国、澳大利亚、联合国粮农组织等对中国的援助，但这主要发生在官方援助领域。私人援助领域的境外流入资金仍在不断增长，例如美国 NGO 对华资助自 1980 年以来基本呈逐年上升趋势。另外，国际经验表明，经济发达程度与国际捐赠并不存在直接相关性。例如，美国私人基金会 2010 年的 15 亿美元对外捐赠中，51% 流向西欧地区（虽然其中的 33% 用于支持国际项目），仅有 17% 流向撒哈拉以南非洲国家，8% 流向拉美，

---

① 朱健刚、王超、胡明：《责任、行动、合作——汶川地震中 NGO 参与个案研究》，北京大学出版社，2009。
② 中民慈善捐助信息中心：《美国在华 NGO 慈善活动分析报告》，2012，http://mat1.gtimg.com/gongyi/2012/2012earthhour/Americanreport.pdf。
③ Spires, A. J., "Lessons from abroad: Foreign Influences on China's Emerging Civil Society", *China Journal*, 2012, 68: 125-146.
④ 黄晓勇主编《中国民间组织报告（2014）》，社会科学文献出版社，2015。

4%流向北非及中东。这显示，如果中国能够为国际慈善组织提供合适的工作环境，中国将在未来相当长时间内持续吸引大量国际慈善投入。

第二，随着中国公益发展水平与国际慈善的差距缩小，国际慈善的新理念和新方法更快速地传播到中国。20世纪90年代起源于美国的公益创投和影响力投资在2008年左右登陆中国。少量基金会和私募基金已经启动相关项目。[①]同时，中国公益也开启了对欧美慈善制度的深度学习之旅。2009年，中国一个基金会访问团访问了美国基金会中心，并决心在中国成立一家类似机构。这项努力得到美国基金会中心的有力支持，并最终促成了2010年基金会中心网的成立。中国也多次组织基金会负责人赴美交流和学习基金会治理经验。国际慈善的影响也不局限于公益组织，而是扩及大众。2010年9月，沃伦·巴菲特和比尔·盖茨访问中国并宴请50多位中国富豪讨论慈善。此行在中国掀起一股全民讨论财富与慈善的浪潮。2014年8月，"冰桶挑战"从美国传播到中国，这项风靡全球的旨在帮助渐冻人的公益行动吸引了大量公众和各界名人，在两周之内为瓷娃娃罕见病关爱中心带来800万元捐款。[②]

第三，不同于早期的基本公益技能普及训练，中国公益界如今更多地在高级人才和公益领导力训练方面受益于国际慈善界。例如，在其国际奖学金项目结束后，福特基金会持续资助北京师范大学的社会政策和公共管理硕士项目。中国人民大学、中山大学和北京大学也设立了慈善研究和公益管理相关的硕士项目。这些项目在技术方面得到了美国大学和研究机构（例如印第安纳大学、圣母大学）的支持。

第四，大量交流互访、国际实习、国际论坛等正在帮助中国公益进入国际合作网络，在中国及国际公益慈善中扮演更为积极的角色。民间公益的国际交流和实习交换在近几年显著增加，例如Atlas Corps全球实习计划、香港中文大学公民社会访问学人计划、联合国志愿者计划等均涉及国际交流或实习。国际交流平台如中欧社会论坛、香港社会企业峰会等成为中国公益界加入国际对话和国际网络的重要渠道。另外，越来越多的国际公益

---

① 周惟彦：《中国社会企业与社会影响力投资发展报告》，2013，http://www.21innovation.org/2012/files/2013040110445.pdf。
② 《国内冰桶挑战收到800余万捐款，瓷娃娃回应质疑》，2014年8月31日，http://china.cnr.cn/xwwgf/201408/t20140831_516354109.shtml。

组织建立了中国分部（而不是此前的代表处或者项目办）。例如台湾慈济基金会2008年注册了慈济慈善事业基金会，美国大自然保护协会2010年成立中国理事会。

最后，中国公益正在改变作为单纯受助者的地位，走出国门为世界慈善贡献力量。2007年中国扶贫基金会"母婴平安120行动"进入几内亚比绍共和国，2008年与中石油合作在苏丹援建阿布欧舍友谊医院。中国青少年发展基金会在2011年成立非洲部专门负责对非洲希望小学的援建工作。2013年海航集团向联合国世界粮食计划署捐赠人民币1000万元，支持加纳学校营养餐计划。但作为国际公益慈善社区的新成员，中国公益显然还需要从老牌国际组织多多借鉴经验。

四 国际慈善的中国困境与机遇

虽然目前国际慈善力量在中国快速增长，但它们仍然面临许多严峻的挑战。

最主要的挑战来自中国慈善制度不健全。目前与在华国际NGO有关的法规只有两部：1989年颁布的《外国商会管理暂行规定》和2004年颁布的《基金会管理条例》。在新的全面性法规出台前，大量的非商会和非基金会类型的国际NGO无法可依。其后果则是国际组织注册无门，在财务管理、人事管理、合同管理等方面都有难以克服的障碍，严重影响工作开展，更遑论在中国筹款。由于无法获得正式的身份，许多国际组织主要通过与政府部门、事业单位、教育和科研部门等合作，通过合作项目等方式获得准正式身份。但是这种方式容易受到合作方人事变动或者上级政府政策调整的影响。

与制度不健全相对应的则是中国政府进退失据的行政管理。朱健刚等认为，"总体上，从中央到地方各级政府部门对涉外社会组织在华活动的态度是'三不政策'，即'不承认、不干预、不取缔'，相应的在具体操作层面则是'合法进入没门，非法进入随便'的矛盾状态"。[①] 因此，国家组织能否有效开

---

① 朱健刚、周如南、赖伟军：《建设中国现代社会组织体制：问题、实践与改革方案》，载朱健刚主编《中国公益发展报告2013》，社会科学文献出版社，2013，第88~109页。

展工作更多地取决于项目地所在政府的态度。在不少地区,从事劳工权利维护、艾滋病防治和儿童发展的国际组织也被视为涉及政治敏感问题而被拒之门外。马秋莎认为,"总体来讲,十几年来中国政府对INGOs的政策既立足于中国走向世界的总方针,亦囿于中国政治体制与意识形态,是一种要吸引又不放心的态度,要管理又力不从心的现状"。①

另外,本土NGO相对弱小,国际合作能力相对缺乏。大量的草根组织没有合法身份,项目执行能力较弱。国际组织也因此更为偏好与政府、教育、科研等部门合作②,但这面临着新的冲突。例如,因为质疑中国疾病预防控制中心未能有效保障社会组织参与,全球抗击艾滋病、结核病和疟疾基金(简称全球基金)于2010年末冻结了对中国上亿美元的防治艾滋病资金援助。③虽然具体证据需要中立性调查,但这次冲突反映了中国NGO数量少、能力弱的事实,以及一些中国政府部门的操作与国际公益项目规范存在显著分歧。

最后,一部分政府官员、学者乃至公众仍然对国际NGO抱有意识形态偏见。总体上,政权意识形态致使官方对于西方国家的思想和组织长期保持警惕。即使在中国对国际投资敞开大门欢迎并提供种种优惠措施之后,这种警惕仍然经常性用于国际民间组织,一些国际组织被迫关闭中国项目。④少量学者也发表未说明数据可靠性的文章,声称国际NGO危害国家安全、破坏政治稳定、助长腐败等。另外,主流媒体在新闻传播中也往往避开国际组织,致使公众很少有渠道了解它们的真实面貌。

然而,相对中立的、证据扎实的研究表明,国际组织与中国政府、民间组织和其他社会群体形成了相对稳定的、值得信赖的合作,对中国的发展产生了积极的重要的影响。⑤

---

① 马秋莎:《全球化、国际非政府组织与中国民间组织的发展》,《开放时代》2006年第2期,第119~138页。
② Spires, A. J., "Organizational Homophily in International Grantmaking: US - Based Foundations and Their Grantees in China", *Journal of Civil Society*, 2011, 7 (3): 305 - 331.
③ 参见刘涌《全球基金解冻中国援助》,《21世纪经济报道》2011年9月1日, http://www.21cbh.com/HTML/2011 - 9 - 1/1MMDY5XzM2MTc1Mw.html。
④ 参见马军《境外NGO面临监管严冬》,《凤凰周刊》2015年3月6日, http://www.ifengweekly.com/detil.php? id = 1728。
⑤ 王名:《中国民间组织30年:走向公民社会》,社会科学文献出版社,2008。

另一方面,国际慈善在中国的发展也仍然有可观的前景。

第一,中国在未来较长时期仍然面临各种显著的社会挑战,需要国际NGO的支持和国际合作。这些主要议题有老龄化、贫困、健康、环境与气候变化等。2014年中国人类发展指数列全球第91位,甚至远远低于智利(第41位)、古巴(第44位)、墨西哥(第71位)等发展中国家,遑论比肩发达国家。① 改变中国这样一个宏大目标对于任何有抱负的国际慈善公益组织而言仍然会有巨大的吸引力。

第二,中国的公益慈善制度环境总体上正在逐步改善。政府正在逐步放宽各类民间公益组织的登记限制,调整税收减免政策,并扩展政府购买服务项目。全国已经有13个省区市(包括北京市、上海市、广州市、江苏省、湖南省、宁夏回族自治区等)正在尝试对公募基金会之外的公益组织授予公募资格,并规范募捐管理。虽然这些措施并不能使国际组织直接受益,但这种整体环境的改善也能对其在华工作产生助益。另外,已经有少量地方政府,如云南省政府,制定了针对国际NGO的管理规范。全国性的管理规范已经于2014年末提交全国人大常委会审议。②

第三,中国本土公益力量的成长将有力增强其与国际慈善界的合作能力。中国民间公益组织,包括基金会、社团和民办非企业单位都在过去十年呈现较快的增长趋势。③ 慈善捐赠总额也从2005年的62亿元激增至2013年的989亿元。志愿服务在各类人群(特别是青年)中成为新的社会时尚。因为这些方面的发展,中国的公益慈善将不仅是国际慈善的受益者,也正在成为其新伙伴,共同应对全球性挑战。

五 结论

从伯驾的广州眼科医院算起,国际慈善进入中国已有近两百年历史。虽然

---

① UNDP, Human Development Report, 2014, retrieved at http://hdr.undp.org/sites/default/files/hdr14-report-en-1.pdf.
② 参见《我国拟制定境外非政府组织管理法》,2014年12月22日,http://news.xinhuanet.com/world/2014-12/22/c_1113734537.htm。
③ 中山大学公益慈善研究院:《全球慈善趋势报告:现在与未来》,2014(待刊)。

由于政治及战乱等原因,国际慈善曾经几度陷入低潮(包括鸦片战争时期、义和团运动时期、抗日战争及内战时期,以及计划经济时期),但是总体上对中国的和平和社会发展作出了巨大的贡献。即使仅仅从中国本土慈善发展的角度来看,国际慈善也是扮演了极为重要的、积极的角色并产生了深远影响。这段历史也表明,真正的慈善具有超越于政治、宗教、种族等隔阂的力量,服务于各类社会中的人的基本需要,维护和发展人的基本权利。当中国社会越来越深地融入全球化进程,我们当更有充分的信心摒除偏见,接纳国际慈善,发展本土公益力量,应对人类的共同挑战。

附 录
Appendix

B.18
2014年中国公益慈善十大事件

中山大学中国公益慈善研究院通过同行评议、邀请投票的方式，评选出"2014年中国公益慈善十大事件"。整个评选过程包括提名和评选两个阶段。在提名阶段，按照行动实践和立法政策两个模块进行提名，分别选出十大事件，同时进行筛选，产生15件大事件。在评选阶段，研究院邀请了公益学社的专家学者用网络投票的方式在15件事件中不分模块地选出了他们心中的"十大事件"。评选出来的"2014年中国公益慈善十大事件"如下。

1. 嫣然天使基金纷争
——推动基金会信息公开

2014年1月6日，网络爆料人周筱赟通过微博举报称，由李亚鹏发起的嫣然天使基金存在黑幕，质疑7000万善款下落不明、唇腭裂人均手术成本超高等问题。2014年2月，随着民政部官员在一次报告会上针对此事件作出"信息必须公开到位"的回应之后，这一纷争进入白热化阶段。8月12日，民政部民间组织管理局表示，通过对中国红十字会总会及会计师事务所提供的材料进行研究核查，没有发现举报人周筱赟所举报的嫣然天使基金问题。嫣然天使基金纷争从根本上来说涉及的是公信力问题，也是所有公益慈善组织迟早都要面对的一堂公信课。目前整体而言，我国公益慈善组织的公信力处于较低的水准，公信力建设对公益组织的公开度、透明度提出高要求，嫣然天使基金事件促使整个公益行业警醒。

2. 深圳、北京、上海多地社区基金会实践，热度上升

——中国社区基金会开始受到重视

2014年3月，深圳市正式出台《深圳市社区基金会培育发展暂行办法》，提出要打造"社区基金会"，鼓励在社区内以非公募的形式筹集资金，降低原始资金最低额度的要求，助力社区发展。2013年12月31日，深圳市圆梦南坑社区基金会正式成立，成为我国第一个由社区内部力量发起成立的社区层面的基金会。紧接着，2014年1月8日，上海浦东新区首个社区慈善基金——上海市慈善基金会浦东新区分会浦兴路街道社区基金成立。3月2日，北京太阳宫社区善客基金成立，成为支持社区公益慈善事业发展的资金筹集平台。社区基金会已经有悠久的历史，但在中国，由于缺乏相应的制度和法律保障，现代社区基金会仍是一个新鲜的概念。这种立足社区发展和社区文化的社区基金会是探索社区管理和社区自治的一种新型模式，作为非公募基金会，它也将在改善社区民生、培育和发展社区组织、推动社区居民参与等方面发挥着重要作用。多地实践运行社区基金会将推动社区基金会发挥应有的作用。

3. 《中华人民共和国环境保护法》出台

——首次以法律形式确立社会组织在环境公益诉讼中的主体资格和认定标准

2014年4月24日，全国人大常委会通过新修订的《中华人民共和国环境保护法》，并规定自2015年1月1日起开始施行。新的《环境保护法》首次以法律形式确立社会组织在环境公益诉讼中的主体资格和认定标准，为支持社会组织参与环境保护提供了法律保障。此前，在《环境保护法》修正案征集意见中，公益诉讼主体是一大焦点，经过多方争取，最终采纳社会组织也可以作为环境公益诉讼主体的意见，并明文规定其主体资格。该法律正式实施之后，全国有700余家符合要求的社会组织可依法提起环境公益诉讼。

4. 阿里巴巴将成立个人公益信托基金

——公益信托、慈善金融等商业投资方式，备受关注

2014年4月25日，阿里巴巴两位创始人马云和蔡崇信宣布，将建立个人

公益信托基金。阿里公益基金将致力于医疗、环境、水、教育、文化等公益领域，地域涉及中国内地、香港和海外。二人表示，公益基金将占阿里巴巴集团总股本的2%，出自二人在阿里集团拥有的期权。此前，银监会下发《关于信托公司风险监管的指导意见》，提出"完善公益信托制度，大力发展公益信托，推动信托公司履行社会责任"，将公益信托正式定位于信托行业转型方向。长期以来，公益信托虽有《信托法》等法律依据，但由于可操作性问题一直没有得到足够的重视和良好的发展。随着法律越来越完善和越来越多的组织乐意实践公益信托，公益信托将在慈善事业中发挥越来越重要的作用，有望成为助力慈善资本有序循环的重要手段。

5.《广州市社会组织管理办法》和《广州市取缔非法社会组织工作细则（征求意见稿）》引发热议

——社会组织积极参与，寻求与政府平等对话

2014年6月，《广州市社会组织管理办法》经广州市政府常务会议审议通过。该管理办法取消了社会团体和民办非企业单位的注册资金要求，降低了注册门槛；仅要求社会组织的场地是固定的、邮政通信可达的住所；等等。此项政策变化在一定程度上被视为广州市在社会组织管理创新上的重要举措。在立法过程中，广州多家社会组织联合开展了问卷调查，邀请社会组织、学者、律师、媒体、政府相关部门共同参与召开研讨会，向广州市政府法制办提交立法建议。社会组织在这次广州市社会组织管理体制改革的过程中发挥了重要作用，甚至有媒体将此称为"社会组织推门立法"。

10月下旬，广州市民政局发布《广州市取缔非法社会组织工作细则（征求意见稿）》，规定具有下列情形之一的属于非法社会组织："擅自开展社会组织筹备活动的；未经登记，擅自以社会组织名义进行活动的；被撤销登记后继续以社会组织名义进行活动的。"该征求意见稿引发广泛争议，也催生了针对该意见稿的研讨会，研讨会汇聚了学者、律师、政府官员、媒体人和公益人士等，最终基本达成共识。在这两起事件中，社会组织都积极参与，寻求与政府良性沟通，并在其中发挥重要作用，意义非凡。

6. 鲁甸地震社会组织有序参与救援

——社会组织参与救灾步入专业化、有序化

2014年8月3日，云南省昭通市鲁甸县发生6.5级地震。地震发生后24

小时内,除了官方救援之外,已有17家社会组织启动应急预案,投入地震救灾工作中。8月6日,云南省民政厅在救灾应急指挥部下设"社会组织参与救灾协调服务组",同时建立"云南鲁甸地震社会组织救援服务平台",促进国家力量和民间组织共同有序参与到地震救援之中。近年来,民间救援力量在经历汶川、玉树、雅安等多次灾害救援之后迅速成长,民间救援队伍的数量和质量都有很大提高,鲁甸地震后民间救援组织形成多个救灾联合体或网络,实现专业协作、有序救灾。

7. "冰桶挑战"轰动公益界

——提出"快乐公益,人人公益"的理念和方式

2014年8月17日,"冰桶挑战"进入中国,雷军等人被点名。当天晚上,瓷娃娃罕见病关爱中心在新浪品牌捐平台上线"助力罕见病、一起冻起来"的"冰桶挑战"中国项目,号召大家通过"冰桶挑战"的方式关注、支持包括ALS患者在内的罕见病群体。随着越来越多的企业家、明星、名人和广大公众的参与,"冰桶挑战"成为2014年夏天最火热的话题之一。"冰桶挑战"借助社交媒体获得了巨大反响,它欢乐、有趣、可参与性强,一反悲天悯人的传统公益形象,向社会大众展现了一种公益新思维,即"快乐公益,人人公益"。

8. 国务院首次提及"公益创投"等投资方式

——促进慈善事业健康发展

2014年10月29日国务院总理李克强在国务院常务会议上指出,要优先发展具有扶贫济困功能的慈善组织。地方政府和社会力量可通过公益创投等方式,为初创期慈善组织提供支持。这是国务院首提支持"公益创投",慈善金融受到鼓励。此后,各地政府、公益组织和企业都掀起公益创投的热潮,公益创投成为备受关注的投资新思维。12月,国务院印发《国务院关于促进慈善事业健康发展的指导意见》,再次确定鼓励和规范慈善事业发展的一系列重大政策措施。高层关注体现了中央政府对于慈善投资领域创新和慈善事业发展的支持和鼓励。

9. 禾邻社诉万科公益基金会知识产权侵权案胜诉

——推动公益行业对知识产权的重视和维护

2014年10月23日,上海社会组织禾邻社区艺术促进社(简称"禾邻社")诉万科公益基金会《全民植物地图》著作权侵权案在经历了20多个月漫长而曲折的司法程序之后,最终以禾邻社胜诉而宣告结束。在该案中,禾邻社起

诉万科公益基金会在未得到禾邻社书面授权的条件下，将其拥有的《全民植物地图》及总结报告向全国各地分公司进行推送，属于违约并侵犯其著作权。该案是中国公益慈善领域的第一起知识产权保护案，有力地推动了公益行业对知识产权的重视和维护，进而强化了各类公益组织对公益项目创新的认识。

10.《慈善法》有望出台

——民间力量寻求立法参与

2014年3月，全国人大常委会专门成立慈善法草案起草领导小组，并召开研讨会，邀请有过慈善法规立法经验的地方机关、民政部门代表和专家对立法过程中的重大问题进行初步讨论，计划在年底前完成草案，并在2015年提交全国人大常委会审议。截至12月，共有5部慈善法民间建议稿同时公布，它们分别是由北京大学法学院非营利组织法研究中心、清华大学公共管理学院NGO研究所、中国社会科学院法学研究所、北京师范大学中国公益研究院、上海交通大学第三部门研究中心、中山大学中国公益慈善研究院等6家机构提交。人大表示民间提出的各版本草案都会予以参考。民间组织参与立法建议，体现了立法过程中的官民互动。

皮书起源

"皮书"起源于十七、十八世纪的英国,主要指官方或社会组织正式发表的重要文件或报告,多以"白皮书"命名。在中国,"皮书"这一概念被社会广泛接受,并被成功运作、发展成为一种全新的出版形态,则源于中国社会科学院社会科学文献出版社。

皮书定义

皮书是对中国与世界发展状况和热点问题进行年度监测,以专业的角度、专家的视野和实证研究方法,针对某一领域或区域现状与发展态势展开分析和预测,具备原创性、实证性、专业性、连续性、前沿性、时效性等特点的公开出版物,由一系列权威研究报告组成。

皮书作者

皮书系列的作者以中国社会科学院、著名高校、地方社会科学院的研究人员为主,多为国内一流研究机构的权威专家学者,他们的看法和观点代表了学界对中国与世界的现实和未来最高水平的解读与分析。

皮书荣誉

皮书系列已成为社会科学文献出版社的著名图书品牌和中国社会科学院的知名学术品牌。2011年,皮书系列正式列入"十二五"国家重点出版规划项目;2012~2015年,重点皮书列入中国社会科学院承担的国家哲学社会科学创新工程项目;2016年,46种院外皮书使用"中国社会科学院创新工程学术出版项目"标识。

中国皮书网

www.pishu.cn

发布皮书研创资讯，传播皮书精彩内容
引领皮书出版潮流，打造皮书服务平台

栏目设置：

- □ 资讯：皮书动态、皮书观点、皮书数据、皮书报道、皮书发布、电子期刊
- □ 标准：皮书评价、皮书研究、皮书规范
- □ 服务：最新皮书、皮书书目、重点推荐、在线购书
- □ 链接：皮书数据库、皮书博客、皮书微博、在线书城
- □ 搜索：资讯、图书、研究动态、皮书专家、研创团队

中国皮书网依托皮书系列"权威、前沿、原创"的优质内容资源，通过文字、图片、音频、视频等多种元素，在皮书研创者、使用者之间搭建了一个成果展示、资源共享的互动平台。

自 2005 年 12 月正式上线以来，中国皮书网的 IP 访问量、PV 浏览量与日俱增，受到海内外研究者、公务人员、商务人士以及专业读者的广泛关注。

2008 年、2011 年中国皮书网均在全国新闻出版业网站荣誉评选中获得"最具商业价值网站"称号；2012 年，获得"出版业网站百强"称号。

2014 年，中国皮书网与皮书数据库实现资源共享，端口合一，将提供更丰富的内容，更全面的服务。

法律声明

"皮书系列"(含蓝皮书、绿皮书、黄皮书)之品牌由社会科学文献出版社最早使用并持续至今,现已被中国图书市场所熟知。"皮书系列"的LOGO( )与"经济蓝皮书""社会蓝皮书"均已在中华人民共和国国家工商行政管理总局商标局登记注册。"皮书系列"图书的注册商标专用权及封面设计、版式设计的著作权均为社会科学文献出版社所有。未经社会科学文献出版社书面授权许可,任何使用与"皮书系列"图书注册商标、封面设计、版式设计相同或者近似的文字、图形或其组合的行为均系侵权行为。

经作者授权,本书的专有出版权及信息网络传播权为社会科学文献出版社享有。未经社会科学文献出版社书面授权许可,任何就本书内容的复制、发行或以数字形式进行网络传播的行为均系侵权行为。

社会科学文献出版社将通过法律途径追究上述侵权行为的法律责任,维护自身合法权益。

欢迎社会各界人士对侵犯社会科学文献出版社上述权利的侵权行为进行举报。电话:010-59367121,电子邮箱:fawubu@ssap.cn。

社会科学文献出版社

权威报告·热点资讯·特色资源

皮书数据库
ANNUAL REPORT(YEARBOOK) DATABASE

当代中国与世界发展高端智库平台

皮书俱乐部会员服务指南

1. 谁能成为皮书俱乐部成员？
- 皮书作者自动成为俱乐部会员
- 购买了皮书产品（纸质书/电子书）的个人用户

2. 会员可以享受的增值服务
- 免费获赠皮书数据库100元充值卡
- 加入皮书俱乐部，免费获赠该纸质图书的电子书
- 免费定期获赠皮书电子期刊
- 优先参与各类皮书学术活动
- 优先享受皮书产品的最新优惠

3. 如何享受增值服务？
（1）免费获赠100元皮书数据库体验卡
第1步 刮开附赠充值的涂层（右下）；
第2步 登录皮书数据库网站（www.pishu.com.cn），注册账号；
第3步 登录并进入"会员中心"—"在线充值"—"充值卡充值"，充值成功后即可使用。

（2）加入皮书俱乐部，凭数据库体验卡获赠该书的电子书
第1步 登录社会科学文献出版社官网（www.ssap.com.cn），注册账号。
第2步 登录并进入"会员中心"—"皮书俱乐部"，提交加入皮书俱乐部申请。
第3步 审核通过后，再次进入皮书俱乐部，填写页面所需图书、体验卡信息即可自动兑换相应电子书。

4. 声明
解释权归社会科学文献出版社所有

皮书俱乐部会员可享受社会科学文献出版社其他相关免费增值服务，有任何疑问，均可与我们联系。

图书销售热线：010-59367070/7028
图书服务QQ：800045692
购书服务邮箱：duzhe@ssap.cn

数据库服务热线：400-008-6695
数据库服务邮箱：database@ssap.cn
兑换电子书服务热线：010-59367204

欢迎登录社会科学文献出版社官网
（www.ssap.com.cn）
和中国皮书网（www.pishu.cn）
了解更多信息

卡号：950062957681
密码：

子库介绍
Sub-Database Introduction

中国经济发展数据库

涵盖宏观经济、农业经济、工业经济、产业经济、财政金融、交通旅游、商业贸易、劳动经济、企业经济、房地产经济、城市经济、区域经济等领域，为用户实时了解经济运行态势、把握经济发展规律、洞察经济形势、做出经济决策提供参考和依据。

中国社会发展数据库

全面整合国内外有关中国社会发展的统计数据、深度分析报告、专家解读和热点资讯构建而成的专业学术数据库。涉及宗教、社会、人口、政治、外交、法律、文化、教育、体育、文学艺术、医药卫生、资源环境等多个领域。

中国行业发展数据库

以中国国民经济行业分类为依据，跟踪分析国民经济各行业市场运行状况和政策导向，提供行业发展最前沿的资讯，为用户投资、从业及各种经济决策提供理论基础和实践指导。内容涵盖农业，能源与矿产业，交通运输业，制造业，金融业，房地产业，租赁和商务服务业，科学研究环境和公共设施管理，居民服务业，教育，卫生和社会保障，文化、体育和娱乐业等 100 余个行业。

中国区域发展数据库

以特定区域内的经济、社会、文化、法治、资源环境等领域的现状与发展情况进行分析和预测。涵盖中部、西部、东北、西北等地区，长三角、珠三角、黄三角、京津冀、环渤海、合肥经济圈、长株潭城市群、关中一天水经济区、海峡经济区等区域经济体和城市圈，北京、上海、浙江、河南、陕西等 34 个省份。

中国文化传媒数据库

包括文化事业、文化产业、宗教、群众文化、图书馆事业、博物馆事业、档案事业、语言文字、文学、历史地理、新闻传播、广播电视、出版事业、艺术、电影、娱乐等多个子库。

世界经济与国际政治数据库

以皮书系列中涉及世界经济与国际政治的研究成果为基础，全面整合国内外有关世界经济与国际政治的统计数据、深度分析报告、专家解读和热点资讯构建而成的专业学术数据库。包括世界经济、世界政治、世界文化、国际社会、国际关系、国际组织、区域发展、国别发展等多个子库。